U0832528

权威·前沿·原创

皮书系列为

“十二五”国家重点图书出版规划项目

中国社会科学院创新工程学术出版项目

德国蓝皮书

BLUE BOOK OF GERMANY

德国发展报告

（2015）

ANNUAL DEVELOPMENT REPORT OF GERMANY

(2015)

同济大学德国研究中心

主　编／郑春荣　伍慧萍

社会科学文献出版社

SOCIAL SCIENCES ACADEMIC PRESS (CHINA)

图书在版编目（CIP）数据

德国发展报告. 2015/郑春荣，伍慧萍主编. —北京：社会科学文献出版社，2015. 5
（德国蓝皮书）
ISBN 978 - 7 - 5097 - 7514 - 1

Ⅰ. ①德… Ⅱ. ①郑… ②伍… Ⅲ. ①社会发展 - 研究报告 - 德国 - 2015 ②经济发展 - 研究报告 - 德国 - 2015 Ⅳ. ①D751. 6 ②F151. 64

中国版本图书馆 CIP 数据核字（2015）第 099509 号

德国蓝皮书
德国发展报告（2015）

主　　编／郑春荣　伍慧萍

出 版 人／谢寿光
项目统筹／祝得彬　王晓卿
责任编辑／王晓卿　何晋东　于占杰

出　　版／社会科学文献出版社·全球与地区问题出版中心（010）59367004
地址：北京市北三环中路甲 29 号院华龙大厦　邮编：100029
网址：www. ssap. com. cn
发　　行／市场营销中心（010）59367081　59367090
读者服务中心（010）59367028
印　　装／北京季蜂印刷有限公司

规　　格／开 本：787mm × 1092mm　1/16
印 张：20　字 数：335 千字
版　　次／2015 年 5 月第 1 版　2015 年 5 月第 1 次印刷
书　　号／ISBN 978 - 7 - 5097 - 7514 - 1
定　　价／69. 00 元

皮书序列号／B - 2012 - 251

主编简介

郑春荣 博士，同济大学德国研究中心教授、常务副主任，德国问题研究所/欧盟研究所所长，博士生导师，中国欧洲学会常务理事、德国研究分会副秘书长。研究方向：德国政治制度、外交与安全政策、德国与欧洲一体化。主要著述：《对欧盟制宪能力的反思》（论文，《德国研究》2003 年第 3 期）、《参与民主在欧盟的兴起与理论反思》（论文，《教学与研究》2009 年第 6 期）、《从欧债危机看德国欧洲政策的新变化》（论文，《欧洲研究》2012 年第 5 期）、《德国外交政策的新动向》（论文，《欧洲研究》2014 年第 1 期）、《中小企业——德国社会市场经济的支柱》（编著，上海财经大学出版社，2003）、《欧盟委员会与社会伙伴在社会政策一体化进程中的角色》（德语专著，德国 NOMOS 出版社，2007）。

伍慧萍 博士，同济大学德国问题研究所/欧盟研究所教授，博士生导师，上海欧洲学会理事。研究方向：德国政治、政党、移民、教育、公共外交、欧洲一体化的理论与实践等。主要著述：《西方小规模政党的生存现状与成功条件：以德国为例》（论文，《当代世界与社会主义》2015 年第 1 期）、《德国选择党——疑欧势力的崛起与前景》（论文，《国际论坛》2015 年第 2 期）、《普遍主义的困境：从文化冲突看欧洲认同的宗教文化向度》（论文，《欧洲研究》2013 年第 5 期）、《德国对华公共外交：以“德中同行”活动为例》（论文，《欧洲研究》2011 年第 4 期）、《原则与效率之间的欧盟机构语言机制》（德语专著，德国 Peter Lang 出版社，2005）、《移民与融入——伊斯兰移民的融入与欧洲的文化边界》（专著，上海人民出版社，2015）。

摘　要

2013 年 12 月，德国基民盟/基社盟和社民党组建了联邦德国历史上的第三个大联合政府，默克尔进入了第三个联邦总理任期，而社民党主席加布里尔则出任联邦副总理兼联邦经济与能源部部长。黑红联盟联合执政一年以来，在政治、经济、社会、文化和外交领域的表现，以及从中折射出的德国内政外交上的新动向、新特点，成为本书的重点内容。

与始终伴随着冲突和危机的黑黄联盟不同，黑红结盟虽耗时长、程序复杂，但组阁执政后的合作共事较为顺利，从而也为大联合政府仅在开局之年便能推出多项改革举措创造了有利条件。虽然法定最低工资、女性占比、双重国籍等法规的引入都更多地凸显了社民党的政策主张，但是各大政党在联邦层面的力量对比与 2013 年联邦议院选举结果相比变化不大。在联邦州层面，政党格局和组阁形式出现了新的变化：不仅德国选择党 2014 年在东部三个州的议会选举中成功进入了州议会，而且，在图林根州，在联邦德国历史上第一次组成了由左翼党人士出任州长、社民党和绿党成为执政小伙伴的红红绿三党联合。本书的政治篇评述了大联合政府执政开局之年的表现与得失，分析了 2014 年在德国东部三个州举行的州议会选举的结果及其对德国（东部）政党格局和组阁形式的影响，并对德国社会中新近兴起或得到强化的抗议文化和疑欧、“反伊斯兰化”等思潮进行了剖析。

2014 年，德国经济的表现总体健康，体现在经济持续增长、就业继续改善、物价平稳、预算平衡且公共债务降低。然而，健康表象的背后也显现某些不安状况，如对外贸易略显疲态、经济面临下行风险、通缩苗头初露等。与此同时，新上任的希腊总理向德国所力主的、以严厉的财政紧缩和节俭为核心的改革路线公开叫板，“希腊退出”再次成为热门话题。目前，对欧元区而言，最根本的问题仍然是缺乏真正有效的、能均衡成员国之间宏观经济状况的协调机制。为应对国内经济问题，德国大联合政府在 2014 年继续推进相关战略，如工业 4.0 战略和能源转向战略。为此，本书的经济篇分析了德国工业 4.0 战略的优势、风险及其可能带来的机遇，并有专文结合德国政府的首个能源转向进展报告和两个行动计划，对能源转向推行三年以来所取得的成效展开分析。

2014 年适逢第一次世界大战爆发 100 周年，它是德国 2014 年社会文化生活的重要话题，也为观察、梳理和反思德国以及欧洲围绕一战的记忆文化和历史认知提供了契机。为此，本书社会文化篇历史性地梳理了存在于德国和法国等欧洲国家之间不同的纪念文化和记忆文化，并由此溯源至不同的历史叙述和书写。此外，2014 年是欧洲研究区计划建成的年份，因此，本篇还分析了德国在欧洲研究区建设中的角色与战略，总体上把自己定义为欧洲研究区“发动机”的德国，在欧洲研究区建设的进程中所持的是一种积极而审慎的态度。

本书的外交篇首先聚焦乌克兰危机，分析了德国在乌克兰危机应对中的原则立场及其国内存在的分歧。乌克兰危机给德国带来了外交困境，因为这是关于欧洲安全问题，德国一方面依然将北约视为欧洲安全的保障以及德国安全和防务政策最强大的支柱，另一方面，历史和现实经验使德国意识到，欧洲的安全离不开俄罗斯。其后，本篇重点关注中德关系。2014 年，中德关系升级为中德全方位战略伙伴关系，它的一个重要内涵是加强两国在安全政策和国际秩序方面的合作。虽然默克尔在第三任期有意寻求亚洲政策再平衡，但是相对于其他亚洲伙伴国家，中德关系在经贸交往规模和政治磋商密度方面皆处于更高的层次。本篇有专文指出，中国对德国的直接投资正在成为中德关系发展的新引擎。中国对欧盟，特别是对德国直接投资的“跳跃式”发展不是基于欧债危机的短期“抄底”行为，而是中国企业“延伸价值链”的内在发展需要，是一种长期的投资行为。此外，随着世界政治经济重心向亚太地区转移，德国也日益关切这一地区的稳定与发展。有鉴于此，本篇最后有专文分析德越关系的历史与现状。近年来，德国和越南的交往越发密切，两国建立起了战略合作伙伴关系。跟随美国“重返亚太”战略，开拓与越南的经贸关系，以及在中越领海争端下维持地区和平现状，这些都是推动德国发展对越关系的重要因素。

关键词： 德国外交　中德关系　工业 4.0 战略　能源转向　政党格局

目 录

𝔹Ⅰ 总报告

𝔹Ⅱ 政治篇

𝔹Ⅲ 经济篇

BⅣ 社会文化篇

BⅤ 外交篇

BⅥ 资料篇

皮书数据库阅读使用指南

总 报 告

General Report

B.1
德国重新测量世界的三重挑战*

郑春荣

摘 要： 执政一年多以来，默克尔政府不仅在国内推动了不少改革项目，而且在欧盟和国际层面也有新表现或新动作。但是，恰恰在其谋求“重新测量世界”的过程中，德国面临着来自以下三个层面的三重挑战：“欧洲爱国者反西方伊斯兰化运动”所折射的德国社会“地区间撕裂”问题，希腊政府更迭背景下的“希腊退出”危险，以及以乌克兰危机为代表的国际危机和冲突的应对。截至目前，德国民众对默克尔政府在希腊危机和乌克兰危机等应对上的立场有着相当高的认同度，但是危机的缓和只是暂时的，随时都存在着重新激化的危险，而如果出现这样的局面，德国国内的矛盾和分歧也会激化，从而牵制默克尔政府“重新测量世界”

* 本文为国家社会科学基金一般项目“德国外交政策新动向及我国对策研究”（项目编号：14BGJ009）的相关成果。

的行动能力。

关键词： 德国 重新测量世界 Pegida 运动 “希腊退出”危险 乌克兰危机

默克尔领导下的第三届大联合政府拥有相对广泛的行动空间，这为它“构建德国未来”① 并在欧洲和世界层面承担更多责任奠定了有力基础。② 执政一年多以来，默克尔政府不仅在国内推动了不少改革项目，而且在欧盟和国际层面也有新表现或新动作。但是，恰恰在其谋求“重新测量世界”③ 的过程中，德国面临着来自三个层面的三重挑战，而且自 2014 年以来，每一重挑战都有一个标志性的事件，即德国国内爆发的“欧洲爱国者反西方伊斯兰化运动”（简称“Pegida 运动”）、希腊政府更迭背景下的“希腊退出”（Grexit）危险，以及以乌克兰危机为代表的国际危机和冲突的应对。这些看似相互孤立的事件，若加以仔细梳理，我们仍然可以看到德国所需应对的这三重挑战的某种内在关联性：Pegida 运动的追随者并非单单是“反伊斯兰化”者，而是会聚了各类对德国政治以及政府政策不满的人，其中也包括疑欧人士；而德国国内疑欧情绪的增长，与希腊政府更迭后出现的“希腊退出”危险及其对欧元区、欧盟的影响相呼应；希腊新政府与俄罗斯的某种靠近，挑战了欧盟对俄罗斯的共同立场；德国的外交新动向不仅体现在对乌克兰危机的积极斡旋上，而且也反映在德国向伊拉克北部库尔德民兵输送武器以抵抗“伊斯兰国”（IS）上，而“伊斯兰国”恐怖袭击行动又是助推德国 Pegida 运动，使其声浪一度一浪高过一浪的导火索。

---

① 这是大联合政府《联合执政协议》的标题，参见“Deutschlands Zukunft gestalten. Koalitionsvertrag zwischen CDU, CSU und SPD”, 18. Legislaturperiode, Berlin, 2013。

② 参见郑春荣《大选后的德国何去何从?》，载郑春荣、伍慧萍主编《德国发展报告（2014）》，社会科学文献出版社，2015，第 1 ~ 10 页。

③ 这个概念借用自德国外交政策网站的一篇报道，它在评价德国科学与政治基金会与德国马歇尔基金会共同发布的《新力量、新责任》文件时就德国外交的新走向使用了“重新测量德国的世界政策”的标题。参见“Die Neuvermessung der deutschen Weltpolitik”, 25. 10. 2013, http://www.german-foreign-policy.com/de/fulltext/58720。

一 国内政治层面的挑战

德国大联合政府于 2013 年底上台执政一年以来，推动了包括最低工资、双重国籍、养老金改革（63 岁提前退休的可能性、母亲养老金）等一系列改革。德国民众对于大联合政府的工作总体是满意的，民调显示，民众对政府工作的满意度自从大联合政府上台以来一直处于高水平，在 2015 年 2 月的一次政治晴雨表调查中，有 3/4 的被访者给予大联合政府的工作以积极评价；同时，如今有 55% 的人认为基民盟、基社盟与社民党之间的关系良好的方面更多（执政之初为 39%）。①

过去一年中，德国的经济发展虽然受乌克兰危机以及欧盟对俄罗斯经济制裁影响的拖累，但依然实现了 1.6% 的经济增长，劳动力市场也表现稳健，就业人数创历史最高纪录。然而，德国社会贫困问题加剧的隐忧依然未得到消除：根据平等慈善联合会（Paritätischer Wohlfahrtsverband）最新发布的贫困报告，德国的贫困状况达到了历史最高水平。据此，德国 2013 年有约 1250 万人处在贫困状态，贫困率达到了历史峰值，即 15.5%（2012 年为 15%），而且，最少贫困人口所在地区和最多贫困人口所在地区之间的差值从 2006 年的 17.8% 攀升至 24.8%。换言之，在德国，人们的收入差距依然呈现出拉大的动能。②

德国的这种“地区间撕裂”不仅体现在贫困水平的落差上，而且，在德国的“反伊斯兰化”运动方面，也能看到显著的地区差别。Pegida 运动主要是萨克森州的现象，德累斯顿是其老巢。有趣的是，参与德累斯顿“反伊斯兰化”示威游行的并非人们想象中的社会底层人士，而是来自中间阶层，他们以受过良好教育的男性为主，一般拥有较高的收入，不属于任何宗教或党派。

① “Politikbarometer Februar 2015”, http://www.forschungsgruppe.de/Umfragen/Politbarometer/Archiv/Politbarometer_2015/Februar_2015/.

② “Paritätischer Wohlfahrtsverband: Armut in Deutschland auf Höchststand”, *Zeit-Online*, 19. Februar 2015, http://www.zeit.de/wirtschaft/2015-02/armut-deutschland-bericht-paritaetischer-wohlfahrtsverband. 根据欧盟的定义，贫困是指收入低于社会平均收入的 60% 的人，按照平等慈善协会的测算，德国每月收入低于 892 欧元的人（单人家庭）属于贫困人口，这个数值对于有两个孩子的家庭为 1872 欧元。

究竟是什么动因推动 Pegida 运动的追随者走上街头？一份调查报告显示，Pegida 运动的追随者普遍对德国现有政治体制表示不满，绝大多数人担心德国会因为外国人的涌入而被异化，主张德国人应该有勇气表现出更强的民族自豪感。① 另一份调查也显示，Pegida 运动的追随者走上街头主要是因为对政界和媒体精英的不满，其次才是出于对移民和避难者的仇视以及对伊斯兰文化的批评。② 另外一个事实也能佐证这一点：德累斯顿地区外来移民尤其是伊斯兰移民非常少，而在外来移民聚居的德国西部地区，反倒是爆发了规模更大的反 Pegida 游行，因为这些参加反 Pegida 游行的人知道，正如默克尔在法国《查理周刊》遭恐怖袭击后所表示的，伊斯兰是德国社会的一部分。

Pegida 运动不是德国独有的现象，在欧洲其他国家，例如比利时、奥地利、瑞士、瑞典和挪威等也有类似的但诉求不尽相同的运动，但德国的 Pegida 运动无疑是声势最浩大的，而且，各国的运动之间虽有呼应，但并未在欧洲层面组织成一股聚合的势力。如今，在经历了高潮之后，德国的 Pegida 运动已经逐渐消沉。但这不是令德国政治家放松警惕的理由，因为不仅德国各个地方的 Pegida 运动的追随者还会组织零星的示威抗议行动，而且，一旦有新的导火索，不排除 Pegida 运动再次崛起的可能性。

另外一个值得各主流政党引起警惕的现象是，调查显示，Pegida 运动的追随者绝大多数都是德国选择党（AfD）的潜在选民，由此也验证了德国选择党选民构成的异质性。有研究报告表明，德国选择党的选民中有一半是排外的。③ 事实上，对于像德国选择党这样的右翼民粹政党，其反欧立场的背后往往隐含着反对外来移民的立场。④

---

① "Studie über 'Pegida'-Anhänger. Fast keiner antwortet", 19. 01. 2015, http://www.tagesschau.de/inland/pegida-studie-103.html.

② "Studie zum typischen 'Pegida'-Anhänger. Männlich, gebildet, gut verdienend", 14. 01. 2015, http://www.tagesschau.de/inland/pegida-237.html.

③ "Politik. Forsa-Studie: Jeder zweite AfD-Wähler ist ausländerfeindlich", 23. 09. 2014, http://www.welt.de/politik/deutschland/article132532352/Jeder-zweite-AfD-Waehler-ist-auslaenderfeindlich.html.

④ Karsten Grabow and Florian Hartleib, "Europa—Nein Danke? Studie zum Aufstieg rechts- und nationalpopulistischer Parteien in Europa", 2013, http://www.kas.de/wf/doc/kas_36200-544-1-30.pdf? 131202091119.

二　欧盟层面的挑战

正当人们以为欧债危机已经过去并开始谈论“后危机时期”的时候，希腊由于未能就总统人选达成一致，而导致希腊议会提前进行选举。这次选举之所以引起众人注目，是因为这次选举被渲染为关系这个重债国是否继续留在欧元区的方向性选择：时任总理、新民主党领导人萨马拉斯坚持延续现有的紧缩路线，而左翼激进联盟候选人齐普拉斯则坚决反对。

就在希腊议会选举前，德国在“希腊退出”的问题上隐约出现了某种新的论调，《明镜》周刊报道，德国政府圈内人士警告希腊不要脱离紧缩政策，因为和2012年的情况不同，现在欧元区承受得住希腊退出的后果。① 然而，德国明里暗里的施压并未能像2011年阻止希腊就紧缩举行全民公投那样，扭转希腊选举的形势。

在2015年1月25日的希腊大选中，和此前民调预测的一样，左翼激进联盟如愿赢得了大选。虽然未能获得单独执政所需的席位（缺2席），但是，它在选后以闪电般的速度与同样对欧洲持批评态度的独立党组成了联合政府。

左翼激进联盟领导人齐普拉斯的大优势胜选是因为他迎合了希腊选民对紧缩政策的不满情绪，是因为他们对另一种政策选项抱有幻想。事实上，此前执政的新民主党通过紧缩政策，在维持经济稳定上还是取得了一些成效，例如，希腊的经济增长率在2011年时为 -8.9%，到2014年则已实现6年来的首次正增长，达到0.6%，据预测，接下去两年的经济增长率分别为2.9%和3.7%。但是，希腊的债务情况并无改善，2014年，希腊国家负债占国内生产总值的比例仍然高达175.5%，而且，年平均失业率也仍然处在26.8%的高位。因此，希腊前政府的紧缩政策未能及时显现成效，是受到患有“紧缩疲劳症”的希腊民众惩罚的原因。

希腊新政府执政伊始，就宣布不再与“三驾马车”（欧盟委员会、欧洲中

① Nikolaus Blome et al.，“Grexit Grumblings. Germany Open to Possible Greek Euro Zone Exit”，*Spiegel-Online*，05.01.2015，http：//www.spiegel.de/international/europe/merkel-and-germany-open-to-possible-greek-euro-zone-exit-a-1011277.html.

央银行和国际货币基金组织）进行合作，并要求就债务进行重新谈判。但是，“三驾马车”在希腊必须履行救助协议义务上未有任何松动，尤其是德国的立场相当强硬，例如联邦财政部长朔伊布勒反复强调必须遵守既有协议义务，不得重新谈判。显然，德国不希望看到，因为希腊“破规矩”，德国迄今所坚持的、以紧缩为导向的欧债救助路线功败垂成；德国担心，一旦希腊脱离紧缩路线，那么就会产生多米诺骨牌效应，助长西班牙、意大利和法国等国反紧缩的力量的气势，使其纷纷效仿。

为了给德国施加压力，希腊方面甚至提出要德国就纳粹罪行进行赔款，并威胁没收德国在希腊的财产，但是德国政府不为所动，严正拒绝了希腊方面的要求。希腊国防部长更是放出狠话，扬言如果不给救助，就给恐怖分子发签证进欧盟。在德国人看来，希腊方面是在想尽一切办法挑衅出资者，尤其把矛头对准了德国。

尽管如此，2015 年 2 月 20 日，欧元集团还是与希腊达成将救助计划延长 4 个月的妥协方案，希腊政府承诺履行节约和改革义务，并保证继续与欧盟、欧洲中央银行与国际货币基金组织进行合作。为此，希腊还必须提交一份具体的改革计划。2 月 24 日，在希腊政府最终提交了改革项目表后，欧元区各国财政部长终于给救助计划的延长开启绿灯。德国联邦议院也在 2 月 27 日以绝对多数票通过了延长计划。必须注意到，欧元集团同意展延 4 个月，相比希腊先前提出的延期 6 个月的要求有所缩水，而且在这 4 个月后，希腊依然将面临债务违约风险，因此希腊依然必须寻找出路。其实希腊面前只有两条路可选，一是在基本维持原政府与“三驾马车”达成的改革义务基础上达成新的救助协议，二是退出欧元区，但后一选项无论对希腊还是对包括德国在内的欧元区和欧盟而言，都将是更次的选择。

首先，虽然左翼激进联盟领导人齐普拉斯在大选中不惧以退出欧元区相威胁，但这只是赢取选民支持的竞选策略，也是为了让他在选举获胜后拥有更多与国际债权人进行讨价还价的余地。但他实际上并非真正想让希腊退出，齐普拉斯曾表示，左翼激进联盟领导下的政府将尊重希腊作为欧元区成员的义务，保持均衡的预算。而且，民调也显示，3/4 的希腊民众不想退出欧元区。另外，退出欧元区对希腊来说一点好处都没有。希腊一旦重新启用自己的货币，希腊的经济根本就没法复苏，因为市场不会接受这种没有信用的货币，这对希腊老百姓来说就是场灾难。

其次，从欧盟国家尤其是德国来看，也并不愿意看到希腊退出欧元区。这一方面是因为希腊退出欧元区会带来剧烈的市场动荡和无法预计的连锁反应，而且，债权人也将遭受巨额损失，据测算，德国因提供贷款和担保产生的损失最高可达720亿~730亿欧元。

在欧洲经历了巴黎恐怖袭击、欧洲各国“反伊斯兰化”运动高涨以及乌克兰危机延续的背景下，欧盟不愿意看到希腊的退出给欧盟内部造成又一波冲击。欧债危机以来，欧洲各国的疑欧和反欧势力有所抬头，这也导致在2014年5月的欧洲议会选举中，极右翼政党赢得的议席数较上届突涨3倍，占欧洲议会议席数的1/5；在德国方面，德国选择党也获得了7%的选票，首次进入欧洲议会。如前所述，疑欧和反欧势力往往与反移民“反伊斯兰化”的势力交织在一起，这也体现在德国选择党身上，希腊若退出无疑将进一步加剧欧盟的离心力。与此同时，乌克兰危机的持续需要欧盟内部更大的团结，而希腊若退出欧元区乃至欧盟将会加强希腊与俄罗斯之间的合作，此前，俄罗斯方面已经表示，在希腊退出欧盟的情况下，俄罗斯将终止对希腊的食品禁运方面的制裁，拉拢希腊的意图非常明显。事实上，希腊已经在以反对欧盟对俄罗斯的进一步制裁为要挟，从就紧缩政策和债务问题的谈判中捞取好处，例如希腊就曾与欧盟在1月底做出的威胁俄罗斯将展开新的制裁的声明保持距离。希腊债务危机的延续，无疑会有损德国领导下的、欧盟应对乌克兰危机的战略。

三　国际层面的挑战

在一年前的第50届慕尼黑安全会议上，联邦总统高克、联邦外交部部长施泰因迈尔和联邦国防部部长冯德莱恩的“三重奏”让人记忆犹新，这通常被视为“新德国外交政策”的形成。[①] 当时高克总统还在号召德国拿出领导

---

① Andreas Rinke, “Raus ins Rampenlicht. Die Genese der ‘neuen deutschen Außenpolitik’”, *Internationale Politik* 4, Juli/August 2014, pp. 8 – 13. 对于“新德国外交政策”的讨论也请参见《德国外交与安全政策杂志》的增刊：Gunther Hellmann, Daniel Jacobi and Ursula Stark Urrestarazu (eds.), “‘Früher, entschiedener and substantieller’? Die neue Debatte über Deutschlands Außenpolitik”, *Zeitschrift für Außen- und Sicherheitspolitik* Sonderheft 6/2015。另请参见郑春荣《德国外交政策的新动向》，《欧洲研究》2014年第2期，第2~14页。

力，但到了一年之后的第51届慕尼黑安全会议，联邦国防部部长冯德莱恩已经毫不掩饰地表示，德国已经做好了担当领导角色的准备。[①] 过去的一年中，德国外交与安全政策的重新定向尤其反映在德国对乌克兰危机的应对上[②]，但也体现在德国抵御来自“伊斯兰国”的恐怖袭击威胁所采取的行动上。

乌克兰危机不仅仅是欧洲范围的地区性冲突，而是具有显著的国际性影响，这是默克尔总理反复强调的。在乌克兰危机中，默克尔在对俄罗斯制裁问题上表现强硬，她将欧盟内的不同声音最终聚合成了一种统一立场。[③] 另外，在她领导下的德国政府不遗余力地致力于避免事态升级。但是，德国投入的增强更多体现在外交手段的运用上。尽管默克尔反复强调俄罗斯吞并克里米亚违反了国际法，打破了欧洲战后的和平秩序，但是，她始终坚决拒绝向乌克兰提供武器，认为军事手段是无法解决乌克兰危机的，因为她不想看到欧洲持久的分裂，对德国政府而言，欧洲的安全只有与俄罗斯一起才能实现，而不能通过与俄罗斯对抗来实现。这个立场和美国是完全不同的，美国想利用乌克兰危机围堵和削弱俄罗斯、避免欧俄过于接近以及重新增强北约在欧洲的地位，因此，在对俄罗斯的态度上，美国表现得比德国更为强硬。鉴于欧美、德美之间的立场分歧和利益差异，在美国就是否向乌克兰提供武器进行讨论时，默克尔已经和法国总统奥朗德通过穿梭外交和马拉松谈判，与俄罗斯、乌克兰以及乌克兰东部亲俄分离分子于2015年2月12日达成了《明斯克协议II》。

在处理与俄罗斯的关系上，德国推行的是双重战略。一方面，正因为在对俄罗斯的战略上军事手段不是选项，因此，德国唯一能挥舞的“大棒”就是进一步的制裁，但是这一制裁也会伤及自身，并且会招致俄罗斯的反制裁措施。另一方面，默克尔也一度抛出了“橄榄枝”，她表示，在依据国际法解决乌克兰危机的基础上，可与俄罗斯加强经济合作并建立欧盟与欧亚经济联盟之间的共同经济区，但是，俄罗斯对此建议不为所动。相比德国领导下的欧盟在

---

① “Münchner Sicherheitskonferenz 2015. Führung aus der Mitte”, Manuskript der Rede der Bundesministerin der Verteidigung, Dr. Ursula von der Leyen, anläßlich der 51. Münchner Sicherheitskonferenz München, 6. Februar 2015, http://www.bmvg.de.

② 参见郑春荣、朱金锋《从乌克兰危机看德国外交政策的调整》，《同济大学学报》（社会科学版）2014年第6期，第36～46页。

③ Timothy Garton Ash, “Angela Merkel Has Faced down the Russian Bear in the Battle for Europe”, *The Guardian*, 22 December 2014.

稳定乌克兰的问题上手段有限，俄罗斯却拥有多得多的使乌克兰动荡、影响乌克兰国内局势发展的手段，这是目前德国及其欧盟的尴尬处境。

不同于德国在乌克兰危机中始终反对输送武器，2014 年 9 月 1 日，德国决定向伊拉克北部的库尔德人提供武器，总价值达约 7000 万欧元；与此同时，联邦政府将人道主义援助资金提高到约 5000 万欧元，此外，德国还承诺接纳更多的难民。

对于向伊拉克的库尔德人提供武装，默克尔总理给出了两方面的原因：一方面是基于难民问题，具体而言，是由于“伊斯兰国”极端主义分子的推进造成很多人被驱逐；另一方面是考虑到“伊斯兰国”对整个近东和中东地区带来不稳定，从而威胁德国和欧洲的安全，为此提供武器以抵御“伊斯兰国”是不可避免的。据估计，目前约有 5000 人从欧洲（其中大约有 400 名德国人）到伊拉克和叙利亚参加恐怖组织的战斗，特别是当他们回到欧洲时，就会成为欧洲的一个很大的安全风险，因为他们可能在欧洲本土采取恐怖袭击行动。[①]

在德国联邦议院的表决中，大多数议员投了赞成票，反对党（左翼党和绿党）议员反对向库尔德人提供武器，他们的理由是无法控制这些武器最终落入谁的手中以及被用于何种目的。需要指出的是，从法律上来讲，联邦政府无须把此议题交由联邦议院表决，可以单独行动，而不像联邦国防军的外派那样需要得到议会授权。但是，联邦政府还是让联邦议院的议员们就此问题进行辩论，由此增加联邦政府决定的合法性，改善公众对政府决定的了解。

值得注意的是，联邦议院有意选择 9 月 1 日——第二次世界大战爆发 75 周年纪念日——举行特别会议，讨论向伊拉克库尔德人出口武器一事。无论如何，这次武器出口被视为德国外交政策上的一次激进的路线变革，因为这是德国多年来首次出口武器到军事冲突地区。

事实上，德国政府对第三国，也就是不属于欧盟也不属于北约的国家的武器出口不断增长，这经常招致批评，特别受到争议的是向印度尼西亚、卡塔尔和沙特阿拉伯的武器出口。向冲突地区出口武器原则上是不可以的，原因是担

---

① Florian Gathmann and Annett Meiritz, “Irak-Debatte im Bundestag. Gute Waffen, böse Waffen”, *Spiegel-Online*, 01. September 2014, http://www.spiegel.de/politik/deutschland/kampf-gegen-is-bundestag-debattiert-ueber-waffenlieferungen-a-989279.html.

心武器出口会加剧冲突。但是，相关的出口“禁令”仅存在于联邦政府有关军备出口的指令中，并不具有法律效力。换言之，联邦政府可以就特例做出决议，向伊拉克的库尔德民兵输出武器就是这样的一个特例。①

必须看到，输出武器，但不派兵，这也符合默克尔一直以来主张的增强地区的力量以维护其安全的战略，具体包括提供培训措施和军备。② 这样的战略可以减少德国政府因为外派联邦国防军士兵而会在国内承受的民意压力。

四 结语

目前，德国执政各党依然在致力于突出自身形象，但是，《联合执政协议》中提到的宏伟计划，例如彻底的税收改革或者联邦与各州财政平衡的重新调整等议题，还未提上议事日程。可以想见，在相对争议小的议题都被处理掉之后，联合执政各党将进入“啃硬骨头”的阶段，由此，联合政府内的不和谐声音也会有所增强。

外在的危机例如乌克兰危机和希腊债务危机，可能成为本届政府的最大挑战，但这有可能帮助黑红执政联盟转移人们对它们在未来的内政议题争吵上的关注，由此遗留的问题是，现政府有无应对这些外在挑战的足够建构力，这不仅取决于德国政治精英的决心，也取决于德国国内民意是否会出现某种转变。截至目前，德国民众对默克尔政府在希腊危机和乌克兰危机应对上的立场有着相当高的认同度，但是危机的缓和只是暂时的，随时都存在着重新激化的危险，而那时，德国国内的矛盾和分歧也会激化，从而牵制默克尔政府“重新测量世界”的行动能力。

---

① “Rüstungsexporte：Waffen aus Deutschland für die Welt”, *Zeit-Online*, 01. September 2014, http：//www. zeit. de/wirtschaft/2014 – 09/infografik-waffenexporte.

② 参见默克尔总理在第 51 届慕尼黑安全会议上的讲话：Rede von Bundeskanzlerin Angela Merkel anlässlich der 51. Münchner Sicherheitskonferenz, 07. Februar 2015, http：//www. bundesregierung. de/Content/DE/Rede/2015/02/2015 – 02 – 07 – merkel-sicherheitskon ferenz. html。

政　治　篇

Politics

B.2
大联合政府开局之年执政述评

王广成*

摘　要：第三届默克尔内阁为联盟党与社民党组建的又一届大联合政府。与始终伴随着冲突和危机的黑黄联盟不同，黑红结盟虽耗时长、程序复杂，但组阁执政后的合作共事较为顺利，从而也为大联合政府仅在开局之年便能推出多项改革举措创造了有利条件。社民党在联合执政协议谈判和黑红联盟启动之后均扮演了改革发动机的角色。改革之年的政府工作虽获民众的相当支持，但也遭学术界和经济界的较多批评。在三党最高领袖中，尤应关注从失败者转变为成功者的加布里尔的所作所为。

关键词：德国　大联合政府　默克尔　加布里尔

* 王广成，上海市现代管理研究中心副译审。

2013 年 12 月 17 日正式宣誓就职的第三届默克尔内阁为基民盟/基社盟（联盟党）与社民党组建的大联合政府，也是继第一届默克尔内阁（2005～2009 年）之后黑红联盟的又一次登场。鉴于 2009～2013 年由联盟党与自民党组建的黑黄联盟内斗不断，危机频现，早已引发民众的普遍不满，以黑红再次合作取而代之的观点遂成大选前社会舆论的主流。然而，选后黑红双方的结盟组阁谈判过程之复杂、耗时之长却为联邦德国历史上所仅见，大大出乎人们的意料。

一　结盟谈判与政府组阁：社民党得分不少

在 2013 年 9 月 22 日举行的第 18 届联邦议院选举中，默克尔挂帅的基民盟/基社盟以其 20 年来最高的 41.5% 的得票率，无可争议地成为选战中的最大赢家。反观身为联合执政伙伴的自民党则因无法跨越最低得票线，64 年来第一次被联邦议院拒之门外，彻底丧失了借助于黑黄联盟继续参与执掌联邦政府大权的机会，沦为本次选举的最大输家。此外，两个反对党社民党和绿党的得票率相加不足 35%，根本不具备实现其组建红绿联合政府选举目标的基本条件。同样以红色为标志色的另一个反对党——左翼党在意识形态上与其较为接近，且赢得了稍多于绿党的选票，故三党若实现结盟，其总得票将超过联盟党。由于社民党仍坚持拒绝在联邦层级与左翼党携手的立场，因而排除了红红绿联合执政的可能性。在这一背景下，握有组阁权的联盟党分别与社民党和绿党进行了三轮和两轮的试探性会谈，并于 10 月 23 日起与社民党展开正式的结盟谈判。围绕着内政外交的数十个议题，双方分成 12 个工作组及 4 个分组，协调各自的立场，以形成统一的政策主张。与上一届黑黄联盟迅速达成妥协显著不同的是，本次黑红之间的谈判极为艰难，进展异常缓慢。三党虽在 10 月 4 日已有第一轮试探性会谈，但直至 11 月 27 日供各党主席草签的《联合执政协议》方才定稿。四年前黑黄联合政府启动后困难重重、矛盾不断，显然与妥协不足、共识缺乏的先期组阁谈判存在因果关系。因此，接受教训、避免重蹈覆辙自然成为参与 2013 年选后谈判各方共同遵循的原则。同时，必须指出的是，本次谈判的耗时之所以创下历史之最，除了在三党间达成妥协、求得共识绝非易事外，另一重要原因还在于社民党为其设计了特殊程序。有别于基民盟和基社盟的传统做法，社民党针对这次重组黑红联盟，不仅召开了党代会，还举行了党内公决。事实证明，该党主席加布里尔的上述两大举措是极为有效的。党代会召开之时正值联合执政谈判处于关键节点之际，加布里尔一方面竭力强调社民党在联邦层级再次执政的必要性，另一方面又利用本党基层因上次黑红联盟充当小伙伴的负面教训对与联盟党再次结盟的忧虑和质疑，提出了谈判中必须得以满足的9项要求。联盟党方面虽对加布里尔的过分要求大为不满，① 但其最高领导层似乎不愿彰显本方得票率超出对方近16个百分点的力量优势并以此展开必要的反击。由此可见，党主席参与草签的《联合执政协议》须通过全体党员的公决环节方能最终生效虽是社民党的内部程序，但同时显然也对基民盟主席默克尔和基社盟主席泽霍费尔形成了不小的牵制作用。毕竟投票的结果不仅维系着加布里尔的个人前途，还关系到联盟党能否减少折腾、顺利执政的大局。正因为如此，谈判在某种程度上成为敢冒风险的加布里尔与以稳妥为上的默克尔之间的对决。其结局难免是联盟党虽在选举中大获全胜，但其骄人的选举结果在谈判中无法得以相应体现。

面对党内的担忧乃至不满，默克尔不得不亲自出面予以解释和安抚。例如：针对基民盟青年组织质疑本党为何在最低工资和双重国籍议题上让步，她坦诚自己眼下更关注于如何聚合不同的观点，“因为我们希望执政”。② 协议草签之后，面对牢骚满腹的代表经济界利益的本党传统派别，默克尔对于其在最低工资议题上的妥协所做的辩护是，“社民党当时表明，若不能满足该议题的要求，便不会在协议上签字”，应该说对方的要求也是“可承受的”，“不能视为苛求”，况且我方也对社民党的增税和举债方案说了“不”，业已表明联盟党坚持增加就业和对未来负责的决心。③

① “Koalitionsverhandlungen: Union warnt SPD vor neuen Forderungen”, *Spiegel-Online*, 18. 11. 2013, http://www.spiegel.de/politik/deutschland/koalitionsverhandlungen-union-warnt-spd-vor-neuen-forederungen-a-934298.html.

② “Merkel wirbt in der Union für Kompromiss bei Mindestlohn”, *Spiegel-Online*, 15. 11. 2013, http://www.spiegel.de/politik/deutschland/merkel-wirbt-in-der-union-fuer-kompromiss-bei-mindestlohn-a-933920.html.

③ “Die CDU grummelt, folgt Merkel aber schlieβlich doch”, *Rhein-Neckar-Zeitung*, 10. 12. 2013, http://www.rnz.de/nachrichten_artikel, -Die-CDU-grummelt-folgt-Merkel-aber-schliesslich-doch-_arid, 18596.html.

然而各界对于《联合执政协议》的评价几乎呈一边倒之势，“社民党以其顽强和不妥协在谈判中得分不少，而联盟党则让步过多”成为一些原本政治倾向相左的传媒得出的共同结论。舆论普遍认为，在法定最低工资、双重国籍、63 岁领取养老金、大型公司监事会的女性占比、抑制房租以及同性婚姻者享受同等收养权和税收权等议题上，社民党经过力争均得以将其竞选纲领变成了黑红联盟的承诺，在《联合执政协议》中多处留下了本党的印记。联盟党虽也将自己选前强调的不增税、不举新债、设立母亲养老金和对外国牌照轿车收费等政策主张列入《联合执政协议》，但与其选战中大赢家的身份并不相称。与此形成鲜明对照的是，加布里尔及其社民党谈判团队亮出的令人信服的成绩单。该党的成功使党内的凝聚力和动员力迅速上升，并开创出 12 月 6～12 日的党内表决中赞成与联盟党再次结盟者高达 75.96% 的大好局面，从而消除了因上届黑红联盟失败而造成的心理阴影。

在内阁阁员的分配上，社民党同样争取到了一个心满意足的结果，其中尤以加布里尔出任联邦政府副总理并兼经济与能源部部长为各界所关注。自 2011 年德国走上能源转向之路之后，如何具体实施这一转向便已成为德国亟须解决的最重大内政课题之一。然而，在两年多的时间内，人们看到更多的是黑黄联合政府在这一道路上的步履蹒跚。究其原因，联邦经济部和联邦环境部之间有关职责权限划分不清，难辞其咎。通过组建经济能源合二为一的超级部这一谋篇布局之举，外界不难看出加布里尔希望在联邦政府中大展拳脚的雄心。社民党的另一领袖人物施泰因迈尔出任外交部长则是众望所归。此人在上届黑红联合政府中便任该职，且有党内外一致公认的不俗表现。此外，劳动与社会、环境、司法和家庭四部也由社民党人执掌大权。除默克尔继任总理外，基民盟占据了财政、内政、国防、总理府和卫生五部。而由基社盟籍政治家挂帅的交通、农业和发展合作部则均被视为内阁的“非核心部分”。

二　不测事件：未能影响黑红联盟的启动

政府工作的启动必定伴随着执政伙伴间的争吵，这似乎已成德国政界多年来的规律。新一届大联合政府同样未能不落窠臼。黑红联盟甫一启动，基社盟与社民党、社民党与基民盟之间便就限制欧盟内部东欧成员国“贫困移民”

和预存公民个人信息这两个敏感问题展开了激烈的交锋。此情此景不禁使人们担忧大联合政府是否将重蹈黑黄联盟的覆辙，迅速沦为一个冲突联盟。必须指出，此次出台《联合执政协议》虽耗时最长，但仍在多个政策领域留下了可供各党做出对己方有利诠释的空间。一旦在某些关键议题上形成尖锐对立、无法达成妥协，就会有上升为联合政府执政危机的可能。然而现实中的大联合政府第一场危机却是非政策主张对立所致，是源于联邦议院社民党议员埃达蒂的丑闻。2013 年 10 月，因网购儿童色情图片和视频正被联邦刑侦局秘密调查的埃达蒂，成为尚不知情的社民党最高层拟定的部长人选。时任联邦内政部部长的基社盟籍政治家弗里德里希出于避免黑红结盟节外生枝的考虑，立即将秘密调查的信息透露给了加布里尔。当 2014 年 2 月埃达蒂丑闻曝光后，社民党议会党团主席奥珀曼将相关消息最早由弗里德里希提供这一关键情节公之于众。在新政府中担任农业部部长的后者因涉嫌“泄密”第一时间即成检察机关的调查对象。2 月 14 日，弗里德里希被迫辞职。然而媒体并未就此罢休，深感无辜的基社盟因损失一员大将更是将怨气出在社民党身上。鉴于加布里尔曾将弗里德里希的提醒告知奥珀曼，后者又就此与联邦刑侦局局长通话确认，两位社民党最重要领导人的所作所为无疑经不起深究细查。若加布里尔成为媒体穷追猛打的主要目标，对大联合政府的影响无疑将是致命的。此时此刻能救人出险境者非默克尔莫属。身为联邦总理的她显然不愿看到历尽艰辛组建的第三届内阁因这一突如其来的危机而夭折于启动之时，于是适时做出了“完全信任加布里尔”的表态。[①]鉴于默克尔已定下基调，丢官的弗里德里希也很快被安排了联盟党议会党团副主席的新职，更重要的是基社盟虽吃暗亏，但同样不希望黑红联盟就此解体。该党主席泽霍费尔最终做出了“我们必须朝前看”和政府工作“必须尽快走上轨道”的公开表态，[②] 从而制止了事态的进一步发酵，致使围绕大联合政府第一场危机的各种报道较快地淡出了传媒的头条。对

① “Merkel：habe volles Vertrauen in Gabriel”，*Frankfurter Allgemeine*，17. 02. 2014，http：//www. faz. net/aktuell/politik/inland/edathy-affaere-merkel-habe-volles-vertrauen-in-gabriel-1285622. html.

② “Seehofer räumt Fehlstart der Groβen Koalition ein”，*Handelsblatt*，18. 03. 2014，http：//www. handelsblatt. com/Politik/Deutschland/nach-der-edathy-affaere-seehofer-rauemt-fehlstart-der-grossen-koalition-ein/9630450. html.

选后斩获颇多、顺风顺水的社民党而言，这一不测事件却是一次可能带来严重后果的冲击，该党上下尤为关注的民调结果也呈相应跌势。可见社民党虽能涉险过关，但其整体形象已不可避免地有所损失。而默克尔的施以援手及基社盟的委曲求全皆出于维护黑红联盟尽可能顺利启动政府工作的通盘考虑。这一由政客个人丑闻引发的不测事件，既使启动未满两月的大联合政府陷入第一次危机，又不啻为协议结盟的基民盟/基社盟和社民党领导人必须面对的一次突如其来的实际考验。危机爆发及其后续发展阶段各派的表现业已证明，为了践行先前公之于众的共识与目标，三党领袖默克尔、泽霍费尔和加布里尔均能摆脱党派间的历史纷争，从现实出发，加强内部协调，对外谨言慎行，以维护执政联盟的团结。尤其是多半以具有强烈地方意识和民粹特征政党示人的基社盟，虽常与社民党斗得不可开交，且在本次危机中身为受害方，但其最高领袖的言行却颇具分寸感，并未采用实质性的反击报复措施，从而在某种程度上改变了人们的习惯印象。形势比人强，党派实力格局今非昔比，从希望顺利执政的现实出发，虽坚持本党利益，但又不偏离四年中的最大目标，这可能是泽霍费尔为这次危机乃至黑红联盟全过程选择的行事原则。总之，大联合政府启动不足两月便遭此不测事件，历经史上最长谈判而组建的黑红联盟不得不早早地陷入第一次危机，其速度之快远超人们的想象。然而危机并未动摇结盟各党力求稳定避免折腾的强烈意愿，故其对三党联盟的破坏烈度明显低于各界的预期。

三　改革之年：虽有各方博弈，但成果多因社民党推动所致

政府工作走上正轨以后，人们很快发现，伴随着本届大联合政府开张而出现的各党派间互不相让的交锋，虽也引发过社会舆论的担忧，但均是针对具体政策领域的不同主张的碰撞。不言而喻，此类政策主张交锋同样具有利益较量的背景，且在不同的利益代表之间求得妥协也非易事。然而与四年前黑黄联盟的开局相比较，毕竟存在明显区别：类似当初自民党主席韦斯特韦勒宣示的通过执政实现国家“精神上与政治上的转折”的不切实际的勃勃雄心不见了，各党领导人在其言行中较多地遵循了从现实出发的指导原则。更应指出的是，经过上述危机考验的三党领袖对如何避免重蹈黑黄联盟时期的覆辙，防止黑红

联盟出现因内斗而沦为民众所不齿的冲突联盟的危险倾向已有了真实感受和具体经验。

正因为执政联盟较有成效地处理了内部纷争，黑红大联合政府得以在执政伊始便顺利推出多个领域的改革方案，其中不少甚至完成了相关的立法程序。鉴于其涉及面广、出台速度快，将黑红联盟的开局之年称之为改革之年，应非言过其实。依旧是默克尔担任联邦总理，从第二届内阁下半期的“改革停滞”顺利转入第三届内阁“改革加速”，社民党的推动作用是显而易见的。这也是黑红结盟得以立显其与黑黄结盟的最大不同的根本原因所在。换言之，若联盟党与自民党继续互为执政伙伴，断然不可能在上述广泛领域实现如此突破。浏览各界对开局之年政府工作的评论与分析，得出“社民党已成改革发动机”“第一年的改革均被打上社民党社会福利政策的印记”的结论者不在少数。社民党的这种推动作用集中体现在以下领域。

（一）最低工资

2014 年 7 月联邦议院和联邦参议院先后通过的覆盖全国的《最低工资法》规定：自 2015 年 1 月 1 日起实施 8.5 欧元/小时的法定最低工资，同时为某些因历史原因造成实际困难的行业设定了过渡期。据统计和测算，全国范围共有 370 万名左右的雇员将因此而得到不同程度的加薪，由此产生的增资总额约达 96 亿欧元，此项政策的效应不容小觑。① 社民党多年来将其视为本党政策的核心组成部分，在此次结盟谈判中更是将其列为绝不让步的底线。2009 年，黑黄联盟在《联合执政协议》中曾明确拒绝引入全覆盖的法定最低工资制度。后在时任劳动与社会事务部部长冯德莱恩等人的竭力鼓动下，基民盟终于在 2011 年的党代会决议中添加了设置工资下限的内容，除了在用词上与社民党有所不同外，还强调其实现方式应是劳资双方的协议，而非政界的立法。自民党在执政伙伴和联邦大选的双重压力下，也曾于 2013 年通过激烈辩论以微弱多数通过建立工资下限的决议。直至 2014 年联邦参议院表决《最低工资法》时，自民党参与执政的萨克森州依然对其投出了唯一的反对票。此举表明，大选失败后的自民党

① “Das sind die Ausnahmen vom Mindestlohn”, *Die Welt*, 31. 12. 2014, http://www.welt.de/politik/deutschland/Article135886199/Das-sind-die-Ausnahmen-vom-Mindestlohn.html.

业已回归其反对最低工资的传统立场。至于联盟党虽已通过结盟谈判不得不同意为全覆盖的最低工资立法，但在大联合政府启动后却又列出多种例外情况，力图缩小其覆盖面。社民党则以不得违反协议承诺作为总基调予以回应，但也不可避免地在细节上做出妥协。总体而言，围绕最低工资的立法较为顺利。最终的法律条文虽未能使社民党完全满意，但毕竟在该领域实现了本党期盼已久的突破。

（二）女性占比

早在1988年社民党便已做出该党各级领导班子以及各级议会竞选名单中女性占比33%的决定，1998年该比例又提高至40%。基民盟和基社盟虽也在党内建立了类似的制度，但在时间上大大落后于社民党，且在力度上也明显不如前者。

进入21世纪之后，围绕该议题的争议主要体现在对公司领导班子女性占比做出法律规定的必要性之上。当社民党、绿党和左翼党试图将该制度推广至经济界时，每每会遭到联盟党和自民党的竭力反对。2012年，红绿两党在其占据多数席位的联邦参议院曾通过至2018年和2023年大型公司监事会女性占比分别须达20%和40%的决议。2013年联邦议院对此进行表决前，红绿方面还曾寄希望于以冯德莱恩为首的执政党女议员的赞成票，因时任劳动部部长的后者对该项立法的追求是人所共知的。结果在不愿放弃追求的冯德莱恩与坚持党内纪律的联盟党最高领导人之间达成的妥协是：前者答应投反对票，后者则承诺将女性占比写入竞选纲领。而执政伙伴自民党则历来以此举属于“对私人契约自由的深度干预”为由，明确反对为公司领导层的女性占比立法，即使在大选年这一立场也未作丝毫松动。可见，在黑黄联盟执政期不存在该领域实现突破的任何可能性。

即使在本届黑红联盟内部，相关法律草案的出台同样也颇费周折。这次由社民党执掌的家庭、老年、妇女和青年部联手司法与消费者保护部提出的立法要点如下：自2016年起，职工数在2000以上的108家大型公司监事会中女性占比须达30%，任何行业或公司都无例外。若某公司监事会女性比例未能达标，其监事会中的相应席位必须空缺。此法同样适用于联邦政府和某些特定的联邦机构，而自2018年起，二者的女性占比还须升至50%。对于3500家职工数500～2000人的公司，规定其自2015年起须自行制定在日常经营和监督管理层中提高女性占比的计划目标，以供内部落实和外部监督。上述条款尽管出自社民党之手，但与其竞选承诺仍有不小的差距。例如：社民党在《联合执政协议》中虽已将女性占比从竞选纲领中的40%降至30%，但最新的法律草案表明，其适用范围又被缩小至区区108家大型公司，且仅限于其中的监事会。对于3500家较大规模的公司则未设具体比例。而对于多达200多万的中小型公司应如何提高女性占比，该法律仍无能为力。总之，这一切对于强调社会公正和性别平等的社民党远非理想结局。然而，在联盟党内代表经济界利益的派别尤其是企业界本身的抵制与反对之下，该法案历经8个月的反复修改终于得以提交联邦议院，仍应视为社民党多年奋斗的一大成果。联邦妇女部部长施韦西斯评价其为“实现更多的权利平等道路上的里程碑”,① 联邦司法部部长马斯则将此举称为“历史性的决定”。②

（三）双重国籍

在施罗德担任联邦总理的红绿联盟执政7年间，所谓“双重国籍”始终是最易形成社会对立的内政焦点议题之一。1998年联合政府上台不久即宣布为了便于上百万名外籍劳工（其中土耳其占比最大）后代加入德国籍进而融入德国社会，应对国籍法进行根本性改动，即允许其同时拥有德国和外国的国籍。由此激发的全社会大辩论表明：这一引入“双重国籍”的政策主张明显缺乏必要的民众支持。身为黑森州在野党的基民盟则利用这一局面彰显其反对立场，并于1999年初轻而易举地将连续执政8年的红绿联盟赶下了台。而民众支持率最高者为自民党的折中方案，即容忍外籍劳工子女在未成年阶段暂时拥有“双重国籍”，强制其在18～23岁做出保留德籍或外籍的选择。鉴于黑森州的败选导致社民党同时丧失了立法必需的联邦参议院多数票，为了求得自民党的帮助，从2000年起出生的外籍劳工子女必须“强制性选籍”随即成为当年《国籍改革法》立法的核心内容。随着社会现代化的发展和民众包容度的上升，“现代社会应配套现代法律”的认识已不仅仅局限于精英阶层，尤其是近年来德国乃至欧盟邻国的现实状况，促使原先围绕该议题的无法调解的尖

① Bundesministerium für Familie, Senioren, Frauen und Jugend, “Kabinett beschließt Gesetzentwurf zur Quote”, 11. 12. 2014, http://www. bmfsfj. de/BMFSFJ/gleichstellung, did = 212316. html.

② “Kulurwandel in der Arbeitswelt”, *tagesschau. de*, 26. 11. 2014, http://www. tagesschau. de/inland/frauenquote-117. html.

锐对立渐趋缓和。对当年被迫妥协而耿耿于怀的社民党于2013年适时将全面取消“强制性选籍”并允许长期拥有“双重国籍”的政策主张列为大选纲领的要点之一。而联盟党方面在不再将对手的目的一概引申为“扩大潜在的选民群体”的同时，其本身的僵硬立场也出现了较大松动，并于结盟谈判前释放出愿意对现有法律进行改革的信号。①在黑红联盟就取消“强制性选籍”达成共识的基础上，由基民盟人德迈齐埃和社民党人马斯分别执掌的联邦内政部和联邦司法部很快联手提出了法律草案。2014年7月和9月，联邦议院和联邦参议院先后完成了相关立法程序。鉴于联盟党坚持设置的诸如必须在德生活至少8年等限制条件，该法最终同样未能实现某些社民党人主张的“双重国籍”真正全覆盖的要求。但据测算，从2018年起年满18岁的外籍劳工子女中不必“强制性选籍”者仍可达90%以上。至于此次国籍法改革的具体效应，尤其是能否解决非德意志后裔完全融入德国社会这一“跨世纪难题”，则尚待观察。

（四）养老金制度一揽子改革

在国籍法改革上，社民党继承并实现了当初红绿联合政府的政策主张；而围绕着养老金制度改革，社民党“63岁可全额领取养老金”的竞选承诺则是对施罗德施政纲领的重大修正。落实后者执政理念的《2010议程》的一个重要内容即为将退休年龄逐步延迟至67岁，以应对人口老龄化的困局。2005年起执政的默克尔赞赏这一改革，并在第一届黑红联盟执政期与社民党联手完成了相关立法程序，2014年可全额领取养老金的年龄已提高至65岁3个月。因此联盟党在明确表示反对态度的同时，提出引进“母亲养老金”的政策主张，即提高1992年前养育子女的女性退休人员的养老标准，作为竞选口号。双方不仅立场迥异，从资金等现实条件来看也应是互为排斥的。然而大联合政府刚满一月，新任劳动与社会事务部部长的社民党人纳勒斯便已完成将黑红双方政策主张合二为一的法律草案。联盟党在对其工作效率赞叹之余，也就草案中将失业期视同养老金缴费期的规定表明了非改不可的态度。联盟党以及经济界普

---

① “Große Koalition：Seehofer akzeptiert Doppelpass，Friedrich wehrt sich”，*Spiegel-Online*，27. 10. 2013，http：//www. spiegel. de/politik/deutschland/grosse-koalition-seehofer-akzeptiert-doppelpass-friedrich-wehrt-sich-a-930196. html.

遍担心此举将诱发大规模的提前退休潮。纳勒斯随即加入了 61 岁起的两年失业期不得视同缴费期的折中条款，较快平息了社民党与联盟党主流派之间的争执。[①] 该法律草案于 5 月 23 日和 6 月 13 日分获联邦议院和联邦参议院的批准，7 月 1 日起正式实施。这一内容多、涉及面广且影响深远的法律之所以能如此快速地出台，其根本原因在于兼顾了红黑两大派的竞选承诺。

（五）房租上涨限制机制

自 2008 年起，德国大城市住宅市场上租金非正常上涨已成常态，同一物业新租赁合同升幅 30% ~40% 并非罕见。2013 年虽有 7 个联邦州将涨幅上限从 20% 降至 15%，但抱怨租房难的市民未见明显减少。鉴于大中城市中承租户的比例远高于住房自有户，意识到“承租户也是重要选民群体”的社民党将全国大中城市房租的涨幅不得超过 10% 列为 2013 年竞选纲领的一大亮点。联盟党竞选纲领中也有同样内容，但主张由各州自行决定如何将城市房租的涨幅限制于 10%。本届大联合政府将建立“房租上涨限制机制”写入《联合执政协议》。然而该项立法过程并不顺利。联邦司法与消费者保护部部长马斯虽于 2014 年 3 月便已完成相关法律草案，但直至 10 月初方获内阁会议通过。耗时半年的原因在于联盟党不断试图对某些细枝末节做出修改，但最终于 11 月提交联邦议院的文本的核心内容依然是以下两点：①同一物业新合同租金不得高于同地段可参照基准的 10%，但为了避免由此产生抑制私人资本投向房产的负面效应，特将新建或经过彻底修缮的住宅排除在外。②改变将经纪人费用自动转嫁于承租人的做法。另由各联邦州自行确定上述规定的适用范围。鉴于 7 个联邦州现行的租金涨幅上限为 15%，其余则为 20%，据司法部 2014 年 3 月的测算，上限 10% 方案覆盖的大中城市住宅可达 420 万套，承租人每年因此将少缴房租 8.5 亿欧元。[②] 近期效果固然明显，但租金设限仅能治标，鼓励建房方可治本，一项房租改革措施尚不足以彻底解决城市居民住房贵的难题。

---

① “Union und SPD einig beim Rentenpaket”, *Der Tagesspiegel*, 19. 05. 2014, http. // www. tagesspiegel. de/politik/koalition-union-und-spd-einig-beim-rentenpaket/9914304. html.

② “Details für geplante Mietpreisbremse stehen fest”, *Zeit-Online*, 30. 03. 2014, http: // www. zeit. de/wirtschaft/2014-03/heiko-maas-mietpreisbremse-gesetzentwurf.

四　负面评价：来自学术界与经济界的批评

一年来大联合政府虽出台了多项改革措施，且受惠面也相当广泛，但批评之声始终不绝于耳。其中令人印象较为深刻的负面评价主要来自学术界与经济界，而教授与企业家们的抨击目标则不约而同地集中于黑红联盟自视为最重要的改革成果——养老金和最低工资制度——之上。

由著名经济学家组成的德国鉴定总体经济发展专家委员会（“五贤人委员会”）对大联合政府的经济与社会政策持相当尖锐的批评态度。该委员会主席施密特教授等人多次质疑“养老金制度一揽子改革”，其在年中的一篇论文中警醒各界此举“必将联邦政府引向歧路”。文章强调，有关63岁可领取全额养老金的计划是对业已实施的逐步推迟领取全额养老金年龄至67岁制度的一种倒退，与缓解德国人口老龄化困局的努力背道而驰。而“母亲养老金”则势必加重规模渐趋缩小的就业群体的缴费负担。实施这两项计划便意味着，法定养老保险系统的支出增加不仅是巨额的，而且是长期的，其中“母亲养老金”的长期负面效应甚至可延伸至2050年。然而上述计划对于解决选战前全社会热议的老年人贫困问题的最终贡献却微乎其微。①

经济界对该项立法抱有天然的抵触情绪。代表其利益的各组织无一例外地将这一预计2020年前增加600亿欧元支出的一揽子计划斥之为“昂贵的错误”。他们警告说提前退休的做法，势必加速德国企业专业技术人才的流失，对经济发展有百害而无一利。工会和教会组织则分别强调“母亲养老金”理应由“税收资金支出”以及该法律的实施将造成对“年青一代的不公”的负面结果。②

对于法定最低工资制度，经济界同样持强烈的批评立场。据联邦劳动与社

---

① “Rentenpaket：die Bundesregierung auf Irrwegen”, *Wirtschaftsdienst*, http：//www. wirt schaftsdienst. eu/archiv/jahr/2014/8/das-rentenpaket-die-bundesregierung-auf-irrwegen/.

② “Rente： Gerechtigkeitslücken schließen”, *DGB-Bundesvorstand*, 14. 05. 2014, http：//www. dgb. de/themen/ + + co + + 2e69ee5e-c4ad-11e3-a230-52540023ef1a；“Mehrheit für Rentenpaket steht”, *MDR*：*DE*, 20. 05. 2014, http：//www. mdr. de/nachrichten/rentenpaket-kompromiss-reaktion100. html.

会事务部的测算，2015 年企业因此增加的工资成本为 96 亿欧元，而经济界的数据则最高可达 160 亿欧元。尽管二者差距悬殊，企业负担的明显加重则是毋庸置疑的。时至 2014 年末，各种令相关各界惶惶不安的报道接踵而来：一份研究成果显示，实施最低 8.5 欧元/小时工资制度后的中期负效应将是 25 万～57 万个就业岗位的裁减，其中对东部各州和低技能就业者的影响最甚。众所周知，法定最低工资反对者的一个重要理由便是，该制度实施后大量的就业岗位将随之不保。德意志银行预测 2015 年全德的失业率将有小幅上升，德国商业银行则报告两年内企业劳动成本的上涨幅度将 3 倍于生产率的提升，由此，德国产品的价格竞争力必然随之下降。11 月 12 日，“五贤人委员会”向联邦总理面交以批评黑红大联合政府经济与社会政策为主基调的年度鉴定报告时，默克尔当即对其关于计划中的“最低工资制也应为经济增速放缓负责”的观点进行了毫不留情的反驳。①

“五贤人委员会”的建会宗旨便是为最高执政层提供咨询，其成员历来被公认为联邦政府最权威的经济政策顾问。然而时至如今，出自于信奉新自由主义学说的教授之手的政策建议将被意识形态渐趋“社民党化”的联邦总理所冷落已成必然。平心而论，2014 年度报告中的某些核心观点，仍不失参考价值，例如：应重新确定德国经济政策的导向，从目前单纯聚焦于再分配转为注重效益；应给予市场过程更多的信任，减少不必要的政府干预；政策的制定应从长远着眼，有利于就业、投资和创新，从而保证德国经济的增长等。

五　加布里尔：从失败者到成功者

在对诞生与运行一年有余的本届黑红大联合政府做出回顾与分析时，针对身为执政伙伴社民党主席及联邦政府副总理的加布里尔在其中的所作所为多加笔墨显然是必要的。

此人虽在 1999 年刚满 40 岁时便主政下萨克森州，成为德国历史上最年轻

① “Merkel streitet mit Wirtschaftsweisen über Mindestlohn”, *Zeit-Online*, 12. 11. 2014, http://www.zeit.de/wirtschaft/2014-11/wirtschaftsweisen-angela-merkel-mindestlohn-streit.

的州长，但并不属于那种可同时赢得州内外民众关注的“一州之父”。2005～2009年，他曾出任第一届默克尔黑红联盟的环境部部长，但毕竟无法跻身于位高权重的核心阁员之列，影响依旧较为有限。社民党经历了2009年大选的历史性惨败后，加布里尔成为1990年以来出任该党主席的第10人。鉴于多年来未能形成稳定的联邦层级的领导核心，加之败选综合征导致的人心涣散，当时全党上下并不相信其任内能有所作为。然而，出乎人们意料的变化出现在社民党2013年选战再次败北之后。虽为联邦议院大选的失败者，社民党却能在随之开张的组阁谈判中纵横捭阖赢得主动，从而得以将本党的多项选前承诺变成黑红联盟的行动纲领。挟令人赞叹的胜利之余勇，加布里尔很快又在2013年12月中旬赢得通过党内公投这一基层民主形式所赋予的必要支持乃至合法性。从组阁谈判正式启动至党内票决结果公开，该党在短短的7周时间内顺利做出了“可能影响未来30年的最重大决策”①，从而迅速完成了从冲击政权的再次失败者到具有相当话语权的参政者的身份转变，成功地开创了一个德国政坛的全新局面。以重返联邦执政的口号连胜两大战役的加布里尔率领社民党及时走出阴霾，充分显示了其改变本党组织涣散、战斗力下降现状的号召力，令各界对其不得不刮目相看。

既实现了参政梦，又团结了全党，且在黑红大联合政府的改革创新中扮演着实际上的发动机角色，与本党不少前辈领袖们相比，加布里尔的政绩不可谓不辉煌。与此同时，雄心勃勃的加布里尔并未停下争取更大权势的步伐，他的最终目标必然是2017年执掌联邦总理府。但令其最为纠结的是，一年来各种民调结果无一例外地表明，由社民党主导的诸如最低工资全覆盖、63岁领取全额养老金、房租上涨限制机制和女性占比等立法举措虽赢得了德国社会相当高的赞成度，民众也承认确有不同程度的受益，但总体上对社民党甚至加布里尔个人的评价竟未出现相应的变化。例如：社民党的民调支持率一直徘徊在2013年25%的大选得票率左右。与默克尔相比较，加布里尔本人的民众满意度始终落后近20个百分点。若两人直接竞选总理，加布里尔的得票率可能仅过10%，而默克尔则将接近60%。

① “Gabriel：SPD steht möglicherweise vor der wichtigsten Entscheidung der nächsten 30 Jahre”, *tagesschau-Interview*, 16. 11. 2013, http：//www. tagesschau. de/inland/interview-gabriel100. html.

加布里尔纠结的其实便是德国政治生态中所谓的“默克尔现象”。看来普通民众久已形成的自觉或不自觉地将联邦政府的全部政绩首先归于总理的思维定式在整个默克尔时代都将难以改变。黑黄联盟期间，自民党对此虽愤愤不平，但只得认命。而今的社民党虽是第二大党，且对执政联盟的贡献多于自民党也属基本事实，但在社会认知上同样未能得到相应回报，离挑战默克尔必须具备的最起码民意基础相去甚远。然而加布里尔的与众不同在于，其已被证明是敢于打破现状的冒险者。为了实现其2017年的宏图大业，他决定从舆论准备着手摒弃那些导致社民党失败的种种错误思想。透过2014年2月问世的阐述加布里尔政策思想的联邦经济部年度报告，人们已可看到若干不同于半年前竞选纲领的表述。此后其“经济友好型的新中间路线”逐渐为外界所知晓。党内外的一致看法是：这一路线更符合2013年败选的社民党首席候选人施泰因布吕克的个人执政理念，且与施罗德当年的“新中间路线”有很大的相似度。而加布里尔本人5年前却偏偏是打着“清算2010议程”的旗号上台的。对此，此人并不介意并公开表明，他如今与施罗德之间在这一问题上“根本不存在原则性区别”。[①] 对于加布里尔的上述政策修正，有人指出其更主要目的在于为2017年的大选重新赢回此前转投联盟党的那些选票，只是联盟党方面即使将其视为“潜在威胁”，也不便公开发作，因此二者一时还相安无事。

不料，东部小州——图林根州2014年9月14日的议会选举迫使双方不得不提前直面围绕2017年大选可能形成的结构性矛盾。[②] 该次选举的投票结果表明，若社民党维持与基民盟的伙伴关系不变，双方仍可以1票的微弱优势继续执政。而社民党却通过11月5日的党员公决，宣布参与新建同样仅有1票多数的左翼党（红）/社民党（红）/绿党（绿）联合政府，并成全左翼党领袖首次成为一州之长。此举招致基民盟的强烈抨击，除谴责社民党“背叛自己的路线”之外，默克尔甚至还在12月的基民盟年度党代会上分别对自民党的败选以及与绿党的无缘表示出惋惜之情。[③] 尽管加布里尔数次排除了在联邦

---

① “Wir können die Leute dort nicht einfach sterben lassen”, *Leipziger Volkszeitung*, 16. 08. 2014, http://www.lvz-online.de/f-Download-d-file.html?id=2898.

② 州选情况参见本书中伍慧萍《从2014年州议会选举看德国东部政党格局的变迁》。

③ “Union ringt um Schwarz-Grün”, *Der Spiegel*, Nr. 51/2014, p. 19.

层面构建红红绿联盟的可行性，但舆论则更愿放大图林根模式的所谓“试点效应”。众所周知，在自民党翻身无望又不能与德国选择党结伴的前提下，联盟党必须与社民党或绿党结盟方能组阁执政。而左翼党若愿改变其外交与防务政策，老搭档绿党也不为所动，社民党即可组建以其为首的红红绿泛左翼阵线，届时便可顺理成章地以加布里尔取代默克尔。

六 结语

图林根州议会选举及其后续发展之所以赢得社会广泛且持续的关注，在于该议题涉及了德国社会某些敏感的深层次矛盾。也正因为如此，公众在大联合政府运行将满一年之际终于看到了黑红最高层的暗自较劲。但最高领袖们更多的是在力戒矛盾与冲突的公开化。由于凡遇要事均先由三党主席商定，故而即使内阁会议也鲜见争论。外界虽难以窥见其决策细节，但却留下了黑红联盟迄今为止尚属和谐的总体印象，从而也与前两届默克尔政府形成了强烈的反差。其中默克尔、加布里尔和泽霍费尔所持的建设性立场对造就合作共事氛围无疑是最大的正能量。此外，默克尔的特殊地位和威望已多次致使挑战者铩羽而归。有鉴于此，加布里尔或泽霍费尔即使出现攻击默克尔的冲动也不得不三思而行。总之，三巨头之间的相对和谐是大联合政府在开局之年得以顺利推出多项改革举措的重要前提。可以预见的是，2015 年起黑红联盟面临的内政和外交两方面的考验将更为严峻，某些矛盾和冲突可能难免趋于尖锐，但业已开启的合作共事的基本面仍将维持不变。

B.3

从2014年州议会选举看德国东部政党格局的变迁

伍慧萍*

摘　要：在2014年德国东部的三个联邦州的州议会选举中，常态与变数并存。虽然各州第一大党均得益于执政红利而没有易主，但德国东部的政党格局在新旧政治力量的激烈角逐中重新洗牌。政党体制碎片化程度日益加深，自民党的没落与德国选择党的异军突起导致组阁不确定性越来越大，由此带来了联合政府组阁形式始料未及的新创举。基民盟虽然一党独大，却由于丧失传统结盟伙伴而受制于结盟能力的局限性，社民党则在总体低迷的水平上左右逢源。在两德统一临近25周年之际，有着民主德国背景的左翼党立足东部，深耕地方，经过历史转型，日益融入德国政党政治主流。右翼民粹政党的崛起引发了德国政坛的震荡和各种后续影响，向各大主流政党提出了新的挑战。

关键词：选举　州议会　政党　政党格局　德国

2014年的联邦州议会选举集中在德国东部，分别是在萨克森州、勃兰登堡州和图林根州。三次州选都是在八九月间，在经济与社会形势整体稳定、不存在较大规模危机和抗议氛围的国内政治背景下举行的，因此主导选举结果的多为地区层面议题，主要是对各个执政党地方工作政绩的考察。两德重新统一

---

* 伍慧萍，博士，同济大学德国问题研究所/欧盟研究所教授。

之后，东部所有五个联邦州均于1990年10月14日举行首次州议会选举，2014年的选举都是这三个联邦州有史以来的第六次州选。正值柏林墙倒塌25周年之际，新旧政党在东部地区的力量对比发生了很大变化，与全国形势相比既有共性，又表现出个性。①

一 州选结果基本情况

（一）萨克森州议会选举

8月31日的萨克森州选参选率仅为49.2%。与5年前的州选相比，多数政党得票率均有不同程度的下滑，流向了一支新近崛起的政治力量：基民盟（-0.8%）、左翼党（-1.7%）和绿党（-0.7%）支持率都略有减少，其中基民盟作为该州传统上最大的政治力量，在1990~2004年甚至难能可贵地保持了单独执政的地位，此次39.4%的支持率已经是1990年以来最差的选举结果，不过，该党相对于其他政党依旧第六次保持了明显的优势；左翼党在该州的影响力自两德统一起基本保持了上升态势，自2004年之后，这一趋势有所放缓，不过左翼党在此次选举后仍旧是本州第二大政治力量和最大的反对党；下滑幅度最大的自民党丢失了6.2%的支持率，在丢掉州议会议席的同时也失去了最后一个在联邦州层面参与执政的资格，毫无疑问成为州选的最大输家；绿党在该州的表现始终平平；社民党较5年前进步了2.0个百分点，尽管如此，还是没有扭转该党自两德统一以来在该州持续颓势的局面，无法改变第三大党的政治排位；相比这些传统政党总体支持率下降的趋势，萨克森州选最大的赢家当数德国选择党（AfD），这个成立于2013年上半年的新兴政党在州选中沿袭了2014年5月欧洲议会选举的成功，从无到有获得了9.7%的得票率的骄人成绩，支持率甚至直逼社民党（见图1）。从图2可以看出，该党的崛起在极大程度上是受益于来自右翼阵营的选票，首当其冲就是基民盟（33000票）和自民党（18000票），并动员了相当数量此前未参加投票的选民（16000

① 如无特别注明，本文数据均来自 http://www.tagesschau.de/wahlarchiv/startseite_wahlarchiv/index.html。

票）。该党的选票也来自各个竞争对手，也包括左翼党（15000 票）等左翼政党。值得一提的是，德国选择党在萨克森州选中的出色表现也直接导致了极右翼的国家民主党（NPD）未能再度入选州议会，后者此次获得 4.95%（-0.6%）的得票率，仅以 809 票的微弱差距被挡在 5% 门槛之外，功败垂成；而德国选择党单单从国家民主党选民手中就争取到了 16000 张选票。

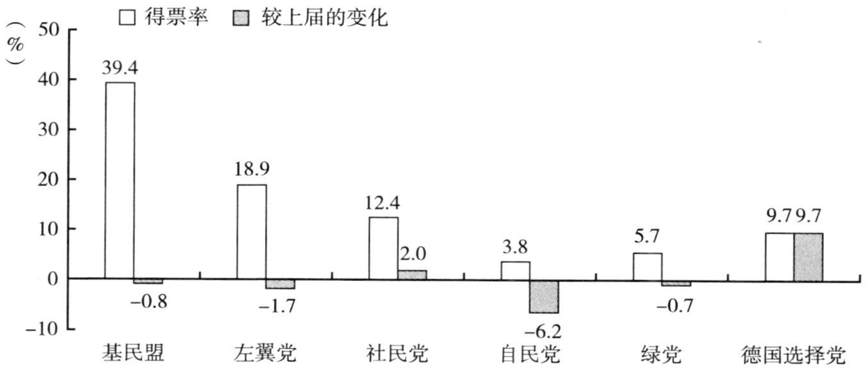

图 1　2014 年萨克森州议会选举结果：得票率及较上届的变化

资料来源：http：//wahl. tagesschau. de/wahlen/2014 - 08 - 31 - LT - DE - SN/index. shtml。

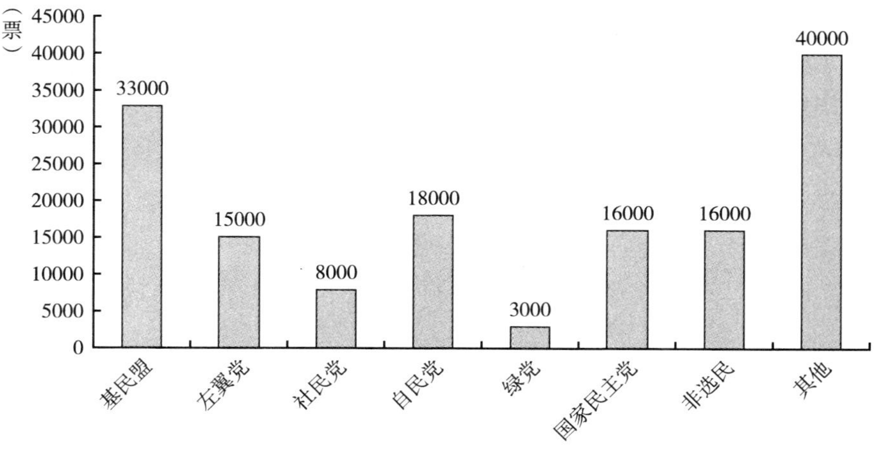

图 2　德国选择党在萨克森州的选民来源

资料来源：http：//wahl. tagesschau. de/wahlen/2014 - 08 - 31 - LT - DE - SN/index. shtml。

萨克森州选的决定性议题有教育/学校（38%）、失业/就业市场（29%）、家庭政策/子女照顾（19%）、经济形势（11%）和犯罪现象（11%）；更多的是地方性议题。这也十分有利于在萨克森州长期执政的基民盟，其竞选成功可以主要归结为以下两方面的原因：首先，在东部各州当中，萨克森州的经济形势是最好的，该州的经济竞争力和产业结构优势甚至在全国都处于领先地位，① 选民对于基民盟的经济工作能力表现总体十分满意；其次，州长候选人蒂利希（Stanislaw Tillich）社会声望高，其工作业绩获得选民的极大认可。正因为如此，尽管社民党在选举中有小幅进步，德国选择党也分流了右翼选民的选票，但基民盟仍旧与其他政党之间拉开了很大的距离。相比之下，左翼党州长候选人格布哈特（Rico Gebhardt）的知名度明显逊色，不过，在教育/学校以及社会公正的议题上，选民还是更加认可左翼党和社民党的能力。

在新一届州议会的126个席位中，各党团的议席数分别为：基民盟59席、左翼党27席、社民党18席、绿党8席、德国选择党14席，基民盟一党的席位仍旧一如既往地超过三个左翼政党的总和。在这样的领先优势下，基民盟在组阁谈判中轻松拥有主动权，既可以与社民党又可以与绿党考虑结盟事宜。

（二）勃兰登堡州议会选举

9月14日举行的勃兰登堡州选参选率仅为47.9%。勃兰登堡州传统上左翼势力较强，此次选举仍旧延续了这一趋势，但是两大主要的左翼政党得票率都有所下降：社民党连续六次保持最大政治力量的领先地位，不过已经无法复制1994年州选时相对于竞争对手的优势纪录，和上届州选相比得票率减少了1.1%；左翼党则更为糟糕，失去了本州第二大党的地位，得票率减少了8.6%，在两德统一后20多年稳步上升阶段中所积累的进步几乎丧失殆尽。自民党仅获得1.5%的支持率，下滑了5.7%，被踢出了州议会。基民盟（+3.2%）和绿党（+0.5%）的表现均略有改善。与萨克森州类似，勃兰登堡州选最大的赢家仍然是德国选择党，而且表现甚至超过2周前，取得12.2%的成绩，轻松进入议会（见图3）。

---

① Stifterverband für die deutsche Wissenschaft, Wirtschaftsfaktor Hochschule. Investitionen, ökonomische Erträge und regionale Effekte, pp. 14, 31, 32, http://www.stifterverband.de/wirtschaftsfaktor-hochschule/wirtschaftsfaktor_ hochschule.pdf.

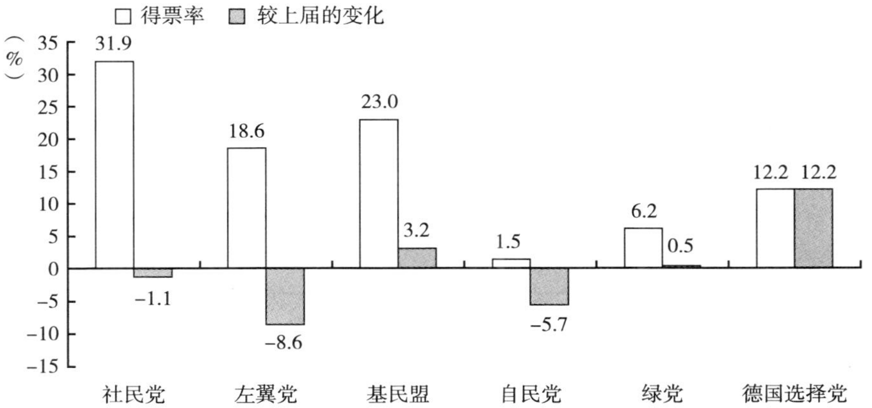

图 3 2014 年勃兰登堡州议会选举结果：得票率及较上届的变化

资料来源：http：//wahl. tagesschau. de/wahlen/2014 - 09 - 14 - LT - DE - BB/index. shtml。

勃兰登堡州选举的决定性议题有教育（24%）、经济（20%）、就业市场（19%）、社会政策（18%）、家庭政策（11%）。在经济和就业市场领域，选民更加相信社民党和基民盟的能力，而左翼党在教育领域的能力比基民盟更受认可。社民党在勃兰登堡州总体上保持了优势，这一方面由于该党威望高，另一方面也是由于州长候选人兼州党主席沃伊德克（Dietmar Woidke）在个人和专业能力、信誉和好感度方面的公众形象都远超政治对手。

在新一届议会的 88 个议席中，各党团议席数分别为：社民党 30 席、左翼党 17 席、基民盟 21 席、绿党 6 席、德国选择党 11 席。而勃兰登堡联合公民运动/自由选民党凭借 3 个直选议席进入议会。在这样的席位分布形势下，社民党既可以选择红红联盟，也可以考虑再现 1999 ~2009 年由本党领导的红黑联盟。

（三）图林根州选举

与勃兰登堡州同步在 9 月 14 日举行的图林根州选参选率略高于另外两州的选举，达到 52.7%。如图 4 所示，此次图林根州的基民盟维持了自 1990 年来的第一大党地位，得票率还增加了 2.3%，不过自 1999 年以来该党的整体趋势在走下坡路。左翼党自 1990 年以来得票率稳步上升，此次 28.2% 的得票

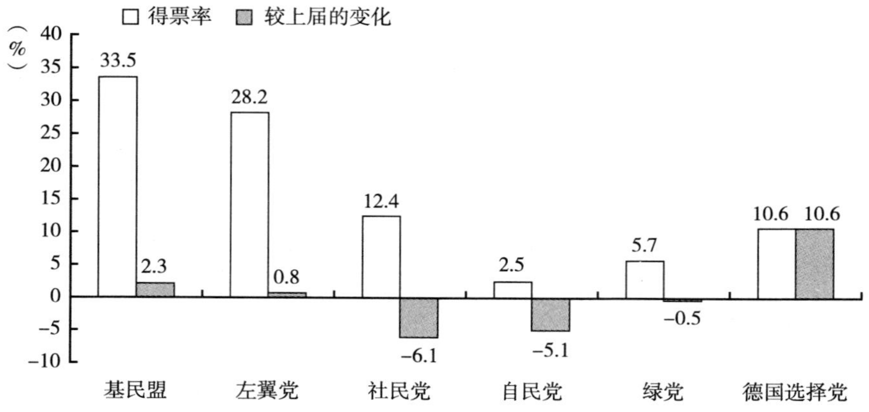

图 4　2014 年图林根州议会选举结果：得票率及较上届的变化

资料来源：http：//wahl. tagesschau. de/wahlen/2014 -09 -14 - LT - DE - TH/index. shtml。

率（+0.8%）是该党迄今以来的最好表现。绿党（-0.5%）的走势也比较稳健，与上届相比支持率变化不大。与之相比，社民党的表现就差强人意（-6.1%），该党在该州相对弱势，从 1999 年以来几乎一路下滑，此次 12.4% 的最终得票率是该党除了萨克森州选以外，在历次联邦州选举中最糟糕的成绩，几乎与政坛新手德国选择党平起平坐。作为直接后果，在图林根州选举失利后，社民党该州党主席就在党内联邦高层的要求下引咎辞职。自民党再现了另外两州选举的表现，下滑了 5.1 个百分点，在三年半的时间里第十次跌出议会。德国选择党以 10.6% 的高得票率自建党以来进入了第三个州议会。

图林根州选的决定性议题有教育（25%）、就业市场（20%）、经济（19%）、家庭政策（17%）、社会政策（15%），与其他两州情况基本类似。由于社民党在该州相对弱势，选民在投票时主要是在基民盟与左翼党州长之间做出选择。基民盟州长候选人、上届州长李贝克内西（Christine Lieberknecht）在信任度、好感度和专业能力上并不比左翼党的州长候选人拉梅洛（Bodo Ramelow）更有说服力，但该州经济形势良好，上届政府的执政红利为选举的结果加分，选民仍旧信任该党解决未来挑战的潜力；此外该党公众形象也有所改善，因此得以在选票上遥遥领先。反之，左翼党在该州的政党形象是该党在所有联邦州中最好的，候选人也拥有良好的公众形象；而在专业能力方面，虽然左翼党在就业和经济政策方面不敌基民盟，却在与社会公正相关的决定性议题上胜出，在教育和家庭政策等方面获得的民众信任程度超出了基民盟和社民党。①

相应地，在91个席位中，进入州议会的各党团席位分别为：基民盟34席、左翼党28席、社民党12席、绿党6席、德国选择党11席。而这一席位分布结果产生了一种非常巧合的局面，即单纯从计算结果看，黑红联盟和三个左翼政党联合的席位总数分别为46个席位，而且正好都只比相应的反对党席位总数多出1席。这也为此次州选之后的最大变局埋下了伏笔。

二　两德统一25周年之际的东部政党格局

与全国形势相比，东部政党格局既有共性，又有地方特性：共性表现在政党体制碎片化程度日益加深，组阁不确定性越来越大；特性表现在左翼党在东部影响力超过西部。

（一）政党力量对比的变化

选举是政党格局的重新洗牌，政党力量此消彼长。在两德统一临近25周年之际东部三个联邦州的选举中，常态与变数并存。经历州选之后，虽然各州第一大党都部分地拜执政红利所赐而没有易主，但均无法再现一度的绝对优势，东部政党格局在新旧政治力量的激烈角逐中发生变迁。对于基民盟而言，2014年的三次州选充分暴露了该党正日益陷入的尴尬局面。一方面在得票率上持续保持了优势地位，一党独强，是目前在全国层面唯一可以担当起全民党这一称谓的政党；在东部诸州中，基民盟在萨克森州的势力最强，在图林根州也维持了传统的第一地位，在勃兰登堡州恢复了第二大党的地位。而另一方面，该党却受制于结盟能力的局限性，失去了传统的执政联盟伙伴自民党，只能寄希望于跨越阵营与社民党组建政府，而在2014年的图林根州甚至出现虽然赢得了大选却最终无法组阁的情况。

2014年的若干次选举对于社民党则继续警钟长鸣。这个德国现存历史

① “CDU-Wahlsieg, starke Linke und AfD-Erfolg”, http://www.forschungsgruppe.de/Wahlen/Wahlanalysen/Newsl_Thue_2014.pdf.

最悠久的政党2013年刚刚庆祝了建党150周年，在当年成立政党的萨克森州，以及在图林根州，该党此次都只分别获得12.4%的低得票率，也就勉强超过只有一年半建党历史的德国选择党，难以摆脱总体低迷的命运，表现差强人意，基本丧失了与基民盟平起平坐的全民党地位。当然，社民党的一个重要优点是在组阁能力上胜过基民盟，可以左右逢源；但在2014年图林根州选之后，该党沦为左翼党的执政小伙伴，难免成为政治对手基民盟的笑柄。

选举之后的选票流向分析显示，社民党的选票主要流向了左翼党。在2014年的东部选举中，左翼党总体上保持了在东部的重大影响力，尽管在其传统势力最强的领地勃兰登堡州选举结果跌势明显，下降为第三大党，但在萨克森州和图林根州都基本保持了一路上升势头，维持了自1999年大选以来的第二大党地位。在图林根州甚至改写历史，首次出任州长职务。这也是继绿党在巴符州之后，第二次由两大全民党以外的小党担任州长职位。

自民党仍旧延续了历次州选的失败颓势，在三个东部州均遭遇惨败，得票率分别为3.8%、1.5%和2.5%，由此，该党在最近三年半的时间里第十次被踢出州议会。2014年三次州选过后，自民党只在6个州议会中拥有议席，而在2011年2月，该党还进入了所有16个州议会以及联邦议院。非但如此，在8月的萨克森州选失败后，自民党就已经自1946年以来首次被排斥在所有州政府以外，不再参与执政，昔日“天平上的小砝码”的稳固地位荡然无存。

绿党在东部各州的发展较为缓慢，自2009年选举以来才首次进入勃兰登堡州和图林根州议会。2014年的州选中，绿党均保住了在这三个州议会的议席，这对于绿党而言已属不易。至少绿党可以自我宽慰的一点是，该党目前是除基民盟/基社盟和社民党之外唯一进入所有16个联邦州议会的政党，达到了之前设定的竞选目标。

作为眼下德国最为年轻的政治力量，德国选择党继5月份的欧洲议会选举崭露头角之后，在东部州选中延续了上升势头。该党从传统党派尤其是右翼政党手里夺走了很多选票，在左翼势力最强、最终由红红联盟执政的勃兰登堡州，德国选择党甚至取得12.2%的最好成绩。从图3的选举结果可以看出，在政党谱系中它处在比基民盟更为右翼的位置，基民盟的影响力逐渐被德国选择党所吸收和代表。

极右翼的国家民主党，包括其部分前身——德国人民联盟（DVU），在东部选举中都表现出了持久的影响力。从全国范围来看，国家民主党在萨克森州的势力最为巩固，在2005年和2009年选举中分别取得了9.2%和5.6%的选票，在2014年的三次州选中也是在萨克森州表现最好，得票率达到4.95%，是德国选择党的前进步伐和快速上升势头阻止了这一极右翼政党再度进入议会。而在勃兰登堡和图林根州，国家民主党得票率也分别达到2.2%和3.6%。

（二）组阁形式的创新与变数

尽管三个东部州的第一大党都没有易主，但随着德国政党体制碎片化程度加深，组阁不确定性日益增大。东部州选过后，三个联邦州经过各种组阁意向的探讨和联合执政协议的谈判，最终组成了各不相同的联合政府形式，可谓最大限度地展现了当前德国政党联合的变数与创新：在萨克森州，基民盟与社民党组成了黑红大联合政府；在勃兰登堡州，社民党与左翼党组成的红红联盟沿袭了左翼政党在东部的传统影响；图林根州的政党组阁一波三折，最终的组阁形式不但终结了基民盟长达24年执政该州的历史，而且颠覆了之前的种种政治结盟传统，在联邦德国历史上第一次组成了由左翼党人士出任州长、社民党和绿党成为执政小伙伴的红红绿三党联合，从而为德国政党体制增添了创新与变数。

在三个联合政府的组阁过程中，图林根州的政权更替出乎意料，也在各个政党以及民众当中引发了持续的争议。之前红红绿只在城镇的地方层面出现过，而且都是以社民党为最大的执政伙伴。图林根州的选举结果形势特殊，如前所述，由于社民党在该州的疲弱，竞争主要是在基民盟和左翼党之间展开，最终由李贝克内西领导下的基民盟领先5.3个百分点。选举结果揭晓当天，基民盟和左翼党都宣布有意领导组阁谈判。基民盟胜券在握，顺理成章希望延续与社民党的黑红联盟，党内高层对于李贝克内西必将连任确信无疑，十分肯定社民党不可能自我矮化，甘当左翼党的配角。为了增加执政联盟的分量，基民盟还曾提出在黑红联盟以外再加上绿党的新模式，毕竟黑红联盟比反对党只有区区一席的优势。但绿党对于这一提议兴趣不大。左翼党一方则提出红红绿的结盟模式。无论哪种组阁形式都离不开社民党的参与，这对于在此次选举中失利、仅获得 12.4% 支持率的社民党多少也是个安慰。社民党分别与基民盟和左翼党展开了组阁意向会谈。鉴于左翼党的民主德国历史，社民党在开始与之进行组阁意向会谈前实行了党内民主，将组阁决定交付本党基层党员进行党内公决。绿党在组阁协议签署前同样征询了党员意见。

社民党在组阁问题上的摇摆立场显然招来了基民盟的微词。在基民盟看来，不应该改变大选所确定的力量对比，更不应该由区区 3500 名社民党党员来决定 200 万人口的图林根州该由谁执政。① 默克尔在 12 月份的基民盟党代会上也对此大加抨击。还在社民党党员内部表决期间，出身民主德国的联邦总统高克公开质疑左翼党是否已经与过去民主德国的历史清算彻底。事后的结果证明，高克的这一表态和干涉适得其反，反倒为左翼党增加了同情分。此外，图林根州也出现过若干次数千人反对左翼党推出州长的示威游行。11 月 5 日社民党党员公投结果揭晓，69.9% 的党员支持红红绿联盟，由此，相应的组阁谈判获得了民主合法性，正式启动并顺利签订了联合执政协议。面对这一变局，基民盟选择了放弃州长竞选，李贝克内西也退出了本党高层。图林根州的组阁过程充分彰显的事实是，大选中得票率的优势不能主导一切，最终能否成功执政，取决于政党之间的结盟潜力与妥协态度，弱势政党、小规模政党在其中具备的潜力不容忽视。左翼党在图林根州的执政协议序言中就应执政伙伴的要求，声明民主德国是“不公正国家”，表现出了该州左翼党的合作与务实态度。

自民党的没落使得基民盟丧失了传统结盟伙伴，并使基民盟由此陷入尴尬境地。从东部各州的联合执政形式来看，基民盟虽然在东部也拥有强大的影响力，具体在 2 个州（萨克森州、萨克森 - 安哈尔特州）领导联合政府，1 个州（梅克伦堡 - 前波莫瑞州）作为小伙伴参与执政，在另外一个州（图林根州）保持了第一大党的地位，在剩下的勃兰登堡州也是第二大党（见表 1）。然而，高得票率不能完全确保执政地位，基民盟在右翼阵营缺乏合适的组阁伙伴。虽然有同属右翼阵营的德国选择党进入了其中 3 个州的州议会，但鉴于与其反欧元的立场存在根本性对立，基民盟没有与之合作的可能性。这迫使基民盟不得不跨越阵营进行组阁，与社民党合作成了基民盟在东部执政的唯一选项。

① “SPD-Mitgliederentscheid. Irritation und Erleichterung”, 04.11.2014, http://www.faz.net/aktuell/politik/inland/spd-mitgliederentscheid-irritation-und-erleichterung-13247895.html.

反观社民党，虽然民调支持率和大选得票率总体上仍旧在低位徘徊，但在所有东部州都参与了执政，在组阁方面左右逢源，表现出极大的灵活性：该党在2个州领导联合政府（勃兰登堡州、梅克伦堡－前波莫瑞州），在3个州作为小伙伴参与联合执政（萨克森州、萨克森－安哈尔特州、图林根州）。此外，作为左翼阵营的另外两个政党，左翼党在1个州领导联合政府（图林根州），在1个州作为小伙伴参与联合执政（勃兰登堡州）；绿党在东部各州影响力普遍较弱，虽然进入了所有的州议会，但只在1个州（图林根州）作为第三个联合伙伴参与执政。

表1　东部各联邦州的联合政府组阁形式

东部联邦州	执政联盟形式	东部联邦州	执政联盟形式
萨克森州	基民盟－社民党	勃兰登堡州	社民党－左翼党
图林根州	左翼党－社民党－绿党	梅克伦堡－前波莫瑞州	社民党－基民盟
萨克森－安哈尔特州	基民盟－社民党		

资料来源：笔者自制。

（三）左翼党的发展趋势

作为前民主德国执政党——统一社会党（SED）的后继政党，左翼党立足东部，深耕地方，已然完成了历史转型，日益融入德国政党政治主流，同时也在不断参与塑造德国的政党格局。

左翼党正式成立于2007年6月16日，是由民社党（PDS）和劳动与社会公正选举联盟（WASG）这两个政党合并而来。其中民社党脱胎于统一社会党，在德国统一后的第一次联邦议院选举中，只得到4.4%的选票；但因为它在柏林有4个直选席位而得以进入议会，并根据实际获得的有效选票分到了30个议席。在1995年的柏林州议会选举中，民社党在柏林东部获得了36%的有效选票，成为柏林东部地区的第一大党。而劳动与社会公正选举联盟则是由社民党分裂出来的左翼力量创建，此次分裂源于担任过社民党主席和联邦财政部长的拉方丹（Oskar Lafontaine）反对时任德国总理施罗德的社会福利体制和劳动力市场政策改革。这两支左翼政治力量在正式合并之前就已经在2005年的联邦大选中成功合作，以8.7%的得票率进入联邦议院，此后一直都在联邦议院。

值两德统一临近25周年之际，左翼党已经日益融入主流政治，为广大德国选民所接受。在该党成立之初，由于特殊的历史渊源，地位稳固的主流政党均讳言与其合作，该党的重要性更多地体现在“勒索”[①] 潜力上，最多以“容忍”少数派政府的形式发挥影响。例如，该党曾于1994～2002年在萨克森-安哈尔特州，在所谓的“马格德堡模式”下容忍过红绿少数派政府。而今，左翼党在2013年的最近一次联邦大选之后成为联邦议院最大的反对党。而在联邦州层面，左翼党在2007年的不来梅州选中历史性地以8.4%的高得票率首次进入德国西部州议会。截至2014年底，左翼党进入16个州议会中的10个，包括西部的不来梅、汉堡、黑森州以及位于东部的联邦老州柏林。左翼党的公众形象和信任度也有了实质性的提升。根据2014年12月“政治晴雨表”，目前德国人普遍认为，其他政党应当将左翼党作为一个正常的政党对待（66%），排斥与左翼党进行合作的人只有27%，这与德国选择党形成鲜明对比。[②]

尽管如此，左翼党还是更多受到德国东部人的广泛认同。截至2013年底，该党共有6万多名党员，[③] 其中大部分生活在德国东部。对于左翼党人士出任州长职位这一事实，也是东部人的认可度明显高于西部。左翼党在东部的影响力远远超过西部，已经成为事实上的东部地区的全民党，在东部各州以及柏林也多次成功地参与执政，2014年12月5日甚至首次出任了州长。但左翼党迄今为止的结盟和参与执政的活动仅限于东部。因此，尽管左翼党联邦议院党团主席居西（Gregor Gysi）表示将与社民党及绿党探讨将图林根州的模式运用到联邦层面的可能性，但这在很长时间里将难以成为现实。各州层面的组阁形式原本就不会对联邦产生后果，红红绿的组阁经验无法直接照搬到联邦层面，甚至不能推广到其他东部州。根据2014年12月的“政治晴雨表”，57%的德国人反对在联邦层面由红红绿政府执政，只有21%的人支持，凸显了这一执政

① Giovanni Sartori, *Parties and Party Systems. A Framework for Analysis*, Colchester: ECPR Press, 1976, p. 122.

② http://www.forschungsgruppe.de/Aktuelles/Politbarometer/.

③ 参见联邦统计局数字，http://de.statista.com/statistik/daten/studie/1339/umfrage/mitgliederzahlen-der-politischen-parteien-deutschlands/。

联合的局限性。[①] 之所以如此，还是与该党在政治纲领上的特点有很大关系。在政治主张上，左翼党部分继承了民社党理解下的民主社会主义传统，该党从抗议运动起家，打着社会公正的旗号，吸引了很多对其他几大政党不满尤其是对社民党失望的选民的支持。对于最有可能与该党开展合作的社民党而言，目前左翼党在外交、安全、财政等多个政策领域的政治主张过于偏激：在外交领域，该党原则上主张裁军，反对动用军事手段解决国际冲突；反对派遣联邦国防军参加海外行动；主张解散北约，并建立包含俄罗斯在内的新的集体安全体系取而代之。在世界经济政策领域，该党主张对穷国大规模减债，并提高发达国家对发展中国家的援助。这些立场与包括社民党在内的其他各党派分歧巨大。有鉴于此，左翼党在现阶段仍旧只能继续扎根东部，循序渐进。

三 东部州选的后续影响

2014 年的三次东部州选，尤其是德国选择党这一右翼民粹政党的崛起，引发了德国政坛的震荡和各种后续影响，笔者认为，这其中特别值得关注的有以下几个方面：

（一）德国选择党的发展空间

三次州选结果的选民流向显示，德国选择党继海盗党之后成为新的搅局者，分流了各个政党的选票。该党的选民基础也十分多元，从年龄组、就业与否等标准来看，其分布状况也基本均衡，短期内已然构成对所有政党的挑战。该党以“德国退出欧元区共同货币市场”的政治主张起家，在公众舆论中更多地被视为聚焦欧洲政策的单一议题党，其反欧元的立场迎合了部分德国民众的疑欧心理，网罗了抗议势力。不过，随着欧债危机渐渐淡出媒体视线，德国选择党已经将自身的政治纲领扩展到移民、家庭、能源、卫生、国内安全和国防等领域。该党在东部大选中除了提出国内安全和柏林－勃兰登堡新机场的丑闻等议题之外，也提出了农村地区医疗服务不足等内政议题，对于国内安全的

① “Deutliche Mehrheit gegen Zusammenarbeit von CDU/CSU und AfD”，http：//www. forschungsgruppe. de/Aktuelles/Politbarometer/.

关注为该党赢得了不少民意。

需要看到的是，该党异军突起并非主要归因于其抗议党形象。根据民调，与 2014 年 5 月的欧洲议会选举相比，萨克森州的选民更多的是出于政治内涵而投票给德国选择党（76%），只有 20% 的人是为了警示教训其他政党才投票给该党。该党在图林根州选民的投票动机也基本类似。因此，对于德国选择党 2014 年的选举成绩需要客观看待，该党目前的选举成功有着多方面的影响因素：既包括对于传统地位稳固政党的不满，部分民众对于政府出手救助欧元区重灾国举措的担忧；也包括德国选择党自身的一些特色，如在组织建设方面的专业化，善于和媒体打交道，在政治和社会动员方面提出迎合了社会舆论的政治内涵；等等。

不过，该党在发展过程中也面临一些问题：其一，该党作为右翼民粹势力，在竞选时走平民路线，把重点放在批判现有各大政党上，而所提出的议题，包括反对移民和加强内部安全，甚至游走在极右翼民粹主义的危险边缘，容易起到分裂的效果，激化社会矛盾。尤其是代表着该党内部右翼力量的党主席彼德丽（Frauke Petry）和副主席高兰德（Alexander Gauland）都主张本党对更为右翼的观点开放，并对于自 2014 年 10 月起在德累斯顿以及全国各地甚嚣尘上的“反西方伊斯兰化”反移民运动表示理解、支持和对话的态度。根据 9 月下旬的“政治晴雨表”，大多数德国人（53%）都认为该党与极右翼立场和极右翼势力没有划清界限，尽管该党的党员大多数自认为已经划清了界限（63%）。[①] 其二，该党存在融入现有政党体制的问题，该党疑欧的基本政治立场与目前进入联邦议院的各大政党支持欧洲的立场存在原则上的抵触。所有地位稳固的政党都明确表示不愿与其组成执政联盟。德国选择党主席卢克（Bernd Lucke）在选举中宣称德国东部地区的安全形势在民主德国时期比眼下好，也触怒了其他政党。该党目前已经被其他政党视为格格不入的异类。左翼党在建党之初也同样遭到地位稳固政党的排斥，但至少可以立足东部稳扎稳打，而德国选择党为其他政党接受的程度甚至低于左翼党，并且缺少传统基础。其三，该党虽然

① “Deutliche Mehrheit befürwortet US-Luftangriffe in Syrien. AfD im Plus-aber zu wenig Abgrenzung gegen rechts”, http: //www. forschungsgruppe. de/Umfragen/Politbarometer/Archiv/Politbarometer_ 2014/September_ II_ 2014/.

对外展现团结形象，但内部权力斗争激烈。目前该党三位党主席共治，但其中影响力最大的卢克力主改变这一局面，改由他一人领导。因此，包括基民盟和社民党在内的政党都寄希望于该党陷入内部的权力斗争而自行解体。

德国选择党在全国范围内的支持率在经历了2014年9月州选后8%的高峰后，在12月底稳定在6%。[①] 经过2014年的历次选举，德国选择党已经在欧洲议会和三个联邦州议会获得议席。显而易见的是，无论是像联盟党那样对德国选择党采取忽视、回避的态度，还是像社民党那样，公开呼吁德国所有的社会团体组成广泛的社会联盟进行应对，[②] 各大政党都无法很快摆脱德国选择党。而对于德国选择党来说，内部的权力斗争结果将决定该党能否彻底摆脱极右翼政党的嫌疑，持久地在保守阵营与基民盟争夺影响力。

（二）联盟党的路线调整之争

随着传统联合伙伴自民党逐渐从各州议会消失，联盟党也面临组阁策略上的转型，黑红甚至是黑绿联盟都成为该党的现实考量，如果基民盟能够——如基社盟所希望的，而且在2013年联邦大选中也差点就达到的那样——复制基社盟在巴伐利亚州的成功，单独挑起执政大梁，则是最为彻底的解决办法。但是，尽管基民盟在12月的联邦党代会上闭口不谈德国选择党，后者的异军突起却使得基民盟单独执政的梦想越发不现实。

社民党秘书长法希米（Jasmin Fahimi）在东部选举之后各政党秘书长和联邦干事长《柏林圈》（Berliner Runde）节目的讨论中，曾经指责德国选择党在东部的走强要归咎于联盟党的政治立场不鲜明。12月底，联盟党内部也有人向默克尔公开发难，联盟党联邦议院党团副主席弗里德里希（Hans-Peter Friedrich）在接受《明镜》周刊采访时，同样指责默克尔对于德国选择党的走强负有责任，抨击默克尔的治党路线，只注重与社民党和绿党争夺中间选民，为此所实施的政策当中，能源转向缺乏规划，在最低工资标准和女性比例议题

---

① 德国电视二台“政治晴雨表”，http：//www. forschungsgruppe. de/Umfragen/Politbarometer/Langzeitentwicklung_-_Themen_ im_ Ueberblick/Politik_ I/#Projektion。

② Yasmin Fahimi，“Gemeinsam gegen die Demagogen im Schlafrock”，*FAZ*，15. 10. 2014，http：//www. faz. net/aktuell/politik/inland/spd-gastbeitrag-zur-afd-gemeinsam-gegen-die-demagogen-im-schlafrock-13210611. html.

上国家干预过大，丧失了右翼阵营的选票。他主张联盟党必须重新明确本党的鲜明纲领特色，占据在其右边的位置，同时保持中间位置的选票。

弗里德里希对于默克尔领导下的联盟党路线的批评的确值得深思。从生态到社会福利，最近几年中，走亲民路线的联盟党不断吸收社民党和绿党的传统议题，挤压其生存空间。而在移民、避难、内部安全等右翼政党的传统议题上，却没能牢牢把握主流话语权，形成鲜明特色；即便对相关问题有所表态，有时也是弄巧成拙。例如，基社盟在 12 月的党代会之前曾经一度抛出惊人论调，主张移民在家庭内部也应当说德语，在引发各方责难之后只得匆匆打个圆场，改而宣称语言促进对于移民融入德国社会非常重要。联盟党在整体政策立场向中间、左倾的情况下，其右侧势必空虚，给了德国选择党等右翼保守政党乘虚而入的机会，由此它们可以在议会内部制造问题。而在议会以外，Pegida 反移民运动就是右翼保守势力的集中表现。当下的基民盟日益陷入结盟怪圈，如果不能对如何重新夺回其右侧影响力的问题进行深刻反思，重新把握在移民和避难等当务之急的政策上的话语权，并相应调整其方针政策，就等于在极大程度上助推了议会内外右翼民粹力量的成长。

（三）关于提高民众参选积极性的讨论

2014 年三次东部州选参选率徘徊在历史最低点附近。以勃兰登堡州为例，从两德统一的 1990 年开始算起，参选率最高的 1990 年和 2009 年分别有 67% 的选民参加了州选，2014 年则有超过半数的选民放弃了选举，和萨克森州选一样，而 5 月的欧洲议会选举参选率同样低于 50%。在全国范围内，只有 2006 年萨克森 - 安哈尔特州的州选参选率更低（44.4%）。低参选率折射出了选民对于政党和政治事务普遍产生厌烦心理，对政治缺乏信任；认为尽管政党林立，但政权更迭并不能带来实质性的改变，因而索性不行使法律赋予他们的民主权利。

针对参选率过低的问题，各政党也纷纷分析原因，思考重新提高选民对于政治的兴趣。社民党秘书长法希米主张加强政党竞争，并改革选举程序，提出像瑞典那样引入“选举周”，将选举时间延长为一周而非传统上的周日一天时间，在邮局和超市等公共场所增加投票站，将联邦选举从四年一次改为五年一次。不过，包括绿党和基社盟在内的其他政党对于这些手段持怀疑态度。左翼党将参选率偏低归结为政府工作不力；绿党的对策主张是将选举年龄从 18 岁下调到 16 岁，同时增加直接民主和公民参与。① 目前这些提议都还停留在讨论阶段。

无论如何，“沉默的多数派”往往会给善于鼓动民众的右翼民粹势力以可乘之机，助长它们混淆视听，打着“我们是人民”的口号为各种排外、反移民的狭隘民族主义论调制造声势。2014 年的州选结果向德国各大政党提出了新的挑战，也在敦促着它们调整各自的方针路线，加强政治动员和引领民意的能力，重拾民众对于政治的信任和积极参与的热情。

① “Wahlwoche: Für SPD «goldrichtig», für CSU «Unsinn»”, *Pforzheimer Zeitung*, 27. 12. 2014.

B.4

经济危机以来德国社会思潮的新动向*

杨云珍**

摘　要：本文以金融危机和欧债危机为背景，从三个方面梳理和探讨了危机以来德国社会思潮出现的新动向。首先，以占领法兰克福运动为切入点，讨论了极左的反全球化社会运动，酿成了一股新的抗议文化，与二战后德国左翼反资本主义传统一脉相承；其次，德国政府对爱尔兰、葡萄牙和希腊等欧元区重债国家进行经济救助过程中，在国内遭到了强有力的挑战，德国选择党迅速崛起，疑欧情绪上扬；再次，在移民与融入方面，“欧洲爱国者反西方伊斯兰化运动”（简称“Pegida 运动”）的异军突起，使得右翼民粹主义思潮弥漫全国，Pegida 运动的言辞和游行示威活动，给德国社会带来了新一轮紧张关系，也震惊了舆论与学界。文章在结论中指出，金融危机尤其是欧债危机同时为德国极左翼的反全球化运动、右翼的选择党和 Pegida 运动的兴起提供了政治机会。德国正经历着强劲的社会运动以及反体制的批评的极化现象。

关键词：反全球化　疑欧情绪　右翼民粹主义　反伊斯兰化

---

* 本文为 2013 年度国家社会科学基金一般项目“极右翼思潮蔓延对欧洲左翼政党的影响研究”（项目代码：13BZZ013），以及同济大学促进对德学术交流基金课题“极右翼思潮蔓延对德国政党政治的影响研究”（项目代码：daz1102ky05）的阶段性成果。

** 杨云珍，博士，同济大学马克思主义学院副教授。

2008 年肇始于美国的次贷危机，引发了全球金融风暴。危机不断延续和深化，2009 年 10 月 20 日，希腊政府宣布当年财政赤字占国内生产总值的比例超过 12%，远高于欧盟设定的 3% 上限。随后，全球三大评级公司相继下调希腊主权信用评级，欧洲主权债务危机率先在希腊爆发。2010 年 3 月进一步发酵，蔓延至葡萄牙、意大利、爱尔兰和西班牙。

在危机背景下，德国经济的发展却一枝独秀。德国联邦统计局 2015 年 1 月公布的统计数据显示，2014 年德国经济发展虽有起伏，但劳动力市场表现稳健，就业人数创历史最高纪录。2014 年德国就业人数达到 4270 万人，同比增幅为 0.9%，2014 年全年平均经济增长率为 1.6%。①

虽然德国经济发展稳健，但金融危机和欧洲主权债务危机也给德国的社会思潮和运动的兴起提供了契机②，具体表现为以下几个方面：二战后德国左翼一直有反资本主义和反全球化的传统，在欧债危机背景下，封锁与占领法兰克福运动持续发展，酿成骚乱事件，来自政治左翼的抗议文化凸显。在欧洲一体化建设方面，德国作为欧盟的核心成员国，在对希腊等重债国家进行援助的过程中，遭到了疑欧派的强有力挑战，对欧盟的怀疑情绪不断上扬；而且，要求停止对希腊等国家进行救助，要求德国退出欧元区的呼声一浪高过一浪，成立不久的德国选择党在 2013 年 9 月 22 日的联邦议院大选中获得了 4.7% 的选票，虽然没有突破 5% 的进入议会的门槛，但其影响力不容忽视。在移民与融入方面，自 2014 年 10 月起，德国东部城市德累斯顿爆发了“欧洲爱国者反西方伊斯兰化运动”（简称“Pegida 运动”），这股“反伊斯兰化”、充满右翼民粹主义色彩的运动迅速波及全国，给德国社会带来了新一轮紧张关系。

一　封锁占领法兰克福：反全球化的抗议文化

二战后数十年来，在德国一直存在着来自左翼的对国际资本主义和全球化持批评态度的声音。这些批评者主要来自于社民党的左翼、社会运动（有部

① 德国联邦统计局，http://www.destatis.de。

② 本文标题为“经济危机以来德国社会思潮的新动向”，其中“经济危机”是泛指，包括 2008 年爆发的金融危机、其后的经济危机以及随后蔓延到欧洲的主权债务危机。

分社会运动后来发展成为绿党）、非政府组织和左翼党。反全球化者主要集中批评和反对的是国际资本，或者说是金融资本，认为在全球南北关系中存在着富裕的北方发达国家剥削欠发达或发展中的南方国家的现象。21 世纪初，联邦总理、社民党人施罗德执政时通过了追求新自由主义的《2010 议程》及其“哈茨改革”——削减福利开支并放松劳动力市场的规制，这一改革措施一直遭到来自左翼的诟病和抗议。

全球金融危机和欧债危机的爆发，进一步引发了对全球化的质疑和批评。在议会中，批评者主要来自于绿党和左翼党。在议会之外，对全球化的批评主要来自于左翼和右翼的抗议性社会团体发起的社会运动。反全球化运动组织 Attac① 与左翼的社会运动结盟，掀起了新一轮反全球化运动，酿成了抗议文化。Attac 团体提倡课征外汇交易税，主要批评银行向希腊等债务国进行公共救助的同时，要求被救助国实行紧缩政策计划，加剧了被救助国的贫困。Attac 在德国拥有分支机构。②

金融危机和欧债危机之后，2011 年美国纽约出现占领华尔街运动，随后德国效仿占领华尔街运动，在法兰克福也出现了占领运动。占领法兰克福运动与欧债危机带给民众的压力，以及民众对欧盟的不信任态度之间有着千丝万缕的联系。

欧盟统计局数据显示，2008 年第一季度，欧盟 28 个成员国失业人数为 1620 万，失业率为 6.8%。2008 年经济危机爆发后，失业人数迅速增长。自 2008 年第二季度开始，到 2010 年中，失业人数增加了 700 万，失业率达到 9.6%。自 2011 年第二季度到 2013 年第一季度，失业人数再次显著增长，达到了 2660 万，失业率攀升至 10.9%。之后缓慢回落，到 2014 年 2 月，失业率为 10.5%；2015 年 2 月为 9.8%。③

年轻人失业率是所有年龄段人口失业率的 2 倍或者更高。在欧盟 28 个成员国中，年轻人失业率在 2008 年第一季度为 15.1%。经济危机的爆发对年轻

① Attac 是国际上重要的反全球化运动组织，1998 年创立于法国。创立的初衷是要课征托宾税（Tobin Tax），以管制资本流动；现在则关注与全球化相关的各种议题，并监察世界贸易组织、经济合作与发展组织与国际货币基金组织的决策。参见 http：//zh. wikipedia. org/wiki/ATTAC。

② 参见 http：//www. attac. de/。

③ 欧盟统计局，“Unemployment Statistics”，31 March 2015，http：//ec. europa. eu/eurostat/statistics-explained/index. php/Unemployment_ statistics#A_ detailed_ look_ at_ 2013。

人的就业形成重创，从 2008 年第二季度开始，年轻人失业率不断攀升，到 2013 年第一季度，高达 23.6%；到 2013 年底，缓慢回落到 23.1%。2014 年 2 月，25 岁以下的年轻人失业率为 22.9%，到 2015 年 2 月仍维持在 21.1%。①

长期失业是政策制定者的主要担忧之一。长期失业不仅影响到个人的经济和社会生活，而且会给社会的凝聚力带来负面影响，最终会阻碍经济的增长。2013 年，欧盟 28 个成员国中 5.1% 的劳动力失业持续一年；2.9% 的劳动力失业长达两年以上。

2014 年春季“欧洲晴雨表”调查数据显示，在面对“你对未来 12 个月经济发展抱何种期待”这一问题时，只有 12% 的德国人认为未来 12 个月经济发展会比较好（欧盟 28 个成员国的平均值为 24%），与 2013 年秋季所做的调查相比，下降了 5 个百分点。② 至于“你认为自己的国家当前面临的两个最重要的问题是什么”，24% 的德国人认为是政府债务，22% 认为是移民问题（欧盟 28 个成员国中，48% 的人认为是失业问题，29% 的人认为是经济状况）。③ 另有 43% 的受访者认为经济危机对劳动力市场的影响已经达到峰值，其后情况会逐渐好转起来（2013 年秋为 46%）；39% 的受访者认为最糟糕的情况还未出现（2013 年秋为 41%）。27% 的受访者认为他们有陷入贫困生活境地的风险（比 2013 年增加了 5 个百分点）。

2014 年春季“欧洲晴雨表”数据还显示，在对欧盟的信任问题上，德国有 30% 的受访者持信任态度，58% 的受访者持不信任态度（欧盟成员国平均值为 31% 信任、56% 不信任）。④

从以上几组数据中可见，金融危机和欧债危机以来，欧洲各国饱受经济危机造成的高失业率的困扰，汹涌的失业潮在欧洲各国起伏，民众对经济前景感到悲观，对主流政治漠视，对欧盟政治机构的信任度持续下降。而超高的青年失业率更让媒体惊呼世界正迎来“失业的一代”，抗议失业率上升的示威游行此起彼伏。正是在此背景下，德国爆发了占领法兰克福运动。

---

① 欧盟统计局，“Unemployment Statistics”，31 March 2015，http://ec.europa.eu/eurostat/statistics-explained/index.php/Unemployment_statistics#A_detailed_look_at_2013。

② 《欧洲晴雨表》，http://ec.europa.eu/public_opinion/archives/eb/eb81/eb81_en.htm。

③ 《欧洲晴雨表》，http://ec.europa.eu/public_opinion/archives/eb/eb81/eb81_en.htm。

④ 《欧洲晴雨表》，http://ec.europa.eu/public_opinion/index_en.htm。

封锁占领联盟（blockupy）并不是一个封闭的组织，该联盟把自己视为一个将各种运动流派包括左翼政党、工会和其他多个欧洲组织整合起来的全欧网络组织。其成员范围广泛，包括各种社会运动的参与者、另类全球化运动者（altermondialists）①、移民、失业者、不稳定的行业工作者、政党和工会成员，他们来自于不同的欧洲国家，包括意大利、西班牙、希腊、比利时、荷兰、丹麦、法国、德国等。他们自称的目标是，共同建立自下而上的民主和团结，封锁占领反对为追求财政平衡而采取的节约政策，反对所谓的“三驾马车”，即国际货币基金组织（IMF）、欧盟委员会和欧洲中央银行；他们认为“三驾马车”的财政紧缩政策使希腊等欧洲危机国家加剧了贫困化，而这一政策只是服务于国际债权方的利益，真正为之付出代价的是希腊人民。②

德国封锁占领联盟由各种解放团体和组织所组成，包括主张对经济进行干预的左派、反全球化的社会组织 Attac、占领法兰克福组织（Blockupy Frankfurt）、工会、青年和学生组织、德国失业者论坛、左翼党、网络和平组织以及 umsGanze 联盟等。③

2012 年在法兰克福的第一次活动吸引了数千名抗议者参加，希腊左翼激进联盟（Syriza）和西班牙反腐败的新兴左翼政党 Podemos 也参加了游行活动；同时也包括德国的左翼党和占领法兰克福组织。占领运动的游行口号为“他们只想要没有民主的资本主义，我们想要的是没有资本主义的民主”。④

2013 年 5 月 19 日，约 2500 名反对资本主义的封锁占领运动抗议者包围了位于法兰克福的欧洲中央银行所在地，封锁了通往欧洲中央银行的道路，以抗议德国政府和所谓的“三驾马车”的政策。⑤ 抗议者携带的标语口号为“封锁欧洲中央银行，打倒资本主义和紧缩政策”。抗议者声称，强制让处于债务困

① 源于法文 altermondialisime，是一个成分复杂的社会运动，它以社会价值与环境议题为诉求，并反对“新自由主义的全球化经济逻辑”。参见 http：//en. wikipedia. org/wiki/Alter-globalization。

② “What Is Blockupy?” http：//blockupy. org/en/5930/blockupy-will-continue/.

③ “What Is Blockupy?” http：//blockupy. org/en/5930/blockupy-will-continue/.

④ “Germany Riot Targets New ECB Headquarters in Frankfurt”, BBC News, 18 March 2015, http：//www. bbc. com/news/world-europe-31938592.

⑤ “‘Blockupy’ Protesters Surround ECB in Frankfurt”, BBC News, 31 May 2012, http：//www. bbc. com/news/world-europe – 22727915.

境的国家实行提高税收和采取严厉的紧缩措施，只会加深欧洲大陆范围内的经济衰退。①

2015 年 3 月 18 日，位于德国法兰克福市区东部的欧洲中央银行新大楼举行正式落成典礼。这座耗资 13 亿欧元的大楼被示威者视为“万恶资本主义”的象征。当天，封锁占领运动在法兰克福组织了大规模抗议活动。示威者手持标语口号为：“打倒资本主义，建立新的世界。”据主办方统计，参与者来自全欧洲各地的 40 多个城市，约 25000 人。他们设置了路障、举行集会和街头剧场等，目的是扰乱欧洲中央银行新总部大楼的开张。部分活动更是演变成骚乱，导致示威者和警察在内逾 200 人受伤，多辆汽车被烧毁。②

封锁占领联盟的抗议活动结束后，联盟内部的绿色青年组织代表指出：“来自几乎所有欧洲国家的 25000 人涌入法兰克福街道，这本身就象征着默克尔总理的政策是失败的。紧缩政策产生了巨大的社会怨恨，驱使更多的人走上街头。我们呼吁政客们严肃地考虑民众的动机和要求，而不是仅仅讨论抗议的暴力形式。”③

“封锁占领法兰克福”这一反全球化运动的诉求是批评全球金融资本的主导性，以及可替代政策的狭隘性，尤其是在工人的工资和权益方面彼此竞次（race to the bottom），削弱福利国家，民众认为这些做法是对民主制度的损害。这一抗议运动位于政治谱系的左翼。与此同时，在政治谱系的右翼一端，主权债务危机则为本土主义者挑战欧洲各国政府为重债国家提供救助的政策提供了机会。他们认为，被救助国应该为自己的问题负责，而不应该得到勤奋工作的德国人的资金支持。这也是德国选择党崛起的最主要原因。

二　德国选择党：疑欧情绪不断上扬

2013 年 9 月 22 日德国联邦议院大选中，以反对欧元、主张德国退出欧元

① 《“封锁占领法兰克福”行动令欧洲央行陷入瘫痪》，人民网，2013 年 6 月 2 日，http://gb.cri.cn/42071/2013/06/02/2625s4134013.htm。

② “Germany Riot Targets New ECB Headquarters in Frankfurt”, BBC News, 18 March 2015, http://www.bbc.com/news/world-europe-31938592.

③ “Blockupy will continue”, 22 March 2015, http://blockupy.org/en/5930/blockupy-will-continue/.

区为纲领的德国选择党[①]获得了4.7%的选票，虽然没有达到5%的进入议会的门槛，但对于一个只有7个月党龄的政党来说，初次竞选取得这样的成绩是非常引人注目的。这个数值可与绿党相比较，1980年首次参加州议会选举的绿党只获得了1.5%的支持率。在2014年5月22～25日的欧洲议会选举中，德国选择党一举斩获7.1%的选票[②]，该党领袖之一卢克（Bernde Lucke）对选举结果相当满意，并表示：欧洲议会选举显示了选择党即将成为一个新的人民党。

创建之初，德国选择党遵循与强调的唯一政策是呼吁有序解散欧元区。在此基础上，德国选择党在意识形态方面，逐渐开始增加其他保守立场，如反对财政赤字与同性婚姻。在其势力最强的萨克森州，它呼吁加强对外来移民与边境犯罪的严格管控，并经常伴有排外情绪。

为什么德国选择党可以获取部分民众的支持而异军突起呢？

德国选择党成立于2013年4月，其领导人卢克是汉堡大学的一名经济学教授。德国选择党的成员构成是异质性的，既有年轻人，也有老年人；既有男性，也有女性。创建者不仅有欧元怀疑人士，还有对默克尔现代化路线感到失望的前基民盟追随者。核心人物不是大学教授，就是媒体或工商界领袖，包括前IBM欧洲区首席执行官兼前德国工业联邦联合会主席汉克尔。在2013年德国联邦议院选举之前，民调机构TNS Emnid的调查结果显示，有26%的德国选民支持德国选择党反对欧元的政策，其中40～49岁年龄段的选民比例最高。[③]

在救助欧洲债务国家过程中，作为欧盟第一大经济体的德国出资最多，但救助效果并不明显，德国民众普遍担忧希腊等国成为“无底洞”。德国选择党此时应运而生，为许多德国选民提供了一个发声平台。德国选择党的竞选纲领第一条便是：“我们要求有序地解散欧元区，德国不需要欧元，其他国家损害了欧元”；在第二条中，它“要求重新引入本国货币或者创建小而稳定的货币联盟”；第三条则进一步“要求修改欧盟条约，让每一个成员国都具有退出欧

---

① 关于德国选择党的最新发展态势分析，参见伍慧萍《德国选择党——疑欧势力的崛起与前景》，《国际论坛》2015年第2期。

② 欧洲议会选举网站，http://www.elections2014.eu/en/new-parliament。

③ 《“德国另类选择”党对欧元说“不”》，《光明日报》2013年4月17日。

元区的可能性”。从2013年9月德国大选结果来看，德国选择党的这些主张无疑得到了部分选民的认同和支持。①

有学者在探讨政治机会结构与政党获胜之间的关系时认为，失业和贫困促使选民并不是选择那些反对现存体制的政党，而是选择那些在关键政策领域内具有竞争力的政党。换句话说，在经济困难和低迷时期，民众对政党的期待并不是看重它一贯所秉持的责任，而是更看重它对经济危机所做出的反应。② 因此，一定程度上可以说，正是欧债危机给德国选择党的异军突起提供了政治机会结构，反映出德国选民对当下欧债危机的担忧和对政府相关措施的不满，德国选择党可以说是欧债危机不断恶化的产物。③

德国选择党并没有完备的组织结构，该党目前虽拥有16000名党员，但没有制度化的政党组织结构。相反，在德国选择党内部，存在着大量的彼此倾轧的派系，以及极右翼主义者。④

除了欧债危机提供了政治机会结构，德国选择党的成功亦归因于强有力的个人领袖和该党的运作方式。卢克受过高等教育，是经济学教授，他的专业背景使选民更容易接受他提出的有序解散欧元区的主张。该党实行自上而下的运作方式。有一个极具个人魅力的领袖，有众多的志愿者参与，这使德国选择党可以在州一级的选举中进行注册登记，并进行成功的草根动员。

但这样的一种运作模式，也容易使学者和媒体给德国选择党贴上“极右翼”的标签。自成立起，德国选择党就被指责在兜售极右翼。虽然党的领导人拒绝政治上的左右之分，也表示不会与极右翼党派结盟；但在实际政治层面，它仍然吸引了右翼极端主义的关注。⑤ 德国媒体也持警惕的态度，一度认

---

① 《“德国另类选择”党对欧元说“不”》，《光明日报》2013年4月17日。

② K. Arzheimer and E. Carter, “Political Opportunity Structures and Right-wing Extremist Party Success”, *European Journal of Political Research* 45 (2006): 419 -443.

③ 《德国选择党缘何能异军突起》，http://news.xinhuanet.com/world/2013 -09/23/c_117464015.htm。

④ “Narrow Failure Will Germany's Anti-Euro AFD Party Implode?” Spiegel-Online, September 25, 2013, http://www.spiegel.de/international/germany/german-euroskeptic-party-afd-could-unravel-after-election-a-924498.html.

⑤ “Popular with Populists: Euroskeptic Party Attracts Right Wing”, Spiegel-Online, August 30, 2013, http://www.spiegel.de/international/germany/euroskeptic-party-alternative-for-germany-popular-with-right-wing-populists-a-919332.html.

为它是右翼民粹主义政党之一，蚕食默克尔总理所在的基民盟的选票。例如，《南德意志报》在一篇社论中指出，德国选择党似乎使“古老的民族主义倾向”重新觉醒；人们唱衰欧洲和欧盟机构，19 世纪发端于德国的那种“傲慢、没有安全感、抱怨与愤懑的情绪，以及政治利己主义”似乎卷土重来。①

为了改变在媒体和选民心目中的形象，也为了在 2014 年 5 月 27 日的欧洲议会选举中赢得更多议席，德国选择党煞费苦心为自己装点门面，对同性恋、女性甚至移民群体都伸出橄榄枝。例如，一名出生于土耳其的汉堡警察写道：“作为一名德国公民和移民，我全心全意地支持德国选择党，要有勇气相信德国，有勇气拥抱你的国家认同。”同时，他还在自己的社交圈里鼓励周围的同伴和成员支持德国选择党。这一举动透露的信息不言而喻，即作为反对欧元的德国选择党不应该被视为右翼民粹主义政党，因为它的成员中甚至包括移民，德国选择党拥有文化多样性。②

三　Pegida 运动：右翼民粹主义盛行

2008 年金融危机之后，在经济萧条的背景下，整个欧洲几乎都笼罩在民粹主义的阴影之中。在北欧斯堪的纳维亚地区，有挪威、丹麦、瑞典民主党，还有芬兰获得了话语权的芬尼党；在西欧，玛琳·勒庞领导的、具有极端民粹主义色彩的国民阵线取得了极大成功；在比利时、荷兰、瑞士、意大利和希腊，民粹主义也有了更强劲的市场；在中东欧的捷克、斯洛伐克、匈牙利、波兰，民粹主义成为危机中的阴影；同样，在盎格鲁-撒克逊地区的英国和爱尔兰，也是民粹主义思潮盛行。

将德国 Pegida 运动置于整个欧洲政治生态背景下考察，就更容易理解其为何能兴起与萌发，并在短时间内得到数十万人的支持。

① “Popular with Populists: Euroskeptic Party Attracts Right Wing”, Spiegel-Online, August 30, 2013, http: //www. spiegel. de/international/germany/euroskeptic-party-alternative-for-germany-popular-with-right-wing-populists-a-919332. html.

② “Polishing Its Image: Anti-Euro Party Courts Gays, Women and Immigrants”, Spiegel-Online, May 22, 2014, http: //www. spiegel. de/international/germany/anti-euro-party-adopts-softer-tone-on-gays-and-women-a－971131. html.

（一）移民与难民

根据德国联邦统计局提供的数据显示，2013 年，有 122.6 万人移入德国，比 2012 年增加了 13%（14.6 万人）。这样大规模的移民人数此前只在 1993 年有过类似纪录。① 根据 2013 年的统计数据，德国人口的 20.5%，约 1650 万人具有移民背景。这些移民大都是 1950 年之后移入德国的外国人以及他们的后代。在这些拥有移民背景的人中，970 万人持有德国护照，680 万人不持德国护照，是外国人。②

德国联邦统计局的统计数据还显示，到 2013 年，德国有 1300 万人面临贫困威胁，占全部人口比例的 16.2%。2008 年金融危机以来，面临贫困威胁的人口数字比例一直呈现出增长的态势，2013 年达到了 16.2%③（见图 1）。

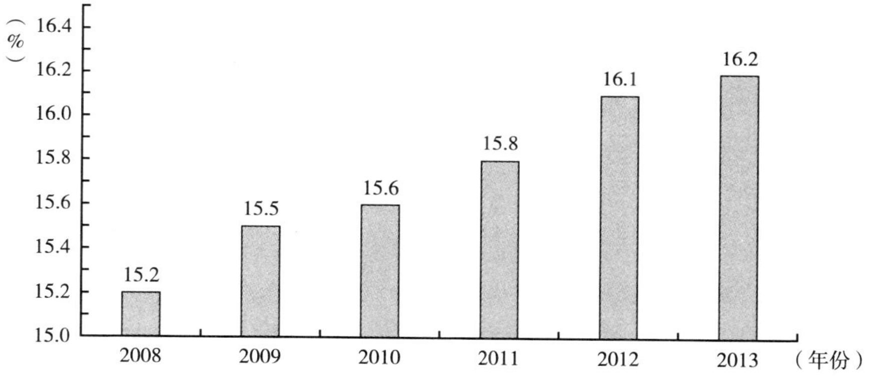

图 1　德国历年面临贫困威胁的人口数字比例

资料来源：德国联邦统计局，https://www.destatis.de/EN/FactsFigures/SocietyState/IncomeConsumptionLivingConditions/LivingConditionsRiskPoverty/Tables/ArtRiskPoverty_HHTyp_SILC.html。

---

① 德国联邦统计局，https://www.destatis.de/EN/FactsFigures/SocietyState/Population/Migration/Current.html。

② 德国联邦统计局，https://www.destatis.de/EN/PressServices/Press/pr/2014/11/PE14_402_122.htm。

③ 德国联邦统计局，https://www.destatis.de/EN/FactsFigures/SocietyState/Income Consumption Living Conditions/LivingConditionsRiskPoverty/Tables/ArtRiskPoverty_HHTyp_SILC.html。

如前文所述，2014 年春季“欧洲晴雨表”调查显示，在德国有 43% 的受访者认为危机对就业和工作带来的影响已经达到了峰值（欧盟 28 个国家的平均值是 47%）。从社会职业指标来看，失业者群体受经济危机的冲击是最大的。①

“欧洲晴雨表”调查同时显示，22% 的受访者认为德国当前面临两个最重要的问题之一是移民问题。有关移民与融入的议题，不仅在普通民众中有广泛的讨论，德国政府在移民与融入方面所制定的政策也对民众的情绪起着引导作用。德国政府很长时间以来在移民融入与归化方面有着严格的政策，具体规定是：父母是移民，但出生于德国的孩子在 23 岁之前可保留双重国籍。但 23 岁之后，他/她必须在德国或父母的国籍之中选择其一。任何人如果错过了这个最后期限，将会被取消德国国籍。其他的移民在德国居住满 8 年后，可以享有德国国籍，但前提条件是他们必须放弃自己原来的国籍。直到 2014 年 12 月，经过各党的激烈博弈，允许双重国籍的规定才得以通过并生效。②

除了移民问题之外，还有难民问题。德国难民政策有着较复杂的历史背景。二战结束后，德国一直执行宽松的难民政策，并向难民提供救济，被视为是“避难者的天堂”，所接收的难民人数之多仅次于美国，在欧洲位居第一。2008 年以来，每年难民申请人数也大幅度增长，2013 年达到了 126995 人。2014 年，伴随着伊斯兰激进组织“伊斯兰国”在伊拉克和叙利亚境内发动一波波袭击，民众纷纷外逃避难，德国 2014 年接收的避难者申请人数迅速增加，截至 2014 年 11 月底，就已经达到了 185360 人（见图 2）。

（二）Pegida 运动的兴起与发展

“欧洲爱国者反西方伊斯兰化运动”，也即 Pegida 运动，由巴赫曼（Lutz Bachmann）于 2014 年 10 月在德国东部城市德累斯顿发起。巴赫曼在德累斯顿的卡赛尔多夫镇拥有一个小摄影工作室，他于 10 月 10 日在 YouTube 上发布了一段视频，展示他支持库尔德战士对抗“伊斯兰国”。一天后，他创办了一个名

---

① 《欧洲晴雨表》，http://ec. europa. eu/public_ opinion/index_ en. htm。

② “Doppelte Staatsbürgerschaft tritt in Kraft. Zwei Pässe für Kinder von Migranten”, tagesschau. de, 20. 12. 2014, http://www. tagesschau. de/inland/doppelpass－109. html.

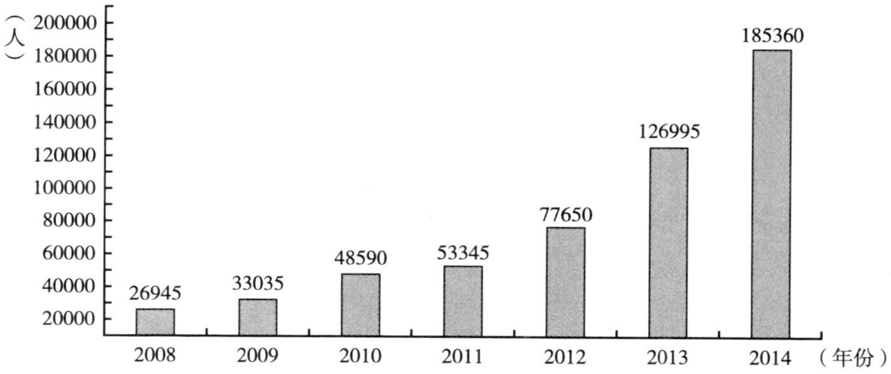

图 2　德国历年避难者申请人数

注：2014 年数据只统计到 11 月底。

资料来源：欧盟统计局，http：//ec. europa. eu/eurostat/data/database。

为“欧洲爱国者反西方伊斯兰化”的网站，最终演变成了 Pegida 运动。Pegida 运动在现实中的缘起，除了反对萨拉菲教派之外，还要从畅销书《德国自取灭亡》说起。该书的作者为扎拉青（Thilo Sarrazin），谈论的是移民给德国带来的危险。2014 年 11 月一个周五的晚上，扎拉青在靠近德累斯顿的易北河小镇的剧院演讲，听众中有一名保安名叫戴布里茨（Siegfried Däbritz），以及一名设计师名叫塔拉克（Thomas Tallacker），他们不满足于只是阅读书籍。为此，他们与其他 8 人一起，成为“反伊斯兰化”运动的核心成员，定期集会讨论该联盟的议程以及准备每周一在德累斯顿市举行定期游行。他们同时与其他的抗议组织保持联系，并在圣诞节之前将 Pegida 注册为一个协会。① 在 Pegida 这一柄大伞下，既包括新法西斯主义和足球流氓，也不乏主流的保守主义者。他们每周一定期举行街头示威，抗议整个欧洲国家所面临的不断增长的“伊斯兰化”带来的危害。他们宣称自己不是种族主义者，也不是排外主义者，并且反对极端主义，要求采取措施保护德国的犹太教和基督教文化。② Pegida 运动最初参与人

① “Prying into Pegida：Where Did Germany’s Islamophobes Come From?” Spiegel-Online，January 12， 2015， http：//www. spiegel. de/international/germany/origins-of-german-anti-muslim-group-pegida-a－1012522. html.

② “Germany Pegida Protests：‘Islamisation’ Rallies Denounced”，BBC News，06. 01. 2015，http：//www. bbc. com/news/world-europe－30694406.

数仅几百人，到 2014 年 12 月 15 日，参与人数就达到了 15000 人。

2015 年 1 月 7 日，法国讽刺漫画杂志《查理周刊》因为发表了数幅影射伊斯兰教先知穆罕默德的漫画而招致恐怖主义袭击，2 名警察及 10 名记者死亡。发生在巴黎的恐怖袭击事件，不仅使法国国家安全警戒进入最高级别，更是给德国的 Pegida 运动提供了最好的口实，似乎印证了“伊斯兰化”带给西方社会的危害。2015 年 1 月 12 日，德国爆发了规模最大的“反伊斯兰化”运动，在德累斯顿约有 25000 人参加，全德地区约有 100000 人参加。一时间，缘起于德累斯顿的 Pegida 运动蔓延到整个德国，甚至欧洲其他国家。奥地利维也纳也于 2015 年 2 月 2 日发起了类似的游行。约 250 名示威者携带奥地利国旗，高喊“我们是人民”的口号。奥地利极右翼政党自由党的领袖施塔赫（Heinz Christian Strache）对 Pegida 运动抱支持态度，称其为一场严肃的民权运动。①

Pegida 运动发起伊始，就有反 Pegida 的组织同时组织游行。柏林墙倒塌后，统一了 25 年的德国，似乎正处于被撕裂的困境之中。

（三）为什么是德累斯顿

德累斯顿被称为“易北河上的佛罗伦萨”，其文化辉煌，包括森帕歌剧院和圆顶圣母教堂。二战即将结束时，德累斯顿受到了盟军的轰炸，遇难人数约为 25000 人，摧毁了这里的巴洛克式教堂和宫殿。虽然摧毁的建筑物已被重建，但似乎悲观沮丧的情绪一直弥漫，这种抱怨的政治为 Pegida 运动所需要的恐惧和不满提供了丰厚土壤。历史学家泰勒（Frederick Taylor）认为，1945 年 2 月发生在德累斯顿的空袭事件，至少在某种程度上可以解释为什么在这座东部城市比全国其他地区对极右翼有着更广泛的吸引力。② 在 2013 年 9 月德国联邦议院选举中，尽管选民投票率低于其他各州，但是在萨克森州，有接近 15% 的选民青睐右翼政党，包括极右的国家民主党（NPD）和德国选择党。③

① “Anti-Islam group PEGIDA holds first Austria march”, Reuters, Feb 2, 2015, http://www.reuters.com/article/2015/02/02/us-austria-pegida-idUSKBN0L61ZI20150202.

② “Wartime Raids Haunt Dresden, Cradle of German Anti-Islam Group”, Reuters, Feb. 10, 2015, http://www.reuters.com/article/2015/02/10/us-germany-dresden-idUSKBN0LE17B20150210.

③ “Wartime Raids Haunt Dresden, Cradle of German Anti-Islam Group”, Reuters, Feb. 10, 2015, http://www.reuters.com/article/2015/02/10/us-germany-dresden-idUSKBN0LE17B20150210.

金融危机和欧债危机以来，德累斯顿所在的萨克森州承受着高失业率。据联邦统计局数据显示，2013 年，萨克森州的失业率为 9. 4%（德国失业率平均为 6. 9%），居住在萨克森州的外国人的失业率为 20. 3%，15 ~25 岁的年轻人失业率为 8. 3%。[①]

在政治参与方面，自 1990 年两德统一以来，前民主德国选民投票率已经远远低于德国西部各州。在 2009 年联邦议院选举中，全国平均投票率是 70. 8%，这本身就是德国选举历史上最低的投票率。即便如此，前民主德国地区仍然比这个数字还低了 6. 5 个百分点，为 64. 3%。[②] 2013 年 9 月德国联邦议院选举中，萨克森州的投票率为 69. 5%，全国平均投票率为 71. 5%。[③]

需要注意的是，德累斯顿与其他德国大城市相比，移民人数是非常少的，穆斯林居民则更少。[④] 联邦统计局的数据显示，在萨克森州，大约有 10000 名外国人居住，约占总人口的 2. 5%；而居住在柏林的外国人比例高达 13. 4%。联邦内政部的数据显示，在萨克森州西部，具有“伊斯兰化”倾向的居住人口占比不到 1%。[⑤] 德国东部几个州的州长在《星期日世界报》上表示，德国东部各州的人口出生率在欧洲最低，缺乏熟练工人，因此，东部各州尤其需要更多的移民。Pegida 运动缘于这里，一方面有对伊斯兰文化侵蚀基督教文明的担忧；另一方面也表明危机以来，德国东部（尤其萨克森州）的民众承受着高失业率的困扰，民众政治热情降低，对国家政治越来越不满，他们觉得自己处于弱势且无力改变现状，民众内心有恐惧情绪。

（四）Pegida 运动带来的影响

Pegida 所掀起的“反伊斯兰化”运动，给德国社会带来了不可估量的持

---

① 联邦及各州统计局，http：//www. statistik-portal. de/Statistik-Portal/en/en_ zs02_ sax. asp。

② “Why Many Former East Germans Don't Vote”，Spiegel-Online，09. 19. 2013，http：//www. spiegel. de/international/germany/east-german-voter-apathy-could-mean-record-low-turnout-a -923244. html.

③ 联邦及各州统计局，http：//www. statistik-portal. de/Statistik-Portal/en/en_ jb03_ jahrtabwl. asp。

④ “Prying into Pegida：Where Did Germany's Islamophobes Come from?” Spiegel-Online，http：//www：spiegel. de/international/germany/origins-of-german-anti-muslim-group-pegida-a-1012522. html.

⑤ “The End of Tolerance? Anti-Muslim Movement Rattles Germany”，Spiegel-Online，http：//www. spiegel. de/international/germany/anti-muslim-pegida-movement-rattles-germany-a-1009245. html.

续影响。德国主流媒体《明镜》周刊所做的民意调查表明，约 34% 的德国人赞同 Pegida 运动的观点，认为德国正在不断被“伊斯兰化”。[①]

Pegida 在脸书上拥有 44000 名粉丝。形成鲜明对照的是，默克尔领导的基民盟在脸书上才拥有 661 名粉丝。在互联网上，充斥着难以计数的右翼仇恨网站和脸书群组。一个“反伊斯兰化”博客，一天就会有 70000 点击量。

联邦宪法保护 2013 年度报告显示，2013 年，总共有 473 起暴力事件有仇外背景（2012 年为 393 起），这是 2006 年以来连续增长且数字最高的一年。[②] 2013 年，难民保护政策成为一个尤其重要的议题。右翼极端分子试图从种族主义和仇外的角度来解决这个问题。他们煽动其他抗议团体，希望吸引比平时更多的支持者。极右翼政党，如国家民主党，借难民问题发难，公开采取具有极右翼色彩的倡议行动，以寻求政治认同和选民支持。[③]

Pegida 煽动仇恨和偏见。2014 年 12 月 8 日，在 Pegida 例行的游行中，一名匿名成员对听众发表演讲：“难道我们希望萨克森也出现一个新科尔恩?”[④] 各种形形色色的抗议组织和团体汇聚在 Pegida 这柄大伞之下，使得极右翼、民粹主义思潮成为危机以来德国社会中的阴影。一直被主流政治所排斥的极端主义、仇外似乎被社会接纳。

德国外长施泰因迈尔在接受《星期日图片报》采访时表示，Pegida“反伊斯兰化”的抗议活动损害了德国在世界上的声誉，Pegida 排外和种族主义的口号所带来的危害远远被低估了。

必须认识到，Pegida 运动遭到了来自政界、经济界与宗教领袖的联合抵制。2015 年 1 月 5 日，科隆爆发了规模最大的反排外游行，参加种族融合游行的人数是 Pegida 支持者的 10 倍。当抗议 Pegida 的游行队伍举着“欢迎难民”、“心系移民”和“不要纳粹”等横幅走上科隆市内最大桥梁时，科隆大教堂特别关掉了外部灯光加以响应。熄灯的还有市政府、其他一些教堂、博物

① “The End of Tolerance? Anti-Muslim Movement Rattles Germany”, Spiegel-Online, http://www.spiegel.de/international/germany/anti-muslim-pegida-movement-rattles-germany-a-1009245.html.

② “2013 Annual Report on the Protection of the Constitution”, http://www.verfassungsschutz.de/.

③ “2013 Annual Report on the Protection of the Constitution”, http://www.verfassungsschutz.de/.

④ 新科尔恩（Neukölln），柏林一处居住着大量土耳其和阿拉伯移民的地方，引发了很多城市问题。

馆等建筑。在慕尼黑，人们打出“慕尼黑是多彩的”等标语，支持社会宽容和文化多元。德国前联邦环境部部长、现议会外交事务委员会发言人罗特根（Norbert Roettgen）告诉媒体，身为天主教徒和政治人物，他认为 Pegida 不符合基督教精神，他很高兴教会明确表态，就他来看，Pegida 一词就代表黑暗。

在纳粹死亡集中营奥斯维辛解放 70 周年纪念日前夕，默克尔总理表示：“打击一切形式的反犹主义和种族主义，是德国人永远的责任。我们必须不断防范，以保护我们的自由、民主和法治。”①

如果说封锁占领法兰克福运动的支持者主要来自社会的草根阶层，德国选择党的支持者多数为社会精英人士，那么，Pegida 运动的支持者群体就要更广泛。在政治实践层面，无法简单地为他们贴上标签。“反伊斯兰化”运动已成为德国社会的一部分。

萨克森州内政部长乌尔比希（Markus Ulbig）指出：“我们不能给 10000 人都贴上右翼极端分子的标签，这会造成更多的问题。德累斯顿的‘反伊斯兰化’运动，有大量的中产阶层支持者，你很难将所有这些人都简单归结为新纳粹主义者。”②

德国联邦副总理、社民党主席加布里尔在接受《明星》杂志访问时指出：“‘反伊斯兰化’运动是德国社会的一部分，不应该被忽视，政治家必须关注该组织及其支持者提出的问题。他们是被愤怒、恐惧、不安全感，有时是仇恨外国人的情绪所驱动。很明显不管你喜欢与否，人们有这样的民主权利选择右翼或者是民族主义。民众有权利表达一些愚蠢的观念，比如认为德国被‘伊斯兰化’。”③

参与 Pegida 游行示威者的动机是什么？这些游行又在何种程度上折射出社会的信仰？为什么仇外成为这一运动最重要的动员口号？这些问题都值得进一步思索。

---

① “Merkel Says Germans must Fight Anti-Semitism and Racism”, Reuters, Jan. 26, 2015, http: //www. reuters. com/article/2015/01/26/germany-islam-pegida-merkel-idUSL6N0V535A20150126.

② “The End of Tolerance? Anti-Muslim Movement Rattles Germany”, Spiegel-Online, http: //www. spiegel. de/international/germany/anti-muslim-pegida-movement-rattles-germany-a-1009245. html. 《德国右翼组织反伊斯兰化游行十万人参加　主流媒体严厉批评》, http: //www. guancha. cn/europe/2015_ 01_ 13_ 306147. shtml。

③ “Anti-Islam Group PEGIDA Is Part of Germany, Vice Chancellor Says”, Reuters, Feb. 4, 2015, http: //www. reuters. com/article/2015/02/04/us-germany-islam-pegida-gabriel-idUSKBN0L81Y20150204.

四 结语

2008 年爆发的金融危机以及其后的欧债危机给德国政治带来的影响可以从三个方面测量，即选举的流动性（volatilily）或者说选民的流失、对民主的满意程度，以及对议会的满意程度。

德国没有出现像希腊、意大利、葡萄牙、西班牙等国那样的政府更迭。2014 年春季“欧洲晴雨表”调查表明，在德国有 30% 的受访者对欧盟机构持信任态度，58% 持不信任态度（欧盟成员国平均值为 31% 信任、56% 不信任）；在对国家议会的信任度方面，在德国有 51% 的受访者信任国家议会，41% 不信任（欧盟平均值为 28% 信任、65% 不信任）；在对国家政府的信任度方面，德国有 48% 的受访者信任、46% 的受访者不信任政府（欧盟平均值为 27% 信任、68% 不信任）。① 德国的这组数字虽高于欧盟成员国的平均水平，但从中仍然可以看出对议会和政府持不信任的民众在总人数中有着相当大的比重。

欧债危机的爆发与持续发酵，为民粹主义的动员提供了内在且具有潜力的机会。极端民粹主义通常拥抱“狭隘的意识形态”（thin ideology），那些自认是同质的人，反对政治精英，排斥与他们不同的“其他人”，以及以充满个人魅力的克里斯玛型领导为其话语特征。首先，危机以来，在国家和欧盟层面，精英们不断在令人炫目的国际媒体面前做出关键性决定。这样的政治戏剧比危机本身更能给民粹主义色彩的反体制政党带来更多的话语机会。② 其次，民粹主义者可以在国家或欧盟层面把一些关键的决定和特定的精英联系起来，该精英被选民视为应对他们负责。再次，危机也可能为抱持市场自由主义、强调小国家“厚”意识形态的民粹主义政党提供话语机会，因为他们支持社会的中产阶层，反对欧盟和臃肿的国家形态。③

① 《欧洲晴雨表》，http：//ec. europa. eu/public_ opinion/archives/eb/eb81/eb81_ en. htm。

② R. Koopmans and J. Muis，“The Rise of Right-Wing Populist Pim Fortuyn in the Netherlands：A Discursive Opportunity Approach”，*European Journal of Political Research* 48（2009）：642 - 664.

③ Kurt Richard Luther，“Austrian Populism and the Not-So-Great Recession. The Primacy of Politics”，2014，http：//www. keele. ac. uk/kepru/.

如果说来自草根阶层的封锁占领法兰克福运动和金融危机有着直接联系的话，那么，对欧盟机构的不信任、对欧元的怀疑态度、担忧德国被“伊斯兰化”的 Pegida 运动异军突起，疑欧情绪上扬和右翼民粹主义思潮抬头，作为民众的一种社会心理反应，就有着更为复杂深刻的历史原因。从更深层次来讲，包括德国在内的西欧，二战后在政治领域内出现了新的文化分野：一端是普世的自由主义价值观，表现为新左派运动，强调文化多元；另一端是 20 世纪 80 年代兴起的“强调文化差异”的传统的社群主义。这里的文化差异强调的不再是某一个种族或族群与其他种族或族群相比具有优越性，而是强调人们具有保持自己不同的传统的权利。在这样的一种认知和理论背景下，反移民就直接地和强调文化差异联系在一起。这种新的文化分野和二维政治空间，从长远来讲，使社会容易变得不宽容，出现极化现象，为疑欧情绪、“反伊斯兰化”运动的右翼民粹主义思潮提供了丰厚的土壤。而欧债危机似乎成了导火索，点燃了德国社会中潜伏的矛盾。

B.5

后危机背景下德国经济表现和政策演化*

丁 纯 李君扬**

摘 要： 后危机背景下，德国经济的表现总体健康，体现在经济持续增长、就业继续改善、物价平稳、预算平衡且公共债务降低上。然而，健康表象的背后也显现某些不安状况，如对外贸易略显疲态、经济面临下行风险、通缩苗头初露等。在此背景下，德国政府实施了一系列的经济政策调整，主要是继续实施“工业4.0”战略、推出数字化议程、完善能源政策、改革养老金制度、推行最低工资制等。这些措施对于促进德

* 本文系国家社科基金项目“国际金融危机冲击下欧洲发展模式前景研究”（项目编号：11BGJ023）、中国人民大学欧洲问题研究中心教育部人文社科重点基地课题“经济全球化和欧盟东扩背景下的欧盟市场一体化研究：规制、进展、问题、前景与借鉴”（项目编号：08JJDGJW252）和 Jean Monnet Chair Program “The European Economic Integration and Harmonization of Social Affairs in Era of Globalization”（Nr. 2012 - 2862）的阶段性成果，笔者衷心感谢复旦大学经济学院硕士研究生张涵雄和徐星提供的学术支持和相关贡献。

** 丁纯，复旦大学经济学院教授、欧盟让·莫内教授、复旦大学欧洲问题研究中心主任；李君扬，复旦大学经济学院博士研究生。

国经济增长和改善收入分配不公平具有积极的作用，但也蕴含着潜在风险，如增加养老金支出可能危及整个体系的可持续性等。

关键词： 工业4.0　数字化议程　可再生能源法　养老金改革　最低工资制

2013年，整个欧洲逐步迈出欧债危机的泥沼，但是复苏的步伐依然蹒跚。德国作为欧盟和欧元区最大的经济体，其经济发展亦受到大环境的影响。本文主要对2013年下半年至2014年夏末德国经济走势与德国联邦政府的经济政策进行盘点与述评。总体来看，德国经济表现尚可但也有隐忧，政府在国内经济政策方面的调整着重于推进高新制造业的发展，同时注意缩小国内不同人群和地区之间的差异，公平性取向明显。

一　2013年下半年以来德国的经济形势

自2013年下半年以来，德国的经济发展出现了一些新的变化趋势，主要是已现复苏之势的经济增长在2014年第二季度有所放缓，经济前景出现了黯淡不明的征兆，对外贸易略显疲态，物价水平隐现通缩苗头。不过，持续改善的劳动力市场和政府财政，也昭示着德国经济的体征依然健康。这些互相矛盾的经济指标，从一个侧面反映出后危机时代德国经济发展的复杂性。

（一）经济增长有所趋缓

虽然德国经济遭受了欧债危机的严重冲击，但是由于一系列内外因素的作用，如德国政府松紧有度的危机应对政策、以新兴经济体为代表的旺盛外部需求，以及德国在危机爆发之前实施的、冠以“2010议程”之名的长期结构性改革，使德国经济在一片哀鸿的欧洲表现为“一枝独秀”。

进入2013年，德国也同其他欧盟和欧元区国家一样，从第二季度起走出长达六个季度的衰退，当季国内生产总值同比增长0.5%，环比增长0.8%，超过欧盟和欧元区的平均增速。此后直至2014年第一季度，德国经济一直维持低速扩张的态势。

然而在2014年第二季度，德国经济突然失速，经季节调整后的国内生产总值环比增速下降至0.2%（见图1）。造成这一结果的原因主要是国内设备投资和净出口的下降。按照德国联邦统计局的数据，当季建筑业固定投资环比下降4.2%，机械设备投资下降0.4%，净出口对国内生产总值（GDP）的贡献率为-0.2个百分点。

作为经济先行指标的采购经理人指数（PMI）也不乐观。市场调查机构Markit提供的数据表明①，德国2014年9月的制造业PMI为49.9，不仅创下15个月来的最低值，而且跌破50的荣枯线，显示萎缩迹象。幸而10月份该数值反弹至51.8，创下3个月新高。

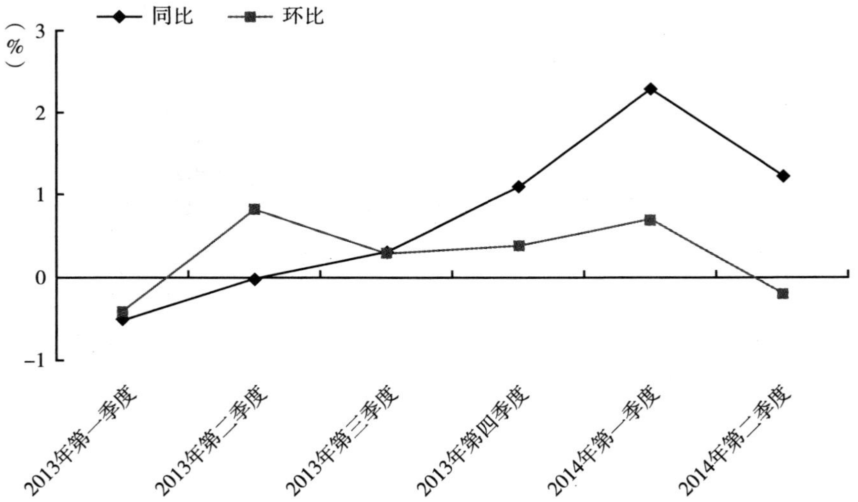

图1　经季节调整后的德国国内生产总值增长率
（2013年第一季度至2014年第二季度）

资料来源：德国联邦统计局。

① 数据来自Markit网站，http：//www.markiteconomics.com。

德国市场研究机构 Gfk 公司发布的德国经济前景指标表现更差①：其数值从 2014 年 7 月的 45.9 点意外大幅下降 35.5 点至 8 月的 10.4 点，创下 1980 年以来的最大降幅。按照 Gfk 的分析，德国民众对地缘政治动荡的担心是导致他们对经济前景偏向负面的重要原因，这些动荡包括伊拉克、以色列和乌克兰东部的局势以及对俄罗斯不断升级的制裁。不过，在 9 月该指数继续降至 4.4 点后，10 月份轻微滑落至 4.3 点，没有跌穿长期平均值 0，显示对经济前景的看法趋于稳定。

德国 Ifo 经济研究所公布的 2014 年 10 月的商业景气指数②为 103.2，为 2012 年 2 月以来的低点。这也是该指数连续 6 个月下跌，再次说明自 2014 年第二季度以来，德国经济有所走软。

（二）对外贸易略显疲态

对外贸易对德国经济增长的贡献居功至伟，正是外贸的高速增长帮助德国较为平稳地度过欧债危机的困难阶段：进出口额占国内生产总值的比重从 2009 年的 61.8% 增长至 2013 年的 72.7%；出口增长更快，其占国内生产总值的比重从 33.8% 升至 40.0%（见图 2）。2014 年 1～8 月，德国累计实现外贸顺差 1370 亿欧元，比去年同期增加 96 亿欧元，增幅为 7.6%。不过，服务贸易是德国的软肋，2014 年 1～8 月累计逆差 294 亿欧元，虽比去年同期 368 亿欧元的逆差有所减小，但逆差规模仍然较大（见图 3）。

从贸易伙伴角度看，尽管近年来重要性有所下降，欧盟和欧元区依然是德国最重要的贸易对象。2014 年 1～8 月，德国对欧盟地区的出口额达到 4320 亿欧元，其中对欧元区出口 2732 亿欧元，占德国全部出口的比重分别为 58.1% 和 36.7%；进口方面，1～8 月进口额分别为 3958 亿欧元（自欧盟）和 2724 亿欧元（自欧元区），比重分别为 65.2% 和 44.9%。

不过，德国出口高歌猛进之势已略显疲态：其一，2013 年德国出口占国内生产总值的比重从 2012 年的 41.1% 小幅下降至 2013 年的 40.0%。其二，

① Gfk，http：//www.gfk.com/news-and-events/press-room/press-releases/Pages/default.aspx.

② Ifo，http：//www.cesifo-group.de/ifoHome/facts/Survey-Results/Business-Climate.html.

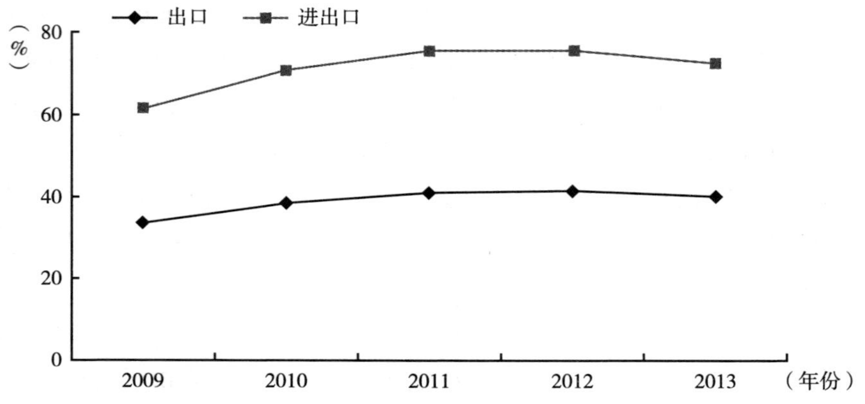

图 2　2009～2013 年德国出口和进出口贸易额占国内生产总值的比重

资料来源：德国联邦统计局。

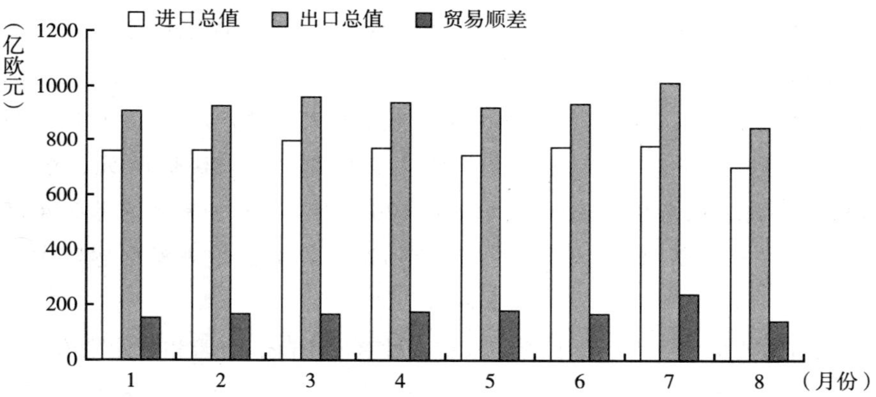

图 3　2014 年 1～8 月经季节调整的德国出口情况

资料来源：德国联邦统计局。

进入 2014 年后，虽然德国出口同比还能保持一定的增长：1～8 月出口额为 7436 亿欧元，同比增加 2.8%；但是自 5 月以后，出口的环月增幅分别为 -2.6%、3.6%、-1.4% 和 -1.3%。尤其是 8 月，同比下降 1.0%，走弱之势更为明显。其三，乌克兰危机的影响有所显现，对俄出口出现较大滑坡：2014 年 1～8 月的出口额为 203 亿欧元，同比下降 16.6%；最近的 8 月份，德国对俄罗斯的出口额为23亿欧元，同比大幅下滑26.3%。[①] 从贸易伙伴角度看，2013年俄罗斯是德国第11大、欧盟外第4大出口市场（仅次于美国、中国和瑞士），对德国出口较为重要[②]。

（三）就业市场继续改善

失业问题是欧债危机以来困扰欧洲各国的难题。欧盟和欧元区的失业率自2009年以来不断攀升，都已经突破了两位数。得益于危机前以四部“哈茨法案”为主的劳动力市场改革，以及默克尔政府在危机初期实施的以促进短时工为主的积极劳动力市场政策，德国的就业状况受危机冲击有限，失业率甚至还有所下降。从近一年来的就业状况看（见图4），德国的失业率保持在5%的低位，不到欧元区平均失业率的一半。

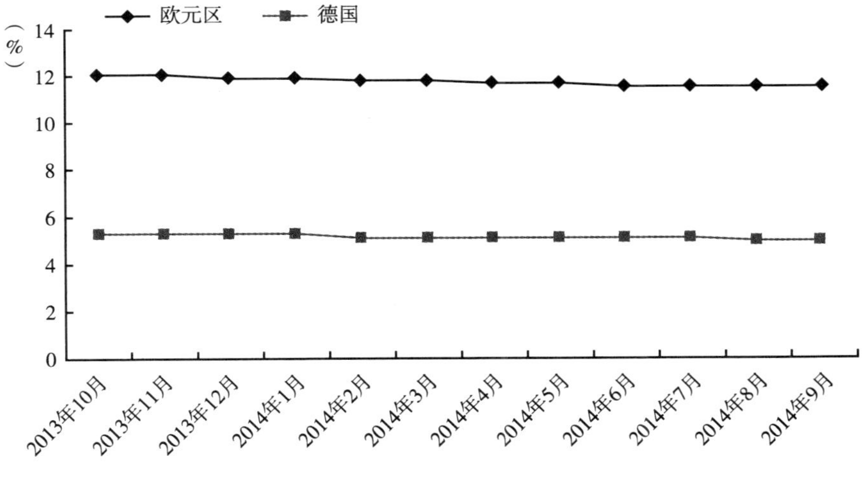

图4　2013年10月~2014年9月德国和欧元区的失业率

资料来源：欧盟统计局。

① 德国联邦统计局网站，https：//www.destatis.de/EN/PressServices/Press/pr/2014/10/PE14_375_51.html；jsessionid=BD667A7944A562931F8CDC9B7E9F0AD9.cae2。

② Statisches Bundesamt, *Ranking of Germany's Trading Partners in Foreign Trade* 2013, October 29, 2014, p. 2.

德国联邦劳动事务所发布的登记失业人数也反映了相同的趋势。[①] 2014 年 10 月的登记失业人数为 273.3 万人，较去年同期下降 6.8 万人，环比下降 7.5 万人，登记失业率降至 6.3%。即使经过季节调整，失业人数也减少 2.2 万。从领取失业保险金 II 的角度衡量，2014 年 10 月的领取者为 83.6 万人，也比去年同期减少 3.3 万人。导致失业减少的重要原因是需求旺盛。德国联邦劳动事务所的统计数据显示，2014 年 10 月共有 51.7 万个空缺岗位，比一年前增加了 5.1 万个，经季节调整后，空缺岗位也增加了 8000 个。冶炼、运输、物流、机电、机械制造等传统制造业部门都纷纷增加了用工需求。当前，德国的空缺岗位指数（BA－X）升至 175 点，显示德国就业市场的需求持续旺盛。

失业人口的数量也保持下降趋势。按照联邦统计局的数据，2014 年 1 月失业人数为 240 万，至 7 月失业人数跌破 200 万，为 198 万。8 月份失业者人数有所反弹，达 215 万，但 9 月份又减少至 209 万（见图 5）。

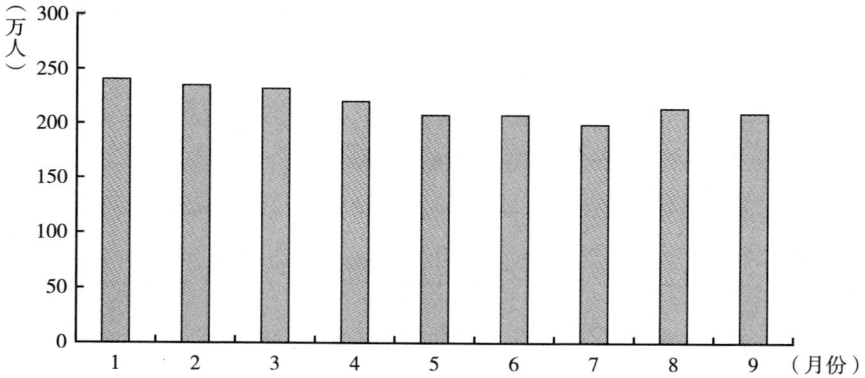

图 5　2014 年 1～9 月德国失业人数

资料来源：德国联邦统计局。

总体上看，虽然德国经济在进入 2014 年第二季度后增长率有所放缓，但是直至第三季度末德国经济增长率的意外下降对就业市场的影响有限，其未来走向有待进一步观察。

① 德国联邦劳动事务所网站，http://www.arbeitsagentur.de。

（四）物价平稳、略显通缩

与欧元区通胀率持续下降、9月份降至0.3%的五年历史低点、呈现通缩风险不同，德国保持了较为温和的通胀率，基本在1.0%左右徘徊，2014年9月的通胀率为0.8%（见图6）。不过，该数值已是连续3个月处于低位。同时，德国市场研究机构Gfk公司发布的德国消费者信心指数也不容乐观①：8月份该指数值为8.9，9月份下降至8.6，这是德国自2013年1月以来消费者信心指数首次出现下降。10月份进一步下降至8.4，预示德国或将步入通缩。可喜的是，11月的预测值为轻微升至8.5，再现上升趋势。在全球经济尤其是欧洲经济疲软的大背景下，德国物价的进一步走势值得关注。

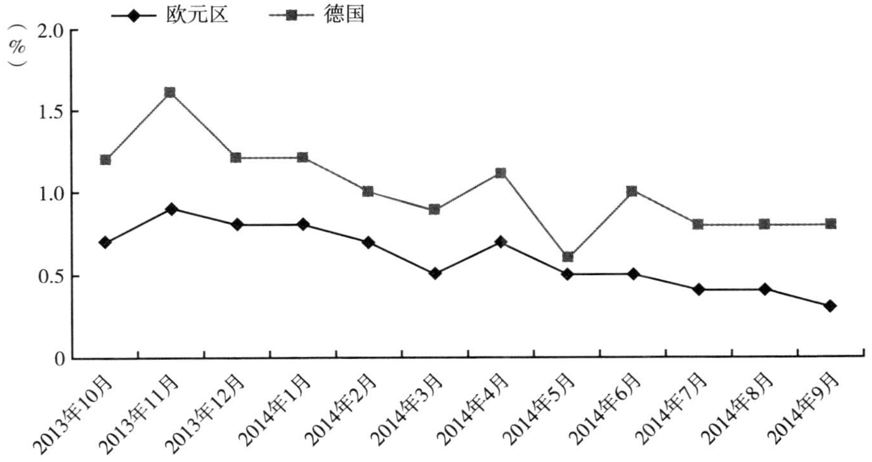

图6　2013年10月～2014年9月德国和欧元区的通胀率

资料来源：欧盟统计局。

从结构上看，德国物价走低主要是受原油价格走低的拖累，如2014年8月原油价格的跌幅达到5.1%，其中燃料油价格下跌7.9%，动力油价格下跌4.1%。9月，原油价格2.2%的跌幅也是导致通胀率小于1%的要因，如果扣

① Gfk，http：//www.gfk.com/news-and-events/press-room/press-releases/Pages/default.aspx.

除原油价格的影响，当月通胀率可达到 1.2%。除了原油以外，煤炭价格下降 2.0% 也拉低了通胀率。

与能源价格走低相反，日常用品的价格出现上涨，显示德国内需较为强劲。9 月，食品价格上涨 0.9%，乳制品上涨 8.3%，糖果上涨 1.7%，鱼和鱼制品上涨 1.3%，啤酒上涨 4.0%，药品上涨 5.2%。

（五）预算平衡、债务降低

德国一贯实施审慎的财政政策，从而克服了欧债危机以来赤字高涨的局面，至 2012 年已经实现了 37.21 亿欧元的财政盈余，占国内生产总值的比重为 0.1%。2013 年，财政盈余进一步扩大至 72.74 亿欧元，几乎翻了一番，占国内生产总值的比重也提升至 0.3%。

财政盈余增加的主要原因是收入增长超过支出增长。相比上一年，2013 年的收入增加了 312 亿欧元，其中贡献最多的是税收和社会保障缴款的增加，分别达到 180.92 亿欧元和 110.59 亿欧元。支出方面，同比增加了 276.49 亿欧元，主要用于社会保障方面的新增开支，达到 212.59 亿欧元；公共投资则与 2012 年基本持平（613.45 亿欧元）。

这种良好的势头在 2014 年得以延续。按照欧盟统计局的数据，德国在 2014 年第一季度财政继续略有盈余，盈余额 12.1 亿欧元，比 2013 年第四季度的 10.8 亿欧元增加了 1.3 亿欧元，当季财政盈余占国内生产总值的比重是 0.2%。

在上述按照欧盟统计局的 ESA 统计体系得出的数据之外，德国联邦统计局还统计所有公共领域的收支，包含德国对欧盟预算应付的份额。在这种统计口径下，结果与 ESA 体系略有差异，但也显示向好的迹象。按照德国联邦统计局的数据，德国 2014 年第一季度的赤字额为 248 亿欧元，至 6 月末整个上半年的赤字缩减至 182 亿欧元，比去年同期减少 11 亿欧元，主要原因也是收入同比增长 3.2%，高于支出增幅（2.9%）。

公共债务方面，德国 2013 年公共债务比 2012 年末减少了 141.7 亿欧元，占国内生产总值的比重从 79% 下降至 76.9%。2014 年上半年债务余额为 2.04 万亿欧元，比第一季度末略增 44 亿欧元，公共债务对应国内生产总值的比重则变化不大。

二　后危机时代德国经济政策的调整

在后危机时代，德国政府为适应经济发展的“新常态”，采取了一系列的政策调整，主要是加强现代化制造业、推进信息技术的运用、调整能源政策等。同时，为了平缓执政联盟内部党派间的政策纷争和安抚国内民众的情绪，在最低工资和社会保障领域也采取了一些偏向社会公平的政策举措。

（一）“工业4.0”战略

德国是世界上制造业最具竞争力的国家之一，德国产品因其优良的品质享誉全球。近年来德国产学研各界共同制定的德国“工业4.0”（Industrie 4.0）战略，被认为是以强化德国制造业竞争力为宗旨的德国版“再工业化”战略。这一概念问世于2011年4月在德国举办的汉诺威工业博览会（Hannover Messe 2011）。目前已经上升为德国的国家战略，成为德国面向2020年高科技战略的十大目标之一。

按照“工业4.0”的规划，其主要内容可概括为：① 一个核心，是指“智能+网络化”，即通过虚拟-实体系统（Cyber-Physical System，CPS），构建智能工厂，实现智能制造的目的；② 二重战略，分别指针对德国的装备制造商以求实现“德国制造”质的飞跃的“领先的供应商战略”，以及强调整个德国国内制造业市场的有效整合的“领先的市场战略”；③ 三大集成，即生产的“纵向集成”、产品整个生命周期的“工程数字化集成”和考虑社会的可持续发展的“横向集成”；④ 八项举措，包括实现技术标准化和开放标准的参考体系、建立模型来管理复杂的系统、创新工作的组织和设计方式等。①

（二）数字化战略

经过多年的发展，电子信息与通信产业已经同汽车产业、机械制造产业、化工产业一道成为德国四大支柱产业。2012年，在德国从事电子信息和通信产业的员工数超过90万人，行业营业额总额达2280亿欧元，另有790亿欧元

① 对此的详细分析参见丁纯、李君扬《德国“工业4.0”：内容、动因与前景及其启示》，《德国研究》2014年第4期。

的交易通过网络完成，约占德国国内生产总值的3%。此外，电子信息与通信产业行业每增加1000个工作岗位，将会给上游行业创造941个就业机会。由此可以认为电子信息与通信产业已经远超汽车工业和机械制造等德国传统工业，成为德国解决民众就业的重要产业。① 2008年金融危机席卷全球后，德国电子信息与通信产业表现出巨大的弹性，总体上2011年恢复到金融危机前的水平（见表1）。从产业结构看，电子组件和电路板产品从2005年开始增长最为迅猛，除了2008年、2009年金融危机导致生产下滑外，其余年份都保持较大的增长速度。但是通信设备和磁性及视频媒体设备生产在德国逐渐萎缩，2011年分别只占2005年生产的约50%和25%。

表1　德国信息和通信产业生产指数（2005年为基点值）

生产指数 \ 年份	2005	2006	2007	2008	2009	2010	2011
电子组件和电路板	100	144.9	193.7	241.4	212.4	238	320.7
电脑和外围设备	100	116.9	162	175.6	89.3	101.5	121.9
通信设备	100	120	99.1	63.4	41.9	47.6	51.8
消费类电子产品	100	108.4	115	113.2	88.7	106.1	110.9
磁性及视频媒体设备	100	91.4	76.5	74.3	35.8	25.7	26.2
总指数	100	105.8	112.4	113.5	93.9	105.2	114.4

资料来源：德国联邦统计局。

如今新技术革命浪潮席卷全球，各国都提出加快技术创新和产业布局，争取在“工业4.0”时代提升本国工业生产水平和全球竞争力。作为全球发达工业经济体的代表，德国联邦政府于2014年8月出台《数字化议程（2014～2017）》，强调要将德国从传统工业大国转变为数字工业大国，让物联网、服务网以及数据网成为未来智能工业的基础，大力发展数字经济，确保德国在世界各国的竞争力和领先地位。

《数字化议程（2014～2017）》的主要内容②包括：

① Federal Ministry for Economic Affairs and Energy, *Monitoring-Report: Digital Economy* 2013, Berlin, 2014, pp. 12–13.

② Federal Ministry for Economic Affairs and Energy, *Digital Agenda* 2014–2017, http://www.digitale-agenda.de/DA/Redaktion/DE/Publikation/digitale-agenda-engl.pdf?__blob=publicationFile&v=4。部分译文参考了上海科技发展研究中心《数字创新驱动发展打造未来数字强国——德国〈数字议程（2014～2017）〉解读》，《科技发展研究》2014年第22期。

1. 构建数字化基础设施

①建设高速数字宽带网络。《数字化议程（2014～2017）》规划最晚至2018年，德国将建成覆盖城市和乡村的下载速度在50M/s以上的高速数字宽带网络，同时推进手机智能网络的更新升级，进一步扩建数字化基础设施与智能化交通系统，注重移动智能网络的研发和应用。

②推动政府的数字化服务水平。为了配合德国数字化转型战略的实施，提升政府在数字化时代的公共服务水平，德国政府提出开展数字化公共管理的尝试和探索，创建一个安全、便捷的信息化社会。

③推进数字化医疗服务。德国将构建安全高效的数字化基础设施，通过高科技技术手段，建立以电子信息与通信技术为核心的移动医疗服务系统，为普通大众提供随时、随地、方便的医疗支持和服务，由此提升德国的医疗服务水平。

2. 打造数字化经济

《数字化议程（2014～2017）》明确提出：要将德国打造成数字化经济强国，进一步巩固德国在欧洲的第一大经济强国的地位，提升德国经济在全世界范围内的竞争力，促进德国经济的长期可持续的创新发展。具体来说，《议程》对德国发展数字化经济提出了以下目标：

①推进新兴技术的工业化和市场化；

②支持中小型数字化企业的发展；

③建立数字化经济的管理结构；

④探索数字化工作模式；

⑤进一步推进能源转向，发展绿色IT产业。

3. 尝试创新型的数字化社会服务和管理

为了保护和强化德国现有的经济成果和产业优势，德国政府致力于开发新型政府管理体系，基于数字化公共服务设施提升政府的管理和服务水平。引导和鼓励企业和个人参与数字化创新和实践，为他们提供良好的社会氛围。具体来说可细分为以下要点：

①提高德国移动网络的普及率，推动数字化新技术在电子商务中的应用；

②完善相应的法律基础，保障消费者的信息安全，保护数字化经济社会企业和个人的知识产权；

③提升数字化经济的企业监管能力，避免行业垄断和恶性竞争。

4. 打造数字化生活

为了让普通民众享受数字化社会带来的技术创新成果，德国政府提出要大力提升数字化时代社会基础设施的升级，打造全世界领先的数字化公共设施，鼓励民众的社会参与意愿，让全体公民能在数字化的社会中自主生活。

5. 开展数字化研发

①提升数字化时代教育水平。一个好的教育体系是培养数字化人才的首要前提，更是数字化社会持续发展的原动力和基本保障。数字化教育体系旨在培养适应数字化工作和数字化创新的、掌握数字化信息处理能力的新型人才。

②推动学术界和科技界的数字化转型。提升数字化时代数字资源的共享水平和个人获取数字资源的能力，改善科技基础设施，加强数字化时代科技创新能力。

③打造数字文化大国。扩大数字内容的供应量，改善数字资源的可获得性，提升博物馆、图书馆等场所的互联互通水平，提升民众获取共享资源的意愿和能力，打造数字文化的新型社会。

（三）能源政策[①]

自 2000 年德国《可再生能源法》（EEG）颁布以来，如果单纯从数据角度来看，德国的能源转向无疑是非常成功的，2000～2013 年，德国新能源发电量从 37.9 兆瓦时提升到 136.2 兆瓦时[②]，2013 年新能源发电量在总发电量中的占比达到23%（见图7）。目前，德国在新能源领域的技术位于世界前列，在全世界呼吁使用清洁能源的大环境下，为德国迎来了巨大的商机。然而，在可再生能源技术大力推广使用的同时，德国新能源产业也面临着巨大的挑战。

① 相关讨论与分析也可参见朱苗苗《德国能源转向政策：现状、实施及问题》，载郑春荣、李乐曾主编《德国发展报告（2013）》，社会科学文献出版社，2013，第 129～137 页；以及本书朱苗苗《德国能源转向的最新进展及未来行动计划评析》。

② Andreas Löschel, Florens Flues, Frank Pothen and Philipp Massier, "Der deutsche Strommarkt im Umbruch: Zur Notwendigkeit einer Marktordnung aus einem Guss", *Wirtschaftdienst*, Heft 11, 2013, p. 779.

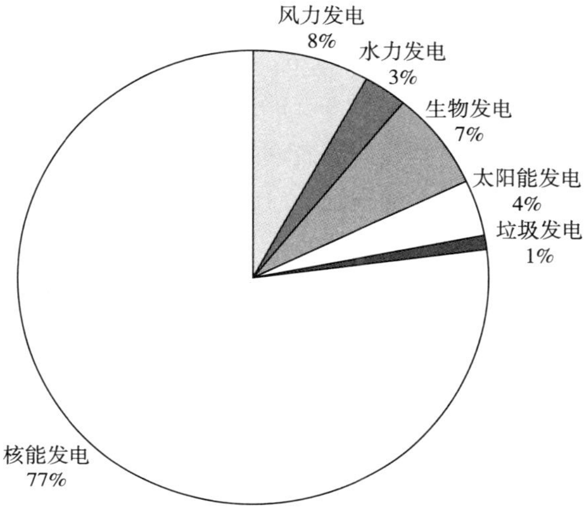

图7　2013年德国发电量组成情况

资料来源：德国联邦统计局。

德国可再生能源产业面临的首要障碍就是使用成本高昂。长期以来，德国政府给予太阳能、风能、生物质能等可再生能源以巨额的财政补贴，只有在这样高额财政补贴的前提下这些新能源技术才得以推广和使用。2013年德国对可再生能源产业的财政补贴达到180亿欧元，对新能源相关产业的财政支出达到德国政府财政支出的6%以上。[①] 在德国经济增长乏力、欧洲经济衰退的环境下，巨额财政补贴已经成为德国政府和民众的沉重经济负担。据《明镜》周刊分析，有56%的绿色电力补贴流向了太阳能，而其产生的电力只占到所有可再生能源生产电力的21%。[②]

在债务危机的大背景下，德国政府需要适当控制政府的财政支出，为此不得不采取上调电费的方式来部分满足不断增加的补贴资金需求，让普通民众分担部分费用。2014年德国人每千瓦时电价就比2013年上涨了25%，意味着三口之家每年用电支出为175欧元。在上涨的电价中，"绿色电力分摊费"的上

① 德国联邦统计局网站，https：//www. destatis. de/EN/FactsFigures/NationalEconomyEnvironment/LabourMarket/LabourMarket. html。

② Der Spiegel，http：//www. spiegel. de/.

调是重要方式。该分摊费在2013年已经上调了47%，达到5.277欧分/千瓦时；2014年再次上调0.7～5.977欧分/千瓦时，上调比例为13.3%；预计2015年将进一步上调至6.17欧分/千瓦时。①

以太阳能、风能为代表的新能源发电的特点是高前期投入、低运营成本、零燃料消耗，因此长期来看大幅增加的新能源发电量会大大降低整个电力市场的边际发电成本，从而导致电力市场价格下降。但是在短期内，电价上涨过快也会打击消费者使用新能源的热情，而价格过低又会挫伤新能源企业投资的积极性，导致新能源电厂无法收回投入成本。面对如此两难，德国政府需要妥善应对。

经过充分酝酿，德国总理安格拉·默克尔于2014年4月提交了《德国可再生能源改革计划》，她强调要对现有的能源政策进行彻底改革。作为改革之前的《可再生能源法》的升级版，本次提出的可再生能源法案被称为“EEG 2.0”，并于2014年8月1日正式生效。新法案与老法案相比主要有以下几个方面的变化：

第一，减少德国新能源设备的补贴，缩小补贴面，减轻财政压力。新的可再生能源法案规定，德国政府对新能源电力的补贴力度由目前的17欧分/千瓦时下降到2015年的12欧分/千瓦时②。短期看这将会导致发电企业生产成本上升，但从长远看会提高新能源发电企业的竞争力，促进新能源电力在德国的大面积推广。因为《可再生能源法》将迫使可再生能源运营商不得不淘汰效率欠佳的旧发电设备，转而采用新技术，比如虚拟发电站技术、压缩空气蓄能发电技术、氧燃料燃烧发电技术等，从而既推动技术进步，又显著降低长期的运营成本。

第二，政府强制实施可再生能源企业直销电和市场补贴金制度。长期以来，德国的新能源电力市场一直遵循这样一个模式，即电力运营商从新能源发电企业买进电力然后由电力运营商到电力交易市场上去出售，这样的模式就像是一个场外“做市商”模式。但是新的可再生能源法案要求，从2014年8月

① Frankfurter Allgemeine, http://www.faz.net.

② “Federal Ministry for Economic Affairs and Energy”, *Reform of the Renewable Energy Sources Act*, Berlin, 2014, p. 5.

开始，德国所有新增500千瓦以上的可再生能源电力都必须由新能源发电企业直接通过电力交易所直销，这样的模式就像是场内“集中竞价”模式；新法案还规定，到2016年，所有新增的100千瓦以上的新能源发电设备都必须将所发电力通过电力交易所集中交易（见表2）。不仅如此，新版《可再生能源法》规定最晚从2017年起，德国将通过招标的方式确定可再生能源的补贴力度，德国对发电企业的能源补贴模式将摒弃固定电价补贴，采用市场补贴金的形式。由此可见，新版《可再生能源法》更注重新能源电力的市场供求机制，将大大推进德国可再生能源的市场一体化。

表2　德国新版《可再生能源法》设定的直接销售时间表

时间	规定
2014年8月1日	所有功率大于500千瓦的新建设备
2016年1月1日	所有功率大于100千瓦的新建设备

资料来源：“Federal Ministry for Economic Affairs and Energy”, *Reform of the Renewable Energy Sources Act*, Berlin, 2014, p. 40。

第三，改革可再生能源电力附加费征收范围。与原先可再生能源电力附加费征收标准不同，新颁布的《可再生能源法》开始对新开发的工业企业自用的电力征收可再生能源附加费，征收对象为规模在10千瓦以上，或者是规模在10千瓦以下但是自用电量超过10兆瓦的部分。这部分缴费依然对可再生能源厂商实施一定的优惠：他们需要缴纳的上限定为40%的附加费①，而对于非可再生能源的传统发电企业则要为其自用的发电部分全额缴纳可再生能源附加费。

第四，区别对待新能源电力技术，鼓励发展低成本新能源。德国政府并不是对所有新能源电力技术一视同仁的，新版《可再生能源法》鼓励发展低成本的、高效的、竞争力强的新能源电力技术。德国政府对新能源的资助将主要集中在成本低廉、竞争力强的太阳能、风能，并且将会降低生物质能、海洋风电等生产成本高昂的能源技术的增长速度（见表3）。

① “Federal Ministry for Economic Affairs and Energy”, *Reform of the Renewable Energy Sources Act.*, Berlin, 2014, p. 7.

表 3 德国新版《可再生能源法》设定的新能源发展目标

新能源种类	发展目标
太阳能	年扩建量为 2.4 ~2.6 吉瓦
陆上风力	年扩建量为 2.4 ~2.6 吉瓦
海上风电	至 2020 年安装 6.5 吉瓦，至 2030 年安装 15 吉瓦
生物质能	年扩建量约为 100 兆瓦

资料来源："Federal Ministry for Economic Affairs and Energy", *Reform of the Renewable Energy Sources Act*, Berlin, 2014, p. 43。

（四）养老保险改革

德国奉行社会市场经济，注重在自由市场竞争体制下社会各阶层的团结及财富的合理分配，因此部分承担这一责任的社会保障制度的公平性相对较高。但如果考虑部分人群的特殊性和社会权利与责任对等原则，部分人群的养老保险待遇相对较低，显得公平性不足，由此催生了社会上进行相应改革的诉求。比如，德国为了解决法定养老基金入不敷出的困境，数度延长法定退休年龄（目前为 67 岁）。从效果上看，这一措施也使得社会上提前退休人士增多，导致他们所能领取的养老金水平下降。根据德国联邦统计局公布的数据，2012 年德国退休者中到法定年龄退休的仅占 52%，由于健康原因提前退休的占到 27%，由于失业或其他原因提前退休的占 21%。①

同时，由于近年来德国宏观经济状况的好转，总体就业的增加以及养老金制度的成功改革，也为推行适当增加社会福利的改革奠定了一定的物质基础。例如：从 2013 年起"迷你工作"必须缴纳法定养老保险金的规定、上述法定退休年龄的适当延长、补充养老保险制度的完善等，养老保险收入出现增长，养老保险账户连年盈余，2013 年法定养老保险盈余达到 19 亿欧元。② 截至 2013 年，德国养老保险储备金达到 320 亿欧元，足可支付全德 1.8 个月的养老金开支，据估计 2014 年末盈余将达到 335 亿欧元。③

---

① 德国联邦统计局网站，https://www.destatis.de/EN/FactsFigures/NationalEconomyEnvironment/LabourMarket/LabourMarket.html。

② 2013 年法定养老保险收入 2607 亿欧元，支出 2588 亿欧元。"BundesministeriumfürArbeit und Soziales", *Rentenversicherungsbericht* 2013, Berlin, 2014, p. 26。

③ "Bundesministerium für Arbeit und Soziales", *Rentenversicherungsbericht* 2013, Berlin, 2014, p. 11.

正是在包含上述两点在内的各方面因素的共同推动下，2013 年下半年起大联合政府开始推行改革，内容主要包括：

1. 放宽法定退休的年龄限制

由于健康原因和失业，老年人重新就业的可能性相对较小，他们不得不被动地选择提前退休。对这部分劳动者而言法定退休年龄的延长不仅失去促进就业的正面意义，而且还带来了降低这部分提前退休人群的养老金水平的副作用。因此，满足条件的老年人能在 63 岁退休并拿到全额养老金的改革措施应运而生。

2014 年 5 月，德国联邦议院表决通过了满足一定条件的劳动者可在 63 岁提前退休的制度，这一措施自 2014 年 7 月 1 日起正式生效。这是一种渐进性的措施，所有年满 63 岁并且至少缴纳满 45 年法定养老保险的劳动者，可选择提前退休并领取全额养老金，当然如有工作意愿也可以选择继续工作。1953 年后出生的人退休年限从 63 岁逐步上升（1953 年出生推迟两个月，此后生日增加一年则退休年龄推迟两个月，以此类推到 1964 年出生），所有 1964 年后出生的德国公民缴纳法定养老金达到 45 年则视为长期参保人，可在 65 岁退休，若没有达到要求则在 67 岁退休。

2. 提高部分人群的养老金水平

由于德国近年来失业率走低、经济好转，养老金收入得到保证，储备增加，德国国内提高部分人群的养老金水平的呼声增强。2014 年的改革举措将母亲养老金制度和改善工作能力减退者养老金待遇包括在内。

（1）推行母亲养老金制度。从 2014 年 7 月 1 日开始，在 1992 年之前养育孩子的母亲每月可获得额外养老金补偿，具体为西部 28. 61 欧元，东部 26. 39 欧元，均为税前值。如果父亲在养老金账户中登记了抚养婴儿的时间，养老金补助也可以包括父亲。这项措施表现出了德国社会对于抚养小孩的认可度的提升。正如德国联邦劳工及社会事务部部长纳勒斯（Andrea Nahles）指出的：母亲养老金制度的提出，是德国社会对于母亲生育并抚养小孩这一贡献的补偿。即使那些已经进入退休年龄的母亲（父亲），只要有一个孩子在 1992 年前出生，就能获得母亲养老金。预计这项养老金支出每年达 67 亿欧元，将使预计约 950 万母亲（父亲）受益。此项政策也适用于工作能力减退者养老金和残障人士养老金。

（2）改善工作能力减退者养老金待遇。针对工作能力减退者（由于健康原因使得每周工作时间小于6小时），此次改善措施主要有：所有2014年6月30日之后领取工作能力减退者养老金的参保者养老金领取年龄从60岁延长到62岁，全部工作能力减退者的养老金每月上升40欧元。①

这两项改革旨在改善母亲和工作能力减退者的养老金水平，短期内通过提高他们的养老金水平，维护社会公正，肯定他们对于社会的贡献并给予相应的照顾。长期则鼓励生育，提高出生率，保持健康的人口结构。这两项改革的取得是社民党参与执政后、大联合政府内博弈妥协的结果，但也反映了德国政府从养老金入不敷出需要开源节流到社会公正和优化人口结构等长远目标的转变。

（五）最低工资政策②

欧盟绝大多数国家都有最低工资标准。在最低工资标准出台之前，德国通过工会与企业部门来制定薪酬，是七个没有确立工资最低标准的欧盟国家之一（其余六个是丹麦、芬兰、意大利、奥地利、瑞典和塞浦路斯）。最低工资能保护低收入人群的利益，防止用工单位支付与劳动者劳动不相符的低工资（Dumpinglohn）。而且，德国自施罗德实施劳动力市场改革以来，在相当长一段时期内工资增长低于发达国家平均水平，尽管以此为代价赢得出口战略的成功③，但也影响民众收入的增长。更有学者通过实证研究指出：以降低失业保险金支付水平和领取时间为手段，以此刺激失业者尽快就业的第四个“哈茨法案”，其对提升就业率的作用低于0.1%，负面作用却是降低了社会福利④，可谓得不偿失。

此前德国社民党和绿党提出确立每小时8.50欧元最低工资标准，而联盟党、自民党更倾向于不设立统一的最低工资标准。⑤ 通过谈判后，两党达成共

---

① Bundesministerium für Arbeit und Soziales, *Das Rentenpaket*, Berlin, 2014, pp. 15 – 17.

② 相关分析参见陶建国《德国最低工资法制新近发展研究》，《德国研究》2014年第2期。

③ Economist Editor, “Germany’s Economy: Three Illusions”, *The Economist*, 27 September 2014, p. 50.

④ Andrey Launov and Klaus Wälde, “Folgen der Hartz-Reformen für die Beschäftigung”, *Wirtschaftsdienst*, 2014/2, pp. 112 – 117.

⑤ Dominik Groll and Stefan Kooths, “Vor der Bundestagswahl: Argumente für Mindestlöhne überzeugen nicht”, *Wirtschaftdienst*, Heft 8, 2013, p. 545.

识，同意设定最低工资标准。

德国版的最低工资标准于2015年1月1日起开始实行，最低工资标准为每小时8.50欧元。2016年后，一个由工会和雇主代表共同组成的委员会（Mindestlohnkommission）将决定最低工资的导向，在保持公平竞争的同时保护低收入劳动者的工资水平。该委员会将定期调整最低工资水平。自2018年1月1日起每年开展一次工资审核工作，对于部分最低工资已经高于8.50欧元的行业，未来这些行业的最低工资仍有可能继续上升。这项法案试用范围包括在德国工作的一切符合条件的本国和外国劳动者，对于在德国的外国公司工作的劳动者也同样适用。但是，这项新法案不适用于不到18岁的未成年劳动者、学徒、实习生、复工不到6个月的长期失业者以及志愿工作者等五类人群。对于季节性临时工，或将于未来两年内出台针对该部分人群的相应法案。

最低工资制度启动后，预计能达成两大效果：

（1）提升低收入者的生活水平。这项法案旨在为低收入劳动者的收入水平提供法律保障。根据德国联邦劳动与社会事务部公布的数据，如果8.50欧元的最低工资标准能够实现，那么一份每周40小时的月收入将会上升至1473欧元。除了全职工，最低工资法案也适用于“迷你工作”。根据2010年的数据，在工资低于每小时8.50欧元的工作之中，底薪工作（包括“迷你工作”）占到了46%。① 据估计，此次改革大约将会有370万人从中获益。②

（2）减少东西部生活水平差距。时至今日，东西部生活水平差距仍然存在：2010年德国东部共有22%的劳动者收入低于8.50欧元，德国西部只有约10%。此次最低工资提升至每小时8.50欧元后，③ 将使得东部原本工资较低的行业加大工资上升的幅度并与西部接轨，有效地缩小这一差距。根据德国联邦统计局的数据，到2016年末，东西部绝大部分行业工资差距都将消除。④

---

① 德国联邦统计局网站，https：//www.destatis.de/DE/PresseService/Presse/Pressemitteilungen/2012/07/PD12_258_621.html。

② 德国联邦劳动与社会事务部网站，http：//www.der-mindestlohn-kommt.de/ml/DE/Startseite/start.html。

③ “Bundesministerium für Arbeit und Soziales”，http：//www.bmas.de/DE/Themen/Arbeitsrecht/Mindestlohn/inhalt.html.

④ 德国联邦统计局网站，https：//www.destatis.de/DE/ZahlenFakten/GesamtwirtschaftUmwelt/VerdiensteArbeitskosten/Mindestloehne/Tabellen/MindestlohnDeutschland.html#Start。

不仅德国东西部劳动者的工资水平差距会减小，他们之间的养老金水平也会趋同。因为养老金的主要来源是雇主和雇员缴纳的保费，提高最低工资无疑也有利于东西部养老金水平的统一，消除总体生活水平的差距。

三　结论与展望

目前，肆虐欧洲的欧债危机已经基本结束，但欧洲经济复苏非常缓慢，连被誉为欧债危机中“一枝独秀”的德国经济发展也遭遇新问题，出现了出口增长放缓、经济增速下降等现象。在此背景下，德国自2013年下半年起开始进行了一系列的经济政策调整，使得德国经济的发展模式出现一定的转变。

注重制造业，在新形势下继续着力推进已经启动的“工业4.0”战略，并且进一步提出数字化议程，是德国致力于提升本国经济竞争力的有力举措。凭借德国雄厚的工业基础与卓越的创新能力，预计将取得相当成效：德意志银行就曾乐观估计，实施“工业4.0”后德国企业的劳动生产率将提高30%①；德国信息技术、电信和新媒体协会（BITKOM）与弗劳恩霍夫协会（Fraunhofer）的研究也表明，“工业4.0”将使汽车、机械制造、电气设备、信息通信、化工和农林六大行业的产值至2025年增加787.7亿欧元，年均增速上升1.7个百分点②。

在启动技术进步车轮的同时，德国环保政策也正在悄然地发生变化。在德国新一届政府调整中，能源政策从环保部拨出划归经济部，社民党主席加布里尔出任联邦副总理兼经济与能源部部长，成为引导德国未来经济与能源转型走向的“超级部长”。从这一调整可以认为德国的能源转向将从原先的注重能源转型对生态环境的改进转变为让能源改革来更好地为社会经济发展服务这一目标。根据德国能源改革所遇到的各种问题，德国对能源政策的态度已经发生转变：过去更注重纯粹的“能源改革”，并不惜牺牲部分经济发展来实现这一目

① Stefan Heng, “Industry 4.0 Upgrading of Germany's Industrial Capabilites on the Horizon”, *Deutsche Bank Research*, April 23, 2014, p. 7.

② BITKOM and Fraunhofer, *Industrie 4.0 – Volkswirtschaftliches Potenzial für Deutschland*, Berlin, 2014, pp. 5, 7 – 8.

标；如今则更强调经济发展不能妥协于能源转向，未来改革措施的焦点将是保证经济竞争力和降低能源价格。

尽管能源转向面临重重阻力和困难，但是目前德国需要解决的问题不是要不要发展可再生能源，而是如何发展可再生能源。大联合政府提出了平衡能源政策目标的“三角关系”——生态环境承受力、能源供应安全和能源可支付能力。在2014年的国家行动计划中，对太阳能、生物质能、陆地风能、海上风能等可再生能源进行合理布局和规划。能源转向不仅是一个国家或者政府的单方面责任，而且是一个非常细致、牵涉面非常广的长远规划，它涉及普通公民和企业组织。德国政府已经意识到发展新能源不能盲目求快求规模，而应该以市场为导向采取各种手段节约成本，避免对企业生产和消费者生活造成过大压力，才能稳步推进能源转向战略。

养老金改革方面，大联合政府时期的养老金制度改革不同于以前的大刀阔斧，更多的是对于先前制度不公平不合理之处的修补和完善，体现了德国政府在养老金收支相抵、略有盈余的情况下提升养老金福利质量的意愿。不过，值得担心的是该项改革是否可长期延续。按照2014年德国养老金运行报告，虽然目前养老金盈余，但预计至2028年，法定养老金支出将上升39%，若不能提高缴费，则赤字风险不容小觑。[①] 现在推行以增加支出为主旨的改革，或将在未来几年内引起养老基金新的支付危机。德国商界就认为，目前这一慷慨的养老金改革是对人口老龄化的漠视。[②] 如何进一步实施兼顾公平和可持续性的养老金改革，将是德国政府需要面对的一大难题。

最低工资制度的引入是德国政策调整的重头戏之一，并引发社会热议。不少专家认为，德国作为欧洲最大的经济体，提高工资有助于刺激消费，提振经济，促进经济发展，并有利于消除至今仍然存在的德国东西部地区工资水平差距。不过，德国企业界对实施最低工资持审慎态度。科隆德国经济研究所于2013年曾对德国企业家做过调查，当时55%的企业就看淡德国中长期经济走势，认为工资等劳动力成本上升是重要因素，其对经济下行的影响仅次于能源

① “Bundesministerium für Arbeit und Soziales”, *Rentenversicherungsbericht* 2013, Berlin, 2014, p. 12.

② Economist Editor, “Germany's Economy: The Sputtering Engine”, *The Economist*, November 22, 2014, p. 45.

上涨[①]，而实施最低工资必将进一步抬升德国的劳动力成本。甚至有专家认为，最低工资标准的设立对于减少贫困的作用十分有限。从经济学的供需模型的角度来看，通过立法来提高工资水平必将减少对于劳动力的需求，增加失业。根据他们的观点，德国贫困问题更多源于失业而非低收入。据统计，在工资低于每小时 8.50 欧元的低收入人群中，只有大约 20% 的人受到贫困的威胁，但是 59% 的失业人群具有贫困风险。[②] 从这个意义上来说，政府应该更多关注失业问题，通过降低失业率来改善贫困，而不是设立最低工资标准。

---

① Christoph Schräder, "Entwicklung und Struktur der Arbeitskosten in Deutschland", *Wirtschaftsdienst* 2013/9, pp. 648 – 650.

② Dominik Groll and Stefan Kooths, " Vor der Bundestagswahl: Argumente für Mindestlöhne überzeugen nicht", *Wirtschaftdienst*, Heft 8, 2013, p. 545.

B.6

“后危机”时期的欧元区和德国

朱宇方*

摘　要：欧元危机爆发至今已5年有余。2015年伊始，立陶宛成为欧元区新成员，而新上任的希腊总理向德国所力主的、以严厉的财政紧缩为核心的改革路线公开叫板，“希腊退出”再次成为热门话题。可见，欧元危机的惊涛骇浪虽已经渐趋平静，但危机的阴影却远未消散。本文将基于这些现象，主要以德国和希腊这两个最具对比性的国家为例，对“后危机”时期的欧元区进行观察，具体讨论以下几个问题：欧元区的情况是否的确有所改善，欧元危机是否有望成为过去式？当前的欧盟针对欧元危机所制定的一系列措施是否合理有效？德国本身的经济发展状况是否过硬，是否能成为欧元区其他国家的榜样？

关键词：欧元危机　欧元区　德国　希腊　经济失衡

一　引言

2015年1月1日，立陶宛正式加入欧元区，成为欧元区第19个成员国。立陶宛于2006年首次申请加入欧元区，但由于未能符合《马斯特里赫特条约》所规定的“趋同标准”，其申请直至2014年7月23日方才获得欧盟理事

* 朱宇方，博士，同济大学德国问题研究所/欧盟研究所讲师。

会批准①。

与此同时，在欧元危机爆发5年之后，人们的目光又再次聚焦到它的地理发源地——希腊。在2015年1月举行的大选中，希腊原在野党——左翼激进联盟（Syriza）大获全胜，得票率高达36.3%，在总共300个议会席位中占149席。在与得票率为4.8%的独立希腊人党成功组建政府后，阿莱克斯·齐普拉斯（Alexis Tsipras）成为新一任的希腊总理。在之前的竞选中，齐普拉斯就呼吁减记欧洲中央银行和其他国际债权人所持有的希腊债务，并称将在上台后寻求重新协商希腊救助协议，向德国力主的、以严厉的财政紧缩为核心的改革路线公开叫板。因此，舆论普遍认为，齐普拉斯上台后可能带来希腊退出欧元区的重大风险，并导致金融市场大幅波动。②

面对2015年伊始希腊的选情和民意，联邦总理安格拉·默克尔和联邦财政部部长沃尔夫冈·朔伊布勒的表态令舆论一片哗然，并引起广泛争论，他们表示：希腊退出欧洲货币联盟是“可承受的”。2012年中，当欧元危机发展到顶峰时，默克尔曾明确表示：为了整体性地拯救欧元，希腊必须留在欧元区内，“没有其他选择”。对于此次的态度转变，默克尔给出的理由是：自欧元危机在2012年发展至顶峰以来，欧元区已经取得了重要进步。即便希腊退出欧元区，传染至其他国家的风险也很有限，因为葡萄牙和爱尔兰已经完成了财政整顿。此外，欧洲稳定机制（ESM）构建起强有力的救助机制，银行业联盟保障了大型金融机构的安全。③

值得注意的是，欧盟委员会在2013年11月13日公布的《警告机制报告》（WMB）中，德国也跻身可能存在宏观经济失衡的国家之列，被要求接受进一

① Beschluss des Rates vom 23. Juli 2014 über die Einführung des Euro in Litauen zum 1. Januar 2015 (2014/509/EU), https://beck-online.beck.de/? bcid = Y – 100 – G – EWG_ B_ 2014_ 509.

② “EU nach Griechenland-Wahl: ‘Die Griechen haben Angela Merkel abgewählt’”, http://www.spiegel.de/politik/ausland/linksruck-in-griechenland-eu-fuerchtet-nachahmer-in-spanien-italien-a-1014943.html.

③ Manfred Ertel and Christoph Schult, “Kalte Schulter”, *Der Spiegel*, Nr. 2, 2015; “Austritt aus der Währungsunion: Bundesregierung hält Ausscheiden Griechenlands aus dem Euro für verkraftbar”, http://www.spiegel.de/politik/ausland/griechenland-bundesregierung-hat-nichts-gegen-austritt-aus-euro-a-1011122.html.

步审核。[①] 2014 年 3 月，欧盟委员会在审核结果[②]中针对德国指出：德国存在宏观经济失衡现象，需进行监控并采取政策措施。德国因很强的竞争力而实现了经常账户的巨大盈余，并将很大一部分结余投资到海外。这也表明，基于内需的经济增长始终低迷，经济资源可能并未得到有效分配。虽然经常账户大幅盈余的风险远低于赤字，但德国持续存在如此规模的盈余，必须引起密切注意。

本文将基于上述这些现象，主要以德国和希腊这两个最具对比性的欧元国家为例，讨论以下几个问题：欧元区的情况是否的确有所改善，欧元危机是否有望成为过去式？当前的欧盟针对欧元危机所制定的一系列措施是否合理有效？德国本身的经济发展状况是否过硬，是否能成为欧元区其他家的榜样？

二　欧盟针对欧元危机采取的措施的合理性及实施效果

有关欧元危机的原因，学界基本已达成共识。危机的直接原因是：随着欧元的启动，各成员国之间的利率水平迅速趋同，这是人们在创建欧元区时就已经充分预见到的。但不幸的是，欧元区各成员国的通胀水平却并未如原先预料的那样随之趋同。在欧元区名义利率相同的情况下，通胀率越高的国家，实际利率越低。某些危机国家在危机爆发前的实际利率甚至为负[③]。因此欧元引入后，这些国家信贷需求激增导致境外资本大量流入。货币流通量的增加在这些国家的房地产和投资领域催生出泡沫。随着危机的爆发，信贷泡沫破灭并引发连锁反应，国家便不得不通过银行救援行动和经济景气措施来“接手”大部分的私人负债。这迅速增加了国家的财政压力，影响国家的偿债能力和信用评级，致使国债利率飙升，几乎阻断了其在金融市场上再融资的可能，这些国家

---

① Europäische Kommission, *Warnmechanismusbericht* 2014: *Bericht der Kommission an das Europäische Parlament*, *den Rat*, *die Europäische Zentralbank und den Europäischen Wirtschafts-und Sozialausschuss*, Brüssel, den 13. 11. 2013, COM (2013) 790 final.

② Europäische Kommission, *Ergebnisse der vertieften überprüfungen nach Verordnung* (*EU*) *Nr.* 1176/2011 *über die Vermeidung und Korrektur makro? konomischer Ungleichgewichte*, Brüssel, den 5. 3. 2014, COM (2014) 150 final.

③ Henning Klodt, "Keynes oder Mises? Wer hat die bessere Therapiefür die Schuldenkrise?" *DIW-Vierteljahrshefte zur Wirtschaftsforschung*, 82. Jahrgang, 03. 2011, pp. 39 – 49, here p. 41.

因此深陷债务危机，甚至面临国家破产。[①] 这说明欧元区成员国的通胀水平差异是导致欧元危机的一个重要的直接原因。

过度负债当然是出现危机的基本原因，但"市场"在决定一个国家的国债利率时，即判别该国债务违约风险时，绝非简单依据该国的负债水平。2009 年，德国的公共债务也达到了国内生产总值的 73%，当年的十年期国债利率在 3.7% 左右；希腊的这两组数据分别为 112% 和 6%，西班牙为 54% 和 4%[②]。可见，国家公共债务的国内生产总值占比与该国国债的市场利率并非呈绝对的正比例关系。

市场最为关心的实际上是债务国在未来的财政盈利能力，因为只有有能力获取足够的财政收入，才有可能偿还债务。未来良好的收入预期是偿债能力的保障。总体而言，整体负有外债的国家必须实现国际收支盈余，才有可能偿还外债。在这个意义上，经常账户的收支情况对外债偿还具有至关重要的意义。

国际收支余额背后的指标是国际竞争力。债务国必须在整体上具备相当的国际竞争力，才有可能最终走出债务危机的阴霾，这已成为共识。作为一个国家在海外市场上销售产品以获取收益的能力，国际竞争力包括价格因素及非价格因素两个方面。[③] 价格因素能够用数值度量，通常用于判断价格竞争力的工具是"实际有效汇率"[④]，即根据相对物价水平对名义汇率进行调整后得出的值。在欧元区这样的统一货币区内，各成员国之间的名义汇率为 1。因此可以说，各国不同的通胀水平对各国的国际竞争力具有决定性的作用。

可见，虽然引爆欧元危机的是主权债务危机，但财政问题只是表征；债务危机背后更为深刻的问题是：欧元区各成员国因工资水平、通胀水平差异而在国际竞争力上存在巨大差异，并因此出现国际收支的严重失衡。因此，从长远来看，要维持统一货币区的稳定，就必须协调各成员国的物价水平；从中短期

---

① 参见朱宇方《欧债危机与德国在欧盟经济治理中的角色》，载李乐曾、郑春荣主编《德国发展报告（2012）》，社会科学文献出版社，2012，第 81～85 页。

② 数据来自 AMECO-Datenbank，转引自 Heiner Flassbeck and FriederikeSpiecker，"Lohnpolitische Konvergenz und Solidarität oder offener Bruch"，*Wirtschaftsdienst* 2010/3，p. 2。

③ 该定义出自 Gabler Wirtschaftslexikon，http：//wirtschaftslexikon. gabler. de/Definition/internationale-wettbewerbsfaehigkeit. html。

④ Dieter Orlowski，*Die internationale Wettbewerbsfähigkeit einer Volkswirtschaft：konzeptionelle Grundlagen u. empir. Messung e. wirtschaftpolit. Zielgröße*，Göttingen：Vandenhoeck und Ruprecht，1982，p. 16.

来看，危机国家要清偿外债也必须增加出口，改善国际收支状况。归根结底，欧元区要想最终摆脱危机的阴影，就必须提升危机国家的国际竞争力，并由此最终实现各成员国之间的宏观经济发展水平的均衡。

欧元危机爆发之后，欧盟出台了一系列措施以稳定欧元区。这些措施主要包括五大部分：《稳定与增长公约》、《财政契约》、欧元国家金融救助机制、加强监督程序、银行业联盟（具体内容见本文附表）。

可以看出，欧盟针对欧元危机所设计的措施，除了金融救助，以及进一步加强财政规制的严厉程度以及加强对银行业的统一监督与管理之外，的确强调了宏观经济的均衡性，但其具体措施仍然是规制性的。因而它们并未从根本上改变欧元区的不对称经济治理机制①。但由于欧元区不可能在中短期内构建共同财政，因此通过某些指标来牵制各成员国的财政状况，迫使其趋同，成为一种顺理成章的，同时也是别无选择的选择。

论及措施是否收效，首先当然会遭遇这样一个问题：欧元危机是否已经过去，或者有望成为过去？显然，如果危机国家在短期内采取剧烈的紧缩措施、争取到债务展期并获得外来资金援助，那么这个国家完全有可能在短期内实现暂时性的财政平衡和国际收支平衡。但这显然只是表面现象，也并不一定具有长期可持续性。只有构建可长期执行的审慎合理的财政开支模式，通过充裕的税收创造稳定的财政收入，才能实现长期的财政平衡；只有切实提高出口，改善国际收支情况，才有可能偿还外债。基于上述两个方面，经济增长率和经常账户余额是判断欧元区是否有望摆脱危机的重要指标。另外一个值得关注的重要指标则是失业率，它体现出资源利用效率和需求潜力，也能揭示社会的稳定性。

从图 1 可以看出，直到 2013 年，希腊、西班牙等危机国家和欧元区的整体经济增长率虽然有所好转，但都还在负数区间。尤其是希腊，经济加速下滑的势头直到 2011 年方才得到遏制；2013 年，下滑速度开始放缓，但仍深陷经济衰退的深渊。而德国的国内生产总值②在 2009 年出现 -5.6% 的剧烈萎缩，

① 关于欧元区经济治理机制的描述与分析可参见朱宇方《欧洲经济政府？——解析欧洲货币联盟经济治理机制的德法之争》，《德国研究》2011 年第 4 期，本文限于篇幅不再赘述。

② 这里的数据为剔除物价因素后的国内生产总值环比年增长率，数据来源：http：//de.statista.com/statistik/daten/studie/2112/umfrage/veraenderung-des-bruttoinlandprodukts-im-vergleich-zum-vorjahr/。

次年便实现 4.1% 的反弹增长。2014 年，德国增长率为 1.6%，较 2012 年的 0.4% 和 2013 年的 0.1% 有大幅提升。

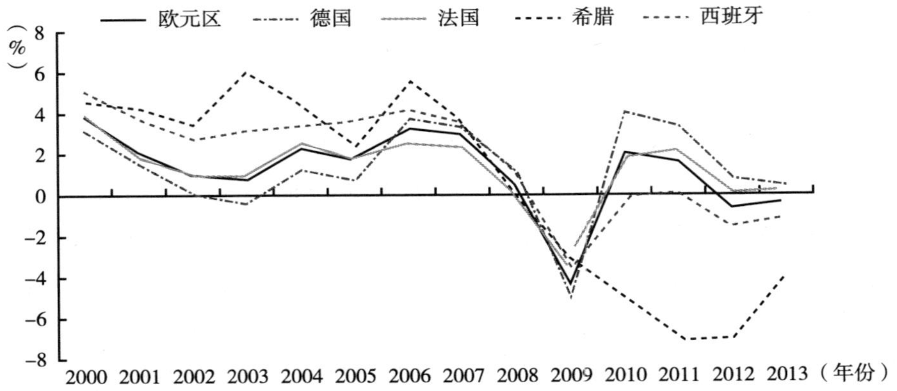

图 1　欧元区及部分成员国国内生产总值年增长率（2000～2013 年）

注：欧元区数据为根据成员国数量变化调整后的数据；以市场价格计算。
资料来源：欧洲统计局。

从图 2 中可以看出，德国近年不断向好的就业形势在欧元区也是独树一帜。危机爆发之后，欧元区的整体失业率始终呈不断上升的态势，危机国家的失业率更是居高不下。2012 年，希腊和西班牙的失业率都攀升至 25% 的惊人高位，且青年失业情况特别严重。

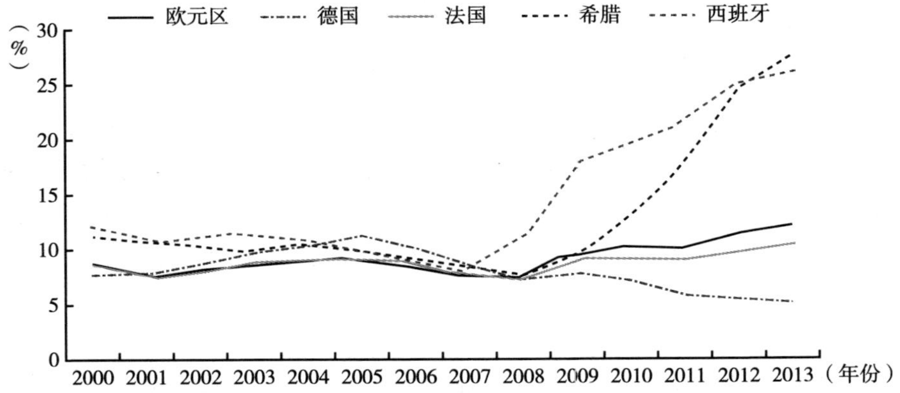

图 2　欧元区及部分成员国年平均失业率（2000～2013 年）

注：欧元区数据为根据成员国数量变化调整后的数据；数据未剔除季节因素。
资料来源：欧洲统计局。

在国际收支方面，从图 3 可以看出，欧元引入以后，德国的经常账户余额很快由负转正，随后虽有涨落但始终有较大盈余；法国的经常账户余额持续走低；而希腊和西班牙的经常账户则始终呈大幅赤字状态，直至 2013 年方才有所改善。

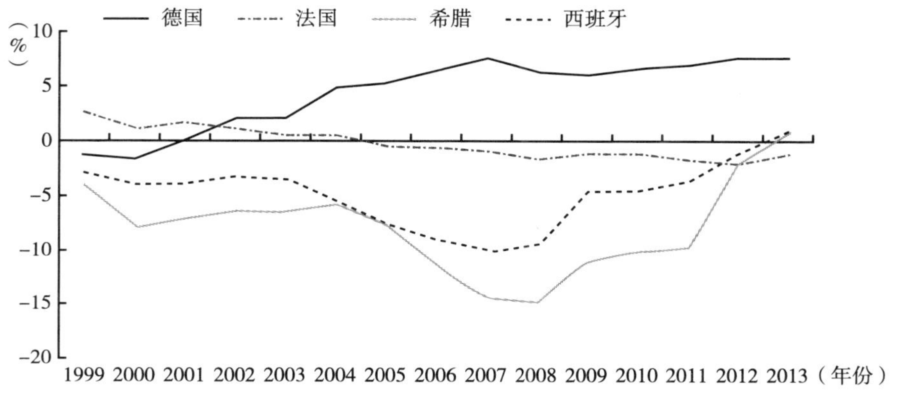

图 3　欧元区部分国家经常性账户余额（年度国内生产总值占比）（1999～2013 年）

资料来源：欧洲统计局。

如果对德国和希腊的进出口做一个进一步的简略比较，从图 4 中可以看出，2009 年跌至低谷之后，德国的进出口都实现了迅速而又强劲的反弹，到 2010 年，即只用了一年时间，就恢复到了危机爆发前的水平。此后，德国的进出口持续攀升，出口的增势更强于进口，因而外贸顺差不断扩大。据慕尼黑 Ifo 经济研究所测算，2014 年德国经常项目顺差额达 2850 亿美元，超过出口世界冠军中国（1500 亿美元）和石油出口大国沙特阿拉伯（1000 亿美元）的总和，稳居全球首位。该研究认为，德国经常项目巨额顺差的直接原因是美国、英国等重要的出口目的地经济景气情况良好以及 2014 年底国际原油价格下跌。出口的旺盛和进口支出的下降拉大了德国外贸进出口的差额。归根结底，德国的出口顺差源于其强劲的国际竞争力。

与德国不同的是，2009 年以来，希腊的出口呈现出缓慢的增长，进口则

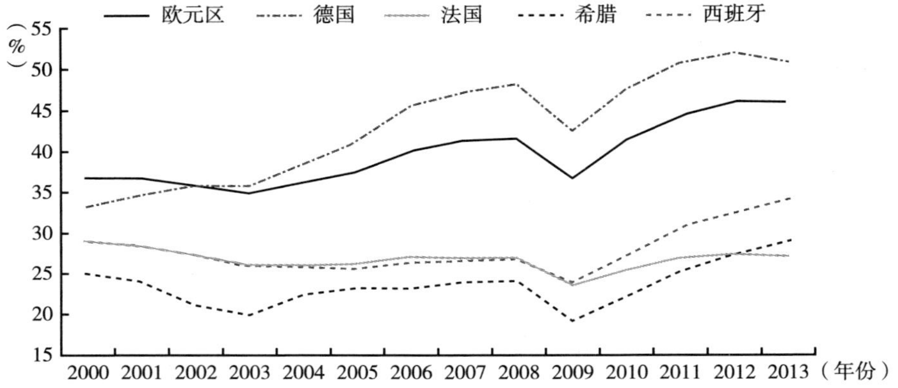

图 4　欧元区及部分成员国出口额国内生产总值占比（2000~2013 年）

注：欧元区数据为根据成员国数量变化调整后的数据；出口额包括货物与服务；以当年价格计算。

资料来源：欧洲统计局。

大幅跌落。[①] 在图 3 中可以看到，2008 年以后，希腊的国际收支状况开始逐步好转，2013 年时经常性账户已经略有盈余。结合外贸情况可以判断出，希腊国际收支情况的改善更多的是源于进口的减少，而非出口的实质性增长。而进口减少的原因正是希腊严厉的财政紧缩措施、严重的经济衰退导致需求严重疲软。内需不足虽然从表面上改善了国际收支，但其在抑制进口的同时也抑制了国内的生产和就业，这必将使经济增长变得遥不可及。

显然，希腊仍然深陷危机的泥淖，而德国依然一枝独秀。这说明，欧元区宏观经济发展不均衡的问题根本没有解决，也没有迹象表明危机国家的国际竞争力有望得到切实提升。鉴于区内经济发展的不均衡是欧元危机的一个根本性原因，在这个意义上，至少到目前为止，欧盟所采取的措施尚未能帮助欧洲摆脱欧元危机的阴影。

三　德国能否成为欧洲的范例

既然欧盟层面并不存在经济政策协调机制，那么，鉴于德国经济发展一枝

① 在观察图 4 和图 5 时应当考虑到危机发生后希腊国内生产总值的大幅萎缩，参见图 1。

独秀，它能否成为欧洲的范例，供其他成员国直接学习借鉴呢？

乌尔里克·古尔罗特（Ulrike Guérot）指出，德国本身存在巨大的地区差异，因而并不能一概而论。[①] 从地域差异来看，至少可以把德国分为三大不同地区：第一，因蓬勃的汽车工业、成熟的机械制造业和不断增长的装备制造业而繁荣的南部地区。这里几乎实现了充分就业。这里的汽车工业和机械制造业因南欧工程师等专业人才的流入而获益，而斯洛文尼亚等邻国成为德国大型工业集团的“零部件供应商”。这些国家无法通过创新和提升劳动生产率实现经济增长，因而凭借相对低廉的劳动力价格依附于德国产业链。在某种程度上，德国这一地区的繁荣得益于与邻国经济和社会发展的差异，因而南德不可能成为欧洲其他地区学习的范例。第二，经济疲软、人口大量流出的东部地区。这些地区至多能从旅游业和若干风能和太阳能项目中略有获益。第三，一度富裕的西部德国，这里是“莱茵资本主义”发源地，但目前却缺乏增长活力。

从经济结构来看，目前出口仍是德国最重要的经济增长点，尤其是对新兴工业国家的出口。从图 4 可以看出，欧元引入之后，德国出口额的国内生产总值占比迅速攀升，明显高于欧元区整体水平，2011 年以来更是超过国内生产总值的 50%，在欧元区内遥遥领先。图 5 的进口额的国内生产总值占比也清晰地印证了德国持续出口顺差的态势。这虽然说明了德国的国际竞争力和产业优势，但出口依赖对德国中长期经济发展所蕴含的风险也是不言而喻的，而且欧元区各成员国在国际收支方面的严重不均衡对欧元区的稳定和成员国德国也意味着潜在的风险。

欧盟委员会对德国巨大的国际收支盈余也持批评态度。按照欧盟委员会的标准，若某成员国经常项目顺差额持续超过国内生产总值的 6%，就意味着可能会威胁到区域经济稳定。近年来，德国的顺差始终超出 6% 这个上限，因此在 2014 年 3 月受到了来自布鲁塞尔的批评。欧盟建议德国增加投资，并以此拉动内需。2014 年，德国的经常项目顺差额较上年增长了约 300 亿欧元，逼

---

① 参见 Ulrike Guérot, *SparenoderInvestieren? Der Streit um EuropasRettung: Ist Deutschland ein Modell für Europa?* http://www.bpb.de/politik/wirtschaft/schuldenkrise/192878/die-maer-vom-gesunden-staat? p = 0#bio0。

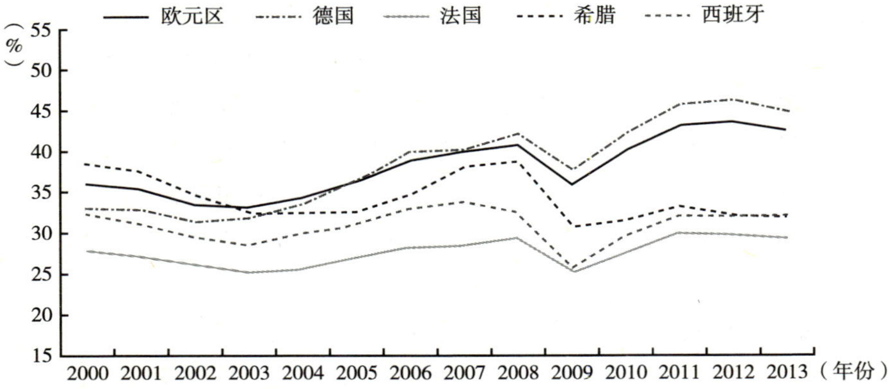

图5　欧元区及部分成员国进口额国内生产总值占比（2000～2013年）

注：欧元区数据为根据成员国数量变化调整后的数据；进口额包括货物与服务；以当年价格计算。

资料来源：欧洲统计局。

近2200亿欧元，相当于国内生产总值的7.5%。①

从图6和图7中可以看出，德国的消费开支的国内生产总值占比在欧元区始终位于相对较低的水平，而德国总投资的国内生产总值占比更是呈整体下降的趋势，从2000年的22.3%下行至2013年的17.0%，整体水平在欧元区亦处于下游。在工业设备方面的投资占比，德国较瑞士、奥地利和日本等参照国低将近4个百分点。2012年，德国软件、专有技术以及研发方面的投资虽然有所增长，但仍比美国低5个百分点左右。② 图8则清晰地显示出德国国内需求在国内生产总值中的占比在欧元区的横向比较中始终处于很低的水平。

2014年，德国自1969年以来首次实现预算平衡。联邦财长沃尔夫冈·朔伊布勒强调，健康的财政支撑经济可持续增长，对德国如此，对欧元区也是如

① 数据来自“Ifo-Berechnung: Deutschland hat weltweit höchsten Exportüberschuss”, http: //www. spiegel. de/wirtschaft/soziales/exportueberschuss-deutschland-spitzenreiter-bei-leistungsbilanz-saldo-a-1016265. html。

② 数据来自 Ulrike Guérot, *Sparen oder Investieren? Der Streit um Europas Rettung: Ist Deutschland ein Modell für Europa?* http: //www. bpb. de/politik/wirtschaft/schuldenkrise/192878/die-maer-vom-gesunden-staat? p = 0#bio0。

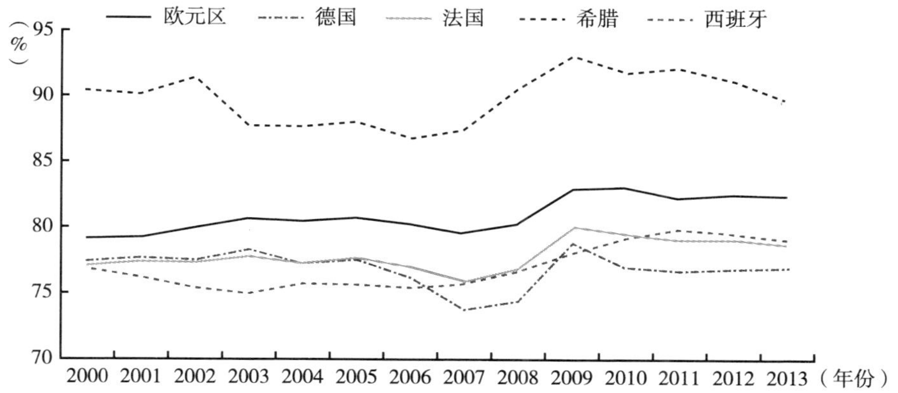

图6　欧元区及部分成员国总消费开支的国内生产总值占比（2000～2013年）

注：欧元区数据为根据成员国数量变化调整后的数据；包括公共和私人消费；以当年价格计算。

资料来源：欧洲统计局。

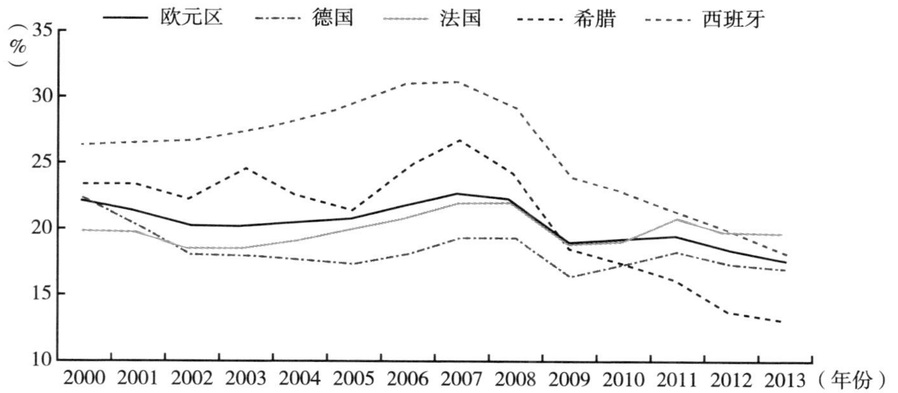

图7　欧元区及部分成员国投资总额的国内生产总值占比（2000～2013年）

注：欧元区数据为根据成员国数量变化调整后的数据；以当年价格计算。

资料来源：欧洲统计局。

此。德国作为欧元区主要经济体，能够实现收支平衡，当然在一定意义上为欧元区内的其他成员起到一个良好的示范，有助于促进危机国家为经济复苏而执行严格的财政政策。但是，有不少专家指出，过度追求财政平衡抑制了德国必要的公共投资。例如，2014年11月，朔伊布勒曾宣布德国计划于2016～2018

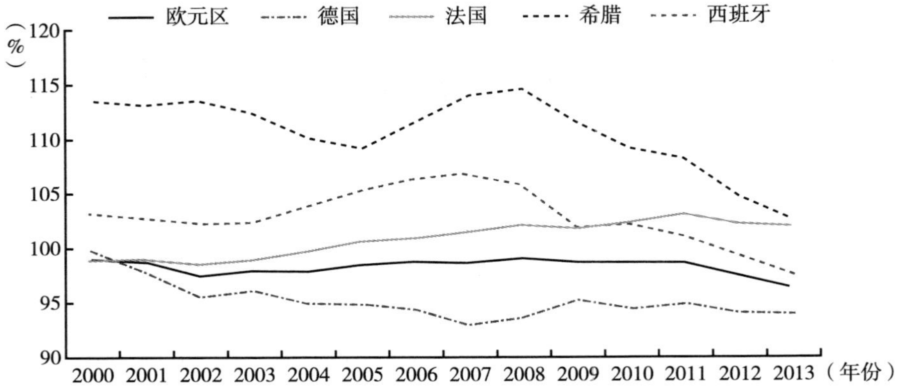

图 8　欧元区及部分成员国国内需求的国内生产总值占比（2000～2013 年）

注：欧元区数据为根据成员国数量变化调整后的数据；以当年价格计算。

资料来源：欧洲统计局。

年在不新增债务的前提下追加公共投资 100 亿欧元，用于基础设施、提高能效等领域，但这笔资金的来源迟迟没有明朗化。此外，国际货币基金组织、世界银行和欧洲其他一些国家近期都发表言论，主张德国应放弃预算平衡目标，积极利用其财政空间扩大公共投资，在刺激本国经济的同时加大从其他欧元区国家的进口，拉动欧元区经济增长。①

由此可见，德国本身经济发展模式也绝非完美，未来的可持续性仍然存疑。再加上欧盟各成员国的经济、社会基础及制度和文化背景都各不相同，很难直接“拿来主义”地以德国为范例。

从欧元区所要求的内部经济均衡性来看，德国恰恰需要进行改革，以改善目前的宏观经济失衡状况。

欧盟委员会的《2014 年德国宏观经济失衡报告》给德国开出的处方是：鉴于德国巨大的经济总量，特别有必要采取措施减少宏观经济失衡风险对德国和欧元区的经济产生负面影响。私人和公共部门的投资水平较低，私人消费长期低迷，这使德国经济增长乏力，增幅放缓，对海外需求依赖度较高，经常账

① 参见 http：//www.spiegel.de/wirtschaft/soziales/haushalt-schaeuble-schaffte-die-schwarze-null-schon-2014 – a – 1012614.html，http：//paper.people.com.cn/rmrb/html/2015 – 01/16/nw.D110000renmrb_ 20150116_ 1 – 03.htm。

户盈余高企。因此，必须设计和采取恰当措施以加强内需和增长潜力。德国核心的政策任务是：增加在实物资产和人力资源上的投资，提高各经济领域的效率（如释放服务业的增长潜力，这也能进一步改善劳动力供应）。①

这个处方当然是有合理性的，但显然更多地有助于德国经济的可持续增长，对增加整个欧元区的经济均衡而言助益并不大。因为德国通过上述途径降低的国际收支盈余并不能惠及希腊等危机国家。

四 结语

把目光放回到欧元区和欧元危机，总而言之，欧盟所采取的规制和严厉的紧缩措施虽然较为明显地改善了希腊的财政预算和国际收支数据，但希腊经济增长的活力和国际竞争力并没有因此得到实质性的改善。但是，增加投资、放宽财政也并非解决之道。因为希腊工业薄弱，从根本上缺少有效的经济增长点，因此增加的资金投放根本不可能有效地转化为生产力，而只会推高通胀，使希腊的国际竞争力进一步恶化。因此，目前的紧缩方针虽然无助于希腊的经济增长，但可以倒逼希腊进行内政改革。另外，对于欧元区其他成员国，尤其是像德国这样的救助出资国而言，勒令紧缩不存在道德风险，是其国内政治接受度最高的方案。

希腊的确是明显的“掉队者”。在“希腊退出”问题上，有观点认为，如果希腊退出欧元区，就能剔除“垫底的差生”，提升欧元区的稳定性。这样的观点显然过于肤浅。首先，目前希腊所欠下国家负债总额达 3217 亿欧元，欧洲稳定机制、欧洲中央银行、国际货币基金组织和欧元区其他成员国在其中的份额高达 80%，德国的份额为 649 亿欧元。如果希腊退出欧元区并宣布国家破产，无疑将给债权人带来巨额损失，并引发金融市场的严重动荡。其次，从图 4 中可以看出，希腊的出口本来就不强，即便希腊退出欧元区，货币贬值也并不能改善其国际收支和经济增长状况。再次，希腊退出欧元区将可能引发“多米诺骨牌效应”，触动欧元区其他经济弱国，引起极左政治力量的复兴——西班牙抗议运动 Podemos 就是一例，从而影响到当前改革措施的实施和

① Europöische Kommission, Generaldirektion Wirtschaft und Finanzen, Makroäkonomische Ungleichgewichte—Deutschland 2014, 25 Februar 2014, p. 3.

欧元区的整体稳定。最后，欧元区目前没有具体的、可操作的退出机制，因此“加入欧元区是不可逆的”被市场视为不成文的规定，希腊如退出欧元区，就相当于推翻了这一规定，将会损害市场对欧元的信心。欧元将被视为一种增强版的固定汇率安排，而非真正的货币。

由此看来，先天不足的欧元区不得不在当前的框架内谋求尽可能稳定的存续。齐普拉斯上台3周之后，就放下了原先激进的姿态，与欧元集团达成初步妥协，承诺继续推进改革，以换取延长援助计划，也印证了这一点。目前，欧元危机的惊涛骇浪虽然已经渐趋平静，但“后危机”时期的欧洲前景却并不明朗。目前对统一货币区而言，最根本问题仍然是缺乏真正有效的、能均衡成员国之间宏观经济状况的协调机制。如果各成员国之间存在巨大的经济发展差异，欧元区必将始终被分裂的阴影笼罩。对经济总量占欧元区 1/3 的德国而言，这也始终是一个巨大的隐性风险。

附表　保障与重建欧元区稳定措施一览

(1)《稳定与增长公约》

《稳定与增长公约》在“欧洲学期”的框架内对以下两项内容进行监督:欧元区成员国的公共赤字与公共债务占比;宏观经济指标的发展情况。“欧洲学期”每年事先对欧元区成员国的财政预算进行审议,对宏观经济政策进行协调。

《稳定与增长公约》签订于 1997 年,在 2010 年和 2011 年通过 5 项“条例”和 1 项“指令”(即所谓 Six-Pack)进行了改革。改革简化了在违反公约的情况下进行制裁的程序,并引入了对宏观经济情况的监督(欧盟第 1173/2011、1174/2011、1175/2011、1176/2011、1177/2011 号条例,以及欧盟指令 2011/85/EU)。

2013 年 5 月 30 日,又有两项条例生效(即所谓 Two-Pack)。其中一项旨在加强对进入“过度赤字程序”(EDF)的成员国的监督(欧盟第 473/2013 号条例),另一项规定了新的程序,据此欧盟理事会能向缺乏财政稳定性的欧元国家建议采取预防性纠正措施(欧盟第 472/2013 号条例)。

对欧元区成员国的公共赤字与公共债务占比进行监督 在《稳定与增长公约》框架内对欧元区成员国的公共赤字与公共债务占比的监督包括预防和纠正两个方面。	**对宏观经济情况进行监督** 宏观经济监督将确定成员国本身及成员国之间是否存在失衡。宏观经济失衡可能对成员国的财政造成重大的负面影响(如房地产泡沫破灭将可能引发银行业危机)。 宏观经济监督包括警告机制以及存在过度失衡时启动的程序。

续表

<table>
<tr>
<td colspan="3">预防
在预防方面，成员国必须就公共赤字确定中期目标，即“中期财政目标”。目标的完成情况将受到监督：在国家议会表决通过之前，国家预算必须先由欧盟委员会进行审核，看其是否符合中期财政目标。为此，欧元国家必须：每年向欧盟委员会提交一份“稳定计划”，并向欧盟委员会报告国家的整体预算规划。（欧盟第1466/97号条例，经欧盟第1175/2011号及第1173/2011号条例修改）</td>
<td>纠正
纠正方面包含一套“过度赤字程序”，它确保快速纠正成员国的过度公共赤字和公共负债，为相关国家制定出纠正时间表。（欧盟第1466/97号条例，经欧盟第1177/2011号及第1173/2011号条例修改）</td>
<td>警告机制
警告机制将通过一份评分表及时确定成员国本身及成员国之间是否存在过度失衡。该评分表旨在进行预警性诊断，包含10项能显示宏观经济失衡的经济和财政指标。如果指标超出预设的门槛值，就可能启动“过度失衡程序”。（欧盟第1176/2011号条例）</td>
<td>过度失衡程序
当存在过度失衡时，该程序将确保对过度不均衡进行纠正。（欧盟第1176/2011、1174/2011号条例）</td>
</tr>
<tr>
<td>中期财政目标
中期财政目标是指欧元区成员国必须努力达到的、剔除了经济景气和一次性因素影响之后的公共赤字水平。欧元国家不应超过国内生产总值的1%。（欧盟第1466/97号条例第2a条）</td>
<td>稳定计划
欧元国家必须在每年的4月30日之前向欧盟委员会提交稳定计划，说明未来3年的财政政策。（欧盟第1466/97号条例第3、第4条）</td>
<td>预算规划
欧元国家必须在每年的10月15日之前公布并向欧盟委员会报告下一年的预算规划。（欧盟第473/2013号条例）</td>
<td>过度赤字程序中的报告义务
启动了过度赤字程序的欧元国家有义务定期向欧盟委员会报告实施纠正时间表的情况。（欧盟第473/2013号条例）</td>
<td colspan="2"></td>
</tr>
<tr>
<td colspan="6">（2）《财政契约》
《财政契约》是除英国和捷克之外的欧盟成员国签署的一项国际法协定，签署国承诺：在启动过度赤字程序制裁措施的情况下服从欧盟委员会的建议；将遵守结构性赤字上限写入国内法律；在违反结构性赤字规定的情况下进行自动纠正（债务刹车）。</td>
</tr>
<tr>
<td colspan="6">（3）欧元国家金融救助机制
危机爆发后欧盟共设立过三个救助系统为遇到金融问题的欧元国家提供援助：欧洲金融稳定基金（EFSF）；欧洲金融稳定机制（EFSM）；欧洲稳定机制（ESM）。EFSF和EFSM由ESM取代。
此外还有最初为希腊提供救助的一揽子救助计划，总额为1100亿欧元，其中包括由其他欧元国家提供的总额为800亿欧元的双边贷款以及国际货币基金组织提供的300亿欧元的贷款。</td>
</tr>
</table>

续表

<table>
<tr><td>EFSF
EFSF 是欧元国家之间签订的私法性质的合同,为遇到金融问题的欧元国家提供金融援助。EFSF 援助资金来源于以欧元国家的信用作为抵押发行债券,信用总额为 7800 亿欧元。但 EFSF 的实际融资能力仅 4400 亿欧元,因其只能发放信用等级为优的债券。EFSF 为希腊、葡萄牙和爱尔兰提供金融援助,但 2012 年 9 月 27 日之后批准的援助由 ESM 提供资金。</td><td>EFSM
EFSM 为遇到金融问题的欧元国家提供金融援助,资金来源于欧盟的自有资金,为希腊和葡萄牙提供金融援助。(欧盟第 407/2010 号条例)</td></tr>
<tr><td colspan="2">ESM
ESM 是欧元国家之间签订的国际法性质的合同,2012 年 9 月 27 日起生效,为遇到金融问题的欧元国家提供金融援助。ESM 取代了 EFSF 和 EFSM,后两者仅执行 2012 年 9 月 27 日前获批的,尚未执行完毕的,为希腊、葡萄牙和爱尔兰提供的金融援助。欧元国家为 ESM 注入 800 亿欧元现金,并提供 6200 亿欧元担保,但由于只能发放信用等级为优的债券,ESM 在金融市场上的实际融资能力为 5000 亿欧元。</td></tr>
<tr><td colspan="2">(4)加强监督程序
如果启动了加强监督程序,欧盟理事会将向欧元国家提出建议,采取预防性的纠正措施。当欧元国家存在,或有可能存在巨大困难,无法维持本国金融稳定,并有可能对其他欧元国家造成负面影响时,这一程序将被启动。</td></tr>
<tr><td colspan="2">(5)银行业联盟
作为对金融危机的回应,欧盟委员会推行了多项措施,力图欧洲统一市场构建更安全、更健全的金融部门。这些措施包括加强对银行的监管,改进对储户的保护,以及管理濒临倒闭的银行,它们构成了面向欧盟 28 个成员国的金融机构的“单一规则手册”。</td></tr>
<tr><td>单一监管机制(SSM)
单一监管机制授权欧洲中央银行对欧元区的金融机构(包括约 6000 家银行)以及选择加入单一监管机制的非欧元区国家的金融机构进行统一监管。欧洲中央银行对大型银行进行直接监管,其余银行由各国监管机构监管。欧洲中央银行和各国监管机构在一个一体化的系统内紧密合作,主要任务是按照欧盟银行规则对银行进行检查,及早解决出现的问题。(欧盟第 1024/2013 号条例)</td><td>单一清算机制(SRM)
单一清算机制适用于单一监管机制所涵盖的银行。一旦银行濒临破产,将由“单一清算委员会”和“单一清算基金”对该银行进行高效有序的破产清算,相关资金由银行业提供。这一机制的目的是确保以纳税人和实体经济的成本最小的方式对濒临破产的银行进行有序清算。(欧盟第 806/2014 号条例)</td></tr>
<tr><td colspan="2">单一规则手册
“单一规则手册”(single rule book)是银行业联盟的基础,由一整套法律文本组成。欧盟的所有金融机构(包括约 8300 家银行)必须遵守。这些规则规定了银行的资本金要求,为储户提供更好的保护,并就预防和管理银行破产进行了规范。(欧盟第 575/2013 号条例,欧盟指令 2013/36/EU、2014/49/EU、2014/59/EU)</td></tr>
</table>

资料来源:http://www.cep.eu/Analysen_KOM/KOM_2011_821_Haushaltspolitik/CEP-UEbersicht_Finanzielle_Stabilitaet_der_Eurozone.pdf,http://ec.europa.eu/finance/general-policy/banking-union/。

B.7

德国工业4.0：基于国家高科技战略的分析

史世伟　寇蔻*

摘　要： 工业4.0是德国国家高科技战略的重要组成部分，是德国应对来自互联网和新兴工业国家的挑战，保持其装备制造业国际领先地位的战略举措。工业4.0的核心是信息–物理融合系统及其在物联网与服务网络上的运用。工业4.0是德国政府立足于历史上被证明有效的制度和成功经验而制订的计划。作为协同创新，其实施高度依靠大企业和中小企业之间契合、全产业链之间融合以及产学研之间配合的复杂网络。而这正是具有“合作式资本主义”特征的德国国家创新系统的比较优势之所在。

关键词： 工业4.0　高科技战略　经济政策　创新促进　中德创新合作

制造业是德国最重要的产业之一，2013年制造业占德国国内生产总值的比例约为25%。① 在2014年德国最具创新能力的中小企业100强中有18个是机械和设备制造商。② 在过去的十年中，与其他工业国家相比，德国制造业的

* 史世伟，经济与社会科学博士，对外经济贸易大学外语学院教授，区域与国别研究所欧洲中心主任；寇蔻，德国哈勒–维腾贝格大学法学与经济学院博士研究生。

① Statitische Ämter des Bundes und der Länder，“Volkswirtschaftliche Gesamtrechnungen—Bruttowertschöpfung”，http：//www. statistik-portal. de/statistik-portal/de_ jb27_ jahrtab66. asp.

② CompamediaGmbH，“Die innovativsten Unternehmen im Mittelstand”，http：//www. top100. de/die-top – 100/top-innovatoren – 2014/index. html.

就业率一直稳定在较高的水平，即使在金融危机中也未遭受太大冲击。这主要归功于德国有适合制造业发展和保持其国际竞争力的国家创新系统与教育体制，有将新的科学技术融入到实际生产中去的传统，并且在过去20年在应对新兴工业国家的挑战中也没有放弃制造业。

2006年和2010年，德国政府分别制定了《德国高科技战略2006～2009》和《德国高科技战略2020》，并在2011年提出了工业4.0计划，立时受到世界各工业国的高度关注。笔者认为，工业4.0不是孤立提出的，它是德国近年来为应对知识经济和全球化挑战而制定和实施的国家高科技战略的重要组成部分。因此，本文将工业4.0的来龙去脉与德国国家高科技战略联系在一起，力求从一个更加广泛的战略高度来分析和理解德国提出的工业4.0计划。

一　工业4.0的特征

德国认为，世界正处在第四次工业革命的浪潮之中。如图1所示，之前的革命分别是：18世纪末以机械化生产为代表的第一次工业革命；19世纪以电能和大规模生产为代表的第二次工业革命；第三次工业革命是20世纪70年代开始的电子和信息通信技术革命，它的核心是生产的自动化，这一影响持续至

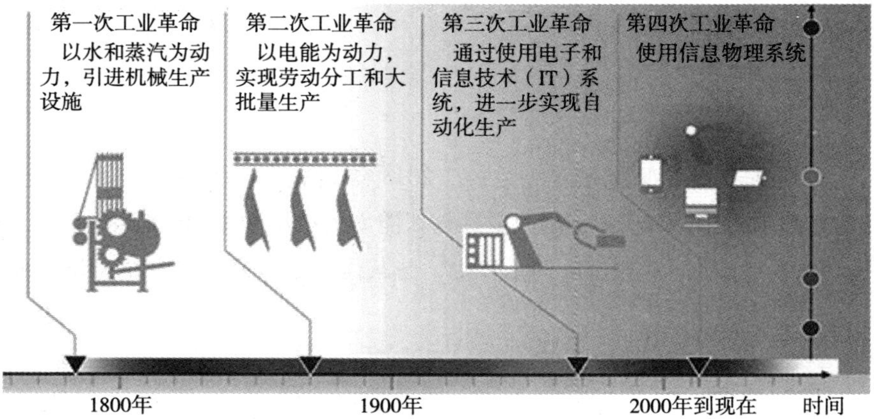

图1　从工业1.0到工业4.0

资料来源：贝诺·彭泽：《智能制造带来巨大商机》，人民网，http：//world.people.com.cn/n/2014/0808/c1002－25426004.html。

今。但是，如今工业生产面临又一次的变革：随着互联网的发展，实体生产与虚拟世界的结合越来越紧密，第四次工业革命，即工业4.0时代已经来临。

工业4.0的核心技术是信息-物理融合系统（Cyber-Physical System，CPS）。如图2所示，这一系统最早开始于封闭式和后来的网络化嵌入式系统，之后发展出更高形式的系统，即CPS，而CPS同时又被看作物联网（Internet of Things）、数据网络（Internet of Data）和服务网络（Internet of Services）的技术基础。如果能将CPS在制造业大规模推广运用，那么，工业4.0的出现将成为可能。工业4.0的未来运用具有巨大的潜力：第一，它可以使生产灵活化和智能化，实现生产过程的智能控制、生产的最优决策和成本的最小化。另外，它的工程和流程可以满足消费者个性化的需求，并创造出新的商业模式，创造一个新的市场。第二，它能克服当前人类面临的重大挑战，提高资源和能源的生产率，应对气候变化、环境污染等问题。第三，它能通过智能化的辅助系统，使人类的劳动生命延长，分散化的生产模式能够达到工作和生活的平衡，创造一种新的工作与生活结合的模式，这也可以用来更好地应对人口老龄化带来的挑战。

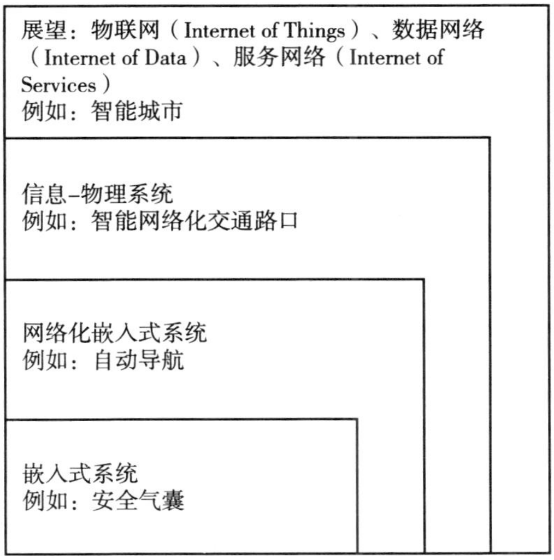

图2　嵌入式系统向物联网、数据网络和服务网络的演进

资料来源：Germany Trade and Invest，"Industrie 4.0 Smart Manufacturing for the Future"，2013，http://www.gtai.de/GTAI/Content/EN/Invest/_SharedDocs/Downloads/GTAI/Brochures/Industries/industrie4.0-smart-manufacturing-for-the-future-en.pdf。

为了实现工业4.0的计划，德国实行双元战略：一是继续贯彻将IT技术与传统高生产技术深度结合的路径，保持德国装备制造业全球领先的地位；二是装备制造业着力对CPS主导市场的研发与开拓，这主要包括：①对不同层面生产系统的纵向集成；②对价值网络（Wertschöpfungsnetzwerk）的横向集成；③整个价值链上工程技术的数据化贯通。以下对这三点进行分别的阐述。

在新的价值网络中，纵向集成主要是指企业内部的融合，从产品研发、规划到生产、销售、物流以及售后服务，也就是所谓的“智能工厂”。而横向集成指供应商、企业和消费者之间的网络，从供应商提供原材料，到企业设计、制造，再到消费者，产品的生产在高度动态的横向商业网络中进行。

在工业4.0中，CPS系统通过数据化的处理，将生产中的智能机器、仓库管理、生产设备和各类信息相连，优化供应链和生产周期管理。在这样的智能工厂中，生产的流程和理念都被重新定义：产品可以根据顾客的个性化需求进行生产，可以随时查看其历史、当前状态以及下一步的动态。这一系统在纵向上将生产过程中的工厂和企业相连，将从订购到供应的每一个环节进行实时联网。而且生产中的每一环节都是透明的和动态的，可以实时查看流程进展以及故障，并根据实时观察的结果很快做出改进。这就是通过数字化和智能化达到的生产体系的纵向集成。

通过CPS技术对价值网络进行横向集成，是工业4.0的重要战略。如图3所示，在工业4.0图景下，一个价值过程可以分为四个相互连接的价值链：产品和产品线开发价值链、流程和设备开发价值链、产品生产和售后服务价值链、设备运行价值链。此外，还有一些与工业4.0间接相关的价值链，如工业标准、工业和工具的发展和维护等。①产品和产品线开发价值链：包括产品研发、产品线规划和产品线维护等。主要联系的对象包括市场营销和销售部门以及售后服务部门。②流程和设备开发价值链：包括流程开发、生产工程、维护和拆除计划等。主要参与者是厂商，联系对象是外部厂商和生产企业。①和②这两条价值链是信息-物理融合中的信息世界，它们的主要目标是通过智能系统将价值链上较为基础的信息收集和整合到研发、生产和管理程序当中。③产品生产和售后服务价值链：包括工业生产和售后服务等，是产品的实际生产过程上的价值链。在生产和质量掌控上大范围引入信息技术，是工业4.0生产的核心环节。④设备运行价值链：包括技术设备的制造、运行和维护，这是获得市场主导地位的关键领域。③和④这两条价值链是信息－物理融合中的物理世界部分。

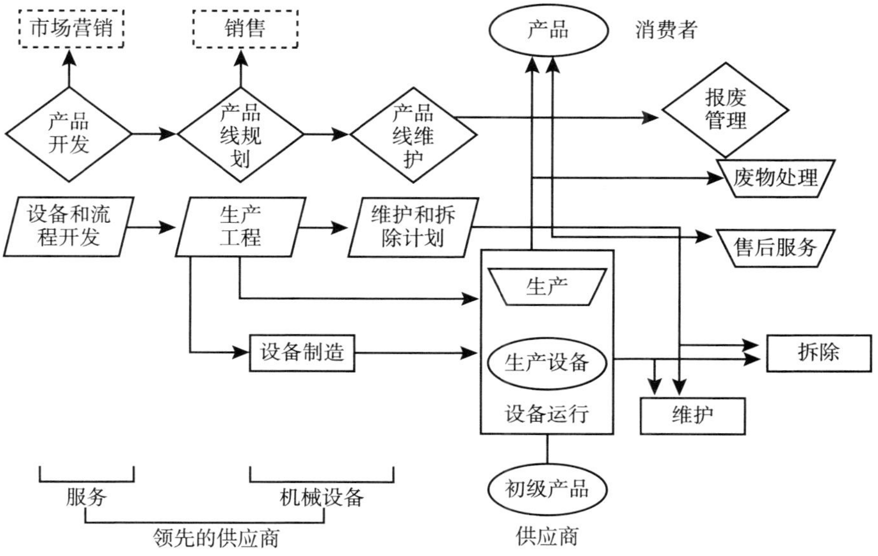

图3　工业4.0图景下的价值链流程

资料来源：VDI/VDE，*Industrie* 4.0. *Statusreport*：*Wertschöpfungsketten*，Düsseldorf，2014，p. 3。

在过去的程序控制系统中，硬件和软件并没有太多的联系，生产模式分散；而在工业4.0下，从产品开发到工程技术再到生产和售后服务都由CPS技术相联系，形成新的连续的工程技术工具链（durchgängige Engineering-Werkzeugkette），用户的要求能够贯穿产品设计到制造整个流程，工程师可以对整个流程进行实时监控。这种网络化生产实现了智能化的全价值链融合。

工业4.0除了CPS系统的广泛运用，还有智能化的数据收集、存储和分析使用以及分散化的操控机制，即大数据和云计算系统的使用。新的网络更加强调企业间数据的快速传送与交流，以此达到生产流程的实时协调，形成网络化生产。由此，企业之间的联系也由单一联系变成动态化的企业网络。工业4.0就是希望打破以往价值链中公司与公司之间的界限，建立新的价值网络。在未来的工业生产中，纯机械的生产将会越来越少，所有的流程都将数字化和网络化，原有的机械装备制造业也要进行数字化改进。这对于西门子等大企业来说并非新的技术，因为这些企业早已拥有自己的企业管理软件；但对于小企业来说，一套为自己量身打造的软件成本太高，所以需要第三方的软件公司和行业协会提供专业支持。除了协会这样的中介机构，这一网络中也需要融资、担保、知识产权保护以及知识的扩散等一系列配套机制。因此，工业 4.0 计划的实施是一个庞大的系统工程，涵盖了多项行动领域，将为德国的产业发展和开辟新就业岗位提供广泛的机遇。

二 德国政府的高科技战略与工业 4.0

2006 年，德国联盟党与社民党大联合政府制定了《德国高科技战略 2006 ~ 2009》，将研究促进措施、标准化和知识产权保护等框架条件与战略性创新政策相结合，重点扶持包括能源、健康和生物技术在内的 17 个未来新兴领域，旨在将德国重新带回世界创新和高科技的领导者行列。类似的全国性战略在德国历史上从来没有出现过。作为资源贫乏且高工资的发达国家，德国历来十分重视科技创新在经济发展上的作用，政府为科学研究与技术创新提供基础设施（公立大学与公立研究机构）、资助作为公共产品的基础研究以及对重要技术领域的试验性研发。但与美国等世界顶尖的创新型国家相比，一段时间以来，德国的创新系统是技术扩散导向的（diffusion-oriented），联邦政府和州政府对科技创新的直接支持往往比较分散，无法形成合力。①

德国的社会市场经济模式深受弗莱堡学派影响。与英美自由主义仅强调市场的自发秩序不同，弗莱堡学派秩序自由主义还强调国家在市场经济体制中的重要作用，为维护市场自由与社会平衡的统一而立法是政府的重要任务，经济政策的核心是为市场建立和维护竞争秩序。相对来讲，维护宏观经济稳定的过程政策和促进经济增长以及行业或区域结构转型的结构政策（区域政策与产业政策）只处在次要位置。特别是结构政策由于被认为会破坏公平竞争只是

① 史世伟：《从国家创新系统角度看集群的创新作用——以德国为例》，《欧洲研究》2011 年第 6 期。

从属性政策。① 科技政策与创新政策则是结构政策的重要组成部分。高科技战略的制定表明，在欧盟里斯本战略（2000 年、2005 年）的影响下，德国联邦政府经济政策的重心开始有所变化。面对与使命导向（mission-oriented）创新型国家相比在高科技领域不断拉大的差距，德国政府认识到其需要一个国家层面的高科技战略。

2006 年第一个高科技战略取得了比较好的效果，研发投入、研发强度和创新环境都有较大幅度改善。在该战略结束之后的 2010 年，面对经济衰退和全球竞争，同样以默克尔为总理的联盟党与自民党政府延续了上一个高科技战略，推出了《德国高科技战略 2020》，提出到 2015 年将教育和研发经费总和提高到国内生产总值的 10%，其中研发经费要达到国内生产总值的 3%②。

在第一个高科技战略实施过程中，德国联邦政府与州政府对生物工程、新材料、风能和信息通信技术等领域进行了重点支持，形成了一些相关领域的创新集群。在吸取了以往的教训和上一个高科技战略的成功经验后，德国政府明确提出，《德国高科技战略 2020》的核心是使命导向的，作为“未来项目”（future project），挑选了气候和能源、健康和食品、交通工具、安全和通信五大需求领域。2013 年新的大联合政府上台后，又提出了七大“领导市场”（leadingmarkets）的概念：机械制造与生产技术、新材料、交通与物流、信息与通信经济、能源与环境经济、媒体与创意经济以及健康经济与医疗技术③，以强调政府高科技战略与市场需求的紧密联系。另外，德国政府还确定了在这些领域实现突破的关键途径：就是要在九大核心技术领域取得领先地位并将其商业化应用，包括生物技术与纳米技术、微电子与纳米电子、光学技术、计算机系统、材料与生产技术、服务研究、空间技术及信息与通信技术等。

同时，《德国高科技战略 2020》对框架条件也有了明确的要求，包括：创造良好的创业环境、鼓励中小企业参与科研创新活动。联邦经济、技术与能源部（BMWi）强调要建立一套创新型框架条件，比如对风险资本的税收优惠，

---

① 史世伟：《开放性、专属性与信息不对称：从德国政府的集群政策看纠正创新合作中的市场失灵》，《学海》2014 年第 4 期。

② BMBF, *Hightech – Strategie* 2020 *für Deutschland*, Bonn, 2007, p. 6.

③ Deutschlands Zukunft gestalten. Koalitionsvertragzwischen CDU, CSU und SPD, 18. Legislaturperiode, Berlin, 2013, p. 19.

政府采购向创新型产品倾斜，推广行业标准以实现高科技产品的尽早应用等。另外，在推动高新科技发展的手段方面，德国政府特别强调了创新政策的重要性，即对企业创新活动的支持。以往，政府政策的重点往往放在促进基础研发的科学政策以及技术政策上。

在《德国高科技战略 2020》的未来项目中，工业 4.0 占有突出的地位。《德国高科技战略 2020》特别强调跨行业技术在未来发展中的重要性，而工业 4.0 涵盖的正是这样的技术。专家们指出，今天生产技术领域创新的 80% 来自于生产与通信信息技术的结合。根据高科技战略负责部门德国联邦教育与研究部的表述，工业 4.0 是开辟德国未来经济、技术与社会政策区位前景的重大举措，将德国广泛运用在汽车和机械制造领域、已经取得世界领先地位的嵌入系统与通信信息技术和互联网结合起来，不仅能够进一步强化生产自动化、开辟新的商业模式以及生产与物流方面的优化潜力，而且还能够创造出应用于高科技战略中气候和能源、健康和食品、交通工具等广泛领域的新服务部门①。

工业 4.0 是德国联邦政府在 2011 年汉诺威工业博览会上首次公开提出的，同年成为《高科技战略 2020 行动计划》中的一部分②。但是事实上，其相关内容在此前就被纳入到德国政府的高科技战略之中。2009 年，在联邦政府的倡议下，有关专家提交了“发展嵌入系统的国家路线图”。与此同时，德国政府对“智能工厂”、“智能生产”、“物联网”以及“3D 打印”等研发项目提供了资助。2012 年 1 月，在联邦政府“尖端集群竞赛”中，东威斯特法伦地区利珀市（Lippe）的“智能技术系统”集群脱颖而出。工业 4.0 计划正式提出之后，德国联邦政府将一共投入 2 亿欧元的资助资金。③

高科技领域的创新不仅是政府的事情，也是一个需要全社会参与的任务，工业 4.0 项目也不例外。为了高科技战略的实施和继续发展，联邦政府建立了任期从 2006 年到 2013 年的“经济与科学研究联盟”（Forschungsunion Wirtschaft-Wissenschaft），作为联邦政府创新政策的核心咨询机构，研究联盟汇

① “Zukunftsprojekt Industrie 4.0”, http://www.bmbf.de/de/9072.php.

② BMBF, *Bericht der Bundesregierung-Zukunftsprojekte der Hightech-Strategie* (*HTS-Aktionsplan*), Bonn, 2012, p. 52.

③ BMBF, *Bericht der Bundesregierung-Zukunftsprojekte der Hightech-Strategie* (*HTS-Aktionsplan*), Bonn, 2012, p. 52.

集了德国经济与科学界 28 位领军人物。他们根据高科技战略的五大需求领域进行了分工，组成 5 个“促进者小组”（Promotorengruppen），为实现相应的目标找出创新的动力与阻力，研究相关的跨行业问题和社会框架条件，提出研究任务以及行动领域。其中，通信组（Kommunikation）负责工业 4.0 与电子商务的实施。[①] 研究联盟每一个季度召开一次会议，在这些被称为“实施论坛”的会议上，相关“促进者小组”和其召集的工作团队共同组成工作组向联邦政府提交相关创新政策领域的工作报告，对相关领域的创新政策提出战略建议。2012 年 10 月 2 日，在工业 4.0 实施论坛上，“通信”促进者小组向联邦教育与研究部和联邦经济与技术部的负责人提交了关于工业 4.0 实施的战略建议。2013 年 4 月 8 日，在汉诺威工业博览会上经济与科学创新联盟的工业 4.0 工作组提交了相关的最终报告。与此同时，德国信息技术、电信和新媒体协会（BITKOM）、德国机械及制造商协会（VDMA）以及德国电气和电子制造商协会（ZVEI）共同成立了“工业 4.0 工作平台”（Plattform Industrie 4.0），并推出了《保障德国制造业的未来：4.0 计划的实施建议》[②]。从而，这三家德国经济界协会成立的常设机构接替研究联盟承担了协调工业 4.0 计划实施与继续发展的重任。从制度机构的连续性上可以看出德国各界对于工业 4.0 的高度重视。

三　德国提出工业 4.0的背景与优势

（一）背景

作为世界制造业大国与出口大国，德国政府在 2011 年提出工业 4.0 计划是有其深刻背景的。

1. 以中国为首的新兴工业国家的挑战

进入 21 世纪以来，包括中国企业在内的一些国际竞争对手的技术水平和创新能力有很大提高，德国在国际市场上面临的竞争越来越激烈；加上原

---

① “Die Forschungsunion Wirtschaft – Wissenschaft”, http://www.forschungsunion.de/.

② “Umsetzungsforum Industrie 4.0: Deutschland bricht auf in ein neues Zeitalter der Produktion”, http://www.forschungsunion.de/aktivitaeten/2012_10_02_umsetzungsforum_industrie_4_0/index.html.

材料日趋紧缺、能源价格不稳定以及人口老龄化，德国制造业面临诸多问题和挑战。根据世界银行的数据，高收入经合组织国家①制造业增加值占世界总值的比重从 2002 年的 73.87% 下降到 2011 年的 54.41%；而金砖五国的比重则上升了超过一倍；中国的比重更是从约 8% 上升到超过 20%，是世界上制造业增加值最高的国家。德国所占比重与多数西方发达国家一样出现了下滑（见图 4）。根据德勤《2013 全球制造业竞争力指数》报告，2013 年全球制造业竞争力排行榜中，中国排名第一，德国排名第二；而该报告预计五年之后，中国制造业的竞争力将仍排在首位，而德国将下降到第四，被印度和巴西超过②。一些德国企业界人士希望工业 4.0 能够拯救德国和欧洲制造业的地位，甚至期望它能将那些设在亚洲等国外地区的生产企业重新吸引回欧洲大陆③。

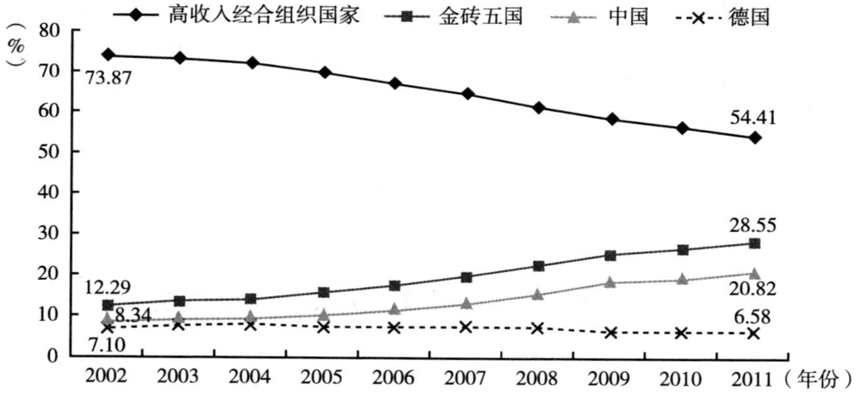

图 4　主要地区制造业增加值占世界总值的比重

资料来源：The World Bank，“Manufacturing, valueadded（% of GDP）”，http：//data. worldbank. org/indicator/NV. IND. MANF. ZS。

① 世界银行定义的高收入经合组织国家包括：澳大利亚、奥地利、比利时、加拿大、瑞士、智利、捷克共和国、德国、丹麦、西班牙、爱沙尼亚、芬兰、法国、英国、希腊、爱尔兰、冰岛、以色列、意大利、日本、韩国、卢森堡、荷兰、挪威、新西兰、波兰、葡萄牙、斯洛伐克共和国、斯洛文尼亚、瑞典、美国。

② Deloitte，*Global Manufacturing Index Report*，2013，http：//www. deloitte. com/assets/Dcom-China/Local%20Assets/Documents/Industries/Manufacturing/cn（zh-cn）_ mfg_ GlobalMfg-CompIndexReport_ 240113. pdf.

③ “Industrie 4. 0 für Kaufleute und Juristen”，*Frankfurter Allgemeine Zeitung*，14. 04. 2014，p. 16.

2. 美国的再工业化计划

2008 年金融危机爆发的一个重要原因就是危机国家内部实体经济的虚弱和萧条。1950 年，美国制造业的增加值占国内生产总值比重为 27%（大致相当于德国今天的水平），制造业从业人数占美国就业人口总量的 31%。到 2010 年，这两个比重分别跌至 12% 和 9%。① 由于美国经济体量大，虽然近年来制造业衰落，但 2010 年美国制造业产出近 1.8 万亿美元，仍是世界最大的。它稍稍领先于中国，比日本制造业产出高 2/3，是德国制造业产出的 3 倍。②

近几年，鉴于金融危机的教训，不少发达国家都制订了“再工业化”计划，特别是美国结合自身的信息技术优势，力图重振本国制造业，创造就业。2009 年初美国公布《重振美国制造业框架》，2011 年和 2012 年又相继启动《先进制造业伙伴计划》和《先进制造业国家战略计划》，着力实施“再工业化”。

美国的“再工业化”计划主要力争在五个领域重点突破：生物技术、信息技术、新材料、可再生能源以及海洋和太空。这几个行业与德国的未来发展目标有多个重合之处，且美国在高科技领域世界领先，特别是在互联网领域拥有技术和商业模式上的绝对优势。从目前来看，“再工业化”计划实施的效果明显，跨国公司海外制造业开始回归美国，美国的经济也从危机中恢复。如果这种势头继续下去，德国制造业将在世界市场上丧失其优势地位。

（二）优势

工业 4.0 的计划并非德国凭空想象出来的，虽然这是德国到 2025 年的未来愿景，但实际上仍然是利用了德国经济发展史上被证明有效的制度和成功经验而制订的计划。德国在此领域的优势可以从技术和制度两个角度加以分析。

1. 技术方面的优势

德国公共和私人领域研发支出处于国际较高水平（见图 5），私人部门获得的发明专利长期在世界领先（见图 6）。在加工制造业领域，德国有着悠久的多元化高质量生产传统，不仅有具备很强创新能力的高端生产技术制造商

---

① 〔美〕加里·皮萨诺、威利·史：《制造繁荣：美国为什么需要制造业复兴?》，机械工业出版社，2014。

② 《美国“再工业化”传递经济战略意图》，新华网，2013 年 12 月 19 日，http://news.xinhuanet.com/fortune/2013-12/19/c_125882430.htm。

（如蒂森克虏伯）、提供世界先进水平嵌入式系统（如西门子）和企业管理软件（如 SAP）的大型企业，还拥有一大批被企业战略专家西蒙称为“隐形冠军”的中型企业，即在某一个细分的工业领域排全球前三名，在所在地区排第一名的企业。根据西蒙 2014 年的最新统计，在全球 2764 家中型领导企业中，德国占了 1307 家（47%），美国仅有 366 家，中国为 68 家。① 所以在工业 3.0，即生产自动化和程序化方面，德国就处于世界领先地位。在智能化和数字化方面，德国企业也发展较快。根据毕马威咨询公司（KPMG）和德国信息技术、电信和新媒体协会的调查，受访的 403 家企业 2011 ~ 2013 年使用云计算的比例分别为 28%、37% 和 40%，且呈不断上升趋势。②

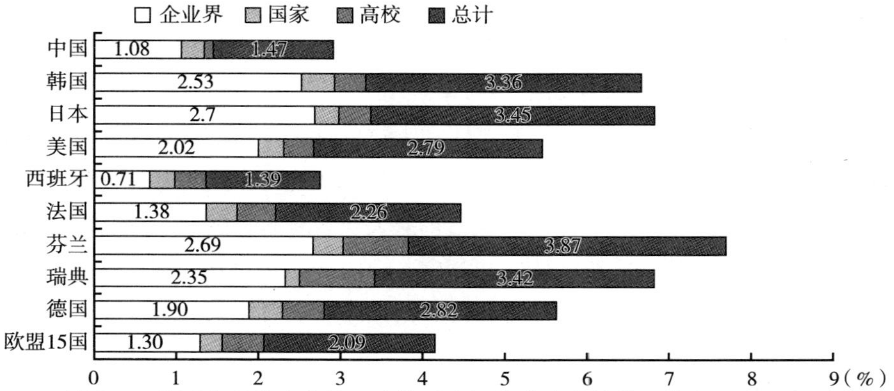

图 5 一些国家研发支出情况比较（占国内生产总值的百分比，2010 年）

资料来源：德国科学资助人联合会（Stifterverband für die Deutsche Wissenschaft）。

2. 制度方面的优势

实际上，工业 4.0 中的 CPS 以及智能化设备并非一个技术难题，也无法与第一次工业革命时期的蒸汽机比肩为具有划时代意义的工业革命。换言之，工业 4.0 计划虽然被看作第四次工业革命，但其技术难以称之为开创性，类似的

① 郝倩：《为什么德国企业不创新会死》，新浪财经，2015 年 1 月 14 日，http：//test. jwxlschool. com/finance. sina. cn/zl/2015 -01 -14/zl - iczmvun4977013. d. html？ vt =4&cid =79615。

② Statista，“Nutzung von Cloud Computing in Unternehmen in Deutschland in den Jahren 2011 bis 2013”，http：//de. statista. com/statistik/daten/studie/177484/umfrage/einsatz-von-cloud-computing-in-deutschen-unternehmen -2011/.

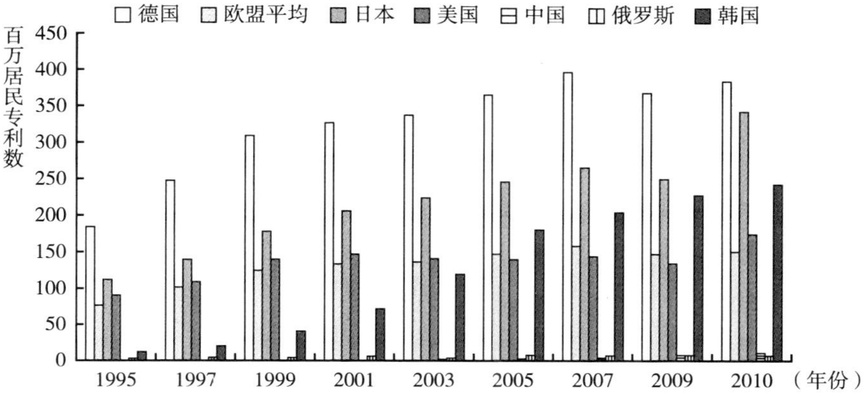

图 6　获得世界专利的数量比较

资料来源：德国联邦教育与科研部。

技术已在西门子等一些大型企业中得到运用。工业 4.0 的难点其实在于其系统工程的复杂性上：标准化、管理系统、上下游的衔接、产学研的组织等方面。因此，工业 4.0 远远超出了技术创新的范围，它需要政府与企业及科研机构之间广泛、深入的协调配合，进行管理创新、制度创新以及监管创新。

德国在制度上的优势主要表现在其有效率的国家和区域创新系统。创新系统指公共和私营部门中发起、改变和扩散新技术的活动与互动的制度和组织网络，主要包括“经济结构”与“制度设置”。①

从广义的创新系统角度来看，德国的经济和社会体制带有“合作式的资本主义”（coordinated capitalism）特征。德国的劳动力市场组织和产业关系的核心是基于集体工资谈判的“社会伙伴”关系和企业与公司层面的共同决策制度，它有利于雇员在工作岗位稳定和待遇高的前提下对企业的忠诚，以及有动力不断改善自身的技能。德国的金融体系以银行融资为主，采用的是“万能银行”制度，所以德国银行业务范围广泛、抗压性强，能够向企业提供长期和稳定的投入。德国经济的这种组织与制度安排有利于持续的、渐进性创新以及集成创新。相反，在英美式的“自由市场经济”环境下，企业间劳动力

① 史世伟：《从国家创新系统角度看集群的创新作用——以德国为例》，《欧洲研究》2011 年第 6 期。

有更高的流动性，新知识和技能可以在灵活的形式下重构，这有利于支持企业从事更为冒险的创新行为和快速进入新兴产业领域。与此同时，英美更为普及的、重视通识和研究能力（研究生阶段）的大学教育以及发达的股票市场和风险投资，使利用分析性知识的颠覆性创新更易出现。

从图 7 可以看出，德国国家创新系统的特点之一是大学以及大学外研究机构和企业之间、公共部门和私营部门之间的分工强且明确：公共部门主要从事基础研究，企业从事应用研究。这种制度安排保证了在一些有未来潜力的基础研究领域德国处于世界最高水平，德国制造业在具有正外部性的通用技术方面能够得到公共部门的大力支持，从而加快相应技术的扩散。另外，在科技创新和研究成果商业转化方面，众多分工明确的中介机构在政府与大学、科研机构以及企业之间起到了重要的桥梁作用。德国政府为实施工业 4.0 成立的经济与科学研究联盟和后来的工业 4.0 工作平台，就充分体现了德国创新系统的这一特点。如果说，德国的国家创新系统还存在着一些不足的话，则主要表现在政府对公共与私营部门创新网络缺乏必要的总体协调，这正是德国联邦政府制定高科技战略的原因之一。

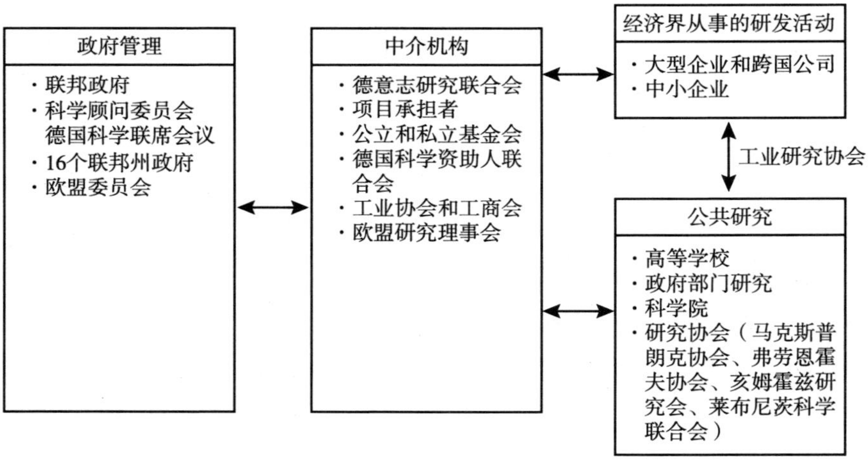

图 7　德国国家创新系统

资料来源：BMBF，VDI/VDE Innovation + Technik GmbH，*Bundesbericht Forschung und Innovation*，Berlin，2010，p. 382。

四 工业 4.0与新政府的“战略性创新政策”

如上文所述，20 世纪 70 年代以来，德国政府技术政策和创新政策以技术扩散为导向，重点不突出，项目繁多，缺乏整体的战略协调。由于政府的研发资助是普适性的，大型企业有信息与资源上的优势，所以，获得政府资金的往往都是大企业实施的大项目，小型企业难以从中获益。① 直到 90 年代中期，联邦政府才逐渐改变了这样的做法，开始支持以中小企业为主的地方性集群网络，鼓励自我管理的模式，随之出现了“支持地区性生物技术发展”（BioRegio）、“支持地区性创新”（InnoRegio）等项目。德国联邦政府的高科技战略可以说是该科技和创新政策模式的延续。

德国高科技战略的提出标志着进一步加强对创新政策包括欧盟层面、联邦层面和州层面在内的统领、集中和协调。德国 2013 年底成立的新一届联盟党与社民党大联合政府则提出了“战略性创新政策”的口号②，政策的重点由对大学和公立科研机构以及企业的单独促进（机构与项目资助），转变到促进产学研之间的联合。由此，促进研究机构与企业的创新合作以及集群发展成为德国政府科技政策、区域政策和创新政策的核心。

在高科技战略的引领下，德国政府创新政策有两个重点：创新集群政策和中小企业创新促进政策，而这两者又是密不可分的。

创新集群是指由企业、大学、研究机构、风险投资机构、中介服务组织等构成，通过产业链、价值链和知识链形成战略联盟和各种合作，具有集聚经济和大量知识溢出特征的技术 - 经济网络。③ 从 20 世纪 90 年代起，集群越来越受到政府、产业界与学术界的重视。与以往强调单一行业的发展不同，集群思想将创新更加紧密地与跨行业的合作网络联系起来，突出产业间、不同技术间

① 20 世纪 50 ~ 60 年代，德国在欧洲共同体的协调下，在核能、航空航天等领域还启动了一些使命导向的项目。Johannes Weyer, *Transformationen der Technologiepolitik? Die Hightech-Strategie der Bundesregierung und das Projekt Galileo*, Berlin, 2007, p. 2.

② Deutschlands Zukunft gestalten. Koalitionsvertragzwischen CDU, CSU und SPD, 18. Legislaturperiode, Berlin, 2013, p. 19.

③ 钟书华：《创新集群：概念、特征及理论意义》，《科学学研究》2008 年第 1 期。

发展的相互促进，制造业与服务业的相互渗透，这是传统的产业政策所不能胜任的。德国政府的工业 4.0 计划充分体现了这一点。

与之前联邦政府的集群促进政策相比，一个比较大的变化是：受资助的项目必须符合高科技战略。由此德国政府就将集群创新的方向纳入到国家的高科技战略框架内，联邦州也采取了相应的地区性促进措施。联邦层面负责的部门是联邦经济与技术部和联邦教育与研究部，主要通过集群竞赛的方式选择符合条件的集群进行资助。2007 年，当时的大联合政府联邦教育与研究部开始举办尖端集群竞赛（Spitzencluster-Wettbewerb），至今已经举行了三期，每期选五个尖端集群，被选出的集群在以后不超过五年的时间内可获得政府 4000 万欧元的资助，这大大推进了各地方建立创新集群的积极性。集群不仅包括大型企业，还有中小企业、研究机构和教育机构，且都会受到资金资助（见图 8）。联邦政府在集群政策实施过程中，采取了自上而下和自下而上相结合的方式，政府的集群策动起初是“自上而下”设计的，但联邦政府本身并不制订详细的集群计划。在政府资助的激励下，区域间围绕集群发展战略展开竞争，而由集群发展专家制定选拔标准、独立第三方专家进行评估的方法比政府“自上而下”直接挑选更好地调动了各区域和地方政府、社团等相关者参与集群竞赛的积极性，更有利于集群制定出科学的发展理念和可行的发展战略。

德国创新政策的另一个重点是对中小企业的促进。中小企业是德国经济的支柱，以中小企业为基础的多元化高质量生产是德国经济的突出特色；特别是制造业中的中型企业重视对产品的持续创新与改进，具有很强的国际竞争力。德国政府一直对中小企业的发展给予支持。创新具有高成本和不确定性，中小企业由于规模限制往往望而却步。另外，创新具有“溢出效应”，可以使后来者受益。所以，对于进行研发的中小企业和初创企业政府应该提供一定的公共资助。特别是 2008 年国际金融危机后，金融机构加强去杠杆化，受其影响中小企业融资越发困难，研发投入出现下降的趋势。①

联邦政府最早对中小企业研发的促进可以追溯到两德统一后不久的 20 世

① Christian Rammer u. a., *Innovationsverhalten der deutschen Wirtschaft. Indikatorenbericht zur Innovationserhebung* 2012, ZEW Mannheim, Januar 2013, p. 13.

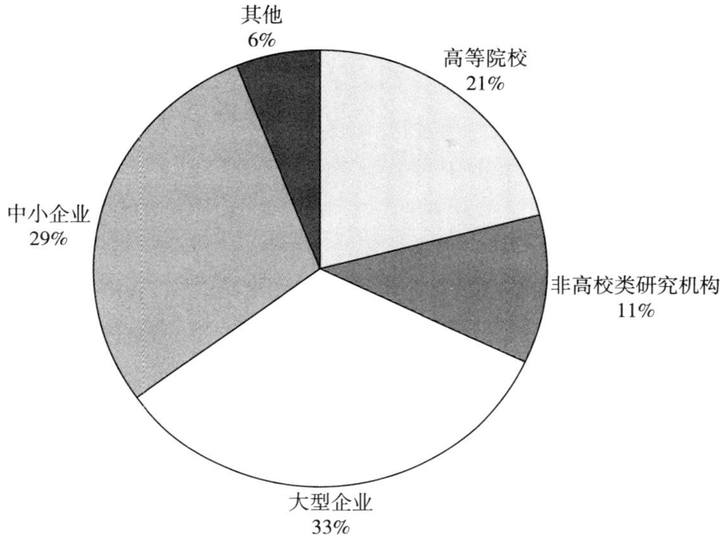

图8　尖端集群竞赛中的受资助方

资料来源：BMBF，*Deutschlands Spitzencluster*，Berlin，2014，p.7，http://www.bmbf.de/pub/WEDO_ SCW_ Broschuere_ 2014_ barrierefrei_ NEU.PDF。

纪90年代初，作为现在的联邦教育与研究部的前身，联邦研究与技术部（BMFT）推出一系列项目对德国东部地区中小企业人员进行科研能力方面的培训。紧接着联邦政府又推出“研究合作”项目（Forschungskooperation，FOKO），以促进中小企业与研究机构之间的合作。这种企业与研究机构的直接合作事后被证明是技术转化行之有效的手段。之后几年，联邦教育与研究部根据之前的成功经验，相继在联邦层面实施了“支持创新I期和II期”（PRO INNO，PRO INNO II）等促进计划，鼓励中小企业之间、企业与研究机构之间进行科研及人员交流等更深层次的项目合作。

在此基础上，联邦政府整合与协调已有的中小企业创新促进政策，于2008年将先前四个中小企业创新支持计划整合为“中小企业中心创新计划”（Zentrales Innovationsprogramm Mittelstand，ZIM），对企业之间、企业与科研机构的合作项目以及企业与科研机构、高校等组成的合作网络进行资助，并强化了对科研成果转化的资金支持。该计划资助的对象比较开放，对具体的行业领域并没有过多限制。因此，其项目申请成功率达到约70%①。

随着2006年德国高科技战略的公布，中小企业的创新政策也出现了一定的变化。2008年底，联邦教育与研究部推出中小企业创新项目（KMU-Innovative），该项目作为德国高科技战略的一部分，与该战略的核心思想一脉相承。对中小企业的资助不再不分行业领域，而是重点选取了六大行业：生物、医疗、信息通信、纳米、生产工艺以及节能技术，主要促进研发能力强、出口比重高的中小企业的发展。其中信息通信技术是信息化和智能化的重要前提，是实施工业4.0的重要基础。在德国，90%的IT企业都是中小企业。② 由于IT技术的广泛应用，中小企业成为各个行业智能化和技术转化技术支持的重要力量，直接影响到整个工业4.0的实施。中小企业创新项目与以往的中小企业促进措施相比，对技术水平提出了更高的要求，因此中小企业创新项目的申请成功率也要比"中小企业中心创新计划"低得多。③ 这表明，德国政府开始从多方面对特定的高科技产业进行促进。另外，德国政府重视中小企业与研究机构合作网络的新方针在《高科技战略2020行动计划》中继续得到贯彻。工业4.0计划更加强调了中小企业在生产和服务网络中的作用，大企业与中小企业构建的新的灵活的价值网络能够使更多的中小企业获益。中小企业可以参与到不同的生产网络之中，通过软件实现生产过程的纵向集成与横向集成，大大降低企业成本。在未来，小企业也可以通过互联网云计算为制造业提供多样的服务。

与以往相对封闭的生产网络相比，工业4.0时代新的网络将变得更加开放，网络的内部引入了竞争机制，大的生产商可以根据市场需求的变化补充新的企业取代那些能力不足的供应商，以此提高整个网络的竞争力。而中小企业由于可以同时参与多个企业网络，获得订单的机会也会大大增加。不仅如此，企业还可以和网络中独立的"产能中介"（Kapazitätsbroker）合作，将自己"过剩的产能"，如暂时多余的生产设备和人力资源告知中介，中介将此类信

① BMWi，"Bewilligungsquote nach Programmmodulen"，http：//www.zim-bmwi.de/dateien/bewilligungsquote-nach-programmmodulen/view.

② BMBF，"KMU-innovativ：Informations-und Kommunikationstechnologien"，http：//www.bmbf.de/de/20655.php.

③ ZEW，*Systemevaluierung "KMU-innovativ"*，Mannheim，2011，p. 39.

息发送给那些此时因为订单过多、工作负荷过大而急需提高产能的企业，这样加强信息的流通，实现资源的优化配置。这一举措不是拍脑瓜想出来的，而是将以前在物流业发展的成功经验推广开来。

可以看出，作为高科技战略的一部分，工业 4.0 特别体现了德国政府通过建立政产学研协调网络，以及利用跨行业技术相互渗透促进高科技领域创新的思路。工业 4.0 本身就是一个系统融合的创新网络。通过新的“战略性创新政策”可以更好地形成大企业和小企业之间以及它们与其他主体之间的合作与竞争网络。因此，工业 4.0 计划利用了德国有比较优势的制度结构与产业结构，即大企业和中小企业之间的契合、全产业链之间的融合以及政产学研之间的相互配合。工业 4.0 与其说是一场工业革命，不如说是德国经济和产业发展路径演化的结果。

五　工业 4.0计划的风险

前面已经提到，工业 4.0 不是简单的技术创新，而是一个复杂的系统工程。因此，工业 4.0 也蕴含着一定的风险。

（一）劳动力市场的变化

自动化意味着机器取代人工劳动力，制造业就业岗位将不可避免地减少；同时新的生产方式又对劳动者提出了信息技术方面的要求。

到目前为止，德国还没有出现工业 4.0 造成就业岗位减少的迹象①，一部分原因是受自动化影响较大的组装环节已大部分迁至国外。与此同时，德国工业界已经向学校提出建议，增加在校学生技术方面的培训。一些企业开始调整内部的人员培训计划，如西门子集团表示：公司 55 岁以上的员工由于年龄偏大将不必再接受编程训练，青年员工则必须接受相关培训，30 ~ 50 岁的员工也需要相关领域的进修深造。

（二）法律问题

由于新的合作形式的出现，传统的合作关系、合同以及责任都会发生变

① “Industrie 4. 0 für Kaufleute und Juristen”, *Frankfurter Allgemeine Zeitung*, 14. 04. 2014, p. 16.

化，如最终产品上的权利、专利所有权、哪一方承担产品的哪一部分责任等。网络化的工厂中，产品以及生产产品的机械设备往往交织在一起，设备生产者和产品生产者都要承担比以前更大的责任。

（三）网络安全

在网络和数据作用日益重要的未来，网络将整个价值链连接起来，大量的数据通过云被收集和加工处理，物理世界和网络世界的界限变得更加模糊，网络安全、数据的保密性以及个人隐私等问题会日益凸显。德国标准化学会（DIN）主席巴克（Torsten Bahke）认为，只有在能够确保网络安全的情况下，才应该引入电子支付这类新事物。①

2013 年德国弗劳恩霍夫安全信息技术研究所（Fraunhofer SIT）发布了一份有关工业 4.0 中 IT 安全的报告，指出：为了保证工业 4.0 实施过程中的信息安全，应在以下六个方面采取行动：①制订统一的计划蓝图；②设计安全体系；③建立有效的识别体系；④加强知识产权保护，打击盗版；⑤提高人员的安全意识，同时安全机制需要具备良好的可用性；⑥加强法律保护和数据保护。②

对工业 4.0 的风险和挑战，德国各界已经有了较深刻的认识。《保障德国制造业的未来：4.0 计划的实施建议》提出，实施工业 4.0，除研发外的其他行动领域包括八个方面，具体是：①标准化与参考架构；②管理复杂系统；③建立全面宽频的设施基础；④安全和保障；⑤工作的组织与设计；⑥培训和持续的专业发展；⑦监管框架；⑧资源利用效率。③

六　德国工业 4.0计划带给我国的机遇与启示

目前，我国处于经济结构转型的关键时期。我国在几年前就提出了信息化

---

① "Industrie 4.0 für Kaufleute und Juristen", *Frankfurter Allgemeine Zeitung*, 14.04.2014, p.16.

② Fraunhofer, "Eberbacher Gespräch zu Sicherheit in der Industrie 4.0", https://www.sit.fraunhofer.de/fileadmin/dokumente/studien_und_technical_reports/Industrie-4.0_Eberbach_Fraunhofer_SIT.pdf.

③ BMBF, *Umsetzungsempfehlungen für das Zukunftsprojekt Industrie* 4.0, Berlin, 2013.

与工业化深度融合发展的战略，与德国工业 4.0 计划有诸多相似之处。虽然中国制造业的崛起是德国工业 4.0 计划提出的重要原因之一，但两国在这个领域并非绝对的竞争关系。2014 年 10 月中国国家总理李克强在访问德国期间，与德国总理默克尔共同发表了《中德合作行动纲要：共塑创新》，双方决定建立互信互利共赢的中德创新伙伴关系，在经济方面重点开展工业、金融、研发、城镇化和交通体系、农业和食品等多个领域的创新合作，其中工业 4.0 合作被作为一个独立标题着重提出，成为未来中德合作的重要领域。德国在高端制造技术和嵌入系统、企业管理软件以及网络安全技术上具有世界最先进水平，而我国在通信信息技术方面则走在世界前列。在信息化和工业化深度融合方面双方在一定程度上优势互补，有巨大的合作潜力。从企业合作的角度说，虽然近些年中国企业在国际上的竞争力有较大提高，但在信息化、智能化以及企业管理水平方面和德国还有差距，通过建立研发中心或企业战略联盟的形式，可以有效地提高中德企业间的创新合作水平。企业的创新合作是否有成效，相关国家是否存在“国家化”创新系统十分重要①，即有利于创新的“经济结构”与“制度设置”。在这方面，中德双方已经迈出了第一步：《中德合作行动纲要：共塑创新》明确提出双方政府将致力于框架条件和政策上的合作，并将工业 4.0 议题纳入中德标准化合作委员会。而中德在工业 4.0 方面的合作进程“则应由企业自行推进”。②

此外，在借鉴德国经验方面，我们将德国工业 4.0 计划对我国的启示归纳为以下三点：

第一，每个国家都有自身的特殊性，不可全盘照搬他国方法。美国的“再工业化”计划和德国的高科技战略虽然方向类似，但实现的方法不尽相同。可以看到，德国在工业 4.0 计划的制订和促进政策设计上，立足于自身的优势，有所为有所不为。在主导技术路径上，紧跟当前创新领域跨行业技术以及制造业和服务业相互渗透的趋势，发挥自身在协同创新和技术集成上的成功经验，并以此来弥补在互联网等领域与世界最高水平的差距。在制度设计上，

① 〔挪威〕法格博格、〔美〕莫利、〔美〕纳尔逊主编《牛津创新手册》，柳卸林等译，知识产权出版社，2009，第 333 页。

② 《中德合作行动纲要》（全文），新华网，2014 年 10 月 11 日，http：//news. xinhuanet. com/ttgg/2014 – 10/11/c_ 1112772707. htm。

利用已证明有效的现有系统和机制，并能够与时俱进，对一些与时代发展不相适应的制度和政策进行改革与创新。

第二，在规划前景时，德国相关主体从未来的主导市场出发，将实施工业4.0的重要性和必要性与其对需求和供给面的贡献紧密联系在一起，而不是将其看作一个单纯的工程技术问题。不管从机遇还是风险来看，新技术带来的都不仅仅是一个经济问题，还是一个社会问题，科技进步和创新需要社会的支持，也需要立足于社会。

第三，在实施德国高科技战略指导下的创新政策中，政府主要扮演主持人的角色。换言之，政府创造平台并提供必要的支持，企业、研究机构和高校等在其中公平竞争。德国政府立足已有的政策框架和措施，但严格项目要求，重视政策协调和适当集中，加强项目监控，努力消除使中小企业无所适从的“项目丛林”。在实施方法上，采取竞争的方式，使最符合要求的企业和联合体脱颖而出，防止不符合要求的“搭便车”获利。

B.8
德国能源转向的最新进展及未来行动计划评析*

朱苗苗**

摘　要：2014年德国政府公布了首个《能源转向进展报告》和两个行动计划——《2020气候保护行动计划》与《2014国家能效行动计划》。德国的能源转向取得了重大进步，但是和目标之间还存在偏离。在能源消费、能效和温室气体排放方面，如不立刻采取额外措施，则要实现能源转向既定目标难度很大。德国政府的两个最新行动计划旨在采取相应措施，但是措施的有效性尚待进一步观察。

关键词：德国　能源转向　可再生能源　能效　气候保护

2014年12月，德国政府公布了三个与能源转向相关的重要文件：《未来的能源：能源转向第一份进展报告》（以下简称《能源转向进展报告》）、《2020气候保护行动计划》和《2014国家能效行动计划》。[①] 这三份文件不仅反映了德国能源转向政策实施的最新进展，同时对未来发展进行了规划。

---

* 本文得到2013年度同济大学人文社会科学青年基金项目“德国气候政治的研究——基于动因、特点、机制及其国际影响力的政治社会学分析”的资助。

** 朱苗苗，博士，同济大学德国问题研究所副教授。

① 根据德国联邦政府的计划，政府每三年提交一份《能源转向进展报告》，每年提交一份《监测报告》。2014年3月，联邦政府公布了能源转向政策实施以来的第二份《监测报告》。

一　德国能源转向的最新进展①

德国政府的《能源转向进展报告》分为三个部分：第一部分是继 2012 年和 2013 年后 2014 年的《监测报告》的内容，主要描述能源转向实施的最新状况；第二部分是整体的目标结构的描述和对各主题的分析，目标中增加了能源供应结构改建这一内容；第三部分涉及能源转向的框架条件，包括在欧洲和国际环境下能源供应方面的问题。

《能源转向进展报告》得出的总结论是："已经实现了很多，但是还有很多有待实现。"② "实现了很多"是指，德国的能源转向取得了"重大进步"，可再生能源的扩建速度与《可再生能源法》的目标走廊相符。同时，经济增长与能源消费做到了脱钩。"还有很多有待实现"主要指需要减少一次能源消费量和减少温室气体排放量，要实现这两个目标必须采取额外措施。

关于能源转向的最新进展，《能源转向进展报告》的第一部分按照 65 个指标进行了详细描述和分析。这 65 个指标被分成 10 大类：可再生能源、能源消费与能效、建筑能耗、交通能耗、温室气体排放、电力市场与供应安全、电网、能源价格与成本、能源领域的科研与创新、整体经济效应。

（一）可再生能源

德国可再生能源的发展在能源转向政策实施后取得了较大进步，也是能源转向多个重点领域中发展状况最好的一个。2013 年，可再生能源在电力消

① 本文提到的几份政府报告中使用的数据都截止到 2013 年底。根据"能源结算工作共同体"（Arbeitsgemeinschaft Energiebilanzen e. V.）2014 年 12 月 17 日的新闻公报，2014 年德国能源消费结构保持稳定，与 2013 年相比的变化"微小"。参见 AG Energiebilanzen e. V.，*Pressedienst*，Nr. 8/2014，p. 4。为保持统计口径和数据对比时的统一性，文中数据以 2013 年底的数据为准。如果不做特别说明，本文数据均出自 BMWi，*Ein gutes Stück Arbeit—Die Energie der Zukunft*：*Erster Fortschrittsbericht zur Energiewende*，Berlin，Dezember 2014。

② BMWi，*Ein gutes Stück Arbeit—Die Energie der Zukunft*：*Erster Fortschrittsbericht zur Energiewende*，Berlin，Dezember 2014，p. 8.

费总量中的占比为 25.3%，比上一年增加 1.7%，2014 年则继续增加至 27.3%。[①] 2013 年，可再生能源在终端能源消费总量中的占比为 12.0%。如图 1 所示，可再生能源在所有与能源相关的领域的重要性越来越大。其中，在发电领域，可再生能源首次成为德国最重要的发电来源。2014 年 1 ~ 8 月，可再生能源累计发电总量为 109 太瓦时；在供暖领域，虽然 2013 年可再生能源在热能消费中的比例为 9.1%，同比略有下降，但是供热总量提高到了 134 太瓦时。总体上，可再生能源在电力行业的重要性最突出，2013 年占了 47.8%；其次是在热能行业，占 42.4%。按照可再生能源的类型统计，光伏发电和风力发电是主要增长点，而生物质能的发展正在放缓。据德国联邦环境部的统计，2012 年近一半新建建筑使用了可再生能源供暖；2013 年可再生能源在交通领域占 5.5%，生物柴油的使用比上一年减少了 11%，生物乙醇减少了 3%，但是生物甲烷的消费增加了 15%。交通领域除了使用生物发动机燃料，还使用可再生能源的电力用于轨道交通和电动汽车。

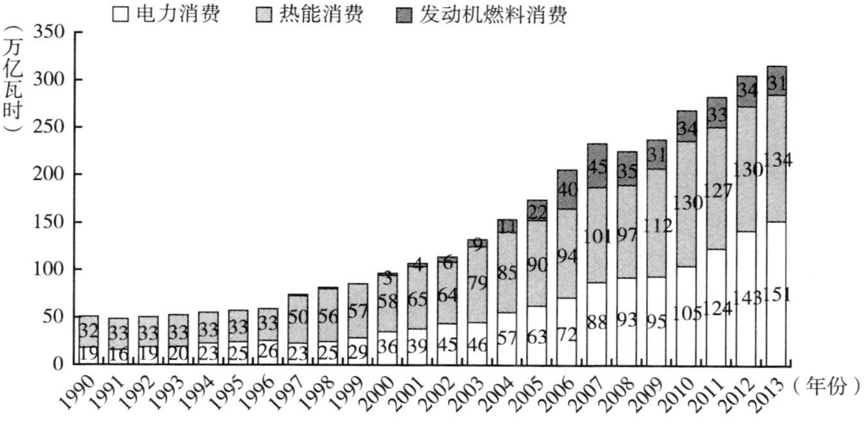

图 1　不同行业中可再生能源在终端能源消费中的发展趋势

注：图中发动机燃料消费的数据没有计入交通领域的电力消费部分。

资料来源：BMWi，*Ein gutes Stück Arbeit—Die Energie der Zukunft*：*Erster Fortschrittsbericht zur Energiewende*，Berlin，Dezember 2014，p. 14。

① 数据只是暂时估算数据。Agora Energiewende，*Die Energiewende im Stromsektor*：*Stand der Dinge* 2014，Berlin，Januar 2015，p. 2。

值得关注的是，自2000年《可再生能源法》生效以来，通过该法而产生的扶持成本总量将首次呈现同比下行趋势。2013年的可再生能源分摊费总额为204亿欧元，2014年为236亿欧元，到2015年则为218亿欧元。[①] 与此相对应，每度电的可再生能源分摊费也首次下行，2013年为5.28欧分，2014年为6.24欧分，2015年为6.17欧分。

（二）能源消费与能效

能源消费与能效是能源转向支柱领域之一，但取得的进展并不理想。在2013年，一次能源消费相比上一年有所增加，除去气温和库存因素，增加了1.9%。与目标对比年度2008年相比，则下降了3.8%。化石能源依然占81.1%，是一次能源消费中占比最高的。根据“能源结算工作共同体”对2014年情况的初步统计，2014年一次能源消费相比2013年下降了4.8%。除去温和冬季的因素，实际下降2%。2013年电力消费总量减少大约1.5%，比2008年减少3.2%。在能效方面，能源生产率逐年提高，一次能源的能源生产率在2008~2013年每年平均提高1.2%（剔除气温和库存因素为1.5%，194.8欧元/千兆焦耳）。在同时段中，终端能源的能源生产率每年大约提高0.2%，距离每年计划提高2.1%的目标还有较大差距。

（三）建筑能耗

德国终端能源消费的很大一部分消耗在建筑的运行能耗方面，如供暖与制冷，还有热水与照明。在节省建筑能耗[②]方面，德国还有非常大的行动空间，因此也成为目前政府加大措施执行力度的重点。

2013年，德国建筑能耗在终端能源消费中的占比为37.5%（其中供暖与制冷占29.4%，热水5.5%，照明2.6%）。在这方面，家庭用户在建筑耗能方面占首位，约为63%；其次是商贸和服务业，占比近28%；工业为9%。由于天气原因，2013年热能需求增加了7.8%，与2008年相比，热能需求增加了

---

① 下一年的可再生能源分摊费在上一年末就可以根据《可再生能源法》、现有装机容量和电交易价格计算得出。

② 这里指狭义的建筑能耗，即建筑的运行能耗。

0.8%。另外，居住面积在过去几年明显增加，从1996年29.3亿平方米，平均每年增加大约2700万平方米（涨幅约1%），到2013年增加至34亿平方米。从居住面积增加对比用于房间供暖和热水的终端能耗的变化来看，德国在建筑领域供暖和热水的能效还是在缓慢提高。对此，德国政府打算通过建筑物的节能改造提高建筑物的能效。2013年，用在节能相关改造措施上的费用大约为550亿欧元，在住宅建设方面共花费了1750亿欧元，其中用于现有住房节能改造的费用为395亿欧元，占总费用的39.5%，比上一年提高了1.5个百分点。

（四）交通能耗

在交通领域越来越呈现能源消费与交通总绩效脱钩的趋势，但是交通能源消费总量的上升趋势未能得到抑制。在2013年，交通领域终端能源消费为2612千兆焦耳，比目标基准年2005年增加1%，而在同一时间段内，客运和货运绩效分别提高了5%和10%。这表明交通领域的能效在不断提高。但是自2005年算起，交通领域的终端能耗未能实现减少的发展势头，相反还在缓慢增长。这表明，离2020年降低能耗10%的目标还很远。即使从温室气体排放角度看，这个发展势头也并不理想。

（五）温室气体排放

继2013年，2014年减少温室气体排放继续成为德国能源转向目标的难点。相比1990年，德国总体温室气体排放明显减少。但是2013年德国温室气体排放有所增加，增幅1.2%（1120万吨二氧化碳当量）。[①] 其中最主要的原因是石煤发电增加、电力净出口增加以及冬季低温时间较长。如果按照目前的措施不变，那么到2020年仅能减排33%～34%，从而无法实现联邦政府制定

① 根据德国能源转向智库Agora Energiewende在2015年1月提交的报告，2014年德国温室气体排放出现下降（2014年排放比2013年减少3100万吨二氧化碳当量），这个结论与此前官方和媒体公布的数据有差异。Agora Energiewende解释称，2014年排放下降的原因包括天气温和导致建筑物取暖所需能源明显下降和煤炭发电量有所下降。由于《能源转向进展报告》主要以2013年作为数据截止年，因此本文不过多评述Agora Energiewende的统计数据。可参见Agora Energiewende, *Die Energiewende im Stromsektor: Stand der Dinge* 2014, Berlin, Januar 2015, pp. 27－28。

的减排40%的目标。这一偏离目标的发展趋势，从德国2010年以来的实际排放情况就可以判断出来。可见，仅仅凭借可再生能源的开发与使用以及能源生产率的提高很难实现既定的减排目标。

（六）电力市场与供应安全

德国发电厂装机容量继续增加。2013年，以可再生能源为基础的装机容量增加了6.7吉瓦，达到83.3吉瓦。常规电厂容量增加了1.6吉瓦，达到104.7吉瓦。目前，德国发电容量呈异质分散状。新装机容量中占比最高的是巴伐利亚州和下萨克森州的可再生能源发电设备，常规能源新电厂主要集中在北莱茵－威斯特法伦州。而四大能源巨头莱茵集团（RWE）、意昂集团（E. ON）、巴登－符滕堡州能源公司（EnBW）和大瀑布电力公司（Vattenfall）无论是在装机容量还是发电比例方面在2013年都继续下行。目前发电厂容量充足，供应安全获得了很高标准的保障。发电所用能源的种类也很丰富，不过常规能源（特别是褐煤、石煤和核能发电）仍然占最大比例，热电联产发电占比增加缓慢，2013年占净发电总量的18.1%。[①] 2013～2014年，德国电力供应市场很重要的一个特点是燃煤发电排挤燃气发电，而后者比前者的温室气体排放少将近一半。由于电力交易市场电价过低，加上欧洲碳交易市场的排放证书价格暴跌，同时燃气成本高于煤炭，均造成发电商被迫关闭越来越多的燃气发电厂（详见本文第三部分）。

（七）电网

尽管在2012年和2013年，德国输电网运营商在高压网线上的投资比前几年增加近一倍，但是目前德国输电网的建设依然落后于能源转向政策最初的计划。原因主要在于项目规模大，讨论、计划和审批所需时间过长，并且要在相关的联邦州进行协调，各州的利益和立场并不能迅速达成一致。电网建设对能源转向的成功和欧洲电力市场的进一步融合起着关键作用。但是2013年，德国超高压和高压电网长度没有明显增加。目前，德国急需59个全国性的电网

---

① BMWi, *Ein gutes Stück Arbeit—Die Energie der Zukunft: Erster Fortschrittsbericht zur Energiewende*, Berlin, Januar 2015, p. 51.

建设规划，《联邦需求规划法》可以帮助加速电网规划和审批程序，但建成还需要时间。输电网经营商估计，到 2016 年，大约可以建成 40%《能源网线扩建法》（EnLAG）中规定的高压网线。截至 2014 年前三个季度，已建成规定长度的 1/4。

（八）能源价格与成本

2014 年德国能源价格与成本方面较大的一个变化是，关于可再生能源分摊费导致的电价上升不再成为媒体争论的焦点。同时，国际原油价格呈下降趋势。特别是 2014 年下半年，石油价格大跌。德国进口石煤价格从 2008 年起持续下跌。家庭用户用于取暖的燃油和发动机燃料的价格在 2013 年分别下降到 83.5 欧元/100 升（比 2012 年降低 6%）和 1.6 欧元/升（比 2012 年降低 3%）。柴油降到 1.43 欧元/升，降幅为 4%。德国发动机燃料价格接近或略高于欧盟平均水平。燃气价格在 2013 年有所增长，德国家庭用户平均燃气价格为 7.13 欧分/千瓦时，涨幅为 1.4%；工业和商贸用户的燃气平均为 3.8 欧分/千瓦时，比上一年增加 8.9%。

由于可再生能源分摊费在过去几年的不断增长，德国用户电价也在增长。2013 年家庭用户年平均电价为 29.23 欧分/千瓦时，比上一年增加 12.2%；据估计，2014 年的平均电价为 29.52 欧分/千瓦时，略有上涨。相比前两年，2014 年涨幅有所下降的原因是：《可再生能源法》改革于 2014 年 8 月生效之后，可再生能源分摊费得到一定控制，电价增长动力因此被明显抑制（详见本文第三部分）。

（九）能源领域的科研与创新

能源领域的科研与创新是能源转向实施的核心行动领域之一。德国政府《第六次能源研究计划》为科研与开发准备了 35 亿欧元的资金，资助时间为 2011 ~2014 年。2013 年德国联邦层面用于能源研究计划的公共资金提高了 14.3%，达 8.09 亿欧元。而能效和可再生能源则是以上支出的重点领域，占比约为 74%。公共资金除了资助基础研究，也资助实用性研究、技术研发以及创新行动。德国的能源科研还获得欧盟的资金资助，

2007～2013年大约有3.3亿欧元。① 自2008年起，各联邦州用于能源研发的支出逐年增多。各联邦州2012年为能源科研支出了1.08亿欧元，其重点也在能效和可再生能源领域。此外，还有19家公法形式的促进银行也为能源科研提供资金。

科研与开发是经济界和科学界共同的任务。而经济界的资金则是重要补充，其中用于研发的资金是衡量能源研发努力的一项重要指标。创业型企业和年轻的创新企业对私人研发做出了重要贡献，它们显示出很高的创新能力和参与的积极性；同时非常灵活，能够迅速将科研成果转变成市场成熟的产品。

（十）整体经济效应

能源转向对德国国民经济增长起到了支撑作用。2013年对可再生能源和提高能效领域的投资达上百亿欧元。这些投资既是能源转向的重要推手之一，也是整个经济增长的推动力。2010～2012年，对可再生能源的投资使得德国国内生产总值增加0.4%～0.6%。② 受联邦经济与能源部委托，经济结构研究公司（GWS mbH）、科隆大学能源经济研究所（EWI）和瑞士经济预测顾问公司（Prognos AG）合作将“无能源转向”情景假定与能源转向情景进行了对比研究。它们公布的2014年报告显示，2014年能源转向对国内生产总值做出的贡献为30亿欧元（净效益）。③ 另外，这两个领域的发展也给就业市场带来明显积极的效果。可再生能源扩建在2013年

---

① 欧盟成员国和欧洲议会在欧盟第七次研究框架计划内（2007～2013年）准备了23亿欧元用于能源研究，另外还有7.3亿欧元用于竞争力与创新框架计划中的“欧洲智慧能源”（IEE）项目。欧盟第七次研究框架计划中有2.82亿欧元被用在德国的经济界和科学界的研发，IEE项目中有5500万欧元用于德国。BMWi, *Ein gutes Stück Arbeit—Die Energie der Zukunft: Erster Fortschrittsbericht zur Energiewende*, Berlin, Januar 2015, p. 82。

② BMWi, *Ein gutes Stück Arbeit—Die Energie der Zukunft: Erster Fortschrittsbericht zur Energiewende*, Berlin, Januar 2015, p. 91.

③ BMWi, *Ein gutes Stück Arbeit—Die Energie der Zukunft: Erster Fortschrittsbericht zur Energiewende*, Berlin, Januar 2015, p. 166; GWS, EWI and Prognos AG, *Gesamtwirtschaftliche Effekte der Energiewende* 2014, Osnabrück/Köln/Basel, September 2014, pp. 92－93.

为德国创造了371400个工作岗位。如果计算因能源转向而带来能源经济以外的其他行业，如机械制造等领域的工作岗位，那么这一数字还要高得多。①

由于德国高度依赖化石能源进口，可再生能源的扩建和能效提高使得德国节约了进口化石能源的费用。据估算，2013年德国因为进口化石能源的需求减少而节约了91亿欧元。

在出口贸易方面，德国从20世纪90年代就开始成为出口可再生能源技术产品的最大出口国之一。根据联邦环境署2014年的报告，德国在2011年是环保产品的世界出口冠军，其中能效领域的产品出口额（包括能源使用和转换方面以及保温材料等产品）为98亿欧元，几乎与可再生能源产品的出口额（100亿欧元）相当。②

二　能源转向现状与目标差距

“能源转向”是一个综合性的长期项目，联邦政府在《进展报告》中的细化指标数量繁多。本文主要选取减排目标、能源消费与能效等最重要的指标，也是德国政府在2014年特别给予关注的领域对能源转向现状与其目标之间的差距进行分析。

表1是能源转向监控专家委员会根据三种不同测算方法计算出能源转向部分目标实现状况的预测。从表1可以看出，无论采用哪种测算方法，能源转向的几个最重要领域中除了可再生能源在电力消费总量及终端能源消费总量中的占比之外，温室气体排放、一次能源消费总量、能效和交通领域的能源消费总量都严重偏离了未来既定目标。

---

① GWS, EWI and Prognos AG, *Gesamtwirtschaftliche Effekte der Energiewende* 2014, Osnabrück/Köln/Basel, September 2014, pp. 103 – 105.

② Birgit Gehrke, Ulrich Schasse and Katrin Ostertag, im Auftrag des Umweltbundesamts, *Wirtschaftsfaktor Umweltschutz*, *Produktion*, *Außenhandel-Forschung-Patente*: *Die Leistungen der Umweltschutzwirtschaft in Deutschland*, Dessau-Roßlau, März 2014, p. 33.

表 1 能源转向目标实现的参考预测

温室气体排放	2011 年	2012 年	2013 年	2020 年	2030 年	2040 年	2050 年
温室气体排放（相对于1990 年）	-26.4%	-24.7%	-22.6%	-40%	-55%	-70%	-80% ~95%
2014 年参考预测				-36%	-43%	-54%	-65%
"当前措施"情景（2012 年）				-35%	-45%	-52%	-56%
线性趋势外推法				-30%	—	—	—
可再生能源	2011 年	2012 年	2013 年	2020 年	2030 年	2040 年	2050 年
电力总消费中的占比	20.4%	23.5%	25.3%	至少 35%	至少 50%	至少 65%	至少 80%
2014 年参考预测				41%	52%	54%	64%
"当前措施"情景（2012 年）				37%	54%	61%	65%
终端能源消费总量中的占比	11.5%	12.4%	12.0%	18%	30%	45%	60%
2014 年参考预测				22%	29%	33%	39%
"当前措施"情景（2012 年）				18%	22%	26%	28%
能效	2011 年	2012 年	2013 年	2020 年	2030 年	2040 年	2050 年
一次能源总消费	-5.4%	-4.3%	-4.0%	-20%	—	—	-50%
2014 年参考预测				-18%	-27%	-35%	-42%
"当前措施"情景（2012 年）				-10%	—	—	29%
线性趋势外推法				-9%	—	—	—
能源生产率（按每年终端能源消费计算）	1.7%（2008 ~ 2011 年）	1.1%（2008 ~ 2012 年）	0.26%（2008 ~ 2013 年）	—	—	—	2.1%（2008 ~ 2050 年）
2014 年参考预测				1.9%（2008 ~ 2020 年）			1.9%（2008 ~ 2050 年）
"当前措施"情景（2012 年）				1.2%	1.4%	1.4%	1.4%
线性趋势外推法				0.25%			
电力总消费（相对于 2008 年）	-1.8%	-1.9%	-3.3%	-10%	—	—	25%

续表

能效	2011 年	2012 年	2013 年	2020 年	2030 年	2040 年	2050 年
2014 年参考预测				-7%	-10%	-12%	-10%
“当前措施”情景（2012 年）				-2%	—	—	0
线性趋势外推法				-7%	—	—	—
交通领域	2011 年	2012 年	2013 年	2020 年	2030 年	2040 年	2050 年
终端能源消费（相对于2005 年）	-0.7%	-0.6%	+1%	-10%	—	—	-40%
2014 年参考预测				-7%	—	—	-26%
“当前措施”情景（2012 年）				-9%	—	—	-29%
线性趋势外推法				+2%	—	—	—

注：①“2014 年参考预测”是假定政府可能继续采取额外措施，但还没有具体方案的情景下可能的发展趋势。②“‘当前措施’情景”指不采取任何额外措施可能的发展趋势。

资料来源：Expertenkommission zum Monitoring-Prozess “Energie der Zukunft”, *Stellungnahme zum ersten Fortschrittsbericht der Bundesregierung für das Berichtsjahr* 2013, Berlin/Stuttgart, November 2014, p. z-5。

联邦政府在《能源转向进展报告》中指出，如果不采取额外措施，那么联邦政府坚持的2020 年相比 1990 年减排 40% 的目标肯定无法实现。由于减排的气候目标和退出核能被德国政府确定为能源转向政策的最高政治目标，因此，2014 年 12 月在联邦政府公布《能源转向进展报告》后，德国当前减排情况明显偏离既定目标的结论遭到专家、媒体和公众的强烈批评。[①] 德国《时代》周报发表了题为《肮脏的错误》的文章，指责政府“在能源转向上搞错了”，不是在细节上，而是在核心部分，甚至影响到欧洲其他国家的减排。[②] 综合各方意见，导致减排目标的偏离主要有以下原因：第一，2011 年，德国政府做出立刻退出核能的决策后，没有同时制定相应的减排放缓的补偿措

① 2014 年 11 月，柏林德国经济研究所公布其一项研究报告表明，如果联邦政府不下决心立刻关闭大量燃煤发电厂，德国到 2020 年的减排目标无法实现。Claudia Kemfert, “Braunkohleverstromung ist inkompatibel mit einer nachhaltigen Energiewende”, *DIW Wochenbericht*, Nr. 26/2014, pp. 613 - 614。

② 四年前，荷兰燃气发电比例一度占比达 60%，如今只占 50% 左右。Frank Drieschner, “Schmutziger Irrtum”, *DIE ZEIT online*, 4. Dezember 2014。

施。第二，德国能源转向三年来陷入了一个明显的悖论中，即随着可再生能源的比例不断增加（见表1）——这是能源转向的目标和重要内容之一，实现温室气体减排目标的压力却不断增大。作为核电的替代，火力发电厂明显增多，政府原本希望增加排放较少、较为清洁的燃气发电厂；而在实际中，世界市场煤炭价格持续走低，燃气发电厂因发电成本与煤炭发电相比过高而被迫关闭。某种程度而言，风能和太阳能将燃气发电厂排挤出了市场，留下的是污染程度高的燃煤发电厂。第三，欧洲碳交易市场的减排许可证价格暴跌，进一步降低了煤炭使用成本。造成欧洲碳交易价格下跌的原因，与欧洲气候目标实现的压力较小有关。① 第四，德国可再生能源发电比例增加，不仅排挤了本国燃气发电厂，也对邻国燃气发电厂产生影响。可再生能源发电比例增加造成电交易市场电价降低，邻国比如荷兰，宁愿从德国进口便宜的电力来关闭自己本国的燃气发电厂。② 第五，交通领域减排对整体减排没有尽既定目标中应有的义务，因为交通领域的能源消费减少的目标也明显偏离了既定目标。

《能源转向进展报告》认为，德国在能效提高方面已经颇有成效，实现了“能源消费与经济增长脱钩”；但同时也确认，如果不采取额外措施，那么无法实现一次能源消费相对2008年减少20%的目标，可能离目标差距9.9%～12.8%。③（见表1）

能源消费与能效方面（包括交通领域的能源消费总量）的目标偏离有多个原因，并且原因之间相互联系。综合而言，主要有以下几点：第一，能效的重要性在2013年底开始的新一届联邦政府的《联合执政协议》中被赋予重要地位，但在2014年相关措施的实际贯彻中，它并没有获得应有的重视。第二，在能源转向的基础性文件《能源方案》中，并未对工业、商贸和服务业的能效提出明确的目标。2008～2013年，工业的能源生产率提高较为缓

---

① 2014年1月，欧洲理事会通过了《2030年气候与能源政策框架》，明确了欧盟到2030年气候保护三个阶段性目标：相比1990年减排40%，可再生能源在能源结构比例至少占27%，在上一个提高能效20%的基础上进一步提高能效。批评者认为欧盟这三个目标定得过低。

② Frank Drieschner, “Schmutziger Irrtum”, *DIE ZEIT online*, 4. Dezember 2014.

③ BMWi, *Ein gutes Stück Arbeit—Die Energie der Zukunft*: *Erster Fortschrittsbericht zur Energiewende*, Berlin, Januar 2015, p. 104.

慢，仅为0.3%。[①] 鉴于工业终端能源消费占整个终端能源消费的近30%，工业能效的提高对整体能效的提高以及能源消费量具有重要意义。商贸和服务业的情况类似，它们也缺乏明确的能效目标，使得能效提高的进步微弱。第三，能效的提高不一定带来能源消费总量的降低，有时甚至相反，造成更多的能源需求量，这是“反弹效应”带来的结果。在德国，家庭通过节俭和建筑保温的改进降低了燃料消耗，比起工商业和服务业，私人家庭能效提高更为明显；但是家用电器设施和电子通信设备增多又造成用电量上升。同时，居住面积的增加使得房屋供热需求上升。在工业和经济领域，能效提高往往被经济增长所抵消，它只能部分平衡经济增长所引起的能源消耗的增加。第四，在交通领域，“反弹效应”也较为明显。虽然2013年货运和客运绩效分别提高了11%和5%，但是与交通相关的能耗降低速度非常缓慢，甚至还有增加的情况。尽管2013年运输绩效不断提高，但个体交通和道路交通的能耗仍高于2005年。[②]

当然，能源转向也是一个极为复杂的项目，不能就以上分析的几个指标偏离了既定目标而判断能源转向的成效。如果从可再生能源扩建的速度及其在德国能源结构中所占的比例来看，德国能源转向的成果是显而易见的。[③]

三　德国政府的新措施和计划

针对能源转向过程中出现的问题，德国政府也在不断尝试进行修正和改善。其中2014年《可再生能源法》改革就是很好的例子。另外，联邦政府在制定第一份《能源转向进展报告》的同时，针对能源转向关键指标的进展状况和紧迫性，还特别制定了附加措施，争取在未来几年内纠正目标偏离的状况。

（一）《可再生能源法》改革

针对可再生能源分摊费造成的电价过快上涨等问题，2013年大选后的德

---

① Expertenkommission zum Monitoring-Prozess “Energie der Zukunft”, *Stellungnahme zum ersten Fortschrittsbericht der Bundesregierung für das Berichtsjahr* 2013, Berlin/Stuttgart, November 2014, p. 70.

② BMWi, *Ein gutes Stück Arbeit—Die Energie der Zukunft: Erster Fortschrittsbericht zur Energiewende*, Berlin, Januar 2015, p. 39.

③ REN 21, *Renewables* 2014 *Global Status Report*, Paris, 2014, p. 16.

国新一届政府决定加快推进对《可再生能源法》的改革。2014 年 8 月，修订后的《可再生能源法》生效。从目前的实施情况看，效果还比较积极。改革让备受指责的《可再生能源法》具有了较高的可持续性。

一是可再生能源的扩建速度和规模通过法定“扩建走廊”得到了更符合目标的控制。根据新的修订，到 2025 年，可再生能源的发电比例控制在 40% ~ 45%。这项法律规定为常规发电厂和电力市场的发展给予了规划的保障性。

二是德国首先将可再生能源的技术重点放在风能和太阳能，这有利于降低未来几年可再生能源扩建的成本。从 2014 年的发展来看，推高成本的动力得到抑制。2015 年的可再生能源分摊费首次下行。《可再生能源法》规定的 20 年不变的固定补贴费对已建设备依然有效，它还将继续对能源转向的成本产生影响。

三是可再生能源要加强市场化步伐。大型[①]可再生能源发电设备经营商在未来要自己负责所发电力的市场预测与营销（所谓的“强制直接市场化”）。大部分的新建设备不再获得完全的入网补贴，而是按照市场溢价模式进行补贴。

四是自行发电自行使用的电力消费者也必须承担可再生能源分摊费。同时保留减免分摊费的规定，旨在保障在德国进行生产的能源密集型企业的竞争力，由此保障德国的工作岗位。

《可再生能源法》改革依旧保留了对可再生能源的强制性补贴机制，这对投资者的信心起到了保障作用，而这些投资需求在未来相当长的时间内依然存在，包括设备投资、维护运营投入等。另外，新《可再生能源法》将自行发电用户纳入可再生能源分摊费的承担者行列，同时收紧对减免分摊费企业的要求，一定程度上显示出政府应对众多批评而减少补贴的不公平性的姿态。德国能源转向智库 Agora Energiewende 在其报告《电力行业的能源转向：2014 年现状》中，对《可再生能源法》带来的效果给予积极评价。[②] 而波恩“欧洲可再生能源联合会”（EUROSOLAR）在 2015 年 1 月发表的 2014 年的总结中则完全持相反意见，它将 2014 年《可再生能源法》改革称为“可再生能源法扭曲”（EEG – Deform），认为它造成太阳能和生物质能建设的急剧减速，陆地风能以及能源转向开始向下螺旋式发展。它还认为，Agora Energiewende 报告中列举

① 2014 年起指大于 500 千瓦时功率的发电设备，从 2016 年起指大于 100 千瓦时功率的发电设备。

② Agora Energiewende, *Die Energiewende im Stromsektor*: *Stand der Dinge* 2014, Berlin, Januar 2015.

的2014年可再生能源发电比例首次在发电能源结构中占第一位这个事实是旧《可再生能源法》做出的贡献，而新法所起的作用正好相反。①

（二）《2020气候保护行动计划》与《2014国家能效行动计划》

德国政府坚持2007年就确定下来的2020年减排至少40%的目标。鉴于德国能源转向在减排目标实现方面的滞后情况，以及2015年在巴黎召开的全球气候大会，德国政府制订了气候一揽子计划，其中包括两个行动计划：《2020气候保护行动计划》和《2014国家能效行动计划》。

根据这一揽子计划，到2020年德国需要减少6200～8200吨二氧化碳当量。其中要采取的核心措施见表2。

表2 德国2014气候一揽子计划核心政策措施

核心政策措施	对温室气体减排所做贡献（百万吨二氧化氮当量）
《2014国家能效行动计划》(NAPE) (不包括交通行业的措施)	25～30(包括建筑能效改造)
“气候友好型建筑与住宅”战略 (包括NAPE中有关建筑的措施) 例如:在大城市为拼车服务提供免费停车位	共5.7～10 (其中NAPE的额外贡献为1.5～4.7)
交通行业的措施 例如:向新车购买用户发放省油培训课程免费券、给商务用电动汽车给予特殊免税政策、扩建自行车道	7～10
在以下行业中减少非能源造成的排放 ——工业、商贸和服务业,垃圾产业 ——农业,例如严格农民使用氮肥的规定	 3～7.7 3.6
碳交易改革	视欧盟层面的改革措施
其他措施,特别是发电行业	22
总计:62～78	

资料来源：Bundesminsterium für Umwelt, Naturschutz, Bau und Reaktorischerheit (BMUB), *Aktionsprogramm Klimaschutz* 2020, Berlin, 2014, p. 20。

① EUROSOLAR, *Pressemitteilung*, Bonn, 08. Januar 2015, http://www.eurosolar.de/de/index.php/medien-mainmenu-53/pressemitteilungen-mainmenu-16/1910-eurosolar-zieht-bilanz-2014-eeg-deform-hat-energiewende-schwer-ausgebremst-solar-und-biogas-brechen-ein.

提高能效是扩建可再生能源以外，德国能源转向政策的第二根支柱，它对降低能源消费总量、减少私人和企业的成本、提高供应安全以及实现气候目标都非常重要。如前文所述，德国在能源消费和能效领域所面临的实现目标的压力较大。德国政府制订的《2014 国家能效行动计划》中有三个核心内容：大力推进建筑运行能效改建；将能效确定为一种利润与商业模式；增加提高能效的自我责任。

《2014 国家能效行动计划》确定了近期、中期和长期目标，既包括必须立刻采取的行动措施，也包括在本届政府任期内需要进一步具体化的计划。其中立刻行动措施有：引入新的能效竞争招标机制，重点放在用电能效，扶持金额到 2018 年约 1.5 亿欧元；增加“房屋节能改造计划”的扶持资金，从 2015 年开始将增加到每年 20 亿欧元，其中 3 亿欧元用于补贴；给予房屋节能改造以税收方面的优惠，计划 2015～2019 年每年优惠 10 亿欧元。联邦和州共同承担此项税收优惠措施，联邦和州立刻进行对话，最迟在 2015 年 2 月做出最终决定；与工业界和商界共同建立“能效网络”。以上措施计划能节约的能源以及对减排所做的贡献详见表 3。

表 3　德国《2014 国家能效行动计划》立刻行动措施

立刻行动措施	至 2020 年预计节省的能源和减排量	
	一次终端能源消费（千兆焦耳）	温室气体减排（百万吨二氧化碳当量）
保证和优化现有能源资讯服务的质量	4.0	0.2
能源改造的税收优惠	40.0	2.1
继续发展“房屋节能改造”计划	12.5	0.7
引入能效竞争招标机制	26～51.5	1.5～3.1
合同促进机制（包括履约担保合同）	5.5～10	0.3～0.5
继续发展德国复兴信贷银行“能效计划”	29.5	2.0
“能效网络”倡议行动	74.5	5.0
国家及欧盟层面“领跑者战略”	85.0	5.1
对非中小企业的能源审计义务	50.0	3.4
国家暖气设备能效标签	10.0	0.7
其他《2014 国家能效行动计划》立刻行动措施	约 10	约 0.5
总　计	350～380	21.5～23.3

续表

立刻行动措施	至2020年预计节省的能源和减排量	
	一次终端能源消费（千兆焦耳）	温室气体减排（百万吨二氧化碳当量）
其他措施		
2012年10月开始的措施	43.0	2.5
继续推进其他工作流程所产生效应的暂时估算值（包括能效服务框架条件的改善、新融资方案、加强能效科研）	最高40	最高4
总　计	390～460	7～10

资料来源：BMWi, *Ein gutes Stück Arbeit—Die Energie der Zukunft: Erster Fortschrittsbericht zur Energiewende*, Berlin, Dezember 2014, p. 21。

绿党认为黑红联合政府的这两个行动计划并不充分，它们“肯定”无法让德国实现既定气候目标。绿党的理由是：这两个计划仅仅是各种措施的大杂烩，其中还包括早已出台却未有效实施的措施。[①] 能源转向专家委员会的看法是，在《2014国家能效行动计划》中列举的附加措施预计无法填补2020年目标的缺口。按照目前的发展趋势，离减少一次能源消费的目标还缺少1400千兆焦耳，可是按照《2014国家能效行动计划》中制定的附加措施，估计只能节省390千兆～460千兆焦耳的能源消费（见表3）。[②] “生态社会市场经济论坛”（FÖS）也基本赞同专家委员的观点，认为政府的这个气候一揽子行动计划还很不够，计划提出的措施不够具体，不足以弥补缺口。政府给出的减排缺口量只计算了最需要减排量的下限，如果经济发展出现变化，或者能源及碳排放价格变化，这个减排缺口可能会更大。他们认为，政府应该进一步削减那些给对环境和气候不利行业的补贴，加大力度给予价格刺激。

还有一点值得注意的是，对于政府作为重点而高调宣布的旨在大幅度提高建筑运行能效的建筑改造扶持资金的行动计划，有专家、工程师和媒体持质疑

① “Regierung setzt auf Wärmedämmung”, *DIE ZEIT online*, 03. Dezember 2014.

② Expertenkommission zum Monitoring-Prozess “Energie der Zukunft”, *Stellungnahme zum ersten Fortschrittsbericht der Bundesregierung für das Berichtsjahr* 2013, Berlin/Stuttgart, November 2014, p. 67.

态度，民众质疑的声音也越来越多。[①] 政府打算通过数十亿欧元的新项目大力促进使用保温材料，但是使用这种保温材料同样存在问题：第一，泡沫材料生产原料来自石油，本身为易燃物，在建筑物消防上有问题。另外它被封闭在墙体内，可能发霉变质。第二，为使这种泡沫保温材料具有阻燃性，需要使用阻燃剂 HBCD（六溴环十二烷），它是联合国禁止使用的化学物质。从 2015 年下半年开始，这种物质才会被其他防火材料逐渐替代。目前，德国八大保温材料生产商至少到 2019 年仍然还会使用该有毒物质。第三，一般保温材料的寿命是 20 ~ 30 年，这种人造材料报废形成的无法降解的废料如何处理，技术上还未解决。在尚未有较好解决方案前，德国的建筑物上已经有 9 亿平方米的外立面使用了此种材料。[②] 第四，用于节能改造的成本高于改造后节省能源的成本 3 ~ 4 倍。即使有补贴，低收入者和租户仍然承担不起。[③]

（三）电力市场改革——《绿皮书》

除了在气候和能效两个关键领域制订了行动计划外，2014 年 10 月，德国政府还公布了一份讨论文件——《绿皮书——能源转向中的电力市场》，作为《能源转向进展报告》的补充。[④] 这份文件提出了电力市场适应性战略，其中所提出的建议措施并未全部进行过彻底讨论，尚未做出最后决策。但是从中可以看出，德国政府未来对电力市场进行改革，进行所谓“能源市场设计”（Energiemarktdesign）的迫切要求。

《绿皮书》认为，目前德国电力系统中面临的主要任务之一是：现有发电设备运行的同步化。这个任务必须通过发电和需求过程中的灵活性、扩建蓄电厂以

---

① Monika Dittrich, “Widerstand gegen das Dämmen wächst”, 12. Nov. 2014, http://www.deutschlandfunk.de.

② Monika Dittrich, “Widerstand gegen das Dämmen wächst”, 12. Nov. 2014, http://www.deutschlandfunk.de; Alexander Neubacher, “Kommentar zum Wärmedämmungs beschluss: Asozialer Wohnungsbau”, *Spiegel-online*, 03. Dezember 2014, http://www.spiegel.de/wirtschaft/kommentar-zur-waermedaemmung-schlecht-fuer-mieter-und-umwelt-a-1006274.html.

③ Alexander Neubacher, “Kommentar zum Wärmedämmungs beschluss: Asozialer Wohnungsbau”, *Spiegel-online*, 03. Dezember 2014, http://www.spiegel.de/wirtschaft/kommentar-zur-waermedaemmung-schlecht-fuer-mieter-und-umwelt-a-1006274.html.

④ BMWi, *Ein Strommarkt für Energiewende—Diskussionspapier des Bundesministeriums für Wirtschaft und Energie* (*Grünbuch*), Berlin, Oktober 2014.

及扩建电网实现，只有这样才能应对地区间或时段间的电力落差。而发电灵活性则需要更多通过刺激计划和市场价格信号来创造。除了现有发电设备运行的同步化，临时供应的同步化也是《绿皮书》重点讨论的问题。前者涉及短期供应安全；后者则关系到是否具有长期供应安全性，以及未来电力市场是否能吸引更多的投资到必需的容量中。就这一点，文件主要讨论了不同容量市场（Kapazitätsmarkt）模式的问题。目前德国电力市场主要依赖所谓的单一能量市场（Energy Only Market）模式。政府对容量市场还持有较大疑虑，而更相信单一能量市场。《绿皮书》在讨论以上两点的同时，还特别强调了在欧洲框架内行动以及与邻国的合作。

《绿皮书》体现了德国经济及能源部部长加布里尔（社民党）和负责能源领域的国务秘书巴克（绿党）试图在受自由主义影响的能源经济法的基础上，兼顾国内与欧盟框架条件继续发展促进可再生能源和实现减排目标的计划。但是批评意见认为，《绿皮书》虽然用少数语句提及气候目标，但是对如何实现这一目标未做任何具体讨论。例如，关闭德国燃煤发电的问题。因此这个文件对于能源转向能否以及如何实现气候目标的问题是“无力”且“毫无勇气”的。①

四　结语

“能源转向”计划经过三年的推行，德国政府在2014年进行了较为全面的回顾与总结。如果单纯考察德国政府的《能源转向进展报告》和能源转向智库Agora Energiewende的总结报告，会让人对能源转向的进展产生相当积极的印象，加之政府在2015年巴黎气候大会召开之前制订了两份关于气候和能效的行动计划，这些都体现了德国政府对能源转向计划一如既往的积极态度。如果结合能源转向专家小组的意见、媒体访谈和专题文章，那么我们会有其他的发现。作为一个具有高度复杂性和综合性的长期计划，要给仅三年之久的能源转向做出成败的判断会显得操之过急，但还是可以做出阶段性的

① Paul Hugo Suding, “Grünbuch macht-und mutlos bei der Klimapolitik”, 06. November 2014, http://www.elsud.net/2014/11/06/gr%C3%BCnbuch-macht-und-mutlos-bei-der-klimapolitik-die-umweltministerin-als-dea-ex-machina/; Jakob Schandt and Karsten Smid, “Das Grünbuch: Absage an Kapazitätsmärkte?” 30. Oktober 2014, http://www.solarify.eu/2014/10/30/913-das-grunbuch-absage-an-kapazitatsmarkte/.

判断。

第一，在可再生能源发展方面，能源转向取得的进步无可争议。可再生能源在德国发电结构中首次跃居第一，甚至超过褐煤发电比例。

第二，能源转向关于电价上涨的讨论在2014年明显弱化，原因是新政府的《可再生能源法》改革暂时抑制住了分摊费大幅迅速上涨的趋势。但是能源价格公平性并未真正解决：私人用户、未获得政策优惠的工商企业的电价连续上涨，而大企业的电价却有所下降。也就是说，能源转向成本承担的公平性问题继续存在；大企业竞争力没有也不会因为能源转向计划而受到影响。

第三，可再生能源的发展在德国对气候保护和减排起到了相反的作用，而德国政府即使通过新制订的气候一揽子计划也很难弥补减排目标的缺口。这既和德国国内对可再生能源的补贴机制有关，也和国际市场能源价格以及欧盟减排框架条件相关。随着2015年巴黎全球气候会议的逼近，德国面临的压力明显增大。而石油价格持续走低，欧佩克坚持石油不减产，国际社会对化石能源是否穷尽的质疑也都将继续影响德国能源转向计划。

第四，德国在推行能源转向计划过程中继续困扰在采取市场化手段的强烈意愿与现实对计划手段的迫切需求之间的矛盾中，这也可能成为阻碍新行动计划实施的困难之一。

第五，鉴于德国曾经作为环境技术产品出口的世界冠军，并且德国政府推行能源转向计划对其在国际市场的未来竞争力具有重大战略意义，那么其他国家，特别是中国可再生能源的迅猛发展势头将对德国在国际市场上形成巨大压力。德国在未来必定在能源转向领域中做出调整，这需要中国密切关注。

第六，德国政府制订的最新行动计划虽然体现了政府对能源转向的重视，但是存在将过去、现在和将来的措施混杂的问题。而《能源转向进展报告》对以前措施实施效果缺乏翔实的技术性评估，因此制订的行动计划和措施有的过于模糊，有的对解决目标偏离问题缺乏应有力度。

B.9

第一次世界大战的记忆文化、责任与认同

——2014 年的德国文化索隐*

胡春春**

摘 要：本文以 2014 年德国文化生活的重要话题即第一次世界大战爆发 100 周年为考察对象，历史地梳理了存在于德国和法国等欧洲国家之间不同的纪念文化和记忆文化，并由此溯源至不同的历史叙述和书写。德国近年出版的诸多有关第一次世界大战的"整体叙述"，已经不再囿于以德国为主体的叙述模式，

* 本文在资料收集阶段，感谢以下机构和友人的热心帮助：德国弗里德里希·艾伯特基金会（Friedrich-Ebert-Stiftung）的施特凡妮·普吕姆（Stefanie Ploem）女士、妮可尔·卡丝提留（Nicole Castillo）女士和沙碧娜·多尔芙乐（Sabine Dörfler）女士，北德广播电视台（NDR）前编导马大伟（Lutz Mahlerwein）先生，德国战争墓地维护委员会（Volksbund Deutsche Kriegsgräberfürsorge）下萨克森州分会主席罗尔夫·维恩施台特（Rolf Wernstedt）教授，德国汉诺威孔子学院院长蔡琳博士。

** 胡春春，博士，同济大学德国研究中心副教授。

体现出兼顾英美叙述的“视角转移”。其中剑桥大学历史学教授克里斯托弗·克拉克所著《梦游者》获得惊人成功，甚至成为突出的文化现象。解读“克拉克现象”以及由此引发的公众和学界有关德国战争责任的讨论和辩论，可以为深入分析德国人的历史意识以及由此建构的身份认同提供范例。

关键词： 第一次世界大战 记忆文化 整体叙述 战争责任 身份认同 克里斯托弗·克拉克

一个幽灵，一个躁动不安的战争的幽灵，盘旋在2014年德国人的记忆和预感之中。《明镜》周刊在这一年开篇即断言：2014年适逢第一次世界大战爆发100周年，由此举行的纪念活动“将成为21世纪迄今为止媒体展现的最宏大的历史事件”。[①] 这种对于一场距今百年之遥的战争的刻意渲染和当下的历史叙述之间呈现出某种亟须阐释的张力。因为就在墨迹未干的2013年，历史学家多米尼克·盖伯特（Dominik Geppert）仍在试图告诉世人，和平话语已经不再必然成为当下和未来欧洲叙述的根基。[②] 然而2014年乌克兰危机的不断升级和陷入困局，让承平既久的德国人顿时跌落回现实的土壤：莫非建国以来的和平经验与和平预设竟是受到自身视角遮蔽的错觉和误解？百年前的战事如今会不会重演？[③] 此处借用著名的新闻人雅各布·奥格施泰因（Jacob Augstein）一句并非杞人忧天的新年发问：“1914，2014——接下来呢？”[④]

---

① Klaus Wiegrefe, "Der nahe ferne Krieg", *Der Spiegel*, Nr. 1/2014, Der Erste Krieg Serie（I）, pp. 28 – 37, here p. 29. 这一期《明镜》周刊实际出版于2013年12月30日。

② Dominik Geppert, *Ein Europa, das es nicht gibt. Die fatale Sprengkraft des Euro*, Berlin: Europa Verlag, 2013. 另参见胡春春《生存还是毁灭，这是一个欧洲叙述的问题——论德国视野下欧洲的特殊和普遍性危机》，载郑春荣、伍慧萍主编《德国发展报告（2014）》，社会科学文献出版社，2014，第158～175页。

③ Christopher Clark, "Klüger als vor 100 Jahren. Welche Gemeinsamkeiten bestehen zwischen der Ukraine – Krise und dem Kriegsausbruch 1914?" *Der Spiegel*, Nr. 11/2014, pp. 88 – 89.

④ Jacob Augstein, "1914, 2014-und weiter?" 30. Dezember 2013, http://www.spiegel.de/politik/deutschland/ kolumne-augstein-ausblick-auf – 2014 – a – 941212. html.

无论人们如何解释和应对现实的危机，战争的危险在冷战结束之后再度降临欧洲，使得2014年这个超级“纪念年”（Gedenkjahr）浸淫在“以史为鉴”、“借古喻今”的气氛之中，以至于德国目前在欧债危机中坚守的紧缩政策，也被认为植根于1923年超级通货膨胀留下的偏执症——换个角度，也可以说是某种“集体精神错乱”①，而第一次世界大战（以下简称“一战”）之后的巨额战争赔款则是当年通货膨胀的直接诱因。历史的因果似乎触手可及。

也许，2014年的德国人以及其他欧洲人都在不由自主地回味意大利哲学家和历史学家贝内德托·克罗齐（Benedetto Croce）那句已被滥用的著名论断：“一切真历史都是当代史。”② 本文正是在这个意义上，力图经由梳理2014年的德国一战“记忆文化”（Erinnerungskultur），去把握德国历史记忆和认同情结之间的复杂勾连。

一 欧洲记忆文化的非对称性

美国对苏联的遏制政策之父、外交家和历史学家乔治·F. 凯南（George F. Kennan）曾经说过，一战可以称为“20世纪的根本性灾难”③，随后出现的俄国共产主义和德国纳粹主义，直至第二次世界大战（以下简称“二战”），无一不是一战的直接产物。④ 这一观点立论全面与否姑且不论，但是一战作为19世纪帝国格局解体、20世纪全球格局形成的催化剂，对于芬兰、波罗的海三国、加拿大、澳大利亚、新西兰等现代民族国家的建构性意义是显而易

① 德文“kollektive Psychose”，经济史学家汉斯-约阿希姆·福特（Hans-Joachim Voth）语，转引自 Alexander Jung，“Im Delirium der Milliarden”，*Der Spiegel*，Nr. 6/2014，pp. 64-65，here p. 64。

② 〔意大利〕克罗齐：《历史学的理论和历史》，田时纲译，中国社会科学出版社，2005，第6页。有趣的是，克罗齐的这部历史理论名著最初结集是以德文出版的（1915年），随后才出版意大利文本（1916年）。

③ 凯南的说法是“本世纪最根本性的灾难”（the great seminal catastrophe of this century），见 George F. Kennan，*The Decline of Bismark's European Order*：*Franco-Russian Relations*，1875-1890，Princeton：Princeton University Press，1981，p. 3，“Introduction：The Approach”。在德语文献中，“20世纪的根本性灾难”（Urkatastrophe des 20. Jahrhunderts）的说法被广泛接受。

④ George F. Kennan，*The Decline of Bismark's European Order*：*Franco-Russian Relations*，1875-1890，Princeton：Princeton University Press，1981，p. 3，“Introduction：The Approach”.

见的。[①] 同样不容置疑的是，欧洲从一战和二战中得出的教训，以及由此发端的和解与融合道路。

然而恰恰是后者不无吊诡之处，即我们不得不接受以下现实：即使在一战爆发百年之后，即使在德国总理阿登纳与法国总统戴高乐 1962 年 7 月 8 日在兰斯（Reims）大教堂共同出席弥撒、科尔与密特朗 1984 年 9 月 22 日携手参加凡尔登阵亡将士纪念仪式、默克尔 2009 年 11 月 11 日以第一位德国政府首脑的身份应邀参加法国一战停战纪念仪式等象征性画面已经进入德国人和法国人的共同历史记忆之后，即使在欧洲（或欧盟）已经成为几代人的共同经验和生活实践之后，欧洲甚至是德国、法国和英国之间也无从谈起形成了某种共同的“一战记忆文化”。[②] 巴黎德意志历史研究所的年轻学者安特·魏因里希（Arndt Weinrich）在 2011 年提出，欧洲和解与融合的最主要推动力量即德法两国对于一战的感知存在着一种“稳定的非对称性”；[③] 法国学者爱丽丝·于连（Élise Julien）在 2014 年为德国外交政策协会撰写的专题分析中也采用了“非对称性”的说法。[④] 各国甚至对这场战争的称呼都不尽一致：在德国人的历史和政治词汇中，这是“第一次世界战争”（der Erste Weltkrieg），[⑤] 使用序数词“第一次”即隐隐指向了“第二次”，从而使得 1914 ~ 1918 年间这场空前的文明浩劫不再具有独一无二的重大意义；而在法国人的记忆中，这场“伟大的战争”（la Grande Guerre）是法兰西民族追求和捍卫自由的众多史诗性战争之一，俨然已经成为法兰西第五共和国的“建国神话”，其意义直追法

---

① Martin Bayer, “Der Erste Weltkrieg in der internationalen Erinnerung”, *Aus Politik und Zeitgeschichte*, 64. Jahrgang, 16 – 17/2014, pp. 47 – 53, here pp. 48 – 49.

② Martin Bayer, “Der Erste Weltkrieg in der internationalen Erinnerung”, *Aus Politik und Zeitgeschichte*, 64. Jahrgang, 16 – 17/2014, pp. 47 – 53, pp. 48 – 49. 另参考 Klaus Wiegrefe, “Der nahe ferne Krieg”, *Der Spiegel*, Nr. 1/2014, Der Erste Krieg Serie（I）, pp. 28 – 37, p. 29; Jan Fleischhauer, “Der dreißigjährige Krieg”, *Der Spiegel*, Nr. 6/2014, Der Erste Krieg Serie（VI）, pp. 60 – 65, here p. 60。

③ 德文“stabile Asymmetrie”，见 Arndt Weinrich, “Der Centenaire 2014 und die deutsch-französischen Beziehungen”, Blogbeitrag vom 02. Dezember 2011, http://planet-clio.org/blog/author/arndt-weinrich/。另见 Romain Leick, “Offensive bis zum Äußersten”, *Der Spiegel*, Nr. 3/2014, Der Erste Krieg Serie（III）, pp. 42 – 48。

④ Élise Julien, “Asymmetrie der Erinnerungskulturen. Der Erste Weltkrieg in Frankreich und Deutschland”, DGAPanalyse 13, Juli 2014.

⑤ Herfried Münkler, *Der Große Krieg. Die Welt* 1914 – 1918, Berlin: Rowohlt Verlag, 2013.

国大革命;[1] 比利时人也在纪念"伟大的战争",因为他们曾经顽强抵抗德军的进攻和占领,军民付出了空前的牺牲;英国人也有"伟大的战争"(the Great War)的说法,虽然剑桥大学的历史学家戴维斯·雷诺兹(Davis Reynolds)认为,英国至今无法赋予一战以积极的道德意义。[2] 在指称的选择上,德国政治学学者赫尔弗里德·明克勒(Herfried Münkler)尽管在新著中罕见地以"大战"(der Große Krieg)为题,但是这一具体语境中的德语词"groß"(大)无论如何不能与法语的"grande"和英语的"great"所包含的"伟大"义项相提并论。而大相径庭的欧洲各国一战记忆文化中最为极端的例子,莫过于百年之后对于加夫里洛·普林西普(Gavrilo Princip)的历史定位:这位一战的直接导火索即萨拉热窝事件中的刺客、来自波斯尼亚的塞尔维亚族中学生,究竟应该被视为塞尔维亚的民族英雄,还是一个连三个孩子的母亲都不放过的冷血凶手和恐怖分子?[3] 今日的萨拉热窝仍旧无法对此给出一致而令人信服的答案。历史学家克里斯托弗·克拉克(Christopher Clark)也在他的畅销著作《梦游者——1914 年,欧洲如何走向一战》[4] 中,把最初版本中的"恐怖分子"一词在新版中谨慎地改为"刺客"。[5]

---

① Arndt Weinrich, "Der Centenaire 2014 und die deutsch-französischen Beziehungen", Blogbeitrag vom 02. Dezember 2011, http://planet-clio.org/blog/author/arndt-weinrich/. Élise Julien, "Asymmetrie der Erinnerungskulturen. Der Erste Weltkrieg in Frankreich und Deutschland", DGAPanalyse 13, Juli 2014. Here p. 14.

② 这是雷诺兹 2014 年 6 月 10 日在德国联邦总统府出席以"分享的记忆,共同的经验——欧洲的一战叙述"(Geteilte Erinnerung, gemeinsame Erfahrung? Europas Erzählungen vom Ersten Weltkrieg)为主题的历史学家讨论会上表达的观点,见 Kurt Kister, "Wie Europa den Ersten Weltkrieg sieht", *Süddeutsche Zeitung* vom 30. Juni 2014。

③ Gerwald Herter, "Gavrilo Princip: Held oder Terrorist?" Beitrag vom 23.06.2014, *Deutschlandfunk*. http://www.deutschlandfunk.de/ausbruch-erster-weltkrieg-gavrilo-princip-held-oder.1310.de.html?dram:article_id=289960. Michael Thumann, "Kult um einen Mörder", *Die Zeit* vom 26. Juni 2014, p. 16. 奥匈帝国王储斐迪南大公和夫人索菲遇刺时三个子女均未成年。

④ Christopher Clark, *Die Schlafwandler. Wie Europa in den Ersten Weltkrieg zog*, aus dem Englischen von Norbert Juraschitz, 16. Auflage, München: Deutsche Verlags-Anstalt, 2014. 这本书已有了汉译本,见克里斯托弗·克拉克《梦游者——1914 年,欧洲如何走向一战》,董莹、肖潇译,中信出版社,2014。

⑤ "'Kollektive Emotionen', Bestsellerautor Christopher Clark über die Reaktionen der Deutschen auf seine Kriegsschuldthese zum Ersten Weltkrieg, Kollegenkritik und Denkhilfen für amtierende Politiker", *Der Spiegel*, Nr. 28/2014, pp. 42-43, p. 43.

从一战记忆文化的形成来看，法德两国虽然有着共同的战争经历，但是分别作为保家卫国者和战争发起者、战胜国和战败国，对于战争的起源和结局有着截然不同的叙述和解读。[①] 具体说来，一战结束以后，法国逐渐形成了由国家主导在停战日（11 月 11 日）纪念胜利的仪式；而德国却陷入战争失利以及由此引起的魏玛共和国时期政治与社会分裂状态，《凡尔赛和约》第 231 条关于德国及其盟国引发一战的说法被普遍认为是战胜国逻辑，国家性的标志性纪念行为也就无从谈起。[②] 即使到了今天，德国仍旧习惯性地在逢五逢十的周年纪念一战的爆发，而非一战的结束（或停战）——11 月 11 日，在许多德国人的意识中可能更是莱茵地区狂欢节开始的日子。

二战结束以后，法国的纪念活动逐渐固化为重复的行为，其中体现出来的爱国主义色彩还在 20 世纪六七十年代一度成为法国社会政治讨论的负担。[③] 如果两个德国对于一战的态度能够勉强称为“纪念”的话，那也是一种负面的、遗忘的纪念：德意志民主共和国从意识形态上把自己与此前的“帝国主义战争”进行了切割；德意志联邦共和国的注意力完全集中于理解和消化第三帝国和二战的梦魇上，负面经验——或者说誓言不再重复负面经验——成为德意志联邦共和国的“建国神话”，[④] 一战记忆被边缘化。在科尔执政时代，甚至出现了“纪念战争和暴政受难者”[⑤] 之类貌似去意识形态化的官方表述，刻意模糊截然不同的历史观和价值判断——一战和二战、凶手和遇害者、第三帝国和德意志民主共和国等——之间的界限，表现了保守和修正主义历史意识的部分回潮。

不过在此期间，作为单独议题的一战并没有完全淡出德国公众的视野，而

---

① Martin Bayer, “Der Erste Weltkrieg in der internationalen Erinnerung”, *Aus Politik und Zeitgeschichte*, 64. Jahrgang, 16 –17/2014, pp. 47 –53, here p. 48.

② Élise Julien, “Asymmetrie der Erinnerungskulturen. Der Erste Weltkrieg in Frankreich und Deutschland”, DGAPanalyse 13, Juli 2014, pp. 9 – 10; Jan Fleischhauer, “Der dreißigjährige Krieg”, *Der Spiegel*, Nr. 6/2014, Der Erste Krieg Serie (VI), pp. 60 –65, pp. 60 –61.

③ Élise Julien, “Asymmetrie der Erinnerungskulturen. Der Erste Weltkrieg in Frankreich und Deutschland”, DGAPanalyse 13, Juli 2014, p. 11.

④ Arndt Weinrich, “Der Centenaire 2014 und die deutsch-französischen Beziehungen”, Blogbeitrag vom 02. Dezember 2011, http: //planet-clio. org/blog/author/arndt-weinrich/.

⑤ 德国 1993 年宣布柏林新岗哨（Neue Wache）为德国国家纪念场所，内设雕像前铭文为“纪念战争和暴政受害者”（Den Opfern von Krieg und Gewaltherrschaft）。

是围绕所谓的“费舍尔争论”（Fischer-Kontroverse）长年牵动着历史学家以及全社会的神经。这场争论由汉堡的历史学家弗里茨·费舍尔（Fritz Fischer）的专著《称霸世界的野心》[①]（1961 年）引发。费舍尔从分析德国官方文献记载的战争目标政策（Kriegszielpolitik）入手，观照经济、社会和思想史因素，提出德国在主观意图上渴望并最终导致了战争的爆发。费舍尔的结论完全颠覆了此前德国社会自一战结束以来所形成的对于一战责任的共识，[②] 一战的亲历者和保守主义者对此反应尤为强烈。争论虽然聚焦于德国的战争责任，但是所有的参与者实际都意在言外：费舍尔通过论证，暗示从德意志第二帝国到第三帝国存在某种政策的连续性，希特勒的出现并不属于所谓的历史“意外事故”（Betriebsunfall）。[③] 在这场持续到 20 世纪 80 年代的争论中，德国社会——尤其是没有一战历史包袱的年青一代——对自身的政治和历史意识开始了整体性反思，[④] 逐步摆脱了自己加之于自身的不成熟状态。

以上述德国二战以来的历史认知为背景，就不难理解德国官方在 2014 ~ 2015 纪念年的活动基调：德国联邦政府在其官网专题“回忆与纪念”[⑤] 部分，把一战爆发 100 周年、二战结束 70 周年、德国统一 25 周年等纪念事件微妙地

---

① Fritz Fischer, *Griff nach der Weltmacht. Die Kriegszielpolitik des kaiserlichen Deutschland* 1914/18, Düsseldorf: Droste, 2013.

② 本文为了行文的统一，采取了《凡尔赛和约》第 231 条所用的“责任”（responsibility/responsabilité/verantwortlich）一语，而没有采用非法律文书用语“战争罪责”（war gulit/culpabilité de la guerre/Kriegsschuld）的说法，虽然后者在史学著作、媒体和口语中更为常用，更能表明在一战结束后历史上首次提出的战争责任问题被认为属于道德层面。

③ Fritz Fischer, *Griff nach der Weltmacht. Die Kriegszielpolitik des kaiserlichen Deutschland* 1914/18, Düsseldorf: Droste, 2013, pp. 14 – 15, Begleitwort（1977）. “意外事故”一语出自德裔美籍历史学家弗里兹·施特恩（Fritz Stern），他在 1964 年德国历史学家大会上就费舍尔的贡献提出，把德国 20 世纪的政治错误视为“意外事故”是不成立的，见 Fritz Stern, “War der Kriegsausbruch nur ein Betriebsunfall?”, *Der Spiegel*, Nr. 43/1964, pp. 50 – 53。

④ Fritz Fischer, “Twenty-Five Years Later: Looking Back at the ‘Fischer Controversy’ and Its Consequences”, *Central European History*, Vol. 21, No. 3 (Sep. 1988), pp. 207 – 223; Klaus Große Kracht, “Kriegsschuldfrage und zeithistorische Forschung in Deutschland. Historiographische Nachwirkungen des Ersten Weltkriegs”, *Zeitgeschichte-online*, Thema: Fronterlebnis und Nachkriegsordnung. Wirkung und Wahrnehmung des Ersten Weltkriegs, Mai 2004, http://www.zeitgeschichte-online.de/md = EWK – GKracht.

⑤ 见德国联邦政府网页，http://www.bundesregierung.de/Webs/Breg/DE/Themen/Gedenken/_node.html。

归纳为“世界大战和暴政”，试图从中清理出一条从一战到二战、从奥斯维辛集中营的解放到柏林墙倒塌、德国重获统一和自由的内在逻辑。按照这一思路，回忆和纪念的重点已经不再执着于对德国在一战爆发、二战暴行等历史责任问题的重新叙述和反思，而是把整个20世纪的德国历史转述为德国人民一步步摆脱暴政与战争，走向民主、自由与和平的过程，以普世价值话语置换了此前民族国家的叙述视角，德国的诉求自然上升为普遍主义诉求的同义语。

统一以来的德国一战记忆文化显然遵循了以上的叙述模式。无论是在2009年11月11日出席法国的一战纪念仪式，① 还是在2014年5月28日出席德意志历史博物馆“1914～1918：第一次世界大战”展览揭幕式，② 默克尔总理重复的关键词都是“和平”与“自由”。而在法国方面，萨科奇总统在2009年11月11日一战停战纪念仪式、奥朗德总统在2014年8月3日一战爆发纪念仪式上的发言，③ 均着眼于一战本身以及和平的来之不易。④ 德法视角显然大异其趣。此外，两国一战百年纪念的规模以及由此透露出的重视程度也不成比例：德国方面多是零散、非集中性组织的学术和纪念活动；法国政府则在2012年即设立了跨7个部和法兰西学院等多个全国性组织的“百年纪念项目”（Mission du Centenaire），⑤ 计划在2014～2018年协调全国各地难以计数、形式多样的纪念活动。爱丽丝·于连不禁感叹：“我们离真正的德法（甚至欧洲）共同纪念一战还非常遥远。”⑥

德法之间记忆文化和纪念文化的反差向学界提出了一个严肃的命题，即欧

① Rede der Bundeskanzlerin zum Gedenktag des Waffenstillstands nach dem Ersten Weltkrieg, Datum: 11. November 2009, http://www.bundeskanzlerin.de/ContentArchiv/DE/Archiv17/Reden/2009/11/2009-11-11-rede-merkel-erster-weltkrieg-paris.html.

② Rede von Bundeskanzlerin Merkel zur Eröffnung der Ausstellung “1914-1918. Der Erste Weltkrieg” im Deutschen Historischen Museum am 28. Mai 2014, http://www.bundeskanzlerin.de/Content/DE/Rede/2014/05/2014-05-28-merkel-ausstellung-1914-bis-1918.html.

③ Rede von Staatspräsident François Hollande am Nationaldenkmal Hartmannsweilerkopf, Wattweiler, 3. August 2014, http://www.ambafrance-de.org/IMG/pdf/140803_pr_hartmannsweilerkopf.pdf.

④ 见 Élise Julien, “Asymmetrie der Erinnerungskulturen. Der Erste Weltkrieg in Frankreich und Deutschland”, DGAPanalyse 13, Juli 2014, p. 15。

⑤ 官网德语版见 http://centenaire.org/de。

⑥ Élise Julien, “Asymmetrie der Erinnerungskulturen. Der Erste Weltkrieg in Frankreich und Deutschland”, DGAPanalyse 13, Juli 2014, p. 15.

洲各国在一战爆发百年后实现的和解，究竟是因为形成了超越民族国家叙述的欧洲认同，还是因为时间久远淡化了相互间的仇恨？或者继续深入一步：欧洲认同的基础究竟是精英高瞻远瞩的口号，还是发自普通人内心的信仰？

二　历史书写的视角转移

在一个媒体和公众渴望兴奋点的时代，一战爆发百年无疑属于“世纪事件”，具备了多种可遇不可求的新闻和市场元素。德国的出版业、学者和文人数年前就已然开始为此热身。畅销书作家弗洛里安·伊利斯（Florian Illies）在2012年率先抢镜，他让众多欧美名流——其中以德语国家人物居多——在世纪风暴来袭之前的最后一个夏天依次粉墨登场，肆意挥洒旧世界最后的雍容，吊足了读者对于1914——以及2014——的胃口。[①]

可以毫不夸张地说，2014年的德国没有任何一家跨地区的报纸和期刊没有开辟一战专题，没有任何一家综合性出版社没有推出一战的选题，没有任何一家综合性书店没有开设一战书籍陈列专区。经典的一战（或反战）作品如雷马克（Erich M. Remarque）的《西线无战事》[②] 等适时重新再版，新著也多达150余种，[③] 其中以“整体叙述”（Gesamtdarstellung）为诉求的非虚构长篇巨著数量空前。除了被《法兰克福汇报》（周日版）评为“年度著作”的《梦游者——1914年，欧洲如何走向一战》（895页）之外——下文将对该著作及其接受予以专门详细介绍和解读——以下作者的新著获得了评论界较多的关注：

柏林洪堡大学政治学教授赫尔弗里德·明克勒的《大战——1914～1918的世界》[④]（928页）受到专业读者和市场的一致肯定。作者既多方位展现了一战的复杂性，又细致地分析了战争对于社会、经济和国家财政的影响，同时

---

① Florian Illies, 1913. *Der Sommer des Jahrhunderts*, Frankfurt am Main: S. Fischer, 2012. 该书已有汉译本：〔德〕弗洛里安·伊利斯：《1913——世纪之夏的浪荡子们》，续文译，译林出版社，2014。

② Erich M. Remarque, *Im Westen nichts Neues*. Roman. Herausgegeben und mit Materialien versehen von Thomas F. Schneider, Köln: Kiepenheuer & Witsch, 2014.

③ Klaus Wiegrefe, “Der nahe ferne Krieg”, *Der Spiegel*, Nr. 1/2014, Der Erste Krieg Serie (I), pp. 28－37, p. 29.

④ Herfried Münkler, *Der Große Krieg. Die Welt* 1914－1918, Berlin: Rowohlt, 2013.

不回避历史评价。该作品被认为与《梦游者》一样，在德国战争责任问题上否定了费舍尔的观点，甚至企图为威廉二世时代的德国“恢复名誉”，作者本人对此也表示认同。①

历史学家约恩·雷昂哈德（Jörn Leonhard）有可能贡献了“最出色的第一次世界大战的世界历史”② ——《潘多拉的魔盒——第一次世界大战史》③（1168 页）。历史学家汉斯-乌尔里希·韦勒（Hans-Ulrich Wehler）④ 盛赞这位弗莱堡大学同行的作品是以全球视野写就的“战争史的典范”，理论和写作方法上近乎“总体史”（Totalgeschichte）的理想境界，使得“一战是二战的前奏和决定性力量”这一层关系更为清晰明了。⑤ 评论者也发现，把列宁与美国总统威尔逊所代表的两种影响 20 世纪进程的乌托邦并置书写堪称神来之笔。⑥

出版家和历史学家恩斯特·皮珀尔（Ersnt Piper）的著作《欧洲的黑夜——第一次世界大战的文化史》⑦（592 页）被称作一部“没有学究气”⑧ 的历史，其中对于反犹气氛中交战双方的犹太裔军人的描写令人印象深刻。

① Annika Mombauer, “Julikrise und Kriegsschuld – Thesen und Stand der Forschung”, *Aus Politik und Zeitgeschichte*, 64. Jg., 16 – 17/2014, pp. 10 – 16; Dirk Kurbjuweit, “Der Wandel der Vergangenheit”, *Der Spiegel*, Nr. 7/2014, pp. 112 – 117; Heinrich August Winkler, “Und erlöse uns von der Kriegsschuld”, *Die Zeit* vom 31. Juli 2014.

② Daniel Krause, “Lust und Last der Unterscheidung. Jörn Leonhards ‘Die Büchse der Pandora’ verteidigt den Ersten Weltkrieg gegen Vereinfachungen”, *Literaturkritik*, Nr. 7, Juli 2014, http://www.literaturkritik.de/public/rezension.php?rez_id=19238.

③ Jörn Leonhard, *Die Büchse der Pandora. Geschichte des Ersten Weltkriegs*, München: C. H. Beck, 2014.

④ 汉斯-乌尔里希·韦勒教授于 2014 年 7 月 5 日去世，也是德国历史学界和知识界的重大损失。韦勒被认为是 20 世纪下半叶德国最有影响的历史学家之一，积极推动了德国史学研究的社会史、现代化理论转向。其 5 卷本代表作《德国社会史》（1987 ~ 2008）已经成为德国史学经典，见 Hans-Ulrich Wehler, *Deutsche Gesellschaftsgeschichte*, 5 Bde., München: C. H. Beck, 1987 – 2008。

⑤ Hans-Ulrich Wehler, “Beginn einer neuen Epoche der Weltkriegsgeschichte”, *Frankfurter Allgemeine Zeitung* vom 07. 05. 2014.

⑥ Jens Bisky, “Triumphe der Gewalt”, *Süddeutsche Zeitung* vom 12. 06. 2014.

⑦ Ernst Piper, *Nacht über Europa. Kulturgeschichte des Ersten Weltkriegs*, Berlin: Propyläen, 2013.

⑧ Kurt Kister, “Bücher über den Ersten Weltkrieg. Wie vor 100 Jahren die Welt brannte”, 14. September 2014, http://www.sueddeutsche.de/politik/literatur-unsere-buchempfehlungen-zum-ersten-weltkrieg-1.1933973.

柏林自由大学的历史学家奥利弗尔·延茨（Oliver Janz）的著作《14——大战》[①]（415 页）也备受赞誉。延茨试图从全球——尤其是东欧和欧洲以外——的视野观察和理解这场战争。[②]

历史学家、德国一战研究权威盖尔德·克鲁迈希（Gerd Krumeich）在 2013 年和 2014 年推出三本著作：《1914 年 7 月——总结》[③]（362 页）详细分析了战争爆发前所谓“七月危机”的来龙去脉，并收录了 50 份有关战争爆发的关键性历史文献，证明德国和奥匈帝国应该为战争爆发承担主要责任（后记部分梳理了 100 年来有关战争责任的讨论），在某种程度上可以说是对《梦游者》观点的回应；[④]《第一次世界大战——101 个关键问题》[⑤]（155 页）是简明扼要的普及型作品；与二战史专家盖尔哈德·希尔施费尔德（Gerhard Hirschfeld）合著的《第一次世界大战中的德国》[⑥]（336 页）尝试一种以普通士兵为主的、“民间角度的军事史”。[⑦]

历史学家欧拉夫·叶森（Olaf Jessen）的作品《凡尔登 1916——世纪大战》[⑧]（496 页）以近似日记的写作风格描述了一战最有代表性的战役，以及由此表现出来的战争的血腥和无意义。此著作的一个史学贡献是，断定指挥凡尔登战役的德军总参谋长法尔肯·海恩（Erich von Falkenhayn）在回忆录中为了推卸责任而散布谎言，即凡尔登战役采用了针对法军的所谓“喋血战术”（Ausbluten），事实是德军未能达到目的而陷入与法军的消耗战。[⑨]

约尔格·弗里德里希（Jörg Friedrich）的特长是历史题材的非虚构作品。

---

① Oliver Janz, 14. *Der große Krieg*, Frankfurt am Main: Campus, 2013.

② Michael Epkenhans, “Berlins grobe Fehleinschätzung”, *Frankfurter Allgemeine Zeitung* vom 02. 06. 2014.

③ Gerd Krumeich, *Juli* 1914. *Eine Bilanz.* Mit 50 Schlüsseldokumenten zum Kriegsausbruch, Paderborn u. a.: Ferdinand Schöningh, 2014.

④ Rainer Blasius, “Ausgeprägte Zukunftsangst”, *Frankfurter Allgemeine Zeitung* vom 23. 06. 2014.

⑤ Gerd Krumeich, *Der Erste Weltkrieg. Die* 101 *wichtigsten Fragen*, München: C. H. Beck, 2014.

⑥ Gerhard Hirschfeld and Gerd Krumeich, *Deutschland im Ersten Weltkrieg*, Frankfurt am Main: S. Fischer, 2013.

⑦ Christoph Cornelissen, “Hass und Gewalt”, *Frankfurter Allgemeine Zeitung* vom 26. 12. 2013.

⑧ Olaf Jessen, *Verdun* 1916. *Urschlacht des Jahrhunderts*, München: C. H. Beck, 2014.

⑨ Sven Felix Kellerhoff, “Was bei Verdun tatsächlich geplant war”, *Die Zeit* vom 19. 02. 2014; Gerd Krumeich, “In diesem Kampf war den Erbfeinden jedes Mittel recht”, *Frankfurter Allgemeine Zeitung* vom 08. 03. 2014.

他曾经以二战盟军对德轰炸为主题创作了《烈焰》① （2002 年），其中情绪化的表述招致不少争议和学界的不满。② 在新著《14/18——通往凡尔赛之路》③（1072 页）中，弗里德里希以文学性的假设解释历史事件，以极富争议的对比（如德国发动的无限潜艇战的遇难者与因为盟军禁运而饿死的德国平民相比、德军在比利时对平民的屠杀与比利时在殖民地刚果的暴行相比等）再度刺激德国人“政治正确”的历史认知：德国人在何等程度上可以宣称自己也是一战的受害者？④

2014 年德国以一战为主题的历史书写与此前相比有一个明显的区别，即视角的转移（Perspektivenverschiebung）或者扩大：德国的视角不再是唯一的出发点，其他国家的观察和经验也进入了德国的一战叙述，尤其是译成德语的英国和美国的著作。在“费舍尔争论”基本以“德国主要责任论”成为德国社会共识多年以后，⑤ 德国人终于开始把目光投向他国的历史书写。在众多的一战作品译作中，美国新闻作家亚当·霍荷希尔德（Adam Hochschild）的《大战——一战中老欧洲的衰亡》⑥ （525 页）被视为一部“德国人几乎写不出来的著作”⑦。这不仅因为书中传达了英国的视角，一种“自下而上”的、跨越个人命运和社会阶层界限的、重视普通士兵经历的视角（比如所谓英国的“叛国者”即反战人士的命运），也是因为作者采用了朴素而直观的叙述方式。英国从精英到百姓

① Jörg Friedrich, *Der Brand. Deutschland im Bombenkrieg* 1940 – 1945, Berlin/München: Propyläen, 2002.

② Hans – Ulrich Wehler, “Jörg Friedrich, Der Brand”, *DeutschlandRadio Berlin*, Beitrag vom 06. 12. 2002, http://www.deutschlandradio.de/archiv/dlr/sendungen/politischesbuch/167343/index.html; Volker Ulrich, “Weltuntergang kann nicht schlimmer sein. Jörg Friedrichs brisantes Buch über den alliierten Bombenkrieg gegen Deutschland”, *Die Zeit*, Nr. 49, 2002.

③ Jörg Friedrich, 14/18. *Der Weg nach Versailles*, Berlin: Propyläen, 2014.

④ Christoph Cornelissen, “Wenn sich der Qualmvorhang langsam hebt”, *Frankfurter Allgemeine Zeitung* vom 29. 07. 2014; Gustav Seibt, “Deutsche Schuld, deutsche Demütigung”, *Süddeutsche Zeitung* vom 08. 09. 2014.

⑤ Annika Mombauer, “‘Julikrise und Kriegsschuld’—Thesen und Stand der Forschung”, *Aus Politik und Zeitgeschichte*, 64. Jg., 16 – 17/2014, pp. 10 – 16.

⑥ Adam Hochschild, *Der Große Krieg. Der Untergang des alten Europa im Ersten Weltkrieg*, aus dem Amerikanischen von Hainer Kober (Orig.: *To End All Wars. A Story of Loyalty and Rebellion*, 1914 – 1918), Stuttgart: Klett-Cotta, 2014.

⑦ Stephan Speicher, “Verblendet bis zum Wahnsinn”, *Süddeutsche Zeitung* vom 28. 10. 2013.

在这场战争中体现出的“道德盲区”，可能也是此后希特勒得以崛起的一个外部因素。[①] 很难想象德国人可以没有任何心理负担地做出如此的战争反思。

视角的转移是否意味着转变习惯立场，从而带来更具启发性甚至革命性或颠覆性的历史认知？这无疑是史学无法回避的时代命题。盖尔德·克鲁迈希曾经总结出，一战历史的书写范式呈现出周期性更迭的特点，基本周期为十年。[②] 也正是在这个意义上，我们才能更为深切地体认历史的本质乃是叙述和书写。海德堡科学院前院长、政治学家彼得·G. 基尔曼赛格（Peter Graf Kielmansegg）从近期众多一战的史学新著中看出两点问题：首先，历史学家远远没有达成一致的意见；其次，战争责任问题仍旧困扰着德国人。[③] 仿佛在呼应基尔曼赛格的观察，美国历史学家肖恩·迈克米坎（Sean McMeekin）在《1914 年 7 月——战争倒计时》[④]（558 页）中认为俄法对于一战爆发所应承担的责任不比德奥小，甚至更大、更直接，而危机所有涉及方都在“孤注一掷”、玩火自焚而不自知。[⑤] 这对于向来注重“政治正确”的德国舆论来说，当然是有些令人耳目一新的观点。不过真正标新立异者当数哈佛历史学教授尼尔·弗格森（Niall Ferguson），一战的历史在这位英国学者笔下获得了颠覆性的诠释：一战的责任在于英国，英国参战是其现代历史上所犯的最大错误。[⑥]

从治学经历来看，弗格森的研究重点更侧重于经济史和文明史，但是这并不妨碍他突然对英国在一战中的角色发生兴趣，以及在一战结束 80 周年

---

① Gerd Krumeich, “Die tödliche Arroganz der Kavallerie”, *Frankfurter Allgemeine Zeitung* vom 06. 10. 2013; Stephan Speicher, “Verblendet bis zum Wahnsinn”, *Süddeutsche Zeitung* vom 28. 10. 2013; Christian Hacke, “Neuerscheinungen zum Gedenken an den Ersten Weltkrieg”, *Politische Studien* 455, 65. Jg., Mai/Juni 2014, pp. 64 – 70.

② Gerd Krumeich, “Kriegsgeschichte im Wandel”, in: Gerhard Hirschfeld, Gerd Krumeich and Irina Renz (eds.), “*Keiner fühlt sich hier mehr als Mensch...*”. *Erlebnis und Wirkung des Ersten Weltkriegs* (Schriften der Bibliothek für Zeitgeschichte; N. F. 1), Essen: Klartext Verlag, 1993, pp. 11 – 24, here p. 11.

③ Peter Graf Kielmansegg, “Deutschland ist schuld – oder?” *Frankfurter Allgemeine Zeitung* vom 29. 06. 2014.

④ Sean McMeekin, *Juli* 1914. *Der Countdown in den Krieg*, aus dem Englischen von Franz Leipold, Berlin: Europa Verlag, 2014.

⑤ Dominik Geppert, “Berlins unbefristete Rückendeckung für Wien”, *Frankfurter Allgemeine Zeitung* vom 12. 08. 2014.

⑥ Berthold Seewald, “Kriegseintritt war Englands größter Fehler”, *Die Welt* vom 31. 01. 2014.

（1998 年）之际推出专著《错误的战争——第一次世界大战和 20 世纪》，[①] 在英国和德国都引起了广泛关注和争议。德国当年就推出了译本，2013 年为配合一战爆发百年修订再版。弗格森声明自己意不在治史，因为相关的研究已然汗牛充栋；他是带着问题意识寻求更好地分析和理解历史，尤其是英国在英德相争的背景下围绕着一战所扮演的角色。为了全面揭示历史所蕴含的诸种可能，以及甄别历史是否做出了最佳决断，他采用了“反事实历史”（counterfactual history）[②] ——或者称作“虚拟历史”（virtual history）——的思考和叙述方式，即为自己假设的问题寻找答案：如果历史变换一种方式发生，那么可能会出现怎样的局面？

在弗格森看来，有关一战成因的传统说法如军国主义、帝国主义、秘密外交等都不具有必然性；德国并“没有称霸世界的野心”；英国参战不是出于对法国和比利时的义务，而是一小拨儿军人和外交官早有的盘算；以德国为首的同盟国在军事行动上也比协约国更为有效；等等。[③] 弗格森的结论也是“虚拟式”的：[④] “如果一战没有发生，那么最差的结果也就是在五大国之间形成某种冷战的局面……如果还是发生了，但是英美若不参战，获胜的德国人可能提前 80 年就创立了类似欧盟的组织。”[⑤] 至于当时的条件下如何产生类似当今（超民族国家的、民主主义的）欧盟的组织，作者没有提供进一步的说明。

按照这一思路，英国成为理解一战问题的关键所在，它使得冲突双方乃至

---

① Niall Ferguson, *Der falsche Krieg. Der Erste Weltkrieg und das* 20. *Jahrhundert*, aus dem Amerikanischen von Klaus Kochmann（Orig.: *The Pity of War*）, 2. Aufl., München: Pantheon, 2013.

② Niall Ferguson, *Der falsche Krieg. Der Erste Weltkrieg und das* 20. *Jahrhundert*, aus dem Amerikanischen von Klaus Kochmann（Orig.: *The Pity of War*）, 2. Aufl., München: Pantheon, 2013. Here p. 33.

③ Niall Ferguson, *Der falsche Krieg. Der Erste Weltkrieg und das* 20. *Jahrhundert*, aus dem Amerikanischen von Klaus Kochmann（Orig.: *The Pity of War*）, 2. Aufl., München: Pantheon, 2013, pp. 387 – 393.

④ 此处借用《法兰克福汇报》（周日版）对约尔格·弗里德里希在《14/18——通往凡尔赛之路》中所运用的历史书写方式的称呼，因为假设句在德文中使用虚拟式。Andreas Kilb, “Der Angriff des Konjunktivs”, *Frankfurter Allgemeine Sonntagszeitung* vom 03. 05. 2014。

⑤ Niall Ferguson, *Der falsche Krieg. Der Erste Weltkrieg und das* 20. *Jahrhundert*, aus dem Amerikanischen von Klaus Kochmann（Orig.: *The Pity of War*）, 2. Aufl., München: Pantheon, 2013, p. 395.

历史的演变都付出了高昂的代价，同时自身也遭到削弱。“如果英国置身事外——哪怕只是几个星期，那么欧洲大陆就会变成类似我们如今所知的欧盟，但是英国在海外的势力不会因为参加两次世界大战而大大衰落。也许沙俄帝国的崩溃、随后血腥的内战和布尔什维克主义也可以避免。”① 德国的胜利难道意味着欧洲会有更好的未来、20 世纪的历史会因此而改写吗？弗格森大胆设想：“如果德国获胜，那么希特勒可能也就是一名资质平庸的明信片画家，或者一名极为寻常的退伍军人，在德国控制下的中欧某地终老一生，而这在他眼中看来可能也没有什么值得抱怨的。列宁也可以在苏黎世继续活动下去，无尽地等待资本主义制度的崩溃——然后失望。”② 但是德国的胜利对于英国在欧陆的利益而言是可以接受的吗？弗格森认为，这样的结果好于事实，即英国在战争结束后已经筋疲力尽、伤筋动骨。如果英国不参战，这场战争只是一场欧洲的局部冲突；英国参战后，战争演变成为世界性战争。两恶相较当取其轻，德国获胜、一统欧陆成为更应接受的选择，因为德国的战争目标并没有对大英帝国构成直接威胁，其中削弱俄国在东欧的影响、建立“中欧经济联盟”（Mitteleuropäischer Wirtschaftsbund）、接管法国殖民地等与大英帝国的利益也不冲突。当然，弗格森为历史的走向还准备了另一种可能：如果德国没有通过两次世界战争就能成为欧陆的霸权，那才是最佳选择，应该给予无条件的支持！③

对于这种天马行空式推翻历史既定结论、彻底否认“德国战争责任说”的“春秋笔法”，德国评论界在表达惊讶之余，审慎地予以“并不能十分服人”或“不禁审视”的评语。④ 安妮卡·毛姆鲍尔（Annika Mombauer）则不

---

① Niall Ferguson, *Der falsche Krieg. Der Erste Weltkrieg und das 20. Jahrhundert*, aus dem Amerikanischen von Klaus Kochmann (Orig.: *The Pity of War*), 2. Aufl., München: Pantheon, 2013, p. 395.

② Niall Ferguson, *Der falsche Krieg. Der Erste Weltkrieg und das 20. Jahrhundert*, aus dem Amerikanischen von Klaus Kochmann (Orig.: *The Pity of War*), 2. Aufl., München: Pantheon, 2013, p. 397.

③ Niall Ferguson, *Der falsche Krieg. Der Erste Weltkrieg und das 20. Jahrhundert*, aus dem Amerikanischen von Klaus Kochmann (Orig.: *The Pity of War*), 2. Aufl., München: Pantheon, 2013, pp. 387 – 399.

④ Andreas Schneider, “Ein differenziertes Bild – Fachbücher zum Ersten Weltkrieg”, Februar 2014, http://www.goethe.de/ins/au/de/lp/kul/mag/wwi/12347328.html; Klaus Hildebrand, “Wie entstand der Erste Weltkrieg?” *Frankfurter Allgemeine Zeitung* vom 31.07.1999.

以为然，这位以研究“七月危机”著称的英国专家批评弗格森脱离了历史语境，没有从英国“当时的自我理解”出发判断英国的反应是否合理。[①]

三 “克拉克现象”背后的认同情结

2014 年在德国掀起一战历史阅读热潮的，偏偏不是一名德国作者：克里斯托弗·克拉克，一个执教于剑桥大学的澳大利亚历史学家，凭借一部《梦游者——1914，欧洲如何走向一战》引得一时洛阳纸贵。笔者在 2014 年中入手的已是该书第 16 版。

克拉克对于德国读者和公众来说并不是一个陌生的名字。这位早年求学于柏林自由大学的历史学者专攻德国近现代史，曾以两部专著《普鲁士》[②] 和《威廉二世》[③] 引起国际和德国广泛注意，前者 2010 年获得学界颇有声望的德国历史学院奖（Preis des Historischen Kollegs），也为克拉克带来了“德国的理解者和同情者”的名声。德皇后裔甚至把克拉克的意见看作霍亨佐伦家族恢复名誉、争取权益的依据之一。[④]《梦游者——1914 年，欧洲如何走向一战》（以下简称《梦游者》）一书，彻底使得克拉克成为德国人眼中的德国史和世界史绝对权威。于是我们看到克拉克除了在德国各地巡回朗读和介绍自己的作品、应邀出席各种讨论会之外，还担任德国电视二台（ZDF）的历史系列专题片《德国史诗》的主持人，向德国人解释德国人的历史。[⑤]

---

① Oliver Das Gupta, “Deutschland und Österreich sind hauptverantwortlich”, 28. 07. 2014, http: //www. sueddeutsche. de/politik/ausbruch-des-ersten-weltkrieges-deutschland-und-oesterreich-sind-hauptverantwortlich - 1. 2061512.

② Christopher Clark, *Preußen. Aufstieg und Niedergang* 1600 - 1947, aus dem Englischen von Richard Barth, Norbert Juraschitz, Thomas Pfeiffer, München: Deutsche Verlags-Anstalt, 2007.

③ Christopher Clark, *Wilhelm II. Die Herrschaft des letzten deutschen Kaisers*, aus dem Englischen von Norbert Juraschitz, München: Deutsche Verlags-Anstalt, 2008.

④ O. N. , “Entschädigung für Schlösser wird unwahrscheinlicher”, rbb - Beitrag vom 09. 09. 2014, http: //www. rbb-online. de/politik/beitrag/2014/09/Medienbericht - Entschaedigung - Hohenzollern - Schloesser-unwahrscheinlich. html.

⑤ Peter Luley, “ ‘Deutschland-Saga’ mit Christopher Clark: Liebe Germans, ihr seid so geil”, 30. 11. 2014, http: //www. spiegel. de/kultur/tv/deutschland-saga-im-zdf-mit-christopher-clark-rezension-a - 1005385. html.

那么，《梦游者》究竟是一部什么著作，为什么会引发德国学术界和公众空前的关注、讨论乃至争论？因为按照汉斯-乌尔里希·韦勒的说法，克拉克的著作在英语世界的销售成绩远远不能和在德语国家相比。[①] 也就是说，撇开写作风格、手法等技术性因素，《梦游者》何以触动了德语读者的敏感神经？

正如副标题“欧洲如何走向一战”所表明的，这是一部研究一战缘起的著作，即通过分析导致一战爆发的种种思潮、因素、力量、人物和事件，试图理解 1914 年事件的所有参与者事先以及事后都没有理解的事情。克拉克为此选择了不同于德国既往的一战历史书写角度，没有把焦点放在德国——历来被认为是一战的主要责任方——及其与战争相关的内在结构，即寻求建立所谓“因果关系的幻象”[②]，而是从分析风起云涌的塞尔维亚民族主义和奥匈帝国内部不稳定的局面入手，即揭示走向一战的“路径”[③]。在克拉克眼中，欧洲的边陲成为战争策源的中心和缩影，塞尔维亚问题充分体现了一战前欧洲问题中历史渊源和现实政治的纠缠，以及奥匈帝国之外俄、法等国的深度介入。在著作的第二部分和第三部分，克拉克分别细致描绘了战前欧洲各国的复杂局面以及“七月危机”。当然，从历史书写的角度来看，克拉克的叙述侧重不无值得商榷之处。汉斯-乌尔里希·韦勒就认为，有关塞尔维亚的叙述之多不成比例，而德国部分反而浅尝辄止。[④]

克拉克著作的主要贡献在于，把观察和理解一战的视角从专注于单个民族国家（如德国）的主观意图以及欧陆各国间矛盾的层次转移到殖民主义背景下的全球层次。在这个层次上，带有全球利益诉求的欧洲国家——英、法、俄、德、奥匈、意，以及当时在欧洲一隅仍旧是利益攸关方的奥斯曼帝国——

---

① Hans-Ulrich Wehler, “Beginn einer neuen Epoche der Weltkriegsgeschichte”, *Frankfurter Allgemeine Zeitung* vom 07. 05. 2014.

② Christopher Clark, *Die Schlafwandler. Wie Europa in den Ersten Weltkrieg zog*, aus dem Englischen von Norbert Juraschitz, 16. Auflage, München: Deutsche Verlags-Anstalt, 2014, p. 17. 本文研究《梦游者》德文本在德国的接受，因此引语一律译自德文译本。德文译本的行文与中文译本有一定的区别，参考克里斯托弗·克拉克《梦游者——1914 年，欧洲如何走向一战》，董莹、肖潇译，中信出版社，2014。

③ Christopher Clark, *Die Schlafwandler. Wie Europa in den Ersten Weltkrieg zog*, aus dem Englischen von Norbert Juraschitz, 16. Auflage, München: Deutsche Verlags-Anstalt, 2014, p. 19.

④ Hans-Ulrich Wehler, “Beginn einer neuen Epoche der Weltkriegsgeschichte”, *Frankfurter Allgemeine Zeitung* vom 07. 05. 2014.

之间呈现出复调合纵连横的局面，并且各国在欧洲的利益往往与各国在欧洲以外的地缘政治以及殖民地、势力范围等利益诉求不尽一致，甚至相互抵牾。比如英法在欧陆利益有重合之处，但是在海外殖民地则针锋相对；英俄之间也是如此。1914 年的协约国英俄、俄法之间，也远没有想象中的谐调。这种政治局面的复调性与历史事件的偶然性——克拉克生动的叙述甚至使《梦游者》部分章节具有小说的气质——相叠加，为读者建构了一幅 1914 年“七月危机”的立体画卷，克拉克眼中“现代、甚至可能是有史以来最复杂的事件”①遵循着不可抗拒的自身逻辑一步步走向深渊。“如此看来，战争的爆发是一场悲剧，而非罪行。”这是克拉克这部著作的结论。而从一战结束以来尤其困扰德国人的战争责任问题，在克拉克看来不是一个有效的解释机制，因为判断责任方不可能摆脱偏见，而且割裂地把某个国家视作单独行为体，会导致忽视多边过程中诸行为体之间的相互影响。1914 年引发战争的危机“是一种共同政治文化的产物”，体现出“多极性、互动性”的特点。这场悲剧的众多主角堪称一群“梦游者”。②

实际上，克拉克关于战争缘起的观点并不新鲜。一战时期的英国首相大卫·劳合·乔治（David Lloyd George）早在 1933 年就在回忆录中提出了欧洲集体“滑入说”：“欧洲滑越了边缘，落入了战争这口沸腾的大锅。”③这就已经不再把德国视为一战的主要或者唯一责任方。在这个意义上，《梦游者》可以说是一本反费舍尔观点的著作，因为“德国人并不是唯一的帝国主义者，更不是唯一患有迫害妄想的人”。④

---

① Christopher Clark, *Die Schlafwandler. Wie Europa in den Ersten Weltkrieg zog*, aus dem Englischen von Norbert Juraschitz, 16. Auflage, München: Deutsche Verlags-Anstalt, 2014, p. 17.

② Christopher Clark, *Die Schlafwandler. Wie Europa in den Ersten Weltkrieg zog*, aus dem Englischen von Norbert Juraschitz, 16. Auflage, München: Deutsche Verlags-Anstalt, 2014, pp. 715 – 717.

③ David Lloyd George, *War Memoirs*, vol. 1, London 1933, p. 32. 此处转引自 Annika Mombauer, “Julikrise und Kriegsschuld – Thesen und Stand der Forschung”, *Aus Politik und Zeitgeschichte*, 64. Jahrgang, 16 – 17/2014, pp. 10 – 16, here p. 11。克拉克的观点可以上溯至劳合·乔治，也为其他的学者所注意，例见 Wolfram Wette, “1914: Der deutsche Wille zum Zukunftskrieg”, *Blätter für deutsche und internationale Politik*, 1/2014, pp. 41 – 53. Here p. 50。

④ Christopher Clark, *Die Schlafwandler. Wie Europa in den Ersten Weltkrieg zog*, aus dem Englischen von Norbert Juraschitz, 16. Auflage, München: Deutsche Verlags – Anstalt, 2014, p. 717.

德国为克拉克沸腾了，克拉克的出现被赋予了灵魂救赎的意义："救我们脱离战争责任！"[①] 这才是2014年德国一战记忆文化乃至历史书写中最令人惊讶的事件：普遍认为经过"费舍尔争论"已有共识的德国战争责任问题因为《梦游者》再度成为公众关注的焦点。而在此之前，盖尔德·克鲁迈希曾经在1993年宣布已成定论的"德国主要责任论"不再作为研究对象；[②] 历史学家克劳斯·格罗色·克拉赫特（Klaus Große Kracht）在2004年重复了这一论断："如今'战争责任问题'在第一次世界大战研究中已经微不足道，研究已经越来越集中于文化史和社会史问题，摆脱了'费舍尔争论'引起激烈争吵的道德化评判标准。"[③]

解读"克拉克现象"[④] 于是成为探究德国记忆文化隐秘的关键。我们不妨由外及内，层层剥笋：在第一个层次上，《梦游者》是一部展现近年研究成果的史学著作，其中放弃了民族叙述的框架，把一战解释为一场现代的全球性危机，反映出历史书写和叙述范式的转变；在第二个层次上，尤其是经历过"费舍尔争论"、基本接受了费舍尔立场的历史学家看出了某些历史修正主义者企图推动的"历史政治转向"。[⑤] 海因里希·奥古斯特·温克勒（Heinrich August Winkler）认为，克拉克"用战前体系的内在战争逻辑说替代了责任说，这才是他在德国而且只在德国获得巨大成功的原因"[⑥]。既然德国并不比其他梦游国家负有更多的战争责任，那么一战以来的历史书写将面临一场大变革。这一信号被近年来颇为活跃的历史学家多米尼克·盖伯特以及同行逊科·内策尔（Sönke Neitzel）、托马斯·韦伯（Thomas Weber）和新闻人科拉·施特凡

---

① 这是历史学家海因里希·奥古斯特·温克勒评论"克拉克现象"的文章标题，见 Heinrich August Winkler, "Und erlöse uns von der Kriegsschuld", *Die Zeit* vom 31. Juli 2014。该标题语体出自《圣经·马太福音》（6.13）——"救我们脱离凶恶。"

② Gerd Krumeich, "Kriegsgeschichte im Wandel", in: Gerhard Hirschfeld, Gerd Krumeich and Irina Renz (eds.), "*Keiner fühlt sich hier mehr als Mensch...*". *Erlebnis und Wirkung des Ersten Weltkriegs* (Schriften der Bibliothek für Zeitgeschichte; N. F. 1), Essen: Klartext Verlag, 1993, pp. 11 –24.

③ Klaus Große Kracht, "Kriegsschuldfrage und zeithistorische Forschung in Deutschland. Historiographische Nachwirkungen des Ersten Weltkriegs", *Zeitgeschichte-online*, Thema: Fronterlebnis und Nachkriegsordnung. Wirkung und Wahrnehmung des Ersten Weltkriegs, Mai 2004, http://www.zeitgeschichte-online.de/md=EWK–GKracht.

④ Heinrich August Winkler, "Und erlöse uns von der Kriegsschuld", *Die Zeit* vom 31. Juli 2014.

⑤ Volker Ullrich, "Nun schlittern sie wieder", *Die Zeit* vom 24.01.2014, Nr. 4/2014.

⑥ Heinrich August Winkler, "Und erlöse uns von der Kriegsschuld", *Die Zeit* vom 31. Juli 2014.

（Cora Stephan）敏感地捕捉到了。他们依托《梦游者》的结论，迅速发表了自己新的历史观和史学观“宣言”，宣布以下欧洲和德国叙述已经被证伪：欧洲从两次世界大战中认识到，必须用欧洲取代民族国家、用超国家结构一劳永逸地化解德国的霸权和战争冲动，和平叙述于是成为现今欧洲/欧盟诞生的前提和基础。盖伯特等人认为，现在应该从新的历史认知出发，彻底放弃并不成立的“要么欧洲，要么战争”的伪逻辑，重新反思民族国家的功用。“眼下的欧洲危机表明，一个建立在虚构历史之上的欧洲失败了。错误的历史教训可能会对欧洲方案构成致命威胁。”①

盖伯特等人无疑意在历史书写的话语权，而克拉克对于德国的免责背书——来自盎格鲁-撒克逊的、不沾染先入为主的成见和德国人原罪的第三方背书——为盖伯特提供了所谓的科学依据。然而背弃费舍尔的“德国主要责任说”仅仅意味着超越一种半个世纪前的史学观点吗？——虽然老一辈学者如汉斯-乌尔里希·韦勒、海因里希·奥古斯特·温克勒、约翰·C. G. 吕尔（John C. G. Röhl）② 等人连这一点也拒绝接受。新一代历史修正主义者仅仅是拒绝战争责任所涉及的道德问题和道德判断吗？由于“费舍尔争论”的焦点实际在于讨论德国从第二帝国到第三帝国是否存在政策连续性，因而盖伯特等人代表的“为民族脱罪辩护”（Nationalapologetik）俨然分割了一战和二战，在否认前者责任的同时，自然而然地把后者——德国对之应承担全部责任无可置疑——处理为德国历史的孤例。而这种立场，让德国战后民主主义社会秩序的基础、心理结构和身份认同面临崩塌的危险。不容否认的是，德国正因为在二战后选择了批判性对待此前的历史认知，即负面评价曾经被赋予德意志精神和德意志优越性、实际导致空前灾难的“特殊道路说”（Sonderwegsthese），选择了此前一直认为与德意志精神水火不容的西方价值观，才逐步建立了以和平主义、民主主义和社会市场经济为核心新的德国认同，以及由此派生出的德国

① Dominik Geppert, Sönke Neitzel, Cora Stephan and Thomas Weber, “Der Beginn vieler Schrecken”, *Die Welt* vom 03. 01. 2014.

② John C. G. Röhl, “Wie Deutschland 1914 den Krieg plante”, *Süddeutsche Zeitung* vom 05. 03. 2014. 吕尔（生于 1938 年），英国历史学家，父亲是德国人。他被认为是德国威廉时期以及威廉二世研究权威，译成德文的代表作有 3 卷本《威廉二世传》，见 John C. G. Röhl, *Wilhelm II.*, 3 Bde., München: C. H. Beck, 1993 – 2008。

自信。[①] 从这种认识出发，“德国的民主只有在德国人负面看待自己历史的前提下才能发展，而且是深入上溯到19世纪的历史。”[②] 只有不断地挖掘“心中的希特勒”[③]，才能成为一个直立行走的德国人。认同道德赤字，原来是自我认同的建构性因素。

自我认同的危机让我们深入到“克拉克现象”的第三个层次：以克拉克的读者和拥护者为代表的德国人显然不在少数，而且以教育阶层为主。这些人为什么需要克拉克？发现克拉克之后，德国人的身份何以为栖？德国现当代史研究所（Institut für Zeitgeschichte）所长、慕尼黑大学历史学教授安德里亚斯·维尔兴（Andreas Wirsching）从公众对克拉克作品的欢呼中看出了德国人历史意识的潜性存在，一种难以公开表达的对于学界和主流意见的抗拒心理，即德国人“感觉受到了历史以及欧洲人不公正的对待和错误的指控”。德国人仍旧在意自身的历史，仍旧渴望一种“清白的、无责的、正常的但也是民族的”历史定位。[④] 克拉克的著作恰逢其时地满足了这种并没有被超越的深层心理需求：原来没有所谓通往灾难的“德国特殊道路”，德国走向灾难的道路和别人走的道路一样；原来德国人并没有自始至终站在历史的错误一边，对于一战所应承担的责任也并不比别人更多。德国人终于可以安心卸下原罪了。

四　结论

一战爆发100周年是德国2014年文化生活的重要话题，也为观察、梳理和反思德国以及欧洲围绕一战的记忆文化和历史认知提供了契机。德国一战记忆文化的演化与其历史认知的发展紧密相连。不过令人惊讶的是，以德法两国为代表的欧洲主要国家至今依然未能超越彼此不同的一战纪念文化和记忆文化之间存在

---

① Hosrt Möller, “Deutscher Sonderweg-Mythos oder Realität? Ein Colloquium im Institut für Zeitgeschichte”, *Vierteljahreshefte für Zeitgeschichte*, Jg. 30（1982）, Heft 1, pp. 162 – 165. 德国“特殊道路说”的功能性作用，主要是政治学家库尔特·松特海默（Kurt Sontheimer）在研讨会上提出的观点。

② Peter Graf Kielmansegg, “Deutschland ist schuld—oder?” *Frankfurter Allgemeine Zeitung* vom 29. 06. 2014.

③ Cora Stephan, “Die ewigen Schuldgefühle der Deutschen”, *Die Welt* vom 27. 07. 2014.

④ Andreas Wirsching, “Die Gegenwart eines alten Traumas”, *Süddeutsche Zeitung* vom 16. 07. 2014.

的巨大差异。这不禁促使人们把探究的目光投向各国的历史叙述和书写。

德国2014年前后出版和再版的一战“整体叙述”呈现出不同以往的视角，即以英美为代表的他国叙述补充（或者进入）了德国叙述，这种多元倾向也符合国际和德国一战历史书写范式逐渐朝向日常史、心灵史和文化史方向的转变。[①] 但是，一战的历史书写中最引人关注的却是有关战争责任的（再）讨论部分——这也是典型的德国执迷。

克里斯托弗·克拉克的《梦游者》无疑极大地推动了新一轮有关一战责任的讨论。虽然“梦游论”并不具有历史认知的突破性意义，但是作为对于费舍尔“德国主要责任论”的反论，却激活了德国人潜在的历史意识：我们不应该为一战背负历史的包袱，我们需要历史的公正对待！德国战后建立在对于德国历史负面叙述基础之上的身份认同和社会秩序，突然面对谎言（或错误）的指控。

历史的记忆原来并没有远去。我们曾经在2013年以世纪之交以来的种种社会文化表征为依据，做出过一个大胆的判断：德国战后时期（Nachkriegszeit）在21世纪的第一个十年宣告结束，让渡为当代；[②] 在2004年，历史学家克劳斯·格罗色·克拉赫特在梳理德国的一战历史书写时提出过类似的断代问题：对于德国来说，一战究竟属于“现当代史”（Zeitgeschichte），还是应该了结这一篇章，将之归于“古代史”（Vergangenheitsgeschichte）？事实上，我们通过观察德国人在2014年对于《梦游者》的选择性接受、工具化利用和有意无意地误读，仍然没有为这个问题找到答案。

---

① Gerhard Hirschfeld, “Der Erste Weltkrieg in der deutschen und internationalen Geschichtsschreibung”, *Aus Politik und Zeitgeschichte*, B 29 – 30/2004, pp. 3 – 12.

② 胡春春：《新世纪以来德国文化的发展特点与趋势》，载郑春荣、李乐曾主编《德国发展报告（2013）》，社会科学文献出版社，2013，第188～205页。

B.10

德国在欧洲研究区建设中的角色与战略*

俞宙明**

摘　要：欧洲研究区是欧盟2000年发起的倡议行动，旨在整合欧盟内部的科研、技术和创新力量，协调欧盟以及各欧盟成员国的科研政策。在欧洲研究区的建设中，德国以其经济与科研实力，担任重要角色。2014年是欧洲研究区计划建成的年份。本文介绍了欧洲研究区的概况，盘点了德国在欧洲研究区建设中的表现，介绍了2014年联邦政府出台的欧洲研究区战略，最后对德国在参与欧洲研究区建设中的思路做了简要分析。

关键词：欧洲研究区　德国科研体系　科研创新政策

欧洲研究区是欧盟2000年发起的一个倡议行动，旨在整合欧盟内部的科研、技术和创新力量，协调欧盟以及各欧盟成员国的科研政策。通过这一倡议行动，欧盟计划到2014年建成一个类似欧洲统一市场的欧洲研究区，促使科研人员与科研成果自由流动，从而提高欧盟的科研水平和国际竞争力，更好地应对新时代全球面临的大挑战。

虽然2014年欧洲研究区建成这一目标只能说是基本达到，但这一年仍是欧洲研究区发展历程上重要的一年。在欧洲层面，2014年9月欧盟委员会发表了继2013年分国别报告后的第二份欧洲研究区进展报告，对过去几年的发

* 本文得到2014年度同济大学人文社会科学青年基金项目“欧洲化视角下的德国科研创新政策研究”资助。

** 俞宙明，博士，同济大学德国问题研究所/欧盟研究所讲师。

展进行了整体上的盘点。在德国层面，德国联邦政府于2014年7月在欧洲各成员国中率先拿出了欧洲研究区战略，包括指导方针和国家路线图。德国作为科研创新领域在欧洲居于领先地位的国家，以其经济实力与科研实力成为欧洲研究区的发动机与推动者。而欧洲研究区的发展与深化，也对德国的科研政策与科研体系的发展起到重要的助推作用。

本文将在介绍欧洲研究区的背景及当前发展状况的基础上，基于2013年及2014年的相关报告与数据，对德国在欧洲研究区发展中的表现做一盘点，对德国政府的欧洲研究区战略做简要介绍，并试图剖析德国在参与欧洲研究区建设中的思路。

一 “欧洲研究区”倡议行动概况及其当前进展

欧洲研究区的建设是自2000年以来欧盟科研政策领域的指导思想之一。其目标于2000年3月在“里斯本战略”中确立，并收入2007年的《里斯本条约》。2011年欧洲理事会的决议中进一步提出：“欧洲需要一个统一的研究区，以吸引人才与投资。因此当前尚存在的问题必须尽快解决，欧洲研究区必须于2014年建成，从而形成一个知识、研究和创新的真正的内部市场。”2012年7月欧盟委员会发布政策文件《加强欧洲研究区伙伴关系，促进科学卓越和经济增长》，指出要建设“一个对世界开放的、基于内部市场的统一的研究区域，使科研人员能够自由流动，科学知识与技术能够自由交流，使欧盟及其成员国巩固科技基础，加强竞争力，更好地共同应对大的挑战”①。在这一背景下，欧盟与各成员国在科研与技术开发领域协调合作，以确保各国政策与欧盟政策的协调。该文件中提出了五个需要优先发展的领域，包括：①高效的国家科研体系；②跨国合作的最优化及欧盟内部竞争的促进；③面向科研人员的开放的劳动力市场；④男女平等以及科研中对性别视角的重视；⑤科学知识交

① Europäische Kommission, *Mitteilung der Kommission an das Europäische Parlament, den Rat, den Europäischen Wirtschafts- und Sozialausschuss und den Ausschuss der Regionen, Eine Verstärkte Partnerschaft im Europäischen Forschungsraum im Zeichen von Exzellenz und Wachstum* [COM (2012) 392 final], 2012, http://ec.europa.eu/research/era/pdf/era-communication/era-communication_de.pdf.

流、获取和转化的最优化。①

2013 年与 2014 年，欧盟委员会发布了两份欧洲研究区的进展报告。2014 年 9 月欧盟委员会发布的第二份进展报告还在欧盟委员会 2012 年的上述政策文件的基础上，从整体上对各成员国在五个优先发展领域的新进展做了盘点。

第一，高效的国家科研体系。旨在普遍提高成员国科研创新的竞争力，扭转科研人员流失的趋势。欧盟委员会要求各成员国首先通过提高在科研创新领域的战略发展与政治决策的质量，来改善科研创新方面投入的公共资金的利用效率。为保障该领域在各国国内公开公平地竞争，欧盟委员会还要求资金分配应采用公开招标、专家评审等程序，对科研机构和团队的评估也采用国际同行评议。

在这一点上，各国均态度积极，拿出了本国的科研创新国家战略。但在加强国内科研领域的竞争方面，各国进展不一，在公共科研经费的分配和竞争机制的引入上差异较大，国际同行评议的实施也缺乏统一标准。另外，经费分配与绩效挂钩的做法也未在所有国家得到实现。

第二，跨国合作的最优化及欧盟内部竞争的促进。这一领域主要包括两个重点。首先为促进成员国之间的合作，制定共同项目规划应对欧洲与国际社会当前面临的巨大挑战，整合各国资源，提高欧洲研究效率，欧盟委员会要求各成员国进行必要的改革，加强国家与国家间在项目评估、共同资助等方面的兼容性与互通性，引入与发展“资金跟着研究人员走”等有利于跨国合作的模式。当前，合作应对挑战这一点已被纳入多数成员国的国家战略中，而作为这一合作重要途径的联合研究计划（Joint Programming Initiatives，JPI），也得到成员国的积极参与，一些国家已开始制订 JPI 中本国参与领域的国家行动计划、路线图和战略。同时，国际合作在战略上的重要性也在政策制定方面得到越来越多的重视。

该领域的第二个重点则是研究基础设施的建设。欧盟委员会要求成员国消除跨国利用研究基础设施的法律及其他障碍，同时明确其对于科研基础设施欧

① Europäische Kommission, *Mitteilung der Kommission an das Europäische Parlament, den Rat, den Europäischen Wirtschafts- und Sozialausschuss und den Ausschuss der Regionen, Eine Verstärkte Partnerschaft im Europäischen Forschungsraum im Zeichen von Exzellenz und Wachstum* [COM (2012) 392 final], 2012, http://ec.europa.eu/research/era/pdf/era-communication/era-communication_de.pdf.

洲战略论坛以及对欧洲具有重要意义的全球、国家和地区研究基础设施的建设和运行所承担的资金责任，尤其要在国家路线图和结构基金计划的制订中体现这方面的承诺。“欧洲研究基础设施联盟”（European Research Infrastructure Consortium，ERIC）2009 年生效后，已有 7 个符合要求的研究基础设施在此框架内建立与运营，2015 年更将增至 15 个。“科研基础设施欧洲战略论坛”（European Strategy Forum on Research Infrastructures，ESFRI）2002 年由欧盟委员会启动，是一个高级别的非正式协调委员会，旨在为研究基础设施政策开拓思路，推动具有全欧洲意义的研究基础设施的建设。2006 年科研基础设施欧洲战略论坛发布了首个路线图，包含各个科学领域的重要研究基础设施的建设计划。该路线图于 2008 年、2010 年更新，目前计划总数为 48 个。22 个成员国已经通过了建设研究基础设施的国家路线图，但未能与 ESFRI 贯通。

第三，面向科研人员的开放的劳动力市场。这一优先发展领域旨在消除障碍，促进科研人员灵活流动，为他们提供良好的培训和富有吸引力的职业发展道路。这一领域也主要包括两个重点。一是博士生培养的加强与改善。2011 年以来各成员国和相关培养机构遵循创新型博士生培养的原则，帮助科研人员发展就业能力，尤其是在学术职业以外的就业能力。二是科研人员聘任程序的公开透明化。在这方面，欧盟委员会要求各成员国消除法律与其他方面的障碍，实施公开透明、基于业绩的科研人员聘任程序，对 EURAXESS Jobs 等欧洲科研人员招聘平台予以支持，并为实施针对科研人员的人力资源战略，包括《欧洲科研人员宪章》及《招募科研人员行为准则》（二者简称 Charter & Code），创造必要条件。2014 年，各成员国在欧洲研究创新区委员会（ERAC）主持下一致同意成立一个工作小组，为研究人员的公开、透明与择优聘用程序制定指导方针。另外，以 EURAXESS Jobs 为代表的国际科研招聘网站也逐渐成为许多科研机构人才招聘的首选。2013 年，有超过 7500 家机构的 4 万多个职位在该平台发布，奥地利等国公共科研机构的招聘信息全部登上该平台。

第四，男女平等以及科研中对性别视角的重视。为改善欧盟科研界女性比例较低，科研项目规划、评估与实施的整个流程中对性别视角关注度不足的现状，欧盟委员会要求成员国创造法律与政治方面的框架条件，消除女性科研人员在聘用、报酬和职业发展中面临的障碍，减少决策程序中的性别比例失衡，并与科研资助机构、研究机构及高校进行宪章、协议、奖励等形式多样的伙伴合作，促进文化和制度的转变。从欧盟调研结果看，科研创新中的男女平等问题在各个层面都日益得到重视，各科研机构与组织也已纷纷出台面向长期的制度改革方案。超过半数的成员国出台了关于公共科研机构男女平等的特别法案及国家战略。但是问题仍然存在，还需通过制定长期的系统性战略，从制度上改革欧洲科研体系。

第五，科学知识交流、获取和转化的最优化。欧盟委员会要求各成员国制定与实施相关战略，建设产研之间的战略伙伴关系，促进知识的获取、传播和转化。

这一领域包括三个重点。首先是学术出版物和研究数据的开放获取，这一点已经为欧洲越来越多的高校、研究机构和研究资助机构实施。超过 20 个成员国采取了特殊措施推动学术出版物的公开，但仅有 5 个国家拿出了研究数据公开的特别规定。而在科研数据的继续利用上还面临法律、技术、资金、保密和社会文化方面的一系列障碍，各国在这方面的政策措施、行动和程序也还很不完善。其次是知识转化和开放创新。各国正在进一步推动国家知识转化战略的制定与实施，包括加强知识转化手段的专业性、提高知识转化办公室的重要性，采取措施促进产研合作，推动科研成果进入市场。但大多数国家也仅仅是采取了促进知识转化的政策机制，而并无资金扶持。再次是建设数字欧洲研究区，亦即开放共享公共资金获得的研究成果所需的数字基础设施，这方面还有待成员国共同努力。①

报告显示，欧洲研究区各个层面的相关行为体对欧洲研究区的建设都做出了努力。2014 年，有 19 个国家在本国改革计划中纳入了欧洲研究区措施。各国在欧洲研究创新区委员会中承诺自 2014 年开始引入共同报告编制机制，在 2014 年 2 月的竞争力委员会会议上承诺到 2015 年中编制出欧洲研究区路线图，确定本国欧洲研究区改革的实施方针。其中一些国家已经开始了这项工作。欧洲层面，欧盟委员会也推出诸多措施对各成员国提供支持，欧盟委员会还与成员国和研究机构合作开发了欧洲研究区监控机制，该机制也成为欧洲研究区政治决策的重要组成部分。对照欧盟委员会及欧洲理事会各个文件中对于建成欧

---

① 参见 Europäische Kommission, *Mitteilung der Kommission an den Rat und das Europäische Parlament*, *der Europäische Forschungsraum*, *Fortschrittsbericht* 2014 [COM (2014) 575 final], 2014, http://ec.europa.eu/transparency/regdoc/rep/1/2014/DE/1-2014-575-DE-F1-1. Pdf。

洲研究区所提出的前提条件和要求，可以说欧洲研究区的进展尚属顺利，但仍需要进一步发展和深化。

二　德国对欧洲研究区的参与现状

作为欧洲一体化的发动机、欧洲领先的科研创新高地，德国对欧洲研究区的重要性不言而喻。一方面，欧洲研究区的科研创新实力根植于欧盟各成员国的科研创新实力，德国不仅在资金、人才和设施上成为欧洲研究区的重要支撑，其科研体制和发展战略也对欧洲研究区及其他成员国的发展产生深远影响。同时，德国也在欧洲层面积极发声，参与欧洲研究区的构建，在相关战略与政策的制定上发挥影响。欧洲研究区是一个建立在各国自愿基础上的倡议行动，需要各成员国视本国实际情况，尤其是在欧盟委员会所提及的几个优先发展领域上做出必要的改革，消除实现目标所面临的法律、制度、社会等各方面障碍，并支持本国的科研机构与科研资助机构在这些领域的发展。德国对欧洲研究区的参与，也同样体现在上述五个优先发展领域的举措与成果上。

（一）高效的国家科研体系

德国拥有完备的科研创新体系。自2006年以来，德国联邦政府和各州采取了一系列措施，启动了几个大项目来推动科研体系发展，加强德国科研要地，这些措施主要包括自2006年启动的“高技术战略”和“高技术战略2020”、“创新联盟”和“尖端集群”等①。在2007年到2012年的经济危机期间，德国研发支出增长高于欧洲整体水平。2012年德国政府人均研发支出294欧元，远远高于欧盟平均值179欧元，2013年达到306欧元。②

在促进德国科研体系内部跨机构竞争方面，德国科学基金会（DFG）的资

① 关于德国科研体系与德国政府科研创新政策，可参见俞宙明《德国政府科研创新政策综述》，载郑春荣、伍慧萍主编《德国发展报告（2014）》，社会科学文献出版社，2014，第139～158页。

② European Commission, *Country Fiches Member States of the European Union*, *European Research Area Progress Report* 2014: Germany, Brussels, 2014, p. 133, http://ec.europa.eu/research/era/pdf/era_progress_report2014/era_fiches_eu-1_2014.pdf.

助程序和“精英倡议计划”① 起到了重要作用。德国科学基金会的核心任务就是通过竞争性程序遴选高校与研究机构的卓越研究计划予以资助，整个程序越来越倚重国际化的同行评议。面向卓越大学的“精英倡议计划”同样是促进科研界跨机构竞争的重要因素。

德国政府的公共研发支出分为中短期的项目资助和长期的机构性资助以及部门研究。项目资助的申请由高校、科研机构或企业提出，经独立评审方评审，以竞争原则遴选。长期的机构性资助面向科研机构的整体运作，机构性资助的使用在事前与事后通过定期同行评议进行评估，各大研究机构也都有促进内部竞争的特别手段。

同时，国际同行评议的核心原则也已牢牢根植于德国科研体系中，不仅在公共科研经费的分配程序中使用，也广泛应用于私人科研资助者与基金会。德国科研体系的机构与团队评估呈现越来越国际化的趋向，德国研究人员与国际研究人员互相参加对方科研机构与成果的评估，对国际科研合作起到了推动作用。例如，德国科学基金会的外国评审人员数量近年来一直在增长，而精英倡议计划的遴选程序中也有很多欧洲及欧洲以外国家的评审人员参与。

2014 年欧盟委员会的欧洲研究区进展报告对德国政府相关政策措施对欧洲研究区的支持情况盘点如下（见表 1）：

表 1　德国政府相关政策措施对欧洲研究区的支持情况——高效的国家科研体系

政策措施	推行时间
科研创新体系	
联邦政府关于实施欧洲研究区的战略——指导方针和路线图	2014 年
基于国际同行审查的核心原则的项目资助	
中小企业创新	2007 年
德国研究信息与质量保证所(IFQ)	2005 年
德国科学基金会及其资助流程	1951 年起,定期更新
项目资金	2006 年
高校外各大科研机构,包括马普、弗劳恩霍夫、亥姆霍兹、莱布尼茨	
科研创新资助体系:国际同行审查原则的一般适用范围	

① 关于“精英倡议计划”，可参见俞宙明《德国高校精英倡议计划综述》，载郑春荣、李乐曾主编《德国发展报告（2013）》，社会科学文献出版社，2013，第 163～187 页。

续表

政策措施	推行时间
精英倡议计划	2012 年
基于制度性评估的机构性资助	
科学自由倡议及科学自由法	2012 年
高校协议——改革倡议	2011 年
尖端集群竞赛	2007 年
研发资助体系:项目资助与机构资助	

资料来源：European Commission，*Country Fiches Member States of the European Union*，*European Research Area Progress Report* 2014：*Germany*，Brussels，2014，pp. 132 – 166，http：//ec. europa. eu/research/era/pdf/era_ progress_ report2014/era_ fiches_ eu – 1_ 2014. pdf。

（二）跨国合作的最优化及欧盟内部竞争的促进

德国政府在这方面的政策，主要可归入其“国际化”战略的范畴。联邦政府与各联邦州签订的第二期研究与创新公约中，要求各研究机构不断审视与继续发展其国际化战略，以提高本机构的科研业绩、加强德国科研体系的国际竞争力。公约还要求这些机构在重要的研究领域加强与国际卓越研究伙伴和处于重要战略地位的国家合作，为国内外科研人员的交流打开了方便之门，积极参与世界知识流动，参与欧洲研究区的建设。

在德国 2014 年的国家改革计划中，推进联合研究项目是国家欧洲研究区战略的重点之一。迄今德国在已启动的 10 个联合研究计划项目中参与了 9 个。德国在“欧洲气候知识联网”（JPI Climate）和“健康长寿：人口结构变化的可能性与问题”（JPI MYBL）两个项目中担任协调员，德国也是前者的主要出资方。同时德国参与了另 7 个倡议行动：农业、粮食安全、气候变化（FACCE），健康营养与健康生活（JPI HDHL），文化遗产与全球变化（JPI Cultural Heritage），变化中的世界的水问题（JPI Water），完整与富饶的海洋（JPI Oceans），微生物挑战——人类健康面临的新危险（JPI AMR）以及神经退行性疾病研究（JPND）。德国同时也参加了大多数的欧洲研究区网络。

在联合出资的大型项目和研究机构，如欧洲分子生物学实验室、欧洲核子研究组织中，德国承担经费可观，并逐年增长（见表 2）。德国也资助与支持了其他一些跨国的科研创新项目，如在德法交界处上莱茵地区的科研创新集群。

表 2　联邦政府在国际科研组织与国家间科研机构的研发支出

单位：百万欧元

2009 年	2010 年	2011 年	2012 年	2013 年
882.3	925.5	934.3	971.0	972.7

资料来源：BMBF，*Bundesbericht Forschung und Innovation* 2014，Berlin，2014，Tab. 8。

在互相承认评估结果和跨国资助方面，德国至少与欧盟成员国和相关国家签署了23项双边协定，拥有一系列成功的实践（见表3）。如德国科学基金会与奥地利、瑞士的相应科研资助机构间签有协议，以方便研究人员的流动和跨国研究项目的进行。这一协议现已扩展到卢森堡。该协议在基础研究方面的成功实践，已成为欧盟的一个学习样板。“资金跟着研究人员走”在德国科学基金会已是成规，不仅适用于德、奥、瑞三国，也适用于“科学欧洲”组织的其他成员国。这一原则适用于项目资助期限尚余6个月以上时，项目负责人转至国外研究机构工作的情况。该机构同时也采用“资金跟着合作线走”的原则，使真正有价值的国外项目也可获德国国家资金资助。

表 3　德国政府相关政策措施对欧洲研究区的支持情况——跨国合作的优化

政策措施	推行时间
联合研究议程的实施	
关于多边研究经费的倡议(G8 研究委员会)	2010 年
高技术战略 2020(2006 年起)	2010 年
国际化战略	2008 年
联合研究计划(JPI)	2008 年
德法议程 2020(2010 年起)	2014 年
欧洲研究区网络,欧洲研究区网络 +	2006 年
上莱茵地区双边科研创新集群	2011 年
采纳《欧盟运作方式条约》(AEUV)第 185 条(公共伙伴关系)	
兼容性、评估结果的互认等	
德 - 奥 - 瑞协议	2009 年
G8 研究委员会就多边科研资助的倡议	2010 年
德国对欧洲产业关系观察资料库(EIRO)的参与	
联邦教研部关于加强国际合作的指导方针	2008 年

续表

政策措施	推行时间
采纳《欧盟运作方式条约》第185条	2007年
研究与创新协议第二期:各个研究机构的国际化战略	2009年
国际化战略	

资料来源：European Commission, *Country Fiches Member States of the European Union*, *European Research Area Progress Report* 2014: *Germany*, Brussels, 2014, pp. 132 - 166, http: //ec. europa. eu/research/era/pdf/era_ progress_ report2014/era_ fiches_ eu - 1_ 2014. pdf。

（三）欧洲研究基础设施的建设

2013年4月29日，德国联邦教研部公布了其研究基础设施路线图（见表4）。作为研究基础设施建设方面决策的指导方针，这一路线图首次对未来10~15年联邦教研部优先发展的研究基础设施项目进行了归总，对18个欧洲研究基础设施的建设做出了资助承诺。在ESFRI公布的欧洲路线图总计48个建设计划中，德国参与的有39个。

德国目前参与建设的大型国际性研究基础设施有欧洲空间局（ESA）、欧洲核子研究中心理事会（CERN）、欧洲聚变开发协议（EFDA）、欧洲分子生物学实验室（EMBL）、欧洲南方天文台（ESO）、欧洲同步辐射光源（ESRF）、欧洲X射线自由电子激光（XFEL）和劳厄-郎之万研究所（ILL）。2012年，德国在这些大型研究基础设施和欧盟委员会联合研究中心（JRC）上的投入占科研支出的1.1%。

在研究基础设施的利用方面，“Research in Germany”门户网站面向国际研究机构的研究人员，为他们利用建在德国的研究基础设施提供支持。德国科学基金会和马普学会等德国研究机构也参与了2013年9月启动的欧洲研究基础设施数据库MERIL项目。该项目提供相关研究设备和资源信息，目前已收录119个向外国研究人员开放从而对欧洲研究区建设具有意义的国家研究基础设施。

（四）面向科研人员的开放的劳动力市场

德国《基本法》第33条规定，所有德国人根据其能力、资格和专业水平享有同等的担任公职的机会。该条规定为德国大学教授与公共机构研究人员公开招聘奠定了法律基础。研究岗位面向国际公开招聘在德国也已是惯例。各大研

表 4　德国政府相关政策措施对欧洲研究区的支持情况——研究基础设施建设

政策措施	推行时间
对于具有泛欧意义的欧洲国家和地区研究基础设施的建设和运作的资助承诺	
联邦教研部国家研究基础设施路线图 2013	2013 年
德国对科研基础设施欧洲战略论坛(ESFRI)建设的贡献	
具有泛欧意义的研究基础设施的开放	
国际化战略	2008 年
欧盟委员会关于《欧洲研究基础设施协议》的规定的执行	2013 年

资料来源：European Commission, *Country Fiches Member States of the European Union*, *European Research Area Progress Report* 2014: *Germany*, Brussels, 2014, pp. 132 - 166, http://ec.europa.eu/research/era/pdf/era_ progress_ report2014/era_ fiches_ eu-1_ 2014. pdf。

究机构的用人原则都支持聘用包括经济界人才在内的国际尖端人才，并有有效措施防止人才外流。2012 年 12 月起生效的《科学自由法》消除行政障碍，加快批准流程，也给各科研机构在人事决策等方面更大的自由度。2011 年德国全职科研人员 33.8 万人，平均每千名人口 8 人，高于欧盟平均值（6.7 人）。

EURAXESS Jobs 在德国由洪堡基金会负责运营，已开始发挥作用。但使用这一门户并非法定义务，2013 年德国平均每千名公共部门研究人员与在该招聘平台发布的科研职位数之比为 9.6，远远低于欧盟平均水平的 43.7。其原因是德国在此方面已经存在商业化运营的成熟的人才市场，如 www.academics.de、www.academics.com 等门户网站。

"Charter & Code" 原则在德国基本得到实施，到 2011 年底已有三个德国科学组织（大学校长联席会议、德意志学术交流中心、洪堡基金会）签署了这一协议。但该原则在德国仅发挥参考作用，具体实施仍须视国家特殊情况与各个科研机构在签署时的保留条款而定。德国政府认为当前德国现有的法律、劳资协议、科研后备人才联邦报告制度等监督机制以及 "Total E-Quality" 等倡议行动已经足够，无须额外引入新的规则，因此并不支持建立人力资源管理的欧洲评估体系。

科研后备人才培养方面，德国科学基金会早在 20 世纪 90 年代就已引入 "博士生院" 作为资助结构性博士生培养计划的手段，这种做法在 "精英倡议计划" 中得到进一步发展与完善。博士生培养改革也正在进行中。同时，各个高校、各大研究机构及德国科学基金会都有人事发展方面的系统规划以应对日益激烈的国际竞争及争夺科研后备人才的竞争。如德意志学术中心的博士后计划对在国外研究机构开展客座研究的德国研究人员提供全方位支持。洪堡基金会也采取相应措施，提高德国对科研人员的吸引力。而以产研之间的密切合作为特色的研究校园（Forschungscampus）倡议行动和尖端集群竞赛（Spitzencluster-Wettbewerb）等，也为青年研究人员提供了在产研之间的接口进行研究工作的机会，为他们开拓了今后的职业道路。具体见表5。

表5　德国政府相关政策措施对欧洲研究区的支持情况——面向科研人员的开放的劳动力市场

政策措施	推行时间
公开、透明和基于业绩的科研人员聘用流程	
EURAXESS Jobs 德国门户	
富有吸引力的职业发展道路	
国外职业技能审核和认定的法规	2012 年
联邦科研后备人才报告	2008 年
高校外科研机构研究人员聘任原则（含马普、弗劳恩霍夫、莱布尼茨、亥姆霍兹等机构）	
鼓励外国卓越科学家来德国做客座研究的项目	
支持结构性博士生培养的项目	
合作博士生培养项目（巴符州）	2010 年
国际与跨行业流动性	
对德国科研人员去国外进行客座研究提供资助的项目	

资料来源：European Commission，*Country Fiches Member States of the European Union*，*European Research Area Progress Report* 2014：*Germany*，Brussels，2014，pp. 132 – 166，http：//ec. europa. eu/research/era/pdf/era_ progress_ report2014/era_ fiches_ eu – 1_ 2014. pdf。

（五）科研中的男女平等

德国在这方面以一般的反歧视法律《普遍平等对待法》（AGG）为法律框架，性别平等与反歧视也在各州的高教法中有所体现。在联邦政府与各联邦州签订的研究与创新公约中，要求各科学组织全面挖掘女性的学术潜力，尤其要在科研体系的重要岗位实现女性数量的增加，要在该公约实行状况的年度监控报告中呈现这一目标已完成到哪个等级。“精英倡议计划”中也纳入了性别平等内容，如在递交的方案的鉴定中，把促进性别平等的措施作为评判标准之一。此外，联邦教研部和各州还有一系列专门面向女性的计划，如“女教授项目”（Professorinnen Programm）、“顶层女性”（Frauen an die Spitze）等（见表6）。

表6 德国政府相关政策措施对欧洲研究区的支持情况——科研中的男女平等

政策措施	推行时间
男女平等文化以及相关的制度性变革	
普遍平等对待法	2006年
决策程序中的性别比例平衡	
卓越女性与科学中心	2000年
女教授项目	2007年
顶层女性	2006年
普遍平等对待法	2006年
国家促进女性在数学、信息、自然科学和技术领域就业的协议	2008年
各联邦州的高教法	
共同科学会议设置的性别平衡目标	2011年
联邦州层面大学加强机会均等的项目	
男女科学家机会均等运动	2006年

资料来源：European Commission, *Country Fiches Member States of the European Union*, *European Research Area Progress Report* 2014: *Germany*, Brussels, 2014, pp. 132 - 166, http://ec.europa.eu/research/era/pdf/era_progress_report2014/era_fiches_eu-1_2014.pdf。

德国科学基金会2008年与其成员共同启动了“面向研究的性别平等标准”（Forschungsorientierte Gleichstellungsstandards），各机构通过这一自律标准，确定了科研与高校领域可持续的平等政策的人事与结构方面的标准。由一个工作小组支持与监督这些标准的执行，目标是到2013年显著提高各个级别的女性比例。从2013年的汇总报告看，各机构执行这一标准的情况自2008年以来整体上有较大改善。①

女性在决策层比例方面，2006~2012年，研究联盟的各个组织发起了“男女学者机会均等运动”，旨在显著提高女性在学界顶层职位的比例。2010年高校委员会女性比例为21%，高校领导层女性比例为12%。总的来说，德国在这方

① 参见德国科学基金会网站关于该标准的专栏，http://www.dfg.de/foerderung/grundlagen_rahmenbedingungen/chancengleichheit/forschungsorientierte_standards/index.html。

面仍有很大改善空间，针对欧洲研究区的几大指标，如在研究机构领导人员的招聘委员会中的性别平等状况，德国的数值都要远远低于欧盟平均值。

（六）知识转化

德国有良好的开源传统。2003 年，德国各科研机构及其他国内外参与者签署了《科学人文知识开源柏林宣言》，到 2013 年机构签署者已近 400 家。联邦政府有一系列措施促进开源，推动科研机构和学术出版社之间的对话。联邦教研部还考虑在其项目资助协议的附加条款中加上开源条款。各科研机构也出台相关措施，组织开源数据库，协调开源事务，确立开源标准。德国科学基金会为信息基础设施提供资助，目标在于使学术出版物和科研数据尽可能公开并可广泛使用于后续研究。其资助计划不仅支持数据库、文本库等基础设施的建设，也支持学科标准的确立，以提高信息获取的效率；同时还支持开源期刊的创建和发展、高校开源出版基金的建设。目前，德国科研机构拥有一大批开源期刊库，http：//www. open – access. net/是开源领域的核心信息平台。另外，各州科学部门多年来与德国科学组织联盟合作，共同致力于修订著作权法，纳入学术作品的二次出版权，使由公共财政资助获得的新知识可灵活获取和利用。

德国产研合作在知识与技术转化的许多重要指标中名列前茅，在企业与科研机构的合同科研合作中居于领先。早在 1997 年，大学校长联席会议就通过了关于高校专利事务的决议，16 个联邦州的高校法也已将知识与技术转化作为高校任务之一。2001 年，德国启动了旨在促进高校科研成果经济利用的“成果利用运动”，为支持地区创新战略，联邦政府与联邦州建立了 20 多个专利与利用事务所。这些事务所和其他技术转让机构组成全德国的网络“技术联盟”（TechnologieAllianz），成为企业寻求德国创新和科研成果的主要途径。此外，许多高校和科研机构也拥有自己的知识与技术转化办公室，为技术转化提供专业服务。大多数高校与科研机构也为自己的科研人员与学生提供知识转化方面的教育培训。德国科学基金会早在 1996 年就已开始资助高校研究人员与企业合作伙伴合作的特殊研究领域。2007 年起这一思路扩展，几乎所有资助计划中都包含了转化项目。尤其值得一提的是，知识转化在这里已不限于工程技术领域，越来越多的公共服务部门等机构也成为利用知识的合作伙伴。目前，开放式创新和知识技术转化已列入德国《高技术战略 2020》中，改善科研界和产业界的合作是其优先发展领域之一，有多个倡议和计划推进其具体实施，如“研究校园”等。在《高技术战略2020》框架下，建立了9个“创新联盟”及联邦教研部、科研界和产业界之间的大量“战略伙伴关系”，并开展了尖端集群竞赛。

科学信息基础设施建设方面，2012年7月科学委员会发表了对于继续发展科学基础设施的建议，联邦政府与各州政府成立了一个小组实施这些建议。2010年联邦政府由联邦经济部牵头，推出了建设德国数字化未来的信息通信技术战略，名为“德国数字2015”。该战略的措施之一是建设德国数字图书馆，该网络连接了3万个德国文化科学机构，于2012年11月上线运行（见表7）。

表7　德国政府相关政策措施对欧洲研究区的支持情况——信息开源及知识转化

政策措施	推行时间
公共资金支持的科研结果与出版物的开源	
《科学人文知识开源柏林宣言》	2003年
德国科学基金会把开源加入其资助政策	2006年
开放创新和公共与私人部门间的知识转化	
研究校园:公私创新伙伴关系	2011年
Go-innovativ——创新咨询与管理证书	2010年
创新能力验证 - VIP	2010年
应用科学大学的研究	2005年
德国联邦工业合作研究会(AiF)的中小企业未来科技项目(ZuTech)	1954年
创新联盟	2007年
全国创业女性服务站(BGA)	2004年
EXIST——科研人员创业	1999年
ERP创业基金	1995年
高技术创业基金	2005年
能力网络	1999年
科研中创新维度的促进:SIGNO、EXIST	
共同科学会议通过的关于实施欧盟委员会就知识转化中的知识产权管理和大学与其他公共科研机构行为准则的国家战略	2010年
技术联盟网络	2001年
关于作为德国高教体制任务的知识与技术转化的地方法律	
德国版权法中的二次出版权	2006年
电子基础设施及相关数字研究服务的协调政策	
数字德国2015	2010年
与各联邦州建立的关于科学信息基础设施的咨询与联邦工作组	2012年
联合电子身份的引入	
旨在推进电子身份的各种倡议行动	

资料来源：European Commission，*Country Fiches Member States of the European Union*，*European Research Area Progress Report* 2014：*Germany*，Brussels，2014，pp. 132 - 166，http：//ec. europa. eu/research/era/pdf/era_ progress_ report2014/era_ fiches_ eu - 1_ 2014. pdf。

三 德国政府的欧洲研究区战略

2014 年 7 月，联邦政府通过了其欧洲研究区战略，把欧洲研究区的进一步发展视为全面加强欧洲科研能力及创新能力的重要的驱动因素。战略对德国之前在各个优先发展领域的表现做出了肯定，在此基础上确立了以下四项指导方针。

第一，德国在欧洲研究区的定位：发动机和推动者。德国以其经济实力与科技实力，承担着继续发展欧洲研究区的发动机和推动者的特殊角色。为此，联邦政府致力于国家的、双边的和欧洲的科研创新政策的有效契合，并加强德国各行为体在相应的欧洲项目和倡议计划中的参与度。

第二，欧洲研究区基于各国科研创新体系的多样性和不同优势。各个成员国的主要责任在于：遵守承诺，根据本国实际情况制定具体的行动战略，推动欧洲研究区获得实质性进展。德国在战略中强调了把欧盟视为一个“可变几何体”（variable geometry）的原则，要求提高不同资助机制之间的开放度和兼容度。联邦政府认为，不应试图在欧洲层面上采取协调一致的法律措施，以免损害欧洲科研体系和文化的多样性，从而影响科研效率和竞争力。过多调节手段也会导致行政手续烦冗，限制各个行为者的行为能力。

第三，欧洲研究区必须发挥国家和地区科研创新体系的多样性，充分利用各种资助及合作手段，夯实基础，提高效率。尤其是要把欧盟当前的科研创新框架计划“地平线 2020”① 框架内对卓越科研创新的资助和欧洲结构基金的资助有效结合起来，产生协同效应，促进科研较弱成员国的发展，弥合欧洲内部的创新鸿沟。

第四，应加强欧洲研究区的国际维度，即欧洲研究区面向第三国的维度。只有这样才能使欧洲在当前变革中的、新兴国家日益崛起的世界上保持科研创新的领先地位，并充分利用合作机会以共同应对全球性的社会挑战。为此，需

---

① “地平线 2020” 是欧盟在其第 7 个科研框架计划于 2013 年底到期后推出的新的科研创新促进计划，期限为 2014 年到 2020 年，聚焦基础科学、工业技术和社会挑战三大战略优先领域，总预算约为 800 亿欧元。

要为欧洲研究区确立面向国际的战略，该战略应建立在各个成员国与第三国之间多样性的双边和多边关系的基础上，与欧盟的相关合作和倡议活动有效配合。德国在此方面的指导方针是 2008 年联邦政府的科研国际化战略。

在此基础上，联邦政府的欧洲研究区战略描绘了德国建设欧洲研究区的国家路线图，列出了各个优先发展领域应采取的重要措施。这些措施归纳起来可分为以下几类：

一是相关法规的修订与改革。为建设高效的国家科研体系，争取修订《基本法》第 91 条 b 款，扩展联邦政府和联邦州之间在资助高校和科研机构方面合作的可能性，持续加强高校科研能力。为促进人才流动，积极推进灵活的养老保险体系的建设，组织专业会议讨论未来可能的改革步骤。修订版权法，引入促进知识利用的二次出版权。

二是制定各领域的新战略，拿出新举措。其中包括：推动促进科研后备人才发展的整体方案的制订，出台促进科研数字化进程的战略、开源战略；建立信息基础设施委员会；等等。

三是继续推进国家科研创新方面的各项政策措施，更多地纳入国际化、欧洲化视角，使其与欧洲研究区的政策措施更好地配合，包括：要把“高技术战略”进一步发展为全面的跨部门的创新战略；继续推进与发展联邦政府与联邦州之间签订的“研究与创新协议”；对“精英倡议计划”进行评估，考虑其在 2017 年到期后的后续决策；继续推进联邦教育部的研究基础设施路线图进程；更好地利用与进一步发展现有的国家资助手段，加强大学与研究基础设施间的联系，在各层面的研究计划中更多体现性别视角，推进女教授计划和其他促进男女平等的项目；引入新的资助措施，推进尖端集群、未来项目等网络的国际化。

四是提高德国政府与科研界、经济界等行为者在欧洲研究区建设及“地平线 2020”等欧盟科研创新举措中的参与度。一方面，积极参与欧洲层面政策措施的制定，如积极参与科研基础设施欧洲战略论坛路线图的进一步发展与更新；另一方面，就欧洲化进程制定专门战略，加强国家资助行为与“地平线 2020”之间的协同作用，采取激励措施，改善信息服务，提高德国申请者在欧洲竞争中的成功率。还要系统地挖掘联合研究项目的潜力，充分发挥其在制度建构方面的影响，并继续推进、加强利用欧洲研究区跨国合作的其他工具、倡议和平台。

五是注重欧洲研究区科研实力的整体提高，尤其关注后加入欧盟的13个国家。推动德国卓越科研机构与企业和欧盟新13国机构、企业与地区建设与扩建共同的研究基础设施，并计划为这些国家提供科研管理方面的特殊奖学金，以改善其国家科研体系的效率。

六是改善相应的评估与指标体系，彰显德国的欧洲化与国际化成果。

七是继续推进与发展国内科研机构与科研资助机构在各个领域各具特色的举措及创新思路。如通过区域性的制度化科研合作（如KIT）加强科研体系内部的联系；在国际合作领域，要继续推进、拓展与支持科研机构自下而上的跨国合作模式。①

总体看来，德国2014年推出的这份战略一方面体现了德国对欧洲研究区发展的重视以及对本国所承担责任的认识，另一方面则承袭了德国在科研创新领域一贯的传统，即以守成为主、改革为辅。主要内容仍是继续推进和发展国内各层面现有的战略、倡议和举措，以及积极参加欧洲层面的相关项目，实质性的改革内容较少。可以说这是一份稳中求进的战略。

四 评价与展望

“欧洲研究区”倡议行动自2000年提出以来，至今仍以一个虚体的形式存在。欧盟对此并无法律上的强制性手段，方案的实施基本靠成员国自愿和自律。要使欧洲研究区能够像欧洲共同市场一样成为可以让欧洲人感知的实体存在，还需要在国家层面做许多努力。可以看到，在欧洲科研跨国合作方面，未来国家科研体系尤其在机构层面仍具有重要地位，无论从法律框架上、组织形式上还是资助方式上，国家的科研机构都仍是跨国合作的基础。观察德国对欧洲研究区的参与、当前的进展及其未来的战略，可以看到，把自己定义为欧洲研究区发动机的德国，在欧洲研究区建设的进程中所持的是一种积极而审慎的态度，这种态度体现在以下三个方面：

---

① 参见 Deutscher Bundestag，*Unterrichtung durch die Bundesregierung*：*Strategie der Bundesregierung zum Europäischen Forschungsraum*（*EFR*）*Leitlinien und nationale Roadmap*［Drucksache 18/2260］，2014，http：//www. bmbf. de/pubRD/EFR – Strategie_ deutsch. pdf。

（一）德国科研政策对国际化的偏重

科研的国际化可以理解为科研活动日益超越国境的进程。也就是说，在一国科研体系内进行的科研活动和产出的科研成果，其意义日益超出一国范围，向国际扩展。由此带来国际科研合作，直至政府间机构的建立，都是基于具体的科研项目和计划，可视为一种自下而上的过程。欧洲化虽然与欧洲各国科研界之间相互联系的传统相关，但更多的是在政治框架条件影响下的进程，重在欧洲层面的机构建设，与由“博洛尼亚进程”推进的欧洲高教区的主导思想联系密切，要建成类似欧洲经济区和共同市场的欧洲研究区。在此背景下，在欧洲层面建立的中央机构，是一种自上而下影响各国科研体系的努力。

事实上，虽然欧洲研究区方案与欧盟的各种倡议行动在欧洲逐渐形成了一种建设欧洲研究区的认识，而欧洲研究区的思想在近年来也已经对各国研究政策继续发展的方向产生影响，但并未能自上而下地使各国科研政策融合统一。德国面向欧洲的科研战略，仍主要放在国际化范畴中，这一点从德国各级政府、大学和科研机构及科研资助机构的国际化战略中也有很好的体现。德国的欧洲研究区战略中所提出的举措，多数也仍可归为国际化范畴。

（二）对欧洲研究区中各国保持多样性和独立性的强调

欧洲研究区的强大根植于各成员国科研实力的强大，欧洲研究区的发展必须保持各国科研体系的多样性，充分利用其中所蕴藏的潜能，保持与促进欧盟内部的竞争，这是德国各界一贯的态度。德国欧洲研究区战略也提出，德国强大高效并能保持住自己特色的科研创新，是德国科研机构积极独立参与欧洲研究区的前提。

德国的科学委员会在就德国欧洲研究区政策提出的建议中指出：欧洲研究区的目标不应是照搬欧洲内部市场的模式，致力于法律规定的尽可能统一；而应使各个行为者能继续保持其独立性，同时资助也应更加多元化和更有利于竞争。在国家层面和欧盟层面资助项目的叠加，可以使资助更为精确合理，也可以保持资助者之间的竞争关系，从而促使资助工具的优化，保持其活力。①

① 参见 Wissenschaftsrat, *Empfehlungen zur deutschen Wissenschaftspolitik im Europäischen Forschungsraum*, Berlin, 2010, S. 7 –8, www. wissenschaftsrat. de/download/archiv/9866 –10. pdf。

因此，德国的态度是，仅在一些特殊领域，如为促进科研体系流动性而进行的社会保障体制的改革上，各国的法律规定在一定程度上互相靠拢是可行的；但在大多数领域，德国并不接受欧盟委员会在其沟通文件中所提出的统一规则方面的建议，如对“Charter & Code”原则的采用等，而是坚持应尊重各国的不同情况，采用本国成熟有效的法律法规。这一点在两份欧洲研究区进展报告和 2014 年德国政府的欧洲研究区战略中都有清楚的体现。

（三）对科研国际化与国家利益之间平衡的关注

一个国家的科研政策需要同时顾及两个不同的目标：一方面要为促进科研的国际化提供合适条件，另一方面也要适当顾及其他政治领域在科研政策上的国家利益。

一方面，科研体系与科研机构如果能够最大限度地适应欧洲内部与国际范围的框架条件，推动科研国际化进程，可有利于科研的发展，高校与科研机构在欧洲与国际层面上的定位和联网越来越重要。制度协调的焦点也从民族国家内部上升到国家间层面，科研机构之间和超国家的政府间机制之间的相互作用不可忽视。

另一方面，科研体系也包含其他政治领域的功能，如促进科研人员流动性这一欧洲研究区的优先发展领域，就关系到德国对高素质劳动力的吸引和挽留以及移民、福利等社会经济问题。在此情况下，“科研无国界”的传统就与国家经济利益产生了冲突，是科研政策不能不顾及的。这也是德国在参与欧洲研究区建设中较为审慎的原因之一。

外 交 篇

Foreign Policy

B.11

德国在乌克兰危机应对中的原则立场、分歧及其原因分析*

戴启秀　王志强**

摘　要： 乌克兰危机给德国带来了外交困境。在欧洲安全问题上，德国一方面依然将北约视为欧洲安全的保障和德国安全及防务政策最强大的支柱；另一方面，历史和现实经验使德国意识到，欧洲的安全离不开俄罗斯。随着乌克兰放弃不结盟地位法案的通过，乌克兰危机进一步升级。本文从德国在乌克兰危机应对中的原则立场、国内应对危机和对俄政策的分歧及其原因分析、《明斯克协议》谈判框架与《新欧洲巴黎宪章》几个方面，阐述德国政府为化解乌克兰危机所做的努力。

关键词： 乌克兰危机　德国外交困境　欧洲安全机制　德俄关系

* 本文是教育部国际司2014年指向性课题阶段性成果。

** 戴启秀，上海外国语大学国际关系与公共事务学院研究员、欧盟研究中心执行副主任；王志强，博士，上海外国语大学德语系教授、欧盟研究中心成员，博士生导师。

在欧盟核心国家德国看来，德国和欧盟与俄罗斯的政治关系在很大程度上影响着欧洲的安全、和平与稳定。“德国、波兰和俄罗斯三边对话机制具有十分重要的意义。欧洲安全只有同俄罗斯一起才能得到保障，而不是通过反对俄罗斯方式得到保障。”①“我们不能将俄罗斯排除在欧洲之外，这既不符合历史，也不合理，甚至威胁和平。”②为此，在兼顾彼此利益的前提下，在安全领域德国加强同俄罗斯的合作，共同解决欧洲东部邻国冲突，保障欧洲的安全和稳定，实现欧洲的持久和平。这也成为德国政府推进欧洲东部安全的原则框架。③ 换言之，在建构欧洲东部安全方面，德国须正视俄罗斯的地缘战略利益和战略安全需求以及地区安全追求。有鉴于此，德国政府在应对乌克兰危机时试图兼顾欧洲、乌克兰和俄罗斯等多方的不同安全需求，在此框架下形成了德国特有的应对乌克兰危机和对俄罗斯的政策和原则。

一　德国应对乌克兰危机的原则立场

面对乌克兰危机的爆发，德国政府一开始就表明，不以武力而以外交和政治途径解决危机，其目标是在乌克兰恢复欧洲和平秩序。随着事态的进一步发展，德国总理默克尔在其政府宣言和 2015 年新年贺词中，以及她和德国外交部长施泰因迈尔在参加围绕乌克兰东部武装冲突的国际斡旋中，分别以官方方式阐述了德国政府在处理乌克兰危机上的立场和态度，归纳起来主要有以下四点：

第一，欧洲要一如既往地坚持欧洲和平秩序的价值，即坚持欧洲统一，反对欧洲分裂。在 2014 年 12 月的政府声明中，默克尔总理强调不能忘却历史。她表示，25 年前欧洲以和平方式解决欧洲和德国的分裂是一件伟大的历史事件，“欧洲的统一是莫大的幸福。面对欧洲的统一，我们不能忘记欧洲历史、

① Koalitionsvertrag zwischen CDU, CSU und SPD, “Deutschlands Zukunft gestalten”, 27. 11. 2013, pp. 1 – 185, hier p. 170.

② “Ukraine – Krise: Wieder Krieg in Europa? Nicht in unserem Namen!”, *Die Zeit*, 5. 12. 2014, http://www.zeit.de/politik/2014 – 12/aufruf – russland – dialog.

③ 戴启秀、王志强：《德国新政府外交政策调整及走向》，《国际观察》2014 年第 4 期。

欧洲背景，同时也不能忘记现实的危机和战争”①。默克尔认为，“和平、自由、福祉”这一欧洲价值不是自然而然得到的，而是需要人们时刻并持之以恒地做出努力。北约东扩的同时未能深化与俄罗斯的关系，这使俄罗斯感到受到威胁。欧洲东部安全也面临威胁。“面对目前欧洲人又在担心战争，德国有义务为欧洲和平承担更多的责任。”②

第二，德国将继续寻求同俄罗斯的对话，维持与俄罗斯的友好关系，其前提是俄罗斯接受欧洲和平制度和价值。虽然德俄关系面临乌克兰危机的挑战，但德国政府依然坚持包括俄罗斯在内的欧洲整体安全解决方案。德国重视与俄罗斯的对话合作，除安全因素外，也是基于德俄在很多层面不可分割的经济关系和经济利益。俄罗斯是德国最大的天然气和石油供应商。“由于德国通过决议在2022年前放弃使用核能，从中期前景看德国的天然气消费量将会增加。”③ 另外，乌克兰是俄罗斯向欧盟运输能源过程中的重要中转国，欧盟消耗的天然气中有近20%是经由乌克兰输入的。乌克兰危机对德国与俄罗斯的经济合作和能源合作产生严重的影响。对德国和欧洲而言，乌克兰是具有十分重要战略地位的国家，增强对乌克兰的控制力也成为欧洲国家缓解自身能源困境的重要手段。

第三，支持乌克兰独立和领土完整。鉴于冷战结束使欧洲和德国分裂问题得以解决这一历史经验，在乌克兰问题上，德国反对欧洲再次滑入势力范围传统思维，支持乌克兰的独立和领土完整，反对欧洲再次分裂。默克尔总理强调，“对乌克兰而言，分裂意味着严重倒退。对欧洲和欧洲安全而言，也是严重的倒退”。④ 为此，德国不容许也不能够让这种情况出现。但同时也要求乌克兰政府加强法治建设，惩治国内腐败，重视经济建设，推动经济现代化。但现实是，乌克兰东部的一部分地区聚居着俄罗斯族，危机已导致出现事实上的

---

① “Regierungserklärung von Bundeskanzlerin Merkel zum Europäischen Rat am 18./19. Dezember in Brüssel. Vom 18. Dezember 2014 in Berlin vor dem Deutschen Bundestag”, http://www.bundesregierung.de/Content/DE/Regierungserklaerung/2014/2014-12-18-bt-merkel.html.

② “Ukraine-Krise: Wieder Krieg in Europa? Nicht in unserem Namen!”, *Die Zeit*, 5.12.2014, http://www.zeit.de/politik/2014-12/aufruf-russland-dialog.

③ 陈新明、宋天阳：《论从疏远到对抗的德俄伙伴关系》，《德国研究》2014年第4期。

④ “Regierungserklärung von Bundeskanzlerin Merkel zum Europäischen Rat am 18./19. Dezember in Brüssel. Vom 18. Dezember 2014 in Berlin vor dem Deutschen Bundestag”, http://www.bundesregierung.de/Content/DE/Regierungserklaerung/2014/2014-12-18-bt-merkel.html.

“分裂”，该地区的最终地位仍然无法确定，俄罗斯也不会坐视不管。

第四，《明斯克协议》是解决乌克兰危机的谈判框架。这是德国政府参与斡旋的基本立场，旨在反对以军事手段解决乌克兰危机。但默克尔政府在建构欧洲整体安全构想中，必须解决两个内部的矛盾和冲突：一是相关方如何统一界定乌克兰的外交地位；二是西方大国如何承认和尊重俄罗斯的平等地位和伙伴关系以及俄罗斯的合法利益诉求。面对乌克兰危机，默克尔总理在慕尼黑安全会议的讲演中要求各方遵循欧洲安全与合作组织成员国签署的《赫尔辛基最后文件》处理边界问题，① 以欧洲融合、互相尊重和伙伴关系为三大原则的、1990 年签署的《新欧洲巴黎宪章》（*Pariser Charta für ein neues Europa*）为基础，在此欧洲安全框架原则下同俄罗斯进行对话，化解乌克兰危机，建立以信任为前提的关系。

二　德国国内在处理乌克兰危机及对俄关系上的分歧及其原因

在“克里米亚危机之前，德国一直是支持俄罗斯合法利益最重要的西方国家。反之，当下的俄罗斯政府也视德国为除美国之外最重要的西方合作伙伴，有时重要性还会超越美国。这种良好的关系的核心基础在于两国经济纽带不断增强，德国高度评价俄罗斯（苏联）为德国统一做出的贡献，两国人民在二战暴行之后修好和解。尽管自 2012 年普京的第二任期开始，两国的政治差异不断加大，但这并没有改变核心定律。……所以德国绝无任何兴趣去重新分裂欧洲。正因为如此，当 2008 年布什政府竭力推动迅速将乌克兰和格鲁吉亚纳入北约扩张之列时，德国与法国、西班牙共同投了否决票”②。但俄罗斯兼并克里米亚事件触犯了德国战后所奉行的遵守《国际法》和国际秩序的国家原则和底线，并使德国和俄罗斯关系复杂化。面对经历过的德国统一的艰辛

① Rede von Bundeskanzlerin Angela Merkel anlässlich der 51. Münchner Sicherheitskonferenz, 07. Februar 2015, http://www.bundesregierung.de/Content/DE/Rede/2015/02/2015-02-07-merkel-sicherheitskonferenz.html; jsessionid = BE2B56DE412F0FCB8640C9EAA1841C30.s2t1.

② 〔德〕米夏埃尔·施塔克（Michael Staack）：《欧债危机后德国的外交政策：更积极，更有为，更全球化?》（吴静娴译），《德国研究》2014 年第 3 期。

历程，德国政治家认为，在欧洲和平面对威胁的时候，“德国应该承担更大的责任。因为，如果没有俄罗斯人民谅解的态度，如果没有戈尔巴乔夫的远见，如果没有西方盟国的支持，没有当时联邦政府小心翼翼的行为，欧洲的分裂是不可能解决的”①。面对危机，德国感到有义务承担起欧洲和平的责任。

在宏观层面，德国政府和主流社会反对战争，坚持以和平手段解决乌克兰危机；但在微观层面，在具体问题处理方面还存在认识上的分歧。另外，美国和俄罗斯的战略博弈也会影响德国对乌克兰危机的看法和应对方式。

（一）共识与分歧

第一，在政府层面，反对武力干涉，以外交和政治途径解决乌克兰危机成为德国国内的基本共识。但在如何应对乌克兰危机、如何处理乌克兰危机背景下的德俄双边关系上，德国国内存在一定的分歧。在俄罗斯兼并克里米亚地区后，这些争论和分歧进一步加剧。

“虽然默克尔给予施泰因迈尔在对俄政策上以一定支持，但在同普京进行合作方面存在很大疑虑。而施泰因迈尔表现得较为积极，因而也被称为莫斯科和柏林紧密关系最有力的支持者。总理和外交部长之间经常就如何对待俄罗斯展开争论：是重点关注尊重人权，还是奉行务实原则，把重点放在经济合作并将俄纳入多边体制框架里。”② 这也反映了德国外交利益导向和价值观导向之间的两重性。德国当代对外政策主要基于价值取向和对国家利益的追求。这两大核心原则的关系是以价值观为基础，以利益为导向。如何协调价值和利益之间的关系，这在一定程度上给德国对外政策带来目标冲突，成为德国国内专家和政治家辩论的焦点之一。一方面，随着经济全球化的深入，经济的增长对国际市场的依赖程度加深，经济利益成为德国当代对外政策制定的核心要素和指导方针；另一方面，西方的价值观和意识形态，特别是人权问题成为德国与非西方国家价值冲突和争议的焦点。③

除地缘政治因素考虑俄罗斯的底线，德国外长施泰因迈尔也要求注重考虑

---

① “Ukraine - Krise: Wieder Krieg in Europa? Nicht in unserem Namen!”, *Die Zeit*, 5. 12. 2014, http: //www. zeit. de/politik/2014 - 12/aufruf - russland - dialog.

② 陈新明、宋天阳：《论从疏远到对抗的德俄伙伴关系》，《德国研究》2014 年第 3 期。

③ 戴启秀：《德国当代非洲政策研究》，《国际观察》2013 年第 5 期。

其文化渊源。“要认真看待乌克兰历史”，“基辅是东正教的发源地，这一点要认真对待”①。2013 年 11 月 21 日，亚努科维奇政府最终宣布暂停与欧盟签署联系国协定，乌克兰国内政治发生突变。在德国、法国、波兰（“魏玛三角”）外长三方施压和调解下，在得到俄罗斯认可的前提下，促使乌克兰执政党和反对派坐在谈判桌前，并在 2014 年 2 月 21 日达成“和解协议”。在这过程中，德国扮演了重要的中间人角色。出乎意料的是，在“和解协议”达成后，反对派很快得势并控制了议会，同时通过了一系列决议，“和解协议”也未得到执行。特别是克里米亚公投的进行，使乌克兰危机外溢为俄罗斯与美欧的对峙和冲突。面对危机的扩大，从 2014 年 3 月 1 日和 3 月 2 日两次对德国外长的访谈中，我们可以看到德国对俄立场妥协的一面，这主要表现在以下几点：①乌克兰是加入俄罗斯主导的欧亚联盟还是欧盟目前不再重要，重要的是建立稳定的过渡政府；②预防和避免乌克兰国内经济崩溃；③维持和巩固乌克兰的领土完整；④坚持使用外交和政治手段解决乌克兰危机，反对武力干涉；⑤保障乌克兰全体人民的权利，要求收回已通过的、针对俄罗斯少数民族语言使用的法律，“乌克兰应该保障全体人民的利益，也包括少数民族的民主权利，少数民族的权利应得到尊重”；② ⑥俄罗斯要同乌克兰新领导进行沟通，建立国际联络小组；⑦欧洲安全与合作组织要为乌俄沟通提供解决冲突平台。迄今，除对俄经济制裁范围不断扩大外，这些基本原则没有大的变化。

在德国执政党内部也出现分歧。如果说联盟党态度上更为强硬，那么社民党则更强调对俄的战略对话策略。“由于德国在能源方面对俄依存度高，加之在新的大联合政府内，尤其是以施泰因迈尔为首的外交部继续延续社民党一贯的亲俄立场。”③ 联盟党议院党团副主席富克斯（Michael Fuchs）认为，对俄罗斯的惩罚措施“的确给俄罗斯带来了消极的经济影响，就像我们现在看到

---

① *Interview mit Steinmeier von Bericht aus Berlin* am 2. 3. 2014，http：//www. tagesschau. de/multimedia/video/video1376358 ~ _ bab – sendung13676. html.

② “Steinmeier auf ‘Mission Neuanfang’ von Martin Klingst”，Washington D. C.，27. Februar 2014，*Die Zeit*，2. 3. 2014，http：//www. zeit. de/politik/ausland/2014 – 02/steinmeier – usa – besuch – kerry.

③ 陈新明、宋天阳：《论从疏远到对抗的德俄伙伴关系》，《德国研究》2014 年第 3 期。

的那样”，但他“完全支持总理对俄罗斯实行的强硬政策”。[①] 联邦财政部部长朔伊布勒（基民盟）也支持欧盟继续对俄罗斯进行制裁，欧洲也并不想同俄罗斯发生军事冲突，“但这并不意味着我们认可俄罗斯通过军事手段实现其利益”。社民党议院党团外交事务发言人安嫩（Niels Annen）对此提出了不同的看法：“对俄制裁并不是目标本身。在乌克兰局势和俄罗斯经济状况恶化的情况下，我们需要重新评估对俄制裁。”社民党外交事务专家米岑尼希（Rolf Mützenich）先前曾呼吁，只要东乌克兰战事停歇和其他的目标得以实现，就应逐渐放宽对俄制裁。在这方面，制裁并不是目标。政府的对俄制裁措施也遭到德国经济界的批评，因为“制裁既不会使俄罗斯在经济和政治上屈服，也不会在中期取得我们希望见到的成效”[②]。

第二，对德国而言，俄罗斯武力兼并克里米亚，从法理上德国是坚决反对的，但在如何对此做出回应方面存在分歧。俄罗斯违背了德国二战后一直强调并恪守的《国际法》核心原则。在克里米亚事件上，德、欧美观点一致，认为：俄罗斯违反了《国际法》和国际关系准则。同时，默克尔总理指责俄罗斯违背了1994年签署的、旨在保障乌克兰领土完整和主权的《布达佩斯备忘录》。[③] 针对俄罗斯这一严重损害国际秩序原则的做法，德国政府赞同西方做出的回应，即对俄罗斯实行制裁。但在实行制裁的深度与广度上德国国内有着不同的主张。在第一阶段实行的政治制裁中，如：终止俄罗斯参加八国集团峰会，其分歧并不明显。但在实施经济制裁过程中，政府的制裁措施受到来自社民党和企业界精英的批评。默克尔政府趋向扩大的制裁政策并没有得到国内经济界的广泛支持。因为德国是所有欧元区国家中与俄罗斯经济联系最为密切的国家，欧盟对俄制裁措施会给德国经济带来惨重损失。基于德国安全利益和经济利益的双重考虑，2014年12月德国60多位精英发表声明，呼吁政府出台新的对俄政策。德国在欧盟制裁中是否能起到踩刹车的作用，值得人们进一步关注。

---

① 《执政联盟内部就制裁俄罗斯产生争论》，《新德意志报》12月24日讯。转引自同济大学德国研究中心等编《德国快讯》2014年第24期，第3页（2014年12月25日）。

② 《执政联盟内部就制裁俄罗斯产生争论》，《新德意志报》12月24日讯。转引自同济大学德国研究中心等编《德国快讯》2014年第24期，第3页（2014年12月25日）。

③ Rede von Bundeskanzlerin Angela Merkel anlässlich der 51. Münchner Sicherheitskonferenz, 07. Februar 2015, http://www.bundesregierung.de/Content/DE/Rede/2015/02/2015 - 02 - 07 - merkel - sicherheitskonferenz.html; jsessionid = BE2B56DE412F0FCB8640C9EAA1841C30.s2t1.

对俄罗斯人而言，兼并克里米亚是收复了自己的领土，正如普京在当地时间2014年3月18日强调的那样："我相信欧洲人会理解我们的，尤其是德国人。在民主德国与联邦德国合并的政治协商中，并非德国的（西方）盟国都支持这一合并。而我们则相反，苏联完全赞成德国人的历史性统一。我相信德国人没有忘记这一点，希望德国公民们也能支持俄罗斯的恢复民族统一的努力。"① 普京这一演说受到德国政界、学界和媒体的特别关注。对普京提到苏联对德国国家统一的支持态度，德国媒体十分敏感，并引起国内争论。

第三，社会精英联合署名呼吁政府对俄采取新的缓和政策。2014年12月4日，俄罗斯总统普京发表了言辞强硬的2014年度国情咨文。面对欧俄对峙出现更加严重的趋势，2014年12月5日，来自政治、经济、文化、媒体等领域的60多位德国社会精英（包括德国前总理施罗德、前总统赫尔佐克等名人）联合署名，发出《在欧洲再次爆发战争？请不要以我们的名义》声明，呼吁德国政府应更好地承担欧洲和平的责任。"我们需要一种新的欧洲缓和政策，要为所有国家提供相等的安全，所有伙伴享有平等和相互尊重。这里，俄罗斯人的安全需求、德国人的安全需求、乌克兰人的安全需求和巴尔干人的安全需求同等重要。"② 为了欧洲的和平和避免战争，德国政府应制定和实施一种新缓和政策和对俄新政策，以此缓解乌克兰危机所致的德俄关系紧张和恶化。在这方面，"对俄罗斯、乌克兰的合理批评不能导致我们过去25年同俄罗斯关系处理中所取得的成就也随之消失"③。其主要理由有以下几个方面：声明认为，"没有人想要战争，但是美国、欧盟、俄罗斯正在不可避免地接近战争。如果目前大家不终止相互威胁，将会导致战争不可避免地爆发。所有欧洲人，包括俄罗斯人，要共同承担和平与安全的责任。乌克兰危机表明，追求霸权和统治的这种嗜好还没有被克服"④。声明认为，"在此期间，美国

---

① 〔俄罗斯〕弗拉基米尔·普京：《在克里米亚入俄前夕的演讲》，高原、靡绪洋译，《观察与交流》2014年第133期，北京大学中国与世界研究中心主办，第15页。

② 〔俄罗斯〕弗拉基米尔·普京：《在克里米亚入俄前夕的演讲》，高原、靡绪洋译，《观察与交流》2014年第133期，北京大学中国与世界研究中心主办，第15页。

③ 〔俄罗斯〕弗拉基米尔·普京：《在克里米亚入俄前夕的演讲》，高原、靡绪洋译，《观察与交流》2014年第133期，北京大学中国与世界研究中心主办，第15页。

④ "Ukraine – Krise Wieder Krieg in Europa? Nicht in unserem Namen!", *Die Zeit*, 5.12.2014, http: //www.zeit.de/politik/2014 – 12/aufruf – russland – dialog.

人、欧洲人、俄罗斯人，他们原有的排斥战争的主流想法已经消失，显而易见的例子就是冷战后北约的东扩进程。问题在于：北约东扩实现了从西部向东部的扩大，但无视由此带来的对俄罗斯的影响，并没有深化同俄罗斯的关系，这使俄罗斯感到威胁”①。西方人也无法理解普京违反《国际法》侵占克里米亚。面对乌克兰危机下的欧洲安全困境，声明要求：“在欧洲大陆面对威胁的时候，德国应该承担更大的责任。”② 声明认为，以和平方式实现德国统一，是战胜国在理性主导下的一种态度。这一决定具有历史意义。在解决德国分裂的历史事件后，应该要形成一种具有承载力的欧洲和平与安全体系。

第四，德国政府反对美国向乌克兰军队提供防御性致命武器，主张通过外交方式和平解决乌克兰危机。2015 年初，随着危机升级，特别是在美国要为乌克兰军队提供致命武器背景下，德国总理默克尔和法国总统奥朗德突访莫斯科，提出了新版和平协议。德国国内各党派虽然对之达成共识、给予支持，但也存在一定的认知差异。首先，默克尔政府解决乌克兰危机的立场是既坚持北约集体防御政策，又坚持有俄罗斯参与的欧洲整体安全合作方案。在 2015 年 2 月在基辅和俄罗斯之间斡旋的过程中，默克尔重申：“一方面反对美国向乌克兰提供武器，另一方面赞同北约向北约成员国中的东欧国家提供集体防御。其次，欧洲的边界不能移动，同时，欧洲的安全要同俄罗斯一起共同建构。”③ 2015 年 2 月 6 日至 8 日的第 51 届慕尼黑安全会议上，默克尔再次强调以外交方式解决乌克兰危机的德国立场，“这种现状也告诉我们，冲突不能通过军事手段解决，这也是我们决定集中精力通过政治途径缓和危机的原因所在”。对默克尔而言，对话、会谈、谈判、经济合作等方式尽管需要很长时间，让人感到压抑难受，但人们还须坚持。因为，在欧洲没有人对欧洲分裂感兴趣；对俄罗斯实施经济制裁是欧盟与美国达成的共识，“（平息冲突）进程不能通过输送更多武器实现”④。

---

① “Ukraine – Krise Wieder Krieg in Europa? Nicht in unserem Namen!”, *Die Zeit*, 5. 12. 2014, http://www.zeit.de/politik/2014 – 12/aufruf – russland – dialog.

② “Ukraine – Krise Wieder Krieg in Europa? Nicht in unserem Namen!”, *Die Zeit*, 5. 12. 2014, http://www.zeit.de/politik/2014 – 12/aufruf – russland – dialog.

③ Merkel – Rede auf der Sicherheitskonferenz “Militärisch ist diese Krise nicht zu lösen”, 07. 02. 2015, http://www.tagesschau.de/inland/msc2015 – merkel – 101. html.

④ Merkel – Rede auf der Sicherheitskonferenz “Militärisch ist diese Krise nicht zu lösen”, 07. 02. 2015, http://www.tagesschau.de/inland/msc2015 – merkel – 101. html.

在第51届慕尼黑安全会议上，德国国防部长冯德莱恩也反对向乌克兰提供武器，认为向乌克兰输送武器是火上浇油，会使各方背离通过政治途径解决乌克兰危机的初衷，并呼吁各方尽快回到谈判桌前。冯德莱恩坚信：“一定要找到一种外交和政治解决方案。我们可以通过经济制裁向俄罗斯施压，给俄罗斯带来灾难性损失，并建议，乌克兰和俄罗斯现在必须坐在一张桌上，因为它们之间有许多问题要解释清楚。一方面，乌克兰有权自己去进行谈判，以此强调其国家的统一和领土完整；另一方面，也应该为找到在乌克兰问题上的‘自决权’做出努力。”① 德国社民党主席加布里尔赞同德国总理默克尔和法国总统奥朗德提出的“和平倡议”，“尽管这一和平倡议有失败的风险，但默克尔和奥朗德在前景不明朗的情况下立即采取行动，这是非常好的，这也许是阻止暴力升级的最后一次机会”②。加布里尔支持联邦政府的立场，不支持美国向乌克兰提供武器，反对德国国防部长冯德莱恩要求德国提高军费开支的提议。因为“美国人可以从其遥远的地方提出提供武器这一要求，但是乌克兰人和欧洲人将承担美国人提供武器的后果”③。在是否为乌克兰提供武器问题上，慕尼黑安全会议主席伊辛格（Wolfgang Ischinger）则认为，如果“从一开始将西方可能提供武器的想法掐死在萌芽中也是不对的。袖手旁观者也要为之负责。只要分离主义者一直在扩大领土，那么，他们就会拒绝回到谈判桌上。到那时，德国要求停止向西推进就会无济于事。应该要为普京在解决乌克兰危机方面提供台阶”④。

（二）四点分析

乌克兰危机使德国外交处于两难境地。默克尔对俄罗斯虽然言辞激烈，但鉴于25年来德国和俄罗斯之间从机制上建立的多层面多领域合作，德国迟迟

① Interview mit Ministerin von der Leyen “Es gibt in der Ukraine schon zu viele Waffen”, 06.02.2015, http://www.tagesschau.de/inland/vonderleyen-muenchen-101.html.

② “Ukraine-Treffen für Mittwoch geplant. Hoffnungen ruhen wieder auf Minsk”, 08.02.2015, http://www.tagesschau.de/.

③ “Ukraine-Treffen für Mittwoch geplant. Hoffnungen ruhen wieder auf Minsk”, 08.02.2015, http://www.tagesschau.de/.

④ Chef der Münchner Sicherheitskonferenz “über Waffen für Kiew diskutieren”, 06.02.2015, http://www.tagesschau.de/inland/ischinger-interview-101.html.

不愿意加入针对俄罗斯的进一步制裁。德国对俄罗斯行为和对俄政策也受制于以下四个方面的因素：

第一，地缘政治因素。从地缘政治来看，欧洲东部安全既是德国利益所在，也是俄罗斯利益所在。乌克兰、白俄罗斯和俄罗斯三国是东斯拉夫的核心国。乌克兰是俄罗斯的安全缓冲区。使乌克兰脱离俄罗斯势力范围，这会触犯俄罗斯底线。德国强调和平手段解决乌克兰危机，除二战后的历史经验外，另一原因也是其军事实力不足。在过去 20 多年，如其他很多欧洲邻国一样，作为北约的一个合作伙伴，德国与俄罗斯的关系已经非常缓和。德国陆军已不再强大，对坦克和步兵的投资已被召回。值得关注的是，在这次慕尼黑安全会议之前，北约成员国国防部长 2015 年 2 月 5 日举行会议，商讨进一步扩大北约快速反应部队等事宜。根据方案，北约打算将快速反应部队人数从现在的 1.3 万人增加至 3 万人，同时将其中 5000 人设为“先头部队”，有能力在短短数日内部署到任何指定地点。此外，此次北约成员国国防部长会议还决定在爱沙尼亚、拉脱维亚、立陶宛、波兰、保加利亚和罗马尼亚等 6 个东欧国家增设“指挥与控制”联络点，部署小股部队，主要负责计划和组织军事演习，并在需要时指挥增援部队。当德国、法国力推和平解决方案之际，北约和美国酝酿的一系列军事动作正越来越引起俄罗斯方面的警觉。

第二，文化渊源因素。从文化渊源角度看，乌克兰民族的第一个国家基辅罗斯是俄罗斯文明和文化的发源地。它奠定了今天俄罗斯、乌克兰共同的文化基础。① “只要乌克兰和白俄罗斯的内政、经济发展继续落后于俄罗斯，由于有着上千年共同的历史，基于共同的语言和文化，并由于经济上紧密的相互依赖关系，这几个国家有可能走向重新合并。”②

第三，普京的欧亚联盟战略。乌克兰是俄罗斯欧亚联盟计划中代表欧洲的一方，若没有乌克兰，普京第三任期内的欧亚联盟战略构想便无法实施。根据俄罗斯制定的欧亚联盟路线图：2010 年启动关税同盟；2012 年启动统一经济区；2015 年建成欧亚经济联盟。在普京关于欧亚联盟的设想中，乌克兰的地位举足

① 斯拉夫民族分为东斯拉夫、西斯拉夫和南斯拉夫三支。东斯拉夫指俄罗斯、乌克兰、白俄罗斯；西斯拉夫指波兰、捷克、斯洛伐克；南斯拉夫是指塞尔维亚、克罗地亚、马其顿、黑山、保加利亚。

② 〔德〕施密特：《未来强国》，梅兆荣等译，海南出版社，2014，第 174 页。

轻重。乌克兰和白俄罗斯是俄罗斯作为一个欧洲国家所必需的连接点。为了解决俄罗斯这一利益诉求，根据《南德意志报》2015年1月22日的报道，德国副总理加布里尔认为，欧盟在对俄实行经济制裁之后，“应该为俄罗斯提供出路”。但默克尔总理强调，其前提是俄罗斯必须按照《国际法》解决乌克兰危机。

第四，美欧忽视俄罗斯的利益。乌克兰危机使德国对其周边地区安全和对俄罗斯关系进行了战略反思。德国认识到，欧盟在推进乌克兰向欧盟靠拢时，无视俄罗斯的感受。这方面欧盟也有责任。在北约东扩和利比亚事件上，俄罗斯的利益被忽视。面对这一现状，前北约秘书长、荷兰莱顿大学和平与安全教席教授夏侯雅伯（Jaap de Hoop Scheffer）认为：“普京希望俄罗斯得到尊重。对他来说，欧盟和北约东扩走得太远，并已经危及乌克兰脱离俄罗斯的势力范围。另外，对俄罗斯来说，克里米亚具有极为重要的战略意义，它是通往地中海的门户。普京担忧，他因失去乌克兰而被写进俄罗斯的历史。”① 通过反思，鉴于俄罗斯的利益需求，德国目前积极主张推动包括俄罗斯在内的欧洲整体和平安全方案。

三 《明斯克协议》谈判框架与《新欧洲巴黎宪章》

从外交上看，“德国和美国也有明显区别：德国会优先考虑重新拉俄罗斯稳定乌克兰局势，而美国则优先希望通过拉乌克兰入北约来扩大它的地缘政治势力范围”②。在慕尼黑安全会议上，德国外长施泰因迈尔警告说：“欧洲正面临和平与战争的分水岭。目前欧洲形势正不断远离欧洲安全与合作组织的基本原则，并正走向暴力和冲突，欧洲将面临分裂的危险。”③ 默克尔总理也要求：“为了重新挽回信任和合作，所有参与国家必须重返欧洲安全与合作会议的原则。”④

---

① Jaap de Hoop Scheffer, “Nationalistischer Putinismus”, Interview von Gundrun Dometeit, *Fokus* vom 10. März 2014 Nr. 11, pp. 30 – 31, herep. 31.

② 〔德〕米夏埃尔·施塔克（Michael Staack）：《欧债危机后德国的外交政策：更积极，更有为，更全球化?》（吴静娴译），《德国研究》2014年第3期。

③ “Münchner Sicherheitskonferenz. US – Vizepräsident Biden droht Russland mit hohen Kosten”, http://www.zeit.de/politik/ausland/2015-02/muenchner-sicherheitskonferenz-joe-biden-putin.

④ Merkel auf der Sicherheitskonferenz “Internationales Recht einhalten”, 07.02.2015, http://www.bundesregierung.de/Content/DE/Artikel/2015/02/2015-02-07-rede-merkel-sicherheitskonferenz.html.

在2015年2月第51届慕尼黑安全会议上，默克尔总理在讲演中说道，40年前签署的《赫尔辛基最后文件》及赫尔辛基会议定下的欧洲边界不可变更、和平方式解决国家间边界争端、尊重主权等重要原则是结束冷战的重要里程碑。25年前签署的《新欧洲巴黎宪章》成为解决当今欧洲安全问题重要的国际法依据和框架原则。①

目前，乌克兰危机谈判的框架是《明斯克协议》。2014年9月5日，乌克兰问题三方联络小组（乌克兰、欧洲安全与合作组织、俄罗斯）同乌东部民间武装代表在白俄罗斯首都明斯克达成停火协议。9月19日，三方联络小组同乌东部民间武装代表签署备忘录。这一备忘录进一步细化了《明斯克协议》，规定建立30公里宽的缓冲区。因冲突双方缺乏互信，停火协议和备忘录均未得到有效落实。为此，德国政府呼吁乌克兰冲突双方能继续回到这一框架内。随着乌克兰危机的升级，“在欧洲内部，德国政府则遵循着在两种力量之间走中间路线，一边像法国、意大利这样注重与俄罗斯经济关系的国家，另一边是波兰、波罗的海三国和瑞典，这些国家感到自己受到直接威胁，断定俄罗斯要重回帝国政治，并且要求西方国家做出决定性答复”②。

2015年1月16日起，乌东部武装冲突骤然加剧，局势急剧恶化。随着事态的发展，德国总理默克尔和法国总统奥朗德两位政治家在电话中要求尽快结束东乌克兰的武装冲突。围绕乌克兰东部武装冲突的国际斡旋加紧进行。2015年1月21日，德国、法国、俄罗斯和乌克兰四国外交部长在德国首都柏林举行会晤和磋商，商讨在《明斯克协议》基础上和平解决乌克兰危机的途径。四国外长会后发表的联合声明中重申全面执行《明斯克协议》的重要性，呼吁有关各方遵守明斯克备忘录及停火协议，立即停止冲突并放弃使用重型武器。联合声明还提出，设定隔离线和撤走重型武器。四国外长一致同意，乌政府军和民间武装应各自从先前划定的隔离线把重武器后撤15公里。德国外长

① Rede von Bundeskanzlerin Angela Merkel anlässlich der 51. Münchner Sicherheitskonferenz, 07. Februar 2015, http://www.bundesregierung.de/Content/DE/Rede/2015/02/2015-02-07-merkel-sicherheitskonferenz.html; jsessionid=BE2B56DE412F0FCB8640C9EAA1841C30.s2t1.

② 〔德〕米夏埃尔·施塔克（Michael Staack）：《欧债危机后德国的外交政策：更积极，更有为，更全球化?》（吴静娴译），《德国研究》2014年第3期。

施泰因迈尔会后表示,[①] 四国外长会晤就遵守停火协议和撤走重型武器达成一致，这是会议取得的最主要成果。但是，各方未就从缓冲区撤出全部军队达成协议。1 月 31 日，乌克兰问题三方联络小组在明斯克举行闭门会谈，但未达成任何协议。

随着危机的升级，2015 年 2 月初，德法领导人推动起草一份基于《明斯克协议》的新版和平协议。与旧版和平协议相比，新版增加了更多实施细则及附有时间表的路线图，以此推动 2014 年 9 月达成的《明斯克协议》能得到有效落实。除了为解决危机在欧盟层面共同斡旋，法国和德国两国领导人还联合开展高级别外交斡旋，亲访乌克兰和俄罗斯。2 月 5 日，默克尔总理和奥朗德总统在基辅与乌克兰总统波罗申科斡旋期间，乌克兰总统表示：“乌克兰要求北约提供武器”。波罗申科认为，“北约提供武器是避免军事和避免经济崩溃的最后机会，同时要求对俄罗斯实施新一轮制裁”[②]。在同乌克兰总统波罗申科斡旋后，默克尔总理和奥朗德总统紧接着赴莫斯科同普京会晤。这是乌克兰危机爆发一年多来默克尔首次访问莫斯科，在一定程度上反映出欧盟有意帮助结束乌克兰冲突、消除欧洲安全隐患的意愿。奥朗德和默克尔的这一斡旋被视作迄今为止欧盟领导人为结束乌克兰冲突做出的最大外交努力，这也反映出乌克兰危机升级对欧洲安全带来的威胁。2 月 11 日，德、法、俄、乌四国领导人在白俄罗斯首都明斯克举行会谈。在经历了近 16 个小时的会谈之后，2015 年 2 月 12 日，德、法、俄、乌四国领导人在白俄罗斯首都明斯克签署了《新明斯克和平协议》，其内容包括：2 月 15 日零时起全面实行停火、双方撤回重型武器、释放俘虏、在乌东部地区设立非军事区和给予一定自治权等内容。此协议能否得到有效执行，将进一步影响乌克兰危机的走向和欧洲地区安全。

德国和法国提出解决乌克兰危机的原则和立场是基于 1990 年 11 月欧洲安全和合作会议成员国首脑在巴黎签署的《新欧洲巴黎宪章》。这是冷战后欧洲融合最重要政治文件的基础。《新欧洲巴黎宪章》是对 1989 年以后欧洲政局大变动的一个阶段性总结，得到几乎所有欧洲国家的认同。欧洲融合、互相尊

---

① “Steinmeier reagiert auf die jüngste Eskalation im Ukraine-Konflikt”, 25.01.2015, http://www.deutschlandfunk.de/informationen-am-abend.1767.

② “Bundesregierung dementiert Bericht zu Friedensplan”, http://www.welt.de/politik/ausland/article137167330/Bundesregierung-dementiert – Bericht – zu – Friedensplan.html.

重、伙伴关系成为建设欧洲未来、建构欧洲安全的三大重要原则。《新欧洲巴黎宪章》强调了欧洲对抗和分裂的时代已经结束，各国今后的关系将建立在以欧洲融合为目标，彼此合作和尊重的基础上。根据这一原则和共识，建立保障所有签署国的共同安全机制。但这一目标至今还未实现。取而代之的则是向东扩大的北约和欧盟。对俄罗斯而言，虽然作为冷战象征的柏林墙倒塌了，但“移动的墙”通过欧盟和北约的“双东扩”战略正对其进一步构成威胁。应该说，冷战后，欧洲并没有建立起一种新的欧洲整体安全机制，并以此为平台，一方面支持欧洲国家的领土完整，另一方面给予俄罗斯一定意义上的平等伙伴关系。乌克兰危机再次引发了隐形“分界线”的移动，欧洲人目前又在担心战争。乌克兰危机的解决能否回到《新欧洲巴黎宪章》建构欧洲安全的框架原则，值得人们进一步关注。

四　结语

从乌克兰危机中可以看出，欧俄在很多方面都存在安全利益冲突，同时又有很强的经济联系。对德国而言，基于利益和价值这一德国对外政策的核心不会改变，欧洲一体化和与跨大西洋关系是德国对外政策不变的两环。德国对外政策变的层面是德国对俄罗斯关系的调整，其调整将视乌克兰局势变化而变化。随着危机的升级，德国社民党主导原则依然是坚持和俄罗斯进行对话的战略。虽然默克尔政府现在坚持包括俄罗斯在内的欧洲整体安全解决方案，但是乌克兰危机的相关方都面临“安全”和“一体化”的双重困境。欧洲一体化进程和德俄合作、欧俄合作平衡战略被打破。欧洲面临自冷战结束之后最复杂和最紧张的地区安全困境。

B.12
默克尔第三任期的对华政策与中德关系的新动向

刘丽荣*

摘　要：中德两国近期调整对外政策，以更为积极的姿态参与国际事务，为中德关系的进一步发展开辟了新的可能性。中德全方位战略伙伴关系的一个重要内涵，是加强两国在安全政策和国际秩序方面的合作。虽然默克尔在第三任期有意寻求亚洲政策再平衡，但是相对于其他亚洲伙伴国家，中德关系在经贸交往规模和政治磋商密度方面，皆处于更高的层次。在处理中德关系与中欧关系的平衡问题上，德国有意承担更多的欧洲责任，避免在对华政策上特立独行；中国则希望德国在消除中欧分歧、推动中欧关系的发展方面发挥积极作用。此外，中德关系还受到跨大西洋伙伴关系以及亚洲区域政治的影响。

关键词：中德关系　中欧关系　德国外交

2013 年，德国总理默克尔成功连任，组成新一届黑红大联合政府。作为全球化和自由市场秩序的受益者，德国在欧债危机期间提升了影响力和国际地位，对外政策的角色定位出现转向。中国新一届领导人 2013 年上台执政，调整对外政策，以更为积极的姿态参与国际事务，明确中国作为负责任大国的诉求。中德两国在对外政策上的重新定位，为中德关系的进一步发展开辟了新的前景。

2013 年到 2014 年，中德两国高层互访频繁。在 2014 年 3 月习近平主席访

* 刘丽荣，德国波恩大学哲学博士，复旦大学国际问题研究院副教授。

问德国期间，中德战略伙伴关系升级为中德全方位战略伙伴关系。这表明双方重视发展政治关系，希望在国际事务中承担更多的责任。中德全方位战略伙伴关系是中欧全面战略伙伴关系的重要组成部分。如何协调两种关系之间的平衡，是考验中德两国政府政治智慧的重要议题。除了欧盟内部的协调问题，德国对华政策还受到跨大西洋伙伴关系以及亚洲区域政治的影响。

一　德国近期对外政策调整对德国对华政策走势的影响

冷战之后，德国在全球外交与安全政策中的角色定位，经历了从“民事力量”[①]“国际化的中等国家”[②]，到居于“共同领导地位的欧洲力量”[③]和“不断增强的影响力”[④]的渐变。随着欧债危机和乌克兰危机的爆发与延续，欧盟内部开始了一场有利于德国的权力再分配。德国国内有一种声音越来越强烈，要求德国在国际事务中承担更多的责任。[⑤]

（一）默克尔第三任期对外政策的角色调整

对比默克尔三个任期执政联盟的《联合执政协议》不难发现，有关德国对外政策角色定位的表述越来越积极主动。在2005年黑红大联合政府的《联合执政协议》中，德国的自我定位是“欧洲和世界具有责任意识的伙伴”[⑥]；

---

① Sebastian Harnisch and Hanns W. Maull, *Germany as a Civilian Power? The Foreign Policy of the Berlin Republic*, Manchester: Manchester University Press, 2001.

② Matthias Geis, “Die Armee, die nicht verweigern darf”, *Die Zeit*, Nr. 31, 27.07.2006, http://www.zeit.de/2006/31/Afrika_ Historie.

③ Carlo Masala, “Möglichkeiten einer Neuorientierung deutscher Außen- und Sicherheitspolitik”, *Aus Politik und Zeitgeschichte*, 43/2008, p.27.

④ Stefan Fröhlich, “Deutsche Außen- und Sicherheitspolitik im Rahmen der EU”, *Aus Politik und Zeitgeschichte*, 43/2008, p.21.

⑤ 德国的全球责任也是2014年慕尼黑安全会议的重要话题。德国总统、外交部长和国防部长先后发表演讲，要求德国在国际事务中承担更多的责任。上述讲话被认为是德国对外政策转向的重要标志。

⑥ Koalitionsvertrag zwischen CDU, CSU und SPD, *Gemeinsam für Deutschland—mit Mut und Menschlichkeit*, Berlin, 11.11.2005, p.8.

在2009年黑黄联盟的《联合执政协议》中，相关的表述是：通过在欧洲和世界的伙伴关系与责任构建更为安全的和平①，“构建”二字彰显德国作为国际政治行为体的主动性；在2013年黑红大联合政府的《联合执政协议》中，有关德国世界责任的表述，首次摆脱了欧洲框架，德国作为“国际社会中可以信赖的伙伴，积极参与全球秩序的构建”②。在2015年2月举行的慕尼黑安全会议上，德国国防部长冯德莱恩明确提出，在寻求国际危机的解决办法时，德国已经做好准备，承担领导角色。③

美国等伙伴国家的支持，是德国顺利推进对外政策角色调整的必要前提。

首先，随着美国战略重心向亚太地区转移，美国希望德国在欧洲及其周边地区的安全问题上承担更多的责任。在历时两年的有关德国对外政策的大讨论中，美国也是积极的推动者。

其次，部分伙伴国家希望德国能承担更多的安全政策责任。相较于英法等欧洲大国，德国在实力运用上更为审慎克制。波兰和以色列的政治家都希望德国在实力运用上更为主动，相对于德国的强权政治，他们更担心德国的不作为。④

最后，乌克兰危机促使德法两国加强在外交与安全政策方面的合作。德法合作是欧洲一体化的主要动力，它以平衡为前提：德国需要法国，掩盖其强势；法国需要德国，隐蔽其弱势。欧债危机之后，德法之间的不对称性加剧，双方在欧盟内部改革的许多问题上存在分歧。为了缓和冲突，德法有意加强在其他领域的合作，欧洲共同外交与安全政策被认为是一个可能的突破口。

在2015年的慕尼黑安全会议上，德国国防部长冯德莱恩以“来自中心的领导”（Führen aus der Mitte）为题发表演讲。所谓“来自中心的领导”，可以理解为一种来自“中间”的领导：从地缘政治的角度上看，德国居于欧洲的“中

① Der Koalitionsvertrag zwischen CDU, CSU und FDP, *Wachstum, Bildung, Zusammenhalt*, Berlin, 26. 10. 2009, p. 113.

② Koalitionsvertrag zwischen CDU, CSU und SPD, *Deutschlands Zukunft gestalten*, Berlin, 17. 12. 2013, p. 168.

③ Ursula von der Leyen, “Deutschland ist bereit zu führen”, *N24*, 06. 02. 2015, http://www.n24.de/n24/Nachrichten/Politik/d/6109454/-deutschland-ist-bereit-zu-fuehren-.html.

④ Eberhard Sandschneider, “Deutsche Außenpolitik: eine Gestaltungsmacht in der Kontinuitätsfalle”, *Aus Politik und Zeitgeschichte*, 10/2012, 05. 03. 2012, p. 6.

间地带”以及俄美之间的“中间地带”；从国家综合实力的角度看，德国是“中间力量”的代表；从对国际事务的看法上，德国努力探索“中间道路”。

（二）从《联合执政协议》看默克尔第三任期对华政策的基本走势

随着德国对外政策角色定位的调整，默克尔第三任期对华政策的走势也处于波动和调整的状态。德国对华政策传统上关注三个内容：第一，确保德国在中国市场的经济利益；第二，通过经济和文化交往，促进中国的政治变革；第三，推动中国进入西方主导的国际治理体系。但是，随着全球地缘政治和经济环境的演变，德国方面逐渐意识到，无论是快速发展的经贸关系，还是密切的国际交往，都无法按照西方的预期推动中国国内的政治和经济改革；与此同时，中国尝试在西方主导的国际机制之外建构新的全球治理方式，对外政策立场日趋强势和主动。① 德国近期对华政策的调整主要受制于两个因素：一方面，需要调整对华政策的预期，以应对不断变化的实力对比；另一方面，又要强调政策的连续性，坚持对华政策的整体性原则。

2013 年 10 月，德国科学与政治基金会和德国马歇尔基金会共同发布战略报告《新力量与新责任》。虽然此报告不是德国政府的官方文件，但是由德国外交部政策规划司提供研究资助，体现了德国政界、学术界和经济界精英对德国对外政策走向的主要看法，其重要性和传达的信息不容低估。其中有关德国亚洲政策和对华政策的许多观点，在《联合执政协议》中皆有体现。

综观 2013 年大联合政府《联合执政协议》中有关中国的内容，结合《新力量与新责任》的相关表述，默克尔第三任期对华政策的基本走势有以下几点值得关注：

第一，在解决全球问题方面，德国有意加强与中国的合作。《联合执政协议》在“战略伙伴关系”一节中，提出德国支持在英、法、德、美、俄和中国的谈判小组框架内，致力于用外交手段解决伊朗问题。②

---

① Sebastian Heilmann, “Lob der Nischenpolitik”, *Internationale Politik* 11 (2014): 36 - 37.

② Koalitionsvertrag zwischen CDU, CSU und SPD, *Deutschlands Zukunft gestalten*, Berlin, 17. 12. 2013, p. 171.

第二，有关德国对华政策的利益与价值之争再次被纳入议程。《联合执政协议》明确提出，要基于普世价值继续深化与亚洲国家的关系。① 默克尔第一和第二任期的对华政策，经历了“以价值为导向”到“以利益为导向”的转变。但是，德国对华政策的这一目标冲突，有可能在默克尔第三任期内再度出现调整。战略报告《新力量与新责任》首次提出“价值利益”和“经济利益”的提法，把前者界定为“长期策略”，后者界定为“短期利益”。② 报告强调：价值是西方民主制度存在的前提，当经济利益与价值利益发生冲突时，可暂不考虑价值利益；然而，不应抛弃长期的价值导向。

第三，德国有意寻求亚洲政策的再平衡，主要表现为中日两国在德国亚洲政策中的重要性出现波动。在中、日、印三大亚洲伙伴中，日本的重要性再度被提升到第一位。《联合执政协议》明确指出：与日本的伙伴关系，是德国对外政策的重要基石；基于众多的共同利益，中国是德国与欧盟的战略伙伴；印度是德国的战略伙伴。③ 在2009年的《联合执政协议》中，作为德国“在亚洲重要而活跃的伙伴”，中国和印度的排序皆先于日本。④

德日关系与中日关系的排序问题，在战略报告《新力量与新责任》中也有详尽的论述。报告依据利益和价值两个维度，把德国的战略关系划分为三个类型：第一类是成熟的合作伙伴和志同道合的同路人（Bewährte Partner und gleichgesinnte Mitstreiter）；第二类是挑战者（Herausforderer）；第三类是干扰者（Störer）。在德国的战略关系中，日本是“志同道合的重要伙伴”，中国和印度是“利益高度相关的挑战者”。⑤ 中国在挑战者中位居第一，与德国利益高度相关，但是价值分歧突出。报告指出，德国与“挑战者”的双边关系主要是从经济合作出发，在构建自由与和平的世界秩序

① Koalitionsvertrag zwischen CDU, CSU und SPD, *Deutschlands Zukunft gestalten*, Berlin, 17. 12. 2013, p. 171.

② SWP and GMF, *Neue Macht*, *Neue Verantwortung*, Berlin: SWP und GMF, Oktober 2013, pp. 5 – 7.

③ Koalitionsvertrag zwischen CDU, CSU und SPD, *Deutschlands Zukunft gestalten*, Berlin, 17. 12. 2013, p. 171.

④ Der Koalitionsvertrag zwischen CDU, CSU und FDP, *Wachstum*, *Bildung*, *Zusammenhalt*, Berlin, 26. 10. 2009, p. 120.

⑤ SWP and GMF, *Neue Macht*, *Neue Verantwortung*, Berlin: SWP und GMF, Oktober 2013, pp. 32 – 33.

中分享部分利益，但是在法治国家和良治方面存在价值分歧。因此，在获取资源、建构国际秩序和设定标准方面，德国与这些国家不可避免地处于竞争和冲突状态。报告强调，相对于德国与新兴力量的关系，成熟的伙伴关系应享有优先权。

第四，在欧盟自贸协定谈判的全球战略布局中，中国被置于敏感的盲区。《联合执政协议》明确指出，德国支持欧盟与日本和印度进行自贸协定谈判，但是对于中欧在这一领域的合作未置一词。

自贸协定谈判事关新一轮全球贸易规则制定权的博弈，有望成为影响未来中欧关系发展的重要因素。2014 年 3 月习近平主席访问欧洲，在多个场合敦促欧洲推动中欧自由贸易区的可行性研究。在欧洲虽然不乏支持中欧自贸协定谈判倡议的人，但欧盟委员会认为时机尚不成熟。欧盟希望等到中欧投资协定谈判取得进展之后，再来考虑启动自贸协定谈判。中欧于 2014 年初启动投资协定谈判，但是始终没有为谈判设定时限。习近平访欧期间，德国总理默克尔表示愿意推动中欧自贸区谈判，但是至今未采取任何实质性的举措。作为欧盟最大经济体，德国对于欧盟对华贸易的政策取向具有重要影响，中国也希望德国能够推动中欧经贸关系的发展。在《联合执政协议》中只字不提中欧自贸协定谈判，表明德国国内利益在这一问题上存在分歧，尚未形成具体的政策偏好。

第五，中国快速提升的重要性，对于德国而言，既是机遇，也是挑战。在 2005 年的《联合执政协议》中，中国不断增长的经济和政治潜力被视为德国的“机遇”。[①] 2009 年的《联合执政协议》明确亚洲在德国对外政策中具有优先地位，德国把这种重要性的提升首先视为机遇，但是也没有忽视挑战。[②] 在 2013 年的《联合执政协议》中，除了深化中德两国的政治和经济合作，德国政府对中国提出了更多具体的诉求：一是尊重宪法中有关保障人权的内容；二是加强对知识产权的保护和德国的网络安全；三是要求中国在联合国的框架内，对国际冲突的解决做出与其经济和政治实力

① Koalitionsvertrag zwischen CDU, CSU und SPD, *Gemeinsam für Deutschland – mit Mut und Menschlichkeit*, Berlin, 11. 11. 2005, p. 135.

② Der Koalitionsvertrag zwischen CDU, CSU und FDP, *Wachstum*, *Bildung*, *Zusammenhalt*, Berlin, 26. 10. 2009, p. 120.

相应的贡献。① 在 2005 年和 2009 年的《联合执政协议》中，没有上述内容。

二　中德关系发展的现状

2013 年到 2014 年，中德关系总体发展顺畅。欧债危机使中德经贸关系更为紧密。一方面，对于中国来说，德国是最重要的欧洲伙伴：没有德国，欧盟无法克服危机；另一方面，发展与中国的良好关系，也符合德国的利益：中国市场对于德国产品的需求，被认为是德国迅速摆脱金融危机影响、回到经济增长轨道的一个重要因素。

在政治领域，中德两国高层互访频繁，两国关系超越经济利益，双方均有加强在全球事务和政治安全领域合作的意愿。2014 年中德发表联合声明，宣布建立全方位战略伙伴关系，两国的政治关系由此达到一个新的高度。

（一）中德经贸关系

中德经济合作在全球金融危机之后得到进一步加强。在有关全球经济问题的讨论中，中德在许多问题上拥有共同的利益，在国际体系中扮演相似的角色。

虽然中德两国在人口总量和发展水平方面存在差距，但是在经济结构上具有一定的相似性。中国和德国都是制造业出口大国，强调实体经济的重要性，拥有巨大的贸易顺差。中德在过去几年间，追求相似的宏观经济政策：鼓励消费，降低不良贷款，反对贸易和投资保护主义，重视发展国际市场的公平竞争秩序，希望对全球金融市场和经济治理进行改革。② 2014 年 3 月中德发布联合声明，提出要建设开放型的世界经济，并推动全球贸易自由化和相互开放投资。

在欧盟对华贸易中，德国长期居于主导地位。如图 1 所示，欧债危机以来，中德贸易在 2009 年曾经历短暂停滞，之后强劲增长。2013 年，中德贸易

---

① Koalitionsvertrag zwischen CDU, CSU und SPD, *Deutschlands Zukunft gestalten*, Berlin, 17. 12. 2013, p. 171.

② 参见 Martin Wolf, "China and Germany Unite to Impose Global Deflation", *Financial Times*, March 16, 2010, http://www.ft.com/cms/s/0/cd01f69e-3134-11df-8e6f-00144feabdc0.html。

总额达到 1247.36 亿欧元，与英法意三国的对华贸易总额基本持平。

在中德经贸关系中，德国也是自由贸易的受益者。中国是德国在欧盟以外的第二大出口市场。2008 年全球金融危机爆发以来，德国出口受挫，唯有中国市场一枝独秀，且贸易收支状况不断得到改善。如图 2 所示，德国对华贸易在 2011 年实现贸易顺差，顺差额度在 2013 年有所扩大。值得注意的是，欧债危机趋于平稳之后，德国对美出口出现强劲增长，逐渐拉大与德国对华出口的距离。

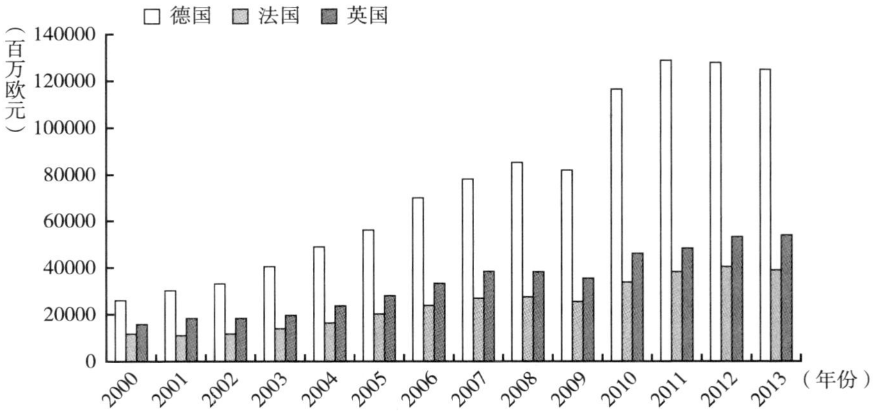

图 1　德法英三国对华贸易总额（2000～2013 年）

资料来源：欧盟统计局，http：//epp. eurostat. ec. europa. eu。

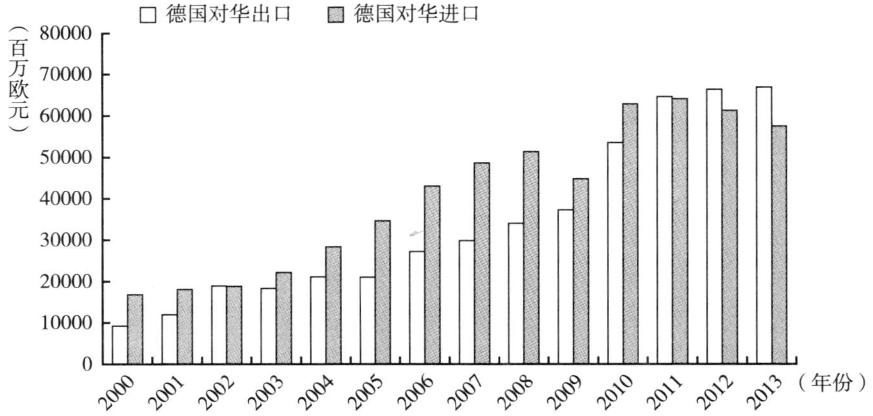

图 2　德国对华贸易收支状况（2000～2013 年）

资料来源：欧盟统计局，http：//epp. eurostat. ec. europa. eu。

中德两国在全球经济治理方面相互看齐，能否持久仍然是一个未知数。随着全球价值链的转移和中国制造业竞争力的不断提升，中国企业对德国出口企业逐渐构成挑战。未来一段时间，中德之间的贸易冲突与摩擦有可能出现增长态势。

（二）两国高层交往

2013 年到 2014 年，中德两国高级别会晤频繁。两国领导人互访频率之高，在中国和欧洲国家领导人之间前所未有。虽然默克尔在第三任期有意寻求亚洲政策再平衡，但是相对于日本和印度这两个重要的亚洲伙伴国家，中德关系无论是经贸交往规模，还是政治磋商密度，皆处于一个更高的层次。

2013 年 5 月，李克强出任总理后首次出访欧亚四国，把德国作为最后一站，彰显中国对德国的重视。此次访问的核心是经济利益，其中一个重要议题是欧盟对华光伏双反问题。选择德国作为李克强首访的唯一欧盟成员国，并非偶然，表明北京方面已把德国视为新的欧洲领导力量。

2014 年 3 月，习近平访问德国，在柏林与默克尔举行会谈。双方决定将中德关系提升为全方位战略伙伴关系，由此为两国关系的进一步发展确定了方向。访德期间，习近平在柏林做关于中国全球政策与安全政策的演讲。德国舆论评价习近平此行展示了中国外交的新维度：中国政府第一次提出地缘政治利益，要求在世界上扮演更为积极的角色。

2014 年 7 月，默克尔访问中国，这是她出任德国总理以来第七次到访中国，访华次数超过欧洲其他所有现任领导人。值得注意的是，默克尔此行把成都作为首站到访的城市，“以中国的方式走向西部”，意在寻找中国丝绸之路战略所创造的机遇，推动德国企业在中国中西部地区的投资和发展。

2014 年 10 月，李克强访问德国，在柏林与默克尔共同主持第三轮中德政府磋商，发表《中德合作行动纲要：共塑创新》。

中德两国自 2011 年建立政府磋商机制，分别于 2011 年 6 月和 2012 年 8 月在柏林和北京举行了两轮中德政府磋商。中德政府磋商是中国与西方国家建立的最高级别的磋商机制。[1]

---

① 除了中国之外，德国还与法国、意大利、西班牙、波兰、俄罗斯、以色列和印度建立了这一机制。

2014年10月举行的第三轮中德政府磋商，由李克强和默克尔共同主持，两国共有25位以上部级官员在柏林参加了磋商。双方就政治、经济等问题进行了深入交流，就“共塑创新”的具体合作行动纲要达成一致。双方商定，深化政治、安全政策和法律等方面的合作，针对乌克兰危机、宗教极端主义恐怖活动、阿富汗、亚洲和欧洲的区域合作等重大挑战进行外交和安全政策对话；与此同时，加强人权和法治国家对话。

（三）中德全方位战略伙伴关系的内涵

2014年3月，中德两国政府在柏林发表《建立中德全方位战略伙伴关系的联合声明》①；同年10月，发布《中德合作行动纲要：共塑创新》②，从政治合作、经济合作、创新合作以及教育和文化合作四个方面，为发展中德全方位战略伙伴关系制定了具体的行动纲要。所谓中德全方位战略伙伴关系，其重要内涵在于：两国不仅是经济伙伴，更是政治伙伴和战略合作伙伴。除了继续加深在贸易、金融和文化交流方面的合作，双方有意加强在改革现有国际体系方面的合作，具体表现在以下三个方面：

1. 政治合作

中德战略伙伴关系升级为中德全方位战略伙伴关系，一个显著的变化，就是加强两国在安全政策和国际事务方面的合作。在中德关系中，相对而言，德国更多关注经贸关系，中国更多思考如何建构多极世界。随着德国对外政策的角色调整，德国参与构建全球秩序的意愿不断强化。德国方面认识到，寻求全球性问题的解决办法，无法绕开中国。中国与德国在对外政策上的重新定位，为中德政治合作开辟了新的前景。

《中德合作行动纲要：共塑创新》明确指出，中德两国视对方为战略伙伴，对世界和平、稳定与繁荣共同承担重要责任。除了保持两国高层的经常性接触和定期政府磋商机制，双方商定于2015年启动由两国外长主持、国防部代表参加的中德外交与安全战略对话，加强两国在外交与安全政策

① 中华人民共和国和德意志联邦共和国：《建立中德全方位战略伙伴关系的联合声明》，柏林，2014年3月28日，http：//news. xinhuanet. com/world/2014－03/29/c_ 126330428. htm。

② 中华人民共和国和德意志联邦共和国：《中德合作行动纲要：共塑创新》，柏林，2014年10月10日，http：//news. xinhuanet. com/2014－10/11/c_ 1112772707. htm。

问题上的协调。

对于中国提出的“新丝绸之路经济带”的战略构想，德方表示欢迎。新丝绸之路是拓展中国与欧洲之间的陆路贸易通道，不仅可以为中德、中欧合作开启新的机遇，并促进中亚沿线国家的稳定与繁荣，也具有重要的战略安全意义。2014 年 7 月，习近平在与来访的默克尔进行会谈时强调，为了实现这一目标，中德需要在经济以外的其他领域加强合作。德国国内有关中国丝绸之路战略的讨论也指出，应把中国的对外政策利益作为两国深化合作的切入点，加以积极利用。① 一方面，新丝绸之路经济带有助于推动中亚地区发展经济和对全球事务的参与，该地区的稳定与繁荣符合中国、德国与欧洲的利益；另一方面，丝绸之路战略有助于加强中国与欧洲的联系，平衡美国在欧洲的影响力。

2. 金融合作

经贸关系是中德关系的核心组成部分。受到经济结构性调整的影响，德国的对外政策近年来越来越服从于经济利益。中德两国的经济具有很强的互补性，在国际经济秩序改革的许多议题上，两国分享共同的立场。首先，双方都是出口强国，均致力于建设开放型的世界经济，主张推动全球贸易自由化和相互开放投资，反对贸易和投资保护主义。其次，两国均倡导国际市场设立公平竞争条件，支持建立开放、公正、透明的多边贸易体制。最后，两国努力确立负责任的经济和金融政策，致力于为全球经济和金融关系的稳定做出贡献。

《中德合作行动纲要：共塑创新》提出，两国将于 2015 年启动高级别财金对话机制，在国际财政、金融和货币等议题上进行统筹协调，为国际金融和货币体系改革做出创新性的贡献。2015 年 3 月 17 日，中国国务院副总理马凯和德国联邦财政部部长朔伊布勒、德意志联邦银行行长魏德曼共同主持了首次中德高级别财金对话。此外，德方表示，欢迎人民币在国际金融和货币体系中发挥日益重要的作用，并支持法兰克福人民币离岸市场的发展。

3. 国际发展合作

在国际发展合作方面，德国有意寻求与中国建立新型的伙伴关系。2010

① Sebastian Heilmann, “Deutsche Chinapolitik in Europa führend”, *Review* 2014, 30. 04. 2014, http: //www. review2014. de/de/aussensicht/show/article/deutsche-chinapolitik-in-europa-fuehrend. html.

年，德国中止中德之间的发展政策合作项目。当时的理由是，中国作为新兴国家的一员，已不再依赖发展合作。后来德国政府对这一问题的看法有所改变。柏林方面认识到，在应对全球发展的问题上，传统援助国需要与中国等新兴国家探讨新的合作框架，因此，有必要从国际合作的视角重新思考中德关系。有关中德两国就全球发展问题开展交流的内容，被写入《中德合作行动纲要：共塑创新》。双方表示，愿意就在他国或与他国开展双边和国际可持续发展合作方面进行沟通。

（四）目前中德关系存在的主要问题

经贸关系是中德发展双边关系的主要动力，目前中德关系存在的问题也集中表现在经济领域。欧债危机以来，欧盟及其成员国自顾不暇，与中国在人权问题上的冲突明显减少，但是德国媒体与精英对中德关系的认知仍然存在一定分歧。此外，中德关系还受到跨大西洋伙伴关系与亚洲区域政治等因素的影响。

第一，随着中国制造业竞争力的不断提升，中德之间的冲突与摩擦有所增多。在过去相当长的一段时间内，中德经济处于一种近乎完美的合作关系，德国需要市场，中国需要技术。德国的汽车工业、可再生能源和高新技术企业，对于中国的经济发展和结构转型具有重要意义。但是，随着全球价值链的转移，在汽车工业、机械制造工业、化学工业等德国传统的优势领域，中国企业逐渐对德国企业构成竞争。欧盟对华光伏双反问题就是这种竞争的一种表现：德国太阳能电池板制造商太阳能世界（SolarWorld）最先发起欧盟对中国光伏产品进行双反调查。

第二，德国企业在华遇到的问题，主要集中在市场准入、知识产权保护和强制性技术转让等方面。德国汽车制造企业抱怨来自中国国企的竞争。在电动汽车领域，中国实行严格的标准，把技术转让作为在华生产电动汽车的要求。此外，在取消服务业、保险业和银行业的市场准入限制方面，德国企业也有诸多诉求。德国企业为了规避风险，试图开辟中国以外的其他市场，但是又无法做到真正疏离中国。

第三，中国对欧洲投资在过去几年增长迅速，中资企业在德国收购企业，常常招致非议。德国媒体把中国对德国直接投资称为“入侵”，担心中国投资会对德国企业和员工产生不利影响。但是在政治层面，无论是执政党还是反对党，均对中国加大对德国的投资力度表示欢迎。① 德国前经济部部长罗斯勒（Philipp Rösler）指出，中国对德国投资符合中德双方的利益：一方面，中资进入德国企业，有助于拓宽德国产品进入中国市场的渠道，创造新的就业岗位，提高政府的税收；此外，新的资本也有助于激发新的经营理念。另一方面，中资收购德国企业，可以学习德国企业的技术积累和管理经验，有助于提高中资企业的竞争力。②

第四，德国媒体与精英对中德关系的认知存在分歧。对于中德关系的看法，德国国内存在明显的意见分歧。部分媒体过分关注人权问题，学界和政界精英更多关注实质性议题的进展。2014 年 3 月习近平访德期间，《法兰克福汇报》撰文指出，战略伙伴关系与和谐朋友关系这两个概念不应混淆；中国是伙伴，但不一定是朋友；没有中国，21 世纪的国际冲突无法解决；但是在政治上，中国和德国依旧距离遥远。③ 德国外交政策协会研究所所长桑德施奈德（Eberhard Sandschneider）在反驳这种观点时指出，人权问题只是中德关系众多问题中的一个，不应成为两国高层互访的主导话题；经济政策、安全政策以及如何推动中国介入全球治理的讨论，都是重要议题。④ 德国国内对于中德关系的认知分歧，从某种意义上说，也是德国对外政策价值与利益冲突的延伸。

第五，德国对华政策受到美国等其他外部因素的影响。德国国内对于“中德特殊关系”⑤ 的提法相对谨慎，强调德国对华政策应与伙伴国家保持密切协调。德国智库近期提出，当德国与中国在贸易、安全或法治问题上发生冲

---

① 相关分析参见本书赵柯《中国对德国直接投资：特征、趋势及其影响》。

② “Chinese Investments in Germany：A Danger to Medium-Sized Businesses?”, *International Trade News*, http：//www. internationaltradenews. com/de/articles/20032/Eine – Gefahr – fuer – den – Mittelstand. html.

③ Eckart Lohse and Majid Sattar, “Xi Jinping in Berlin – Partner, keine Freunde”, *FAZ*, 28. 03. 2014, http：//www. faz. net/aktuell/politik/inland/chinesischer-staatspraesident-in-deutschland-partner-keine-freunde – 12869209. html.

④ Eberhard Sandschneider and Peter Kapern, “Politologe：Dauerkonflikt mit Russland ist nicht im Interesse Chinas”, *Deutschlandrundfunk*, 28. 03. 2014, http：//www. deutschlandfunk. de/staatsbesuch-politologe-dauerkonflikt-mit-russland-ist. 694. de. html? dram：article_ id = 281436.

⑤ 总部位于伦敦的欧洲对外关系协会在 2012 年 5 月发布研究报告，以“中德特殊关系”作为标题，探讨其对中欧关系的影响。参见 Hans Kundnani and Jonas Parello-Plesner, *China and Germany：Why the Emerging Special Relationship matters for Europe?* European Council on Foreign Relations, May 2012。

突时，为了应对可能出现的关系倒退，德国应加强与美国在对华政策方面的协调，由此形成一个面对中国的强势立场。① 具体措施包括：加强大西洋两岸对华外交的协调，加强两国对华外交官的交流论坛，在进行中德和中美政府对话之前举行德美外交官论坛等。

此外，东亚区域政治也被纳入德国对华政策的考量范围。在中日问题上，德国的立场极为审慎。美国希望日本在东亚地区扮演更为积极的安全政策角色，德法对这一问题持怀疑态度。在东亚地区，德国和欧洲扮演极为有限的安全政治角色，但是近期超越纯粹贸易关系的诉求有所提高。德国学者提出，在当前紧张的中日关系中，德国扮演调停人的角色不会取得任何成效，反而具有极高的风险。但是也有学者认为，正是因为德国与中国及其近邻在经贸关系上利益攸关，德国不应对东亚和东南亚地区国家之间的紧张局势无动于衷。② 在东亚安全问题上，德国现阶段的核心利益是：保持亚太地区对于欧洲人和多边介入的开放性，同时避免卷入中日冲突和中美两个大国在该地区的竞争。

三　中德关系与中欧关系的平衡问题

如何协调中德关系与中欧关系的平衡问题，是中德两国无法回避的重要议题。2014 年 3 月发布的中德联合声明对二者之间的从属关系做了明确界定。声明指出：中德全方位战略伙伴关系是中欧全面战略伙伴关系的重要组成部分，二者互相促进。对于中德特殊关系的提法，德国、欧盟和中国各有不同的立场和看法。

（一）德国不愿在对华政策上做独行者

对于“中德特殊关系”的提法，德国一直采取否认的态度。首先，基于对

① Sebastian Heilmann，“Deutsche Chinapolitik in Europa führend”，*Review* 2014，30. 04. 2014，http：//www. review2014. de/de/aussensicht/show/article/deutsche-chinapolitik-in-europa-fuehrend. html.

② Gudrun Wacker，“Deutsche China-Politik：Doppelte Einbettung gebraucht”，*Review* 2014，24. 12. 2014，http：//www. swp-berlin. org/de/publikationen/kurz-gesagt/deutsche-china-politik-doppelte-einbettung-gebraucht. html.

外政策的特殊性，德国一向强调欧洲化的德国，主张加强与欧盟对华政策的协调，避免在对华政策上特立独行。其次，鉴于德国在欧洲新崛起的政治和经济角色，德国有意在对华政策方面承担更多的欧洲责任。最后，正因为中德经贸关系的重要性，德国倾向于全体成员国制定一个整体性的欧盟对华战略，与欧盟机构进行更多系统化的合作，明确欧洲的利益。德国国内的讨论认为，诸如市场准入、知识产权、强制性技术转让等触及成员国核心利益的问题，在双边框架内很难得到解决，如果不能形成一个连续性的欧盟对华政策，德国很难推动和影响中国。①

德国智库近日提出“壁龛外交”（Nischenpolitik），要求德国在中欧关系中发挥催化剂的作用。欧盟对华政策难产的主要原因在于，欧盟层面和成员国层面缺乏协调与决断。为了避免欧盟对华政策陷入停滞的状态，德国有必要在实质性问题上提出具体建议。所谓“壁龛外交”，是指德国应注重在某些领域推动中欧合作，而不是致力于提出一个涵盖所有领域的大中国战略。② 成功的壁龛外交，即使在某一领域内与中国发生冲突或碰撞，也不会影响中欧在其他领域的合作，从而营造出一种选择性的合作框架，有助于在波动的国际环境中降低合作的风险和费用。德国推动中欧合作，主要是从贸易、投资、竞争和知识产权等几个优先领域入手。

（二）欧盟希望中德关系去“特殊化”

欧债危机削弱了欧洲作为多极世界权力政治一极的地位，中国对欧政策的重心也一度从超国家层面转向政府间层面，重视发展与各主要成员国之间的双边关系。欧盟认为，中国与成员国之间的特殊关系可能会导致欧盟内部的竞争与分化，继而损害欧洲的利益。③ 欧盟成员国普遍认为，欧洲国家只有形成一个共同的欧盟对华政策，才能在实力政治的天平上与中国平起平坐。

① Gudrun Wacker, “Deutsche China-Politik: Doppelte Einbettung gebraucht”, *Review* 2014, 24. 12. 2014, http: //www. swp-berlin. org/de/publikationen/kurz-gesagt/deutsche-china-politik-doppelte-einbettung-gebraucht. html.

② Sebastian Heilmann, “Lob der Nischenpolitik”, *Internationale Politik* 11 (2014): 42 – 43.

③ Hans Kundnani and Jonas Parello-Plesner, *China and Germany: Why the Emerging Special Relationship Matters for Europe*? European Council on Foreign Relations, May 2012, p. 9.

欧盟成员国要求在对华政策上形成统一的欧洲立场并无新意。欧盟内部曾有讨论建议取消成员国与中国之间的双边对话机制，以便形成一个共同的中欧对话机制。[①] 欧盟在处理对华关系时，目前的行动力主要局限在贸易和投资政策。欧盟对外行动署曾于 2010 年 12 月提出一份大纲，试图形成一个涵盖对外政策、经济问题、气候变化和资源问题的整体性对华政策，但是欧盟机构和成员国没有及时跟进。2014 年欧盟换届，新一届欧盟委员会能否在欧盟层面形成一个连贯的对华政策，也是一个未知数。

（三）中国希望德国在加强中欧关系方面发挥积极作用

鉴于德国在欧盟的经济和政治地位，中国希望德国在消除中欧分歧、推动中欧关系的发展方面发挥积极作用。随着全球金融危机以及区域政治危机的演变，中欧关系的不确定性有所增加，欧盟内部利用跨大西洋伙伴关系牵制中国的意愿也有所加强。对于中国来说，中欧之间的许多摩擦需要从超国家层面协调解决：在光伏双反问题上，默克尔的影响不足以阻止欧盟委员会启动反倾销程序；中欧进行投资协定谈判，重心在于布鲁塞尔，而非柏林。但是，中欧关系也有一些问题需要从政府间层面着手：在削减贸易壁垒、推动环保技术和可持续城市发展的合作，以及拓展法治国家对话方面，德国可以发挥主导作用。

2014 年 3 月，习近平访问荷兰、法国、德国、比利时等欧洲四国以及布鲁塞尔欧盟总部，并在核安全峰会上会晤英国首相等欧洲多国政要，凸显中国对欧洲的多层次外交。德国舆论认为，虽然德国和德国经济在欧盟的特殊地位没有太多改变，但是德国在中国的欧洲政策中不再具有特殊地位。习近平率领庞大经贸代表团访问欧洲，对于逆转中欧关系的下行风险、提升中欧战略合作空间具有一定的积极作用。

四　结语

从 2005 年到 2014 年，中德经贸关系在默克尔任内快速发展。德国智库把

---

① Hans Kundnani and Jonas Parello-Plesner, *China and Germany: Why the Emerging Special Relationship Matters for Europe?* European Council on Foreign Relations, May 2012, p. 9.

这十年称为“中德合作的黄金十年”①。2014 年发布的《建立中德全方位战略伙伴关系的联合声明》与《中德合作行动纲要：共塑创新》，为中德续写“黄金十年”、提升双边关系开辟了新的政治前景。

虽然中德两国对于特殊关系的提法有所顾虑，但是不可否认，中德关系在塑造中欧关系中具有先锋作用。中德现阶段合作的许多重点，都是《中欧合作 2020 战略规划》的内容。随着中德全方位战略伙伴关系的建立，两国外交与战略安全对话、高级别财金对话等新的对话机制相继启动，也为未来的中欧合作提供了新的切入点。

① Sebastian Heilmann，“Lob der Nischenpolitik”，*Internationale Politik* 11（2014），p. 36.

B.13
中国对德国直接投资：特征、趋势及其影响

赵 柯*

摘 要：近年来，中国对欧盟，特别是对德国直接投资的“跳跃式”发展成为中欧关系以及中德关系的“新亮点”和“新增长点”，这不是基于欧债危机的短期“抄底”行为，而是中国企业“延伸价值链”的内在发展需要，是一种长期的投资行为。直接投资正在成为中德关系发展的新引擎。

关键词：中德关系 直接投资 价值链

在2014年即将落下帷幕之际，12月25日，德国《世界报》网站刊登了一篇题为《中国对收购德国企业的胃口从来没有如此之大》的评论文章。该文提供的数据显示：2014年单单是中国企业对德国企业的收购金额就达到了17.4亿欧元，超过了2013年中国对德国所有形式直接投资（不包含金融债券购买）的总和。① 这篇文章准确地描述了当前中国企业对德国直接投资兴趣高涨的现实。

近年来，中国对欧盟，特别是对德国直接投资的“跳跃式”发展成为中欧关系以及中德关系的“新亮点”和“新增长点”，双方政界、学界和媒体都对此高度关注。德意志银行的研究报告认为，直接投资是“中欧关系未来发

* 赵柯，博士，中共中央党校国际战略研究所助理研究员。

① Tobias Kaiser，“Chinas Appetit auf deutsche Firmen so groß wie nie”，*Die Welt*，25. 12. 2014，http：//www. welt. de/wirtschaft/article135726610/Chinas-Appetit-auf-deutsche-Firmen-so-gross-wie-nie. html.

展的新引擎”。[①] 中国社会科学院世界经济与政治研究所发布的《中国海外投资国家风险评级报告》在2013年和2014年连续两年，将德国评为中国全球投资国家中最为安全的目的国。[②] 中国政府还将双方的投资合作赋予“战略含义”。2014年10月11日，国务院总理李克强在德国汉堡出席中欧论坛汉堡峰会第六届会议之时，发表了题为《树立互利共赢的新标杆》的主旨演讲，其中特别强调要推动中欧投资进入“快车道”，并且认为投资合作是中欧关系战略性的体现。[③]

商务部的数据显示，2002年，中国对外直接投资仅为27亿美元；到2013年增至1078亿美元；短短12年内增长了近40倍，[④] 中国目前已经成为世界第三大对外直接投资国。[⑤] 中国大规模对外资本输出的时代已经到来，作为中国在欧盟最为重要的经济伙伴，德国深受中国投资者青睐，直接投资将成为中德关系发展中越来越重要的因素。那么，中国对德国直接投资经历了一个什么样的历史演进过程？其现状特征如何？未来发展趋势又是怎样？会对中德关系产生怎样的影响？这是本文主要讨论的问题。

一　中国对德国直接投资的历史演进与现状特征

2000年10月11日中国共产党第十五届中央委员会第五次全体会议通过的《中共中央关于制定国民经济和社会发展第十个五年计划的建议》第一次以中央文件的形式提出要实施“走出去”战略，鼓励和推动企业要“利用国

---

① Syetarn Hansakul and Hannah Levinger, “China – EU Relations: Gearing Up for Growth”, *Deutsche Bank Research*, July 31, 2014, p. 1.

② 国家风险评级课题组:《2013 中国海外投资国家风险评级报告》,《国际经济评论》2014 年第1期;《中国海外投资国家风险评级（2015）发布》,《中国社会科学报》2014 年 12 月 5 日。

③ 《李克强在中欧论坛汉堡峰会第六届会议上的主旨演讲（全文)》，新华网，http://news.xinhuanet.com/2014-10/12/c_1112787647.htm。

④ 《中国将成净资本输出国　投资质量有待提升》，中国商务部官方网站，http://www.mofcom.gov.cn/article/i/dxfw/gzzd/201410/20141000773145.shtml。

⑤ United Nations Conference on Trade and Development (UNCTAD), *World Investment Report* 2013. *Global Value Chains. Investment and Trade for Development*, New York and Geneva: UNCTAD, 2013.

内国外两种资源、两个市场”。随后中国又在2001年正式加入世界贸易组织（WTO），积极融入全球经济，不断加大对外开放的力度，中国大规模和高增速的对外直接投资由此拉开帷幕。如图1所示，在2005年中国对外直接投资迎来了一个转折点，由之前的年平均不到30亿美元增长到122.6亿美元，同比增长122.9%。而2008年则被一些国外研究者称为中国对外直接投资“进入新阶段”的年份。① 因为在这一年，中国对欧盟和美国这样的发达经济体的直接投资开始加速。

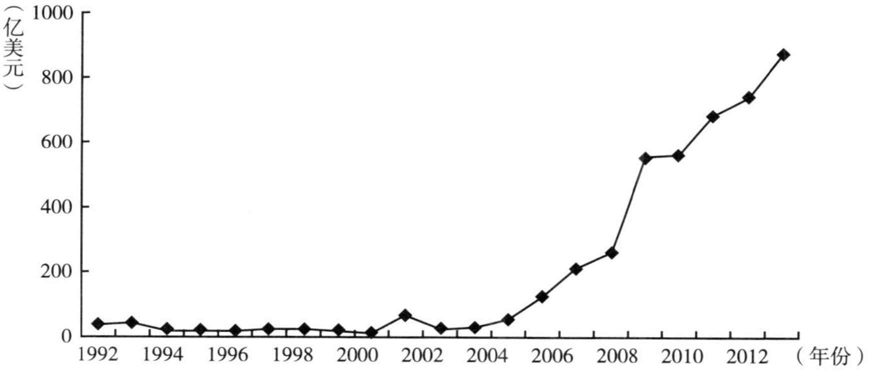

图1 1992～2012年中国对外直接投资流量情况

资料来源：中国商务部、国家统计局、国家外汇管理局：《2012年度中国对外直接投资统计公报》，中国统计出版社，2013，第5页。

在2000年之前，中国对欧盟国家的直接投资是非常少的。中资企业在西欧主要集中在餐饮业、航运业和零售等行业，平均每个项目的投资不到100万美元。② 在欧债危机的背景下，欧洲已经逐渐成为中国海外并购的第一大市场，③ 特别是德国的中小企业受到越来越多中国投资者的青睐，这是中德经济关系发展中的一个新趋势。自改革开放以来，中德两国在实体经济合作方面的

① 荣大聂、提洛·赫恩曼：《中国对发达经济体的直接投资：欧洲和美国的案例》，《国际经济评论》2013年第1期。

② 侯亚静：《中国对欧盟直接投资研究》，硕士论文，东北财经大学，2012，第10～12页。

③ 《中国对外投资全面提速，欧洲成中企海外并购第一大市场》，《人民日报》2013年7月19日，第3版。

主要模式就是“以市场换技术”，德国企业以在中国设立合资或独资公司的方式扩大其产品的在华销售，而中国企业则在与德国企业的合作竞争中逐渐提高自身技术水平。在这一模式中，德国是投资方，中国是投资的接受方，中国各级政府更为热衷于从德国引进投资，中国对德国的直接投资非常少，直到2005年，中国对德国直接投资存量才突破2亿欧元。但是自2007年以来这一模式开始改变，中国企业对德国的直接投资呈现出“跳跃式”的增长。

根据德国联邦银行的统计，中国对德国直接投资的存量从2007年的3.7亿欧元增长为2012年的15.57亿欧元。①虽然投资规模总体上还比较小，但是增速迅猛。随着法兰克福作为海外人民币离岸中心地位的确立，中资企业收购的目标也开始瞄准了制造业之外的德国金融企业。2014年来自中国的投资集团复星国际以9850万欧元的价格收购了德国BHF银行19.18%的股份，成为BHF的第二大股东。BHF银行是德国排名第一的独立私人银行，成立于1854年，由罗斯柴尔德家族在法兰克福的后裔设立而成，160多年来服务了许多德国成功的财富家族。在德国权威财经报纸《商报》的“精英资产管理机构排行榜”上，BHF投资业绩连续8年位居榜首。这是迄今为止中国企业在德国金融业领域最为重要的一次收购。

相较于美国时常表示出的对来自于中国投资的怀疑、警惕甚至是敌视，德国对中国投资表现出了更为开放和包容的态度。这不仅仅是因为在欧债危机的阴影尚未完全散去的背景下，德国希望引进中国投资来促进经济增长；更为重要的是，中国企业在德国“本土化”经营的努力也渐渐得到了当地社会的认同。德国人非常担心中国的投资方也会将中国的劳工待遇带入德国，德国媒体也经常借此炒作中国投资拉低德国福利水平的话题。德国亲工会的汉斯-伯克勒基金会（Hans-Böckler-Stiftung）曾经非常仔细地调查了一些中国人收购的德国传统企业。但其调查结果“令人吃惊”：这些被中国投资方收购的企业到目前为止在经营上完全自主，没有大量辞退员工，而且遵守了劳资协议的规定，员工数量都有所增加。另外，厂房和科研设施也得以扩建。伯克勒基金会调查

① Deutsche Bundesbank, *Foreign Direct Investment Stock Statistics* 2009-2014, http://www.bundesbank.de.

的结论是：中国投资者目前的合作态度胜过许多金融投资方。①

德国经济的强大靠的不是像大众、西门子、巴斯夫这样多元化经营的大型跨国企业，而是那些拥有自主知识产权，专注于某一产品领域，同时又极具全球竞争力的中小企业。这些中小企业往往都不是上市公司，而是具有历史传承的家族企业。随着社会的多元化发展和生活理念的不断更新，很多家族企业难以找到合适的继承人。因为很多家族企业的后代们不愿意再接受家族的安排，重复父辈们的工作和生活方式，而是更愿意从事自己真正感兴趣的职业。另外，随着经济全球化的发展，市场竞争也越来越激烈，这对企业家的素质也提出了更高的要求，不仅需要专业知识和管理能力，更需要具有全球眼光和战略思维，才能保证家族基业长青。但是现在这些家族企业的“富二代”往往不具备这样的能力和素养。现实的需要迫使德国的家族企业把目光投向了来自中国的投资者，虽然在开始阶段德方往往对中方投资者有着各种各样的顾虑；但是随着合作的深入，他们发现，中国投资者在收购中往往能够开出具有足够竞争力的价格，并且承诺保留原有的员工，并且与企业现有的管理层愉快合作，实现企业的平稳过渡。这让中国投资者在德国的并购市场变得越来越抢手，许多德国企业现在愿意与中国资本实现某种形式的“联姻”。有德国媒体甚至将中国投资方对德国中小企业的收购称为“来自中国的继承者”。②

从中国对德国直接投资的规模和结构来看，中国对德国直接投资表现出三个明显的特点：第一，增长迅速。近年来，中国投资者对德国的兴趣大大提高，这一方面反映出中国企业实力的不断增强，另一方面是欧债危机为中国企业投资德国提供了不少难得的机遇。第二，实际规模小，提升空间大。中国对德国的直接投资虽然增长迅速，并且出现了吸引全球注意力的“大手笔”，但中国对德国直接投资无论是在中国对外直接投资中所占的比例，还是在德国吸收的全部外国直接投资中所占的比例还都比较小。根据德国联邦银行的统计，截至 2012 年底，德国吸引的海外直接投资存量为 7932 亿欧元，其中来自中国的直接投资仅为 15.6 亿欧元，仅仅占德国接受的海外直接投资总额的 0.2%

① 《中国对德投资：实情比名声要好》，德国之声中文网，http：//www.dw.de。

② 《来自中国的继承者》，德国之声中文网，http：//www.dw.de。

左右。这与中德之间贸易关系显然不匹配。2013 年，中德双边贸易额达 1615.6 亿美元，其中中国对德出口 673.6 亿美元，自德进口 942 亿美元，在日均 15 亿美元的中欧贸易往来中，近 1/3 来自中德贸易，德国是中国在欧盟的第一大贸易伙伴。[①] 中德是处于不同发展阶段、具有世界影响力的经济体，双方产业具有强烈的互补性，随着中国企业加快“走出去”的步伐，中国对德直接投资有着巨大的提升空间。第三，中国对德直接投资主要集中在中国并不具备比较优势的现代服务业和先进制造业，并非投向中国企业所擅长的劳动密集型产业，这与传统上对外投资国主要投向自己具有比较优势产业的历史经验不尽相同。

二　中国对德国直接投资的动因和收益

从全球视野来看资本输出的发展历史，发达国家无疑是绝对的主角，其向来是对外直接投资的主体，发达国家对发展中国家的投资以及发达国家之间的相互投资构成了全球范围对外直接投资的主要内容。国际投资理论也主要围绕这一现实图景来进行构建，国际投资理论将企业对外直接投资的目的分为四类：资源寻找型、市场寻找型、效率寻找型和战略资产寻找型。[②] 一般而言，企业在进行海外直接投资的决策时，都会优先选择进入自己具有竞争优势的行业，因为对自己所熟悉并且擅长的领域进行投资，可以缩短学习和适应的过程，从而能够有效地减少生产成本和交易成本，最终与东道国相关生产要素的优势相结合，赚取比在母国更高的收益率。但是这一分析框架却很难用来分析中国对德国的直接投资。中国对德国直接投资所涉及的行业非常广泛，很难简单地将其投资动因与以上四个类型很有规律性地一一对应；同时，在对德国的直接投资中，中国企业并没有将自己具有比较优势的产业转移到德国，而是将投资重点集中于中国企业不具备竞争优势的现代服务业和高端制造业，被收购的德国企业的技术水平和国际知名度明显高于来自中国的投资方。这些经验事

① 杨解朴：《解读中德创新伙伴关系》，《当代世界》2014 年第 11 期。

② John H. Dunning and Sarianna M. Lundan, *Multinational Enterprises and the Global Economy*, Cheltenham: Edward Elgar, 2008, pp. 63 – 78.

实与主流理论所描述的“企业在进行跨国投资时选择自己具有国际竞争力的行业”不尽相符。在国家层面，中国作为发展中国家，在人均收入还处于较低水平的情况下不仅进口资本，还大规模地对外输出资本，成为全球第三大对外直接投资国。不仅投资于比自身发展水平低的国家和地区，而且对德国这样发展水平远超自己的发达经济体所进行的直接投资也增长迅速，这也超出了一般的理论预期。所以，需要对中国企业对德国直接投资的动因找到一个更具说服力的解释。

“延伸价值链”应该是中国企业投资以德国为代表的欧盟国家最主要的动因，[①] 这与中国在特定的国际分工背景下的发展模式密切相关。中国的发展得益于经济全球化，20 世纪 80 年代中国实施改革开放之时，正值全球产业大转移，中国通过承接许多发达国家和地区所转出的产业逐步融入到了世界经济之中，参与全球产业链的生产。但是中国企业所从事的部分大多位于全球产业链的低端，其生产工艺和销售网络往往受到位于上游产业链的其他国家企业的控制和制约，这导致中国企业很难自由地向海外转移自身的优势产业。但是，在经历了激烈的全球市场竞争的洗礼和自身技术和资金的积累后，很多中国企业实力大大增强，具备了向“微笑曲线”两端攀升的能力。[②] 与此同时，中国经济增长方式也在发生改变，推动技术创新来进行产业升级和结构调整成为宏观经济政策的主轴，传统低附加值的产业面临越来越严峻的市场生存压力。所以，提高产品附加值，改善生产技术工艺，建立自己的产品销售渠道成为保障企业长远发展所必须进行的选择。而通过对德国这样具有完备的高水平制造业的发达经济体进行直接投资，则可以大大缩短企业转型的时间，节省技术创新的成本。正是出于“延伸价值链”的需求，中国企业的投资目的地开始从发展中国家逐步转向德国这样的发达国家，并且在对发达国家的投资中将重点集中于自己并没有竞争优势的现代服务业和高端制造业。

① 何帆、姚枝仲等对以“延伸价值链”为主要动因的中国企业对外直接投资进行了详细的分析，参见何帆、姚枝仲等《中国对外直接投资：理论与问题》，上海财经大学出版社，2013，第 124 ~ 136 页。

② 微笑曲线是企业管理中的概念，是一条 U 形线，指产业链中的附加值。附加值最高的是处于曲线两端的设计和销售，处于中间环节的制造附加值最低。

表 1　2000～2011 年中国对欧盟 27 国直接投资的地区分布与交易数量

国　　家	金额(百万美元)	绿地投资项目数(个)	并购项目数(个)	总投资项目数(个)
法　　国	5722	46	24	70
英　　国	3684	69	26	95
德　　国	2543	113	33	146
瑞　　典	2251	14	6	20
匈 牙 利	2065	14	4	18
荷　　兰	1164	32	15	47
比 利 时	847	12	3	15
希　　腊	714	5	0	5
意 大 利	554	31	16	47
奥 地 利	391	6	5	11
罗马尼亚	299	13	1	14
波　　兰	190	15	1	16
西 班 牙	187	22	1	23
捷　　克	76	10	1	11
芬　　兰	48	1	4	5
葡 萄 牙	47	5	0	5
保加利亚	47	6	1	7
卢 森 堡	46	1	1	2
爱 尔 兰	44	6	1	7
丹　　麦	30	6	1	7
拉脱维亚	3.8	1	0	1
塞浦路斯	3	0	1	1
爱沙尼亚	0	0	0	0
立 陶 宛	0	0	0	0
马 耳 他	0	0	0	0
斯洛伐克	0	0	0	0
斯洛文尼亚	0	0	0	0
总　计	20957	428	145	573

注：100 万美元以下的直接投资或并购交易不包括在内。

资料来源：Thilo Hanemann and Daniel H. Rosen, *China Invests in Europe Patterns, Impacts and Policy Implications*, New York, NY: Rhodium Group, June 2012, p. 38。

中国投资者对德国的“偏爱”非常典型地反映了中国企业家在产业升级、转型期的这种非常强烈的“延伸价值链”的意愿。如表 1 所示，2000～2011

年中国对欧盟金额在100万美元以上的直接投资项目中，落户德国的是最多的。安永公司最新发布的报告显示，2013年中国投资者共收、并购120家欧洲企业，达历史最高水平，其中以德国和英国企业为最多，各占25家。2013年中国已成为德国第六大投资方，仅次于美国、英国、瑞士、法国和奥地利，最大投资方美国2013年共在德国完成92笔企业收并购交易。德国吸引中国投资者的地方在于德国制造业拥有大量以“隐形冠军”为代表的优秀中小企业。① 这些中小企业虽然规模不大，但却拥有先进的生产技术，实现了全球化经营，占据着全球产业链的高端，它们是构成“德国制造”的中坚力量。对以“德国制造”为核心的全球生产要素交易和产品销售网络的追求是中国企业投资德国的主要驱动力。2012年三一重工收购的德国混凝土泵制造商普茨迈斯特就是一家典型的“隐形冠军”。普茨迈斯特在混凝土泵车制造领域处于世界领先地位，全球市场占有率高达40%左右。这次收购不仅让三一重工的生产技术水平得到提升，而且可以拥有普茨迈斯特在全球100多个国家的销售网络。

虽然近几年来中国企业对德国的直接投资呈现出“跳跃式”的增长势头，但是对其盈利状况的评估还缺乏相关的直接数据，笔者只能从一些现有的调查数据中进行间接的推测和印证。比利时安特卫普管理学院在2013年发布了《中欧投资报告2013/2014》，其中显示，目前有47%的在欧中资企业没有能够实现盈利，除了中资企业自身缺乏跨国经营能力之外，很重要的原因在于进入欧盟的时间较短，对欧盟国家的经济、社会、法律、文化等方面了解不够。在欧盟投资的中资企业，超过80%成立于2000年之后，更有超过20%是成立于2009年之后，② 在欧盟的中资企业还相当年轻。德国作为中国企业投资欧盟的重要目的国，《中欧投资报告2013/2014》中的这些描述应该大致也反映了中国对德投资的基本状况。虽然会有“水土不服”引起的亏损，总体而言，对德投资还是非常划算的。③ 2014年3月习近平主席访问德国期间在科尔伯基金

① “隐形冠军”指那些在全球市场中占有极高份额，却又不太为人所知的中小企业。

② *Euro－China Investment Report* 2013/2014，Antwerp Management School，2013，p. 30.

③ 国务院发展研究中心世界发展研究所丁一凡研究员曾于2012年赴欧洲调研，向笔者提供了其收集整理的中国对欧盟直接投资的相关案例数据和其撰写的分析报告。笔者在本文中对中国投资德国所获收益的分析受益于此。

会发表重要演讲。他指出，未来5年至10年对中德来说都是改革发展的关键时期。当“德国制造”和“中国制造”真诚牵手合作，我们所制造的将不只是高质量的产品，更是两国人民的幸福和理想。① 这句话也精准地概括了中国对德直接投资的收益。

第一，通过对德国企业多种形式的投资，中国企业可以在相当短的时间内提升技术水平和国际化经营能力。德国的中小企业大多拥有自主知识产权，技术水平处于世界前列，并且建立了全球化的销售网络。中国企业对德国中小企业的投资，不仅获得了需要的技术，弥补了自己的产品空缺，大大减少了自己研发的时间，还大大增强了自身国际化水平。2014年9月19日，中国南车集团旗下时代新材收购德国采埃孚集团旗下博戈公司橡胶与塑料业务，这笔2.9亿欧元的交易是中国迄今在欧洲汽配行业最大的收购案。博戈公司是全球汽车减振和轻量化零部件第三大供应商。收购全部完成后，时代新材在世界非轮胎橡胶行业排名将从目前的第三十多位上升到第十五位。

第二，投资德国改变了中国经济的对外形象。中国企业过去对像德国这样的欧盟发达经济体所进行的直接投资很少，许多德国人对中国投资曾充满疑虑，认为中国企业投资德国的主要目的是得到专利技术回中国生产，而非持续地在当地经营。然而，中国企业近年来在德国“本土化”经营的努力赢得了德国人的尊重。德国驻华大使柯慕贤（Michael Clauss）在2014年5月接受《财经》记者采访时表示：“起初中国投资者刚刚出现在德国市场上的时候，德国民众和工会确实担心他们只会拿走技术，然后不再经营这个德国公司。然而这没有发生，中国投资者做得很好，德国公司理解到和财力雄厚的中国伙伴合作是有好处的。我认为这是一个双赢的局面。”②

第三，投资研发，增强企业创新能力。曾几何时，投资于欧洲的中国企业往往习惯于从国内带来相关雇员，不愿意使用欧洲本地员工：一则因为欧洲的福利制度导致用人成本太高；二是认为欧洲人“懒”，太过注重休闲和假期。

① 《习近平在德国发表重要演讲发展道路》，新华网，2014年3月29日，http：//news.xinhuanet.com/world/2014－03/29/c_ 1110003070.htm。

② 《德驻华大使柯慕贤：默克尔办公室电话直通中南海》，财经网，2014年7月5日，http：//overseas.caijing.com.cn/2014－07－05/114317437.html。

但在欧债危机背景下，包括德国在内的欧盟国家纷纷进行结构性改革，降低劳动力成本，增强劳动力市场的弹性，中国企业也开始积极地利用欧洲本地高素质的人力资源来提高自身技术水平。比如，中兴通讯公司拥有900多名德国员工，其欧洲总部已经搬到德国。中兴通讯副总裁崔佳认为，德国对工业行业的要求最高，如果能在德国胜利，在世界其他地方也能成功。德国对中兴公司的价值被形容为“得德国，通天下”①。

三　中国对德国直接投资的发展趋势

中国对以德国为代表的欧盟发达国家的直接投资在欧债危机爆发后不降反升，出现了“跳跃式”增长，很容易使人认为这一快速增长是基于欧债危机的短期“抄底”行为，不是长期趋势，是不可持续的。这种说法有其合理之处，欧债危机确实让欧盟成为“价值洼地”，为中国企业提供了难得的投资机会。但中国企业对欧盟直接投资的快速增长更多是出于“延伸价值链”的内在发展需要，是一种长期的投资行为，而非短期的投机。在欧债危机之前中国对欧盟的直接投资就已经开始提速，危机只不过是提供了额外的“加速度”。“延伸价值链”的内在发展逻辑正在让中国企业的对外直接投资方向发生改变，由主要集中于对亚非拉发展中国家逐渐转向对包括欧盟在内的发达国家的直接投资，近些年中国对德国直接投资的这种“跳跃式”增长正是这一转变的缩影。一方面，鉴于德国经济结构与中国经济内在的产业升级需求高度契合，未来中国对德投资将会持续增长；另一方面，中国目前处于一个对欧盟直接投资的“战略机遇期”，这为对欧盟直接投资继续保持快速增长的势头提供了强有力的支持，在这一背景下，对德投资自然会“水涨船高”。这一“战略机遇期”主要体现在三个方面：

第一，欧盟整体的宏观经济形势和结构性改革为中国投资打开了“机会窗口”。这不仅仅是指因欧债危机而处于“价值洼地”的各类资产，以及欧盟成员国政府推出的一系列“私有化”项目；更重要的是欧盟宏观经济环境的

① 孙泠：《中兴的“德国战车”》，《IT经理世界》，2014年6月6日，http：//www.ceocio.com.cn/magazine/it/2014/389/2014－06－06/143304.html。

变化所带来的机遇。2009 年肇端于希腊的欧债危机是二战后欧洲一体化所遭受的最为严重的挫折和冲击，作为大半个世纪以来欧洲联合最为重要的成果——欧元几乎走向崩溃。为了走出危机，欧洲人下决心启动了停滞多年的结构性改革，不仅希腊、西班牙、葡萄牙等重债国在国内外压力下实施紧缩政策，德国、法国、荷兰、卢森堡等财政状况良好的国家也主动地加入到“紧缩”的行列，出台了一系列缩减公共开支、降低社会福利的政策和法律。在这一背景下欧盟的生产成本，特别是劳动力成本增速持续下降。此外，欧盟国家的劳动力市场改革也提上日程，放松了对就业市场的管制，雇佣制度更加灵活。劳动力成本“高昂”和劳动力市场的“僵化”是许多中国投资者对欧盟“望而却步”的重要阻碍因素，而由欧债危机推动的欧盟宏观经济环境的变化无疑将从整体上降低中国企业进入欧盟的成本，为中国企业利用欧盟高素质的劳动力创造了良好的条件。

在“紧缩”成为欧盟国家宏观经济政策主旋律的背景下，欧盟国家很难再通过扩张性财政政策和大规模举债的方式来促进经济增长。很自然，吸引外来投资成为欧盟国家政府促进经济增长的一项重要政策选择。虽然欧盟国家的一些政客和媒体怀疑中国投资背后的政治动机，但总体而言，大部分欧盟国家对“中国投资”持欢迎态度，不像美国动辄以“国家安全”为由阻碍和限制中国的投资。欧盟国家对中国企业实际的投资活动表现出更为包容和开放的态度，限制相对较少。比如，虽然德国政府在 2008 年通过的《对外经济法》中将审查权从军工企业扩展到一般企业，规定联邦政府对外来投资者收购德国企业 25% 以上（含 25%）股权的收购项目拥有审查权，但是迄今为止德国政府还从未行使过这一审查权。

第二，中国投资德国具有良好的政治氛围和制度环境。2013 年 11 月 21 日，在中欧建立全面战略伙伴进入十周年之际，第十六次中国欧盟领导人会晤在北京举行，双方共同制定《中欧合作 2020 战略规划》，为中欧关系的长远发展设定了内容和框架。在直接投资领域，中欧双方确认要达成一份全面的中欧投资协定。中国之前与欧盟许多国家都签订过双边投资协定，但这些协定大多签订于改革开放初期和中期，侧重于对欧盟国家对中国直接投资的保护，不再适宜于今天的新形势。签订一份涵盖所有欧盟成员国的全面投资协定来取代中国与欧盟成员国之间现有的双边投资协定，有助于消除中国投资者进入欧盟市场的限制，为中国投资者及其投资提供有力保护。[①] 2014 年 3 月 28 日，在习近平主席访德期间，两国发表了《建立中德全方位战略伙伴关系的联合声明》，使中德关系得到了进一步提升。[②] 2014 年 10 月 10 日，李克强总理在柏林同默克尔共同主持第三轮中德政府磋商，发表了《中德合作行动纲要：共塑创新》，为双方合作注入新动力，标志着中德关系正在进入一个新阶段。[③] 可以预期，双方良好的政治关系将对中国投资具有十分正面的促进作用。

第三，中国构建开放型经济所释放的对外投资体制改革的红利。中国的对外投资体制改革在近年来取得了很大的进步，政府通过简政放权、减少管制等便利化措施有效地支持了中国企业“走出去”，但仍然存在行政审批程序过于烦琐、审批时间过长和审批标准不明确的缺点，特别是广大中小企业和民营企业的对外直接投资仍然面对体制和融资方面的困难，成为制约对欧投资的重要因素。党的十八届三中全会明确提出要“构建开放型经济新体制”，扩大企业及个人对外投资，确立企业及个人对外投资主体地位；并且承诺要改革涉外投资审批体制，完善领事保护体制，提供权益保障、投资促进、风险预警等更多服务，扩大投资合作空间。落实十八届三中全会的决议必将更加深入和广泛地对我国当前对外投资体制进行改革，必将进一步提高中国企业对欧盟直接投资的积极性和主动性。

当然，中国对包括德国在内的欧盟国家进行直接投资还面临着风险和挑战，主要体现在两个方面：

第一，中欧在制定全球投资规则中的分歧。在中国的对外直接投资中，国有企业扮演着重要角色。根据《2012 年度中国对外直接投资统计公报》的数据，2012 年，非金融类对外直接投资 777.3 亿美元，其中国有企业占 46.6%；2012 年末中国非金融类企业对外直接投资存量 100 强中排名前 20 位的都是大

---

① 《第十六次中欧领导人会晤发表〈中欧合作 2020 战略规划〉》，新华网，2013 年 11 月 24 日，http：//news. xinhuanet. com/fortune/2013 - 11/24/c_ 125752294. htm。

② 《中华人民共和国和德意志联邦共和国关于建立中德全方位战略伙伴关系的联合声明（全文）》，新华网，2014 年 3 月 29 日，http：//news. xinhuanet. com/world/2014 - 03/29/c_ 126330428. htm。

③ 《中德合作行动纲要（全文）》，新华网，2014 年 10 月 11 日，http：//news. xinhuanet. com/world/2014 - 10/11/c_ 1112772707. htm。

型央企。[①] 如果再加上金融类企业的话，不难看出，国有企业是现阶段中国对外直接投资的主力。所以，以国有企业为主体的投资模式得到尊重和认可，是中国参与全球投资治理体系的一大诉求，[②] 而这恰恰与欧盟目前所竭力推动的国际投资理念存在冲突。2012 年 4 月 10 日，欧盟和美国发布了《欧盟和美国关于国际投资共同原则的声明》，由于目前全球不存在统一的国际投资规则，此举表明欧美在全球投资规则方面相互协调，力图在全球投资治理体系中占据主导权的战略意图。《声明》中特别强调支持经合组织倡导的“竞争中立”原则，关注国有企业对私人企业构成的挑战。[③] 中欧在如何界定国有企业在国际投资中的地位、作用和经营方面的分歧，对中国国有企业对欧投资造成了潜在的风险和不确定性。

第二，中国企业的跨国经营管理能力不足，特别是对欧盟社会与法律的不适应。根据中国欧盟商会对在欧盟投资的中国企业的调查报告，78% 的中国企业在欧盟遇都到了运营问题，这其中大多涉及“文化差异，不熟悉西方管理模式，不懂如何管理”（40%）、“劳工法”（29%）、“税务规定和会计准则”（28%）、“知识产权”（14%）、“银行系统”（13%）、“缺乏支持，很难与地方当局沟通”（11%）等方面的困难。[④] 中国企业所遇到的这些困难与“欧洲特色”的社会经济模式有很大关系，欧盟和美国虽然都是市场经济，但两者的社会经济体制有相当大的不同，美国强调“自由竞争”，是一种自由市场经济模式，而欧盟则是以德国为代表的社会市场经济模式，更为重视“社会均衡”，意味着任何一个社会群体都不可能利益独大。[⑤] 其政策含义就是在欧盟国家中存在一系列保证雇主与雇员、企业与政府、政府与社会、社区与企业、厂商与消费者之间权力制衡的制度安排。这意味在欧盟投资的中国企业不能仅仅将精力集中于市场竞争，而是要具有与“社会”打交道的能力。

---

① 中国商务部、国家统计局、国家外汇管理局：《2012 年度中国对外直接投资统计公报》，中国统计出版社，2013，第 18 ~ 19 页。

② 王碧珺：《中国参与全球投资治理的机遇与挑战》，《国际经济评论》2014 年第 1 期。

③ U. S. – EU Shared Principles for International Investment，https：//ustr. gov/callout/us-eu-shared-principles-international-investment.

④ 中国欧盟商会：《中国对欧盟境外投资报告》，2013，第 20 ~ 22 页。

⑤ 朱玲：《创新测度发展状况的社会机制》，http：//ie. cass. cn/yjlw/01. asp？ id =875。

四　直接投资成为中德关系发展的新引擎

中国企业对以德国为代表的欧盟成熟经济体的直接投资是发展中国家对发达国家的直接投资，其主要投资方向：一是面向产业链上游具有高附加值的技术、设计和研发等活动以及核心零配件的生产制造；二是面向产品终端的分销渠道和营销网络，甚至是具备优秀跨国经营能力的企业管理团队。这种投资一方面可以提升中国经济在全球价值链中的地位，提高中国经济的国际竞争力；另一方面，中国在国际分工中长期处于加工、组装等低附加值环节，给中国的生态环境、自然资源带来日趋严重的承载压力，高污染、高耗能的粗放式发展模式越来越不具备可持续性，实现产业升级和经济结构调整，转变发展方式是中国经济的必由之路。除了这些直接的经济效益外，中国对德直接投资还具有重要的战略意义：

首先，有利于中欧全面战略伙伴关系的稳定发展。欧盟委员会副主席、欧盟司法委员维维亚娜·雷丁（Viviane Reding）2013 年 10 月 30 日在美国耶鲁大学的演讲中直言不讳地说：当前许多（国家间的）的伙伴关系都冠之以“战略性”的称号，但这当中唯一能够称得上是“战略性”的，只有欧美关系。[①] 欧美关系的这种密切程度和稳定性除了双方具有的相同的价值理念、政治制度和意识形态之外，一个很重要的原因就是欧盟双方互为最重要的投资伙伴。直接投资与国际贸易不同，不仅在直接创造就业方面效果显著，而且伴随着直接投资的是双方在人员、观念及文化等诸多方面更为深层次和更具持久性的相互交流，直接投资能够比贸易更为有效地促进两国社会之间的理解和融合。2012 年美国对外直接投资的 63% 流向了欧盟，而美国所吸引的对外投资中 44% 来自欧盟。美国和欧盟的相互直接投资在大西洋两岸创造了 700 万个工作岗位，其中美国企业在欧盟就雇用了 420 万名劳动力。相比之下，中欧之间的相互投资，特别是中国对欧盟的直接投资，与双方的巨额贸易量完全不匹配。随着中国对欧盟直接投资的增长，将会有越来越多的欧洲人为中国企业工

① “What's the Deal with the EU – US Free Trade Agreement?”, http: //europa. eu/rapid/press – release_ SPEECH – 13 – 865_ en. htm.

作。这既能缓解让当前欧洲政治家最为头痛的问题——失业，也能让欧洲人近距离了解和感知更为具体和真实的中国。德国是当前欧盟中最具影响力的国家，又是欧盟范围内中国对外投资的主要目的国，中国对德投资所具有的“正外部性”必将有利于整个中欧关系的稳定发展。

其次，有利于增强中国参与全球投资治理的能力。当前在全球范围内还没有形成统一的投资规则，但欧盟和美国已经开始在相关谈判中推行自己的全球投资治理理念，推动形成有利于西方的投资规则。作为正在崛起中的海外投资大国，中国经济正进入一个资本输出的新时代，中国无疑需要积极参与全球投资治理，保障自己的海外投资利益。与欧盟正在进行的双边投资协定谈判是中国参与全球投资治理的重要方式。德国作为欧盟最具影响力的成员国，对其直接投资的快速增长无疑将大大加强中方在谈判中的影响力和话语权。

2014 年 3 月，中国国家主席习近平在访问德国时指出：作为亚洲和欧洲最主要的两大经济体，中德经济加强融合，实现亚欧两大经济增长极强强联手，定将对世界经济产生积极影响。可见，“中德经济加强融合”的效应会远远超出中德双边的范畴，具有世界影响。因此，这是中国对德政策的一个重要目标。投资将在其中扮演着重要角色，因为投资意味着生产要素在两国之间的流动将更具广度和深度。投资又离不开金融机制的支持，随着投资的增加，两国金融合作必然会越来密切。这都会强有力地推动“中德经济加强融合”。正因为对德直接投资所具有的重要意义，政府应该积极地鼓励中国企业“走进德国”“走进欧盟”，直接投资正在成为中德关系发展的新引擎。

B.14

德越关系分析：历史及现状

陈弢*

摘　要：近年来，德国和越南的交往越发密切，两国建立起了战略合作伙伴关系。两国不仅高层互访频繁，在军事、经贸、文化教育等各方面的交流也都取得了突破。尤其是2014年下半年以来，德越接近的趋势更加明显。跟随美国“重返亚太”战略、开拓与越南的经贸关系，以及在中越领海争端下维持地区和平现状都是推动德国发展对越关系的重要因素。而作为前民主德国重要遗产的十几万在德国居住和学习工作过的越南人，在双方关系的发展中发挥着重要的桥梁作用。近期内德越关系还将进一步深化。

关键词：德国　越南　战略合作伙伴关系　中越领海争端

近年来，德国①和越南的交往越发密切，两国建立起了战略合作伙伴关系。两国不仅高层互访频繁，在军事、经贸、文化教育等各方面的交流也都取得了突破。尤其是2014年下半年以来，德越接近的趋势更加明显。不仅高层互访频繁依旧，在中越领海争端问题上，德国政府也罕见地发出了偏向越南一方的声音。日本观察家甚至认为，“德国开始着手修正其亚洲外交路线，似乎将与此前明显关系亲密的中国保持一定距离，同时寻求加深与越南等国的关系”。②

---

* 陈弢，历史学博士，同济大学德国问题研究所助理教授。

① 为了行文方便，1990年两德统一后的新的联邦德国，在本文中一律以“德国”来表示。

② 《德国亚洲外交不想再偏重中国了吗?》，《澎湃新闻》2014年12月11日。

本文将分阶段对1949年以来德越关系发展的脉络进行梳理，并考察德国和越南在中越领海争端问题上的互动，来分析哪些因素影响了两国关系的发展。从中也可以看出近期德越关系发展变化的一些趋势。

一　冷战期间的德越关系

冷战期间，联邦德国的越南政策，连同其对东南亚国家的政策，都附属于东西方对抗的政策。尽管联邦德国政府曾在越战期间给予了南越政府大量援助[①]，同时也在1975年9月和当时的北越政府建立了正式的外交关系，但与越南的关系一直不是联邦德国政府的关注重点。而另一个德国，即民主德国的党和政府却将越南放到了极其重要的位置。

当年，民主德国与北越以及1976年统一的越南社会主义共和国的交往，集中在党际和国家层面上。作为社会主义兄弟国家，两国在1950年2月正式建立了外交关系。随后，双方的党际和国家层面的关系开始全面发展。到了1957年7月底，越南劳动党中央委员会主席胡志明访问了民主德国。他在访问中表示："民主德国专家和物资极大地支持了我们的经济建设。在越南民主共和国到处都可以看到民主德国工人、工程师、医生的身影。民主德国的机械、医疗设施和药物也是随处可见。"[②] 进入60年代之后，国际共运发生分裂，中苏两党两国之间的意见分歧逐渐扩大成为笼罩在整个社会主义阵营内部的巨大阴影。

在中苏分裂期间，民主德国和北越的关系也随即受到影响。民主德国驻越使馆1964年春的一份分析报告认为，"随着北越在意识形态方面越发偏向中国，支持苏联和欧洲共产党观点的同志要么被开除，要么受到打压"，"有些同志在发表自己的看法后，就马上销声匿迹了"。"Hoc tap"（《学习杂志》）和"Nhan Dan"（《人民报》）等党的重要报刊上都刊登了符合中国观点的文章。[③] 还有越

① Alexander Troche，"*Berlin wird am Mekong verteidigt*"，*Die Ostasienpolitik der Bundesrepublik in China，Taiwan und Süd - Vietnam*，1954 - 1966，Düsseldorf：Droste Verlag，2001.

② "Ho chi Minh：Unsere gemeinsame Sache wird siegen"，*Neues Deutschland*，26. 7. 1957.

③ Politisches Archiv des Auswärtigen Amts（PAAA），Ministerium für Auswärtige Angelegenheiten（MfAA），G - A 324，"Einschätzung der Entwicklung der politischen Situation in der DRV nach dem 9. Plenum des ZK der PWV im Dezember 1963/Januar 1964"，Hanoi，27. Mai 1964.

方官员直接对民主德国驻越使馆代表表示，“你们的啤酒很好，但政策却很坏”。一些河内民众同德使馆官员谈话后，马上就被警察拘捕，并受到盘问。有民众表示，今后不能再和德使馆官员对话，因为政府规定越南人不能和欧洲人混在一起。1964 年 5 月，德使馆还和封锁包围使馆的北越国安部门发生了矛盾。[①]

尽管如此，德越两国政府却都并不希望把双方在意识形态上的争论扩大到国家关系上来。越方不仅高度评价了民主德国作为社会主义阵营西部堡垒的重要性，还积极支持民主德国反对联邦德国。而民主德国外交部的分析也认为，与越方“尽管存在很大的意识形态和政治观点分歧”，但“同北越政府关系的保持和发展对双方都有利”。[②] 随着 1964 年 8 月初东京湾事件的爆发，民主德国加大了对越援助的力度，包括加大经济物资援助（大部分是无偿援助）、派专家训练越方军人和提供防空导弹等各种军事装备等。同时，统一社会党还在国内开展大规模的援越群众运动。越方认为，这些群众运动“比其他国家开展得都好”。[③] 尤其是 1966 年夏中国“文革”爆发之后，民主德国和北越的关系开始了全面发展。到 60 年代末，民主德国已成为仅次于中苏的第三大对越援助国和北越的第三大贸易伙伴。同时，越方还在多个领域将民主德国视作学习的对象。

1976 年初越南统一完成之后，民主德国随即与越南政府签署了《友好互助协定》（比苏越签署类似协定要早了近 1 年时间）。协定中不再提及德国统一等统一社会党已经放弃的政策，因此越方实际上认同了民主德国的两个德国政策。这也最终消除了双方在统一问题上的矛盾，为双方进一步发展关系扫除了障碍。这期间由德方投资和提供技术修建的河内越德医院，到目前仍然是越南最大和医疗水平最高的医院。民主德国还在胡志明市增设了总领事馆。这也是 60 年代初，民主德国上海总领事馆关闭后，其派驻东亚及东南亚国家首都的大使馆之外的重要城市设立的唯一领事馆，体现了越南事务对于民主德国的重要性。到 1989 年，

---

① Martin Grossheim, “‘Revisionism’ in the Democratic Republic of Vietnam: New Evidence from the East German Archives”, *Cold War History* 5: 4 (2005): 456 – 463.

② PAAA, MfAA, C1061/73, “Die gegenwärtige Haltung der Führung der Partei der Werktätigen Vietnams (PWV) zur Deutschlandfrage, die Auswirkungen der Politik der PWV auf die Bezeihungen zwischen der DDR und der DRV. Richtlinie für die Arbeit des MfAA bei der Gestaltung der Beziehungen zur DVR”, Berlin, 2. Nov. 1964.

③ PAAA, MfAA, G – A 357, “Bericht über meine Antrittsbesuche in Hanoi”, 5. 1967, Hanoi.

越南已成为接受民主德国对外援助物资的第一大国。

两国交往的另外一个突出成果体现在人员交流上。民主德国与越南的教育和社会交流开始于 1955 年。当年，300 多名年龄在 10 ~ 14 岁之间的越南中小学生到民主德国的莫里茨堡（Moritzburg）学习。其中很多人都通过了当地的高中毕业考试，并在民主德国接受了大学教育。回国后，这些人大都在越南政府高层担任要职。[①] 而随着 1964 年东京湾事件之后民主德国政府加大援越力度，前往民主德国学习和培训的越南学生和实习生数量都大大增加了。到 1982 年为止，已有 1. 25 万名越南年轻人在民主德国接受了学习和培训。当时的越南官员认为，“在那里既可以学习到先进的技术经验，还可以成长为一个优秀的共产主义战士”。[②] 除了学生和实习生之外，通过 1980 年两国政府签署的《越南工人在民主德国企业短期工作资格协定》，民主德国开始从越南大规模引进工人来满足其国内日益增长的用工需要。这批人被称作“合约工人”。据越南政府的数据，从 1980 年到两德统一的 1990 年为止，总共有 71965 名越南人曾作为“合约工人”在民主德国工作过。[③] 而这个数字，在所有来民主德国工作的外国工人中排名第一，大大超过排在第二位的莫桑比克工人的数量。

二　冷战结束后至21世纪初期的德越关系

如上所述，尽管联邦德国在 1975 年就和今日越南社会主义共和国的前身北越政权建立了外交关系，但直至冷战结束时为止，关系一直十分冷淡。这段时期德越关系和交流，主要发生在民主德国和越南之间。随着 1989 年 11 月柏林墙开放和第二年的两德统一，原先的两个德国与越南的关系格局也告终结。民主德国的消亡，一方面使得原先一直阻碍联邦德国和越南关系发展的“西柏林条款”问题[④]不复存在，另一方面也给联邦德国和越南关系带来了新的机遇和问题。

---

① “Pasch – Initiative in Vietnam”, http: //www. goethe. de/ins/vn/de/han/Ihr/piv. html.

② “Die DDR war unser Vorbild, Erfahrungen von Vietnamesen in der DDR”, *Tag des Herrn*, 05. 10. 2005, http: //www. tdh-online. de/archiv_ 1996_ bis_ 2007/artikel/2551. php.

③ Karin Weiss, “Vietnam: Netzwerke zwischen Sozialismus und Kapitalismus”, *Aus Politik und Zeitgeschichte* (*APuZ*) 27/2005, Bonn, 2005, pp. 24 – 30, here p. 26.

④ 联邦德国在与越南政府进行经济贸易等各项谈判时，要求在谈判内容或声明中加入有关条款同样适用于西柏林的内容。实际上是要作为民主德国盟友的越南承认西柏林的特殊地位。

失去了来自民主德国巨大经济援助的越南，开始调整对联邦德国的政策。1990 年 5 月，时任越南外交部部长阮基石主动访问了波恩。此行中，阮基石不仅代表越政府接受了以前南越政府所欠德方的债务，并表示将发展与联邦德国的关系；而联邦德国政府则答应重启对越南的发展援助。1991 年 11 月 21 日，两国正式签署了《技术和财政援助协议》。到 2010 年为止，该援助总额已超过 10 亿欧元。[①] 此外，双方还签署了文化合作协定，正式开启了双边的教育文化交流合作。歌德学院也于 1998 年在河内建立了分支机构。

而对德国商业界来说，阮基石的访问还标志着越南市场大门和巨大商业机会的开启。阮基石访德才一年，双方的贸易总额就从 4000 万马克提高到了 28.4 亿马克。1994 年，这个数字又飞涨到了 90 亿马克。到 2000 年，双边贸易额已经接近 300 亿马克。其中越南占有出超的地位。[②]

民主德国的遗产很快在新时期的德越关系中显现出来。1989 年底柏林墙开放之时，尚有约 6 万名越南工人正在民主德国工厂里工作。突如其来的时局变化，使这些越南人成为最大的失意者。一方面，这些越南工人给两国关系发展带来了重要的障碍。其中大部分人在德国统一之后都失去了工作，并流落街头。联邦德国政府曾试图将这些人遣返回越南国内，但很多人却不愿回国。越南政府对回国申请也严加管控。尽管两国政府分别在 1992 年和 1995 年签署了有关遣返越南工人的协议，而且德国政府还将遣返越南工人和提供对越发展援助挂钩，但遣返工作仍然进行得十分缓慢。[③]

另一方面，留德越南工人，连同那些曾在民主德国接受过教育和培训的越南人一起，又给德国发展对越关系提供了重要的机会和筹码。随着两国经贸交往的加深，德国企业越来越感受到在越南做生意的困难之处，具体包括：越南国内严重的腐败状况，工程招标和政府决策的不透明性，以及缺乏法律保障等。而这些情况的存在，极大地增加了德国企业投资越南的成本，降低了德国

---

① "Vietnamesisch-Deutsche Beziehungen", http://www.vietnambotschaft.org/vietnamesisch-deutsche-beziehungen/nam-viet-nam-tai-duc－2010.

② Gerhard Will, "*Chancen und Risiken deutscher Politik in Vietnam*", *SWP-Studie* 5, Berlin, 2002, pp. 12－13.

③ Gerhard Will, "*Chancen und Risiken deutscher Politik in Vietnam*", *SWP-Studie* 5, Berlin, 2002, pp. 13－14.

经济界对去越南做生意的兴趣。因此，德国有识之士呼吁利用这些会德语的越南人，作为两国政治和经济交流的桥梁，以消除德国人在越南遇到的制度性障碍。[①] 同样，冷战后越南政府出台的系列新政策也有利于留德越南人在越南国内发挥新的作用。1993 年，越共中央政治局通过了有关海外越南人政策的第 8 号决议，此后又出台了一系列新的措施保护海外越南人在国内外的权利，并鼓励他们回国参观和参与家乡的建设。在国籍问题上，越南政府也并不严格否认双重国籍。[②] 时至今日，已经有很多重要的德国企业将越南视作其业务离岸外包目的地。这些公司认为，“凭借其与民主德国的良好关系，越南有着全亚洲数量最多的在德国接受过培训的技术和研究人员”。[③] 这些人员的德语能力和他们在德国的所学，为德国企业在越南投资和开展业务提供了重要的帮助。

冷战结束后，在德国政界和社会舆论中，越南和越南事务不再像民主德国时期那样“具有最引人注目的中心位置”。[④] 1997 年夏天席卷东亚东南亚的亚洲金融危机，使得德国企业对越南在内的整个东南亚地区的兴趣减弱了。危机之后，德国企业的兴趣更多地转向了东亚，尤其是中国。2001 年中国加入世贸组织也加速了这种转移。在德国决策者的视野里，包括越南在内的“东南亚地区，与东亚地区尤其是中国比起来显得越来越不重要”。[⑤] 在政治和经济上，德国都逐渐减少了对越南的关注。

三　德越战略合作伙伴关系的建立

2005 年默克尔当选为德国总理，但在其第一任期，德越关系并未引起她

---

① Gerhard Will, “*Chancen und Risiken deutscher Politik in Vietnam*”, *SWP-Studie* 5, Berlin, 2002, p. 16.

② 梁志明、游明谦：《当代海外越南人的分布与发展状况研究》，《南洋问题研究》2004 年第 2 期。

③ “Offshore-outsourcing in Vietnam”, http://www.pentalog.biz/outsourcing/offshore_ outsourcing_vietnam.htm.

④ Hans Modrow, *In historischer Mission*, *Als Deutscher Politiker unterwegs*, Berlin: Edition Ost, 2007, p. 229.

⑤ Jürgen Rüland, “Südostasien”, in Siegmar Schmidt, Gunther Hellmann and Reinhard Wolf (eds.), *Handbuch zur deutschen Außenpolitik*, Wiebaden: VS Verlag für Sozialwissenschaften, 2007, pp. 564 – 568.

的太多兴趣。越南在德国对东亚和东南亚地区的外交政策中，仍属边缘，没得到太多的重视。然而，亚太地区此时正值经济高速增长期，仅2007年，越南经济就增长了8.5%，达到了近10年来的最高速度，其中吸引外资达160亿美元。[①] 因此，和其他欧美国家一样，德国需要重新审视越南及其可能给德国经济发展带来的机遇。

2009年，奥巴马出任美国总统后，美国政府正式提出了“重返亚太”战略。之后，美国战略重心开始东移到亚太地区。与此同时，德国国内也出现了要求联邦政府加大对亚太事务的关注，在此地区站稳脚跟，而“不要被边缘化”的呼声。[②] 正如著名的国际政治学者、德国外交部亚洲问题智囊桑德斯奈德（Eberhard Sandschneider）教授所指出的，德国和欧洲应该更加关注亚太安全事务，而不应仅仅将注意力放到同该地区做生意上。他认为，“欧洲在亚太地区所有的政治军事冲突中都置身事外，最多也只是在美国的阴影下行动”。而“热衷于进行全球贸易的人们必须认识到，不仅仅是物资在全球流动，政治及军事冲突的政治经济后果也不再只局限于地区内部”。因此“欧盟的重要成员国，尤其是德国在其外交政策中，不仅需要将亚太地区视作经济增长的地区，还应将其视为世界权力政治的重心，并会对欧洲在全球的经济和政治利益带来风险”。[③]

从2009年开始，联邦国防军和越南军队开展了医疗救助事务方面的互访及合作。这一合作在德国与东南亚国家间尚属少见。通过访越，联邦国防军高层逐渐认识到，“越南想通过德国进一步加强与西方的合作”。很多越南军医都是从德国毕业回国，对德国在医疗卫生领域和联邦国防军医疗救助领域等方面有广泛的认识。由此，双方在2010年曾提出将首先通过在烧伤和热带药物领域互换专家来进一步加强彼此的合作。[④] 到了2013年，联邦国防军和越军

---

① 于向东：《越南对外贸易：2007年回眸与新一年展望》，《东南亚研究》2008年第2期。

② Jörg Kronauer, “Aggressive Pendeldiplomatie”, *Junge Welt*, 03. 03. 2012.

③ Eberhard Sandschneider, “Asien strategisch in den Blick nehmen!”, 02. 02. 2013, http: // dgap. org/de/think-tank/publikationen/weitere-publikationen/asien-stratigisch-den-blick-nehmen.

④ “Zu Gast beim Vietnamesischen Sanitätsdienst”, 08. 10. 2010, http: //www. sanitaetsdienst-bundeswehr. de/portal/a/sanitaetsdienst/! ut/p/c4/NYvBCsIwEAX _ aLcRxOLNooKX9iJova1pa BbapGzXCOLHmxx8A3MZHj4wEyjxSMox0IR37C3vn2_ 4rBRgdZLYOghkvbD1CiTWc8JbOQ4ObAx Oi9UF5exRSKPAEkWnUl4iuQAP2Ffm2FR19Z_ 51s3m1F7Nbntpzx0u83z4ATEkPXs! /.

在医疗救助上的合作交流又上了新台阶。5 月 27 ~30 日，越南国防部医疗救助事务负责人亲自造访了科布伦茨的联邦国防军医疗队总部，并实地了解了联邦国防军的训练、人事及新的发展方向等各项信息。①

另一个促使德越接近的因素是 2008 年开始的世界金融危机。当年越南“进口下滑了 14.2%，外国投资也大幅减少”，而“越南过去的经济增长一直严重依赖出口和投资，进出口在经济中所占比重达到 70%，对基础设施等的投资也占很大比重”。② 总之，尽管越南经济持续发展的基态并未改变，但世界性金融危机还是使得持续走好的越南经济出现了若干困难。③ 在这种情况下，在经济上引进吸收国外投资，加强对外贸易，连同在政治上对中国实力日益增长的防范一起成了越南政府的工作重点。

联邦外交部长施泰因迈尔 2008 年 1 月的越南之旅，是德国政府开始重新重视越南的一个重要信号。施泰因迈尔认为，包括越南在内的东南亚国家往往被观察者错误地放在中国和印度的阴影之下进行考察。④ 这次访问的重要成果之一，就是双方签订了教育合作及在越南开展未来伙伴学校计划（Pasch-Initiative）的协议⑤。按照此协议，在 2014 年初，德语教学已经在河内的 9 所学校、胡志明的 2 所学校和海防的 2 所学校中开展。⑥ 同一年，越南总理阮晋勇也访问了德国，成为继 1993 年的武文杰和 2001 年的潘文凯之后，第三个访问德国的越南总理。

在世界经济和政治重心向亚太地区转移的背景下，默克尔总理终于开始了其越南之行。2011 年 10 月 11 ~12 日，默克尔对越南进行了国事访问。这是她

① “Delegation aus Vietnam zu Gast”, 31.05.2013, http://www.sanitaetsdienst-bundeswehr.de/portal/a/sanitaetsdienst/!ut/p/c4/04_SB8K8xLLM9MSSzPy8xBz9CP3I5EyrpHK9quLEPL3S1KTUotK8Yv1wkMKUVL3k_LzUEhBZkppXkgkk04sSS_KL9Aryi0pyQDKlRUVAGb3MFP1IA0MXJwMLAxgwrLG0cPax9LM0NHbxdArSL8jNdQQATTOzgA!!/.

② 《越南副总理黄忠海：越南经济在危机中转型》，2009 年 9 月 11 日，http://news.xinhuanet.com/fortune/2009-09/11/content_12035862.htm。

③ 张明亮：《越南“经济危机”的非经济解读》，《东南亚研究》2008 年第 5 期。

④ “Steinmeier in Indonesien eingetroffen”, 26.02.2008, http://www.tagesspiegel.de/politik/international/auslandsreise-steinmeier-in-indonesien-eingetroffen/1175972.html.

⑤ Pasch 计划在全世界的至少 2000 所合作学校中建立起合作网络，开展德语教学，并加强其与德国的联系，进而发展德国与这些国家的关系。

⑥ “Pasch-Initiative in Vietnam”, http://www.goethe.de/ins/vn/de/han/Ihr/piv.html.

第一次对越南进行国事访问，随行的还有一个小型的德国经济界代表团。这次访问显得非常及时和重要，因为相比其他国家，德国企业在越投资实在“太少了”（越南政府副总理黄忠海语）。在总共92个对越投资的国家和地区中，德国仅名列第24位。但此时双方在贸易上却已有着密切的往来。例如，仅在胡志明市就有200多家德国企业，德国当时已是越南在欧盟内最大的贸易伙伴。越南出口德国的产品主要有鞋子、纺织品、咖啡、胡椒和海产品等，近几年由于越南制造业的低成本优势，又增加向德出口电子设备和家具等。而越方则主要从德国进口机械、汽车和包括化工设备在内的各种设备。①

在两天时间里，默克尔分别访问了越南首都河内和经济中心胡志明市。尽管她在谈话中批评了诸如腐败横生、缺乏法律保障等越南经济的老问题，但毕竟此行的主要目的是推动双方的合作。通过这两天的访问，默克尔也认识到越南经济社会有“一种令人难以置信的活力”。② 两国政府最终还是签订了由德国修建胡志明市地铁二号线和双方加强教育合作、在胡志明的越德大学③修建德国大楼等协议。④ 阮晋勇总理还表示，越南将为促进德国对越投资创造更有利的条件，并为德国进一步加强与东盟的合作发挥巨大作用。⑤

此次访越的一个重大成果则是宣告德国同越南建立战略合作伙伴关系。双方在《联合声明》中指出，除了要加强经贸、投资、发展合作和科技文化交流之外，两国还将继续开展双方司法部部长主持下的法治对话。双方还决定建立经济战略对话机制，进一步促进双边贸易和相互投资。⑥

---

① “Kanzlerin sieht Vietnam Reise als Erfolg”, 12. 10. 2011, http://www. merkur-online. de/aktuelles/politik/merkel-sieht-vietnam-reise-erfolg – 1443342. html.

② “Merkel: Vietnam soll sich dem Westen weiter öffnen”, 12. 10. 2011, http://www. schaebische. de/politik /ausland. artikel, – Merkel – Vietnam – soll – sich – dem – westen – oeffnen – _ arid, 5145480. html.

③ 2008年9月，越德大学由德国黑森州和越南政府合作设立。该大学全盘采用德国大学教学和管理模式，被两国视作双边教育及文化合作的样板。

④ “Kanzlerin sieht Vietnam Reise als Erfolg”, 12. 10. 2011, http://www. merkur-online. de/aktuelles/politik/merkel-sieht-vietnam-reise-erfolg – 1443342. html.

⑤ 《阮晋勇会见默克尔，越南和德国建立战略伙伴关系》，2011年10月12日，http://www. china. com. cn/international/txt/2011 – 10/12/content_ 23600298. htm。

⑥ “Bundeskanzlerin Merkel zu Besuch in Vietnam – Stragische Partnerschaft mit Vietnam begründet”, http://www. vietnambotchaft. org/bundeskanzlerin-merkel-zu-besuch-in-vietnam-strategische-partnerschaft-mit-vietnam-begrundet.

默克尔访越和德越战略合作伙伴关系的建立推动了双边关系的发展。这之后，双方政府的高层互访明显较以往增多。两国在经济、政治、社会文化等各领域的交流大幅向前迈进。例如，目前仅巴登－符腾堡州就和越南在高等教育和职业教育领域有 18 项合作。① 而 2012 年德越关系中刮起的“罗斯勒旋风”又助推了这一发展态势。2012 年 9 月，时任联邦副总理、经济部部长和自民党主席的越南后裔菲利普·罗斯勒②访问了越南。罗斯勒出任经济部部长时，就引起过越南媒体和社会的高度关注，越南媒体曾以“他是我们的一员”为题进行过报道。③ 越南政府和公众也对其访越予以了高规格的接待。尽管罗斯勒在访越前一再强调此行是作为联邦政府官员处理德国经济界的问题，并非是一次私人访问。但抵越后，他不仅获得了河内国民经济大学的荣誉博士学位，还受邀在该校发表了演说。而被越方介绍为“第一个在亚洲出生的（德国）内阁成员”的罗斯勒，“上一次获得这么热烈的掌声还是在 2011 年 5 月当选自民党主席之时”。④ 而对于罗斯勒此行，德国各大媒体也进行了跟踪报道。报道主要围绕着罗斯勒的越南血统进行。德越两国，通过罗斯勒这个身居德国政府高位的越南后裔，进一步加深了对彼此的认识。

四　2014年双边关系的发展

战略合作伙伴关系的建立成了两国关系发展的助推剂。目前，德国仍是越南在欧盟内最大的贸易伙伴。德国外交部认为，越南以其 9000 万人口的规模，不只是一个商品生产地，还是个持续增长的销售市场。由高增长率所驱动的消费需求的增长，以及在（东南亚）地区内较好的受过教育和极其勤劳的民众，

---

① “Vietnams Premierminister besucht Baden-Württemberg”, 14. 10. 2014, http: //www. schwaebische. de/region/baden-wuerttemberg_artikel, –Vietnams–Premierminister – besucht – Baden – Wuerttemberg_arid, 10102102_toid, 1032. html.

② 罗斯勒在出生刚九个月就被一对德国夫妻领养，离开了越南。

③ “FDP-Chef Rösler: Vietnam ist Teil meines Lebens”, 14. 09. 2012, http: //www. spiegel. de/politik/deutschland/fdp-chef-roesler spricht-ueber-sein-verhaeltnis-zu-vietnam-a – 855631. html.

④ “Triumphzug durch Hanoi: In Vietnam darf sich Rösler wie ein Popstar fühlen”, 18. 09. 12, http: //www. welt. de/politik/ausland/article 109290365/In-Vietnam-darf-sich-Roesler-wie-ein-Popstar-fuehlen. html.

使得越南成了投资和贸易的吸引地。

德国外交部认为，作为民主德国的积极遗产，曾经在民主德国生活工作过的众多越南人，以及目前在德国居住的13万越南和越德混血后裔成为两国关系的桥梁。自2012年以来，在德国读书的越南籍学生数量增长了25%。通过这些人的传播，“长期以来，德国在越南有着相当正面的形象”。① 因此，德国政府希望通过开展各种德语培训，吸引越南年轻人到德国接受教育，进一步加深这种好感。德国看中的正是越南在东盟内部的这种优势，以及以越南为跳板进军整个东盟的机会。正如驻越大使弗拉施（Jutta Frasch）所说，“越南与包括欧盟在内的国家和地区签订的5个自由贸易协定，不仅使其进一步融入了地区和国际经济，也为外国企业与越南和东盟地区做生意提供了便利条件。2015年底，东盟国内将会有5亿人，而越南是其中之一”。②

2014年以来，亚太国际关系格局又有新的变化。2014年10月初，美国政府宣布计划近期部分解除多年来对越南的武器禁运。从政治和外交上来看，近几年来包括德国在内的西方国家与越南迅速接近，也是为了在亚太地区实施势力均衡的政策。德国政府也希望通过加强与越南的合作，以在亚太地区平衡“巨大的中华帝国日益增长的影响”。③

在这种大背景下，越德两国关系也更加密切。首先是德国联邦财政部部长朔伊布勒在参加了9月中旬在澳大利亚举行的二十国集团（G20）国家财长会议后，顺道访问了越南。接着，10月14～16日，阮晋勇总理也访问了德国。

11月18～22日，联邦副总理、经济与能源部部长、社民党主席加布里尔

---

① “Interview Botschafterin Jutta Frasch mit Deutschland. de”, 16. November, 2014, http://www. hanoi. diplo. de/Vertretung/hanoi/de/05 – Aussenpolitik_ 20u_ 20D – VNM_ 20Bez/05 – 00_ 20Pol_ 20Artikel_ 20aktuell/141118_ 20Interview_ 20Botschafterin_ 20Jutta_ 20Frasch_ 20mit_ 20Zeitschrift_ 20Deutschland. de_ 20_ 28EN_ 29. html.

② “Interview Botschafterin Jutta Frasch mit Deutschland. de”, 16. November, 2014, http://www. hanoi. diplo. de/Vertretung/hanoi/de/05 – Aussenpolitik_ 20u_ 20D – VNM_ 20Bez/05 – 00_ 20Pol_ 20Artikel_ 20aktuell/141118_ 20Interview_ 20Botschafterin_ 20Jutta_ 20Frasch_ 20mit_ 20Zeitschrift_ 20Deutschland. de_ 20_ 28EN_ 29. html.

③ “Vietnam muss keine Mahnungen aus Deutschland fürchten”, 14. 10. 2014, http://www. zeit. de/politik/ausland/2014 – 10/vietnam – deutschland – menschenrechte.

率领由联邦议院各个党团及德国企业组成的代表团访问了越南。此次访问，是在中国和澳大利亚等亚太国家相继召开亚太领导人峰会和二十国集团会议，世界的目光聚焦在亚太地区，亚太地区作为世界经济发展的重要引擎的大背景之下进行的。加布里尔此行，一方面是为了参加胡志明市举行的第 14 届亚太德国企业大会（APK），另一方面也希望进一步加强德国与东盟国家的政治对话（包括会见该区域各国的政府部长，以及东盟秘书长、越南人黎良明①）。

2014 年亚太德国企业大会是在中国经济增长放缓、越德各方面交往逐渐增强的背景下举行的。有 700 多家来自德国和亚太地区的企业参加该会。仅 2013 年上半年，越南对德商品出口金额就同比增加 9.9%，进口金额同比增加 27.7%。② 2013 年双边贸易额达到 80 亿美元，占越南和欧盟贸易总额的 20% 以上。③ 从 1986 年起，该会每隔两年在亚洲不同国家举行。目前已经成为“德国在这个区域最大的政商交往活动，吸引了政治经济界的人物参加”，“成为德国与亚洲国家进行伙伴对话的催化剂和不可或缺的论坛”。④ 尽管中国仍然是参会的德国经济界人士探讨的重点，但越来越多的声音开始指出：“越南和东盟地区应该受到更多的重视。”“在未来几年中国经济增长减缓之时，中国南部的众多小一些的国家则即将迎来繁荣。”然而，相比日本、韩国等其他国家，德国在越南的直接投资“从来没有进入过在越南外国直接投资排行榜的前十名”。⑤ 因此，实际上德越经贸关系还有很大的发展空间。正如加布里尔所说，“作为经济普遍增长的地区，整个亚太地区对德国企业的意义越来

① 黎良明生于越南北部的清化市，曾任越南常驻联合国代表。2013 年 1 月，他担任东盟秘书长，任期 5 年。在中越南海争端问题上，黎良明曾做出过“东盟下一步有必要让中国撤出越南领海，这是当务之急”的表示。

② 《2014 年亚太德国企业会议：越德贸易交流桥梁》，2013 年 6 月 21 日，http://www.cnvnlo.com/ReadArt.aspx?Article_id=37086。

③ 《越南与德国经济合作前景广阔》，2014 年 11 月 23 日，越南共产党电子报，http://www.cpv.org.vn/cpv/Modules/News_China/News_Detail_C.aspx?CN_ID=686995&CO_ID=7338716。

④ 参见 http://www.asiapacificconference.com/de/。

⑤ 在菲律宾、泰国和柬埔寨，德国投资也面临类似的状况。德国经济界有人认为，除了巨大的中国市场的诱惑力之外，是东南亚地区市场的多样性吓退了德国企业，“我们需要搞清楚，在哪些国家生产哪些东西”。参见“Vietnam: Das Zentrum der Zukunft”，22.11.2014，http://www.wiwo.de/politik/ausland/vietnam-das-zentrum-der-zukunft/11018112.html。

越重要。在东亚的主要国家之外，东盟十国在政治上和经济上的重要意义与日俱增”，“尤其是越南，它是德国在亚太地区最重要的合作伙伴之一”。①

在将越南视作未来市场的同时，德国政府却并未停止对越南政治和社会体制的批评。作为社民党首脑的加布里尔，还直言不讳地对越南工人的工作条件提出了严厉批评，认为这有如欧洲“早期的资本主义对人的剥削”，“会导致严重的贫困甚至虐待”。② 这些言行，对德越关系进一步发展的影响如何，还有待观察。

近些年来，越南国内的民主人权运动呼声逐渐壮大。尤其是2006 年4 月，118 名越南公民活动分子在网上发表了《2006 越南民主自由宣言》，宣言谴责越南政府是“极权主义政府、充满腐败”。宣言主张多样性、言论和宗教自由。之后，越南政府对这些人进行了管控。③ 从2013 年9 月开始，越南政府加强了对网络的监控。政府认为，人们通过邮件、博客和社交网络传播某些信息会“有损国家安全”，因此要严控这些行为。德国政府对越南人权问题的对策是，一方面通过单边和多边形式保持关注。例如，通过驻越大使馆以及欧盟伙伴与越政府进行相关对话，同时接触那些受到政府监控的民权分子，以使其“不至于悄然无息地消失”。另一方面，又不过多地干预，以免激怒越南政府，从而有损两国的经贸交往。因此，选择对越南人权问题“视而不见”。④ 在近几年德越政府高层交往中，德方往往强调“德越经贸合作的巨大机遇”，以及对越南政府为企业经营提供的“法律条件部分不完善”的关注，而对人权问题则很少提及。联邦人权专员施特雷瑟尔（Christoph Strässer）也认为，越南在人权领域“迅速而具体的改善是不容易实现的”。⑤

① “Bundesminister Gabriel reist nach Vietnam zur Asien-Pazifik-Konferenz 2014”, Hanoi, 18. 11. 2014, Pressemitteilung, Botschaft der Bundesrepublik Deutschland, Hanoi.

② “Vietnam-Reise: Gabriel kritisiert Geizmentalität beim Kleidekauf”, 20. 11. 2014, http://www.spiegel.de/wirtschaft/unternehmen/vietnam-Reise-gabriel-prangert-arbeitsbedinungen-in-textilfabriken-an-a-1004126.html.

③ 德国媒体认为越南政府是“言论自由最野蛮的反对者”，参见“Handy und Sichel”, 5. 6. 2014, http://www.zeit.de/politik/ausland/2014-06/vietnam-menschenrechte-inselstreit-china。

④ “Vietnam muss keine Mahnungen aus Deutschland fürchten”, 14. 10. 2014, http://www.zeit.de/politik/ausland/2014-10/vietnam-deutschland-menschenrechte.

⑤ “Vietnam muss keine Mahnungen aus Deutschland fürchten”, 14. 10. 2014, http://www.zeit.de/politik/ausland/2014-10/vietnam-deutschland-menschenrechte.

必须指出的是，尽管德越经济合作有着巨大的潜力，但越南自身存在的各种问题，则令德国企业的投资信心备受打击。加布里尔和德国经济界代表人士都指出，“德国企业需要受到像越南本国企业那样的对待，但目前并非如此”。① 就目前来看，德方还很难从越南得到更多的收益。德国政府高层也并未对短期内两国关系能有飞速发展有太大期待。越南在德国外交事务的行动计划中仍然未得到像民主德国时期那样的优先地位。例如，在加布里尔的智囊团看来，德越两国高层4周前刚在柏林会过面，因此此次访越再次举行会面有些多余。此外，为了多在越南停留几天，加布里尔还取消了原定的乘机访问中国的计划。德国国内也还有诸多事务等着他去处理。最后，尽管加布里尔在越碰到了许多亚洲国家的商务部长，但此行却并未与越方签署任何的贸易协定。因此，加布里尔代表团的一名成员直接对媒体表示，“我们并不想冒犯越南朋友，但这次旅行有点过长了”。②

就整体来看，尽管双方在越南政经体制、人权问题等领域仍有矛盾，但2014年德越关系的确得到了提升。2015年9月底，双方又将迎来庆祝建交40周年的重要机会。因此，德越关系进一步向前发展是完全可能的。

五 德国对中越领海争端的态度

2014年，中越领海争端问题再度突出爆发，东亚地区的和平和稳定面临挑战。从国际政治来看，近年来的中越领海争端使得德国需要更加重视亚太地区的安全局势，并努力保持地区均势与和平。联邦总统高克在2014年初的慕尼黑安全会议上指出，“德国和欧洲在东亚地区不仅有经济政治利益，而且还有外交和安全政策利益，因而支持这个世界上最具经济活力地区的和平发展”。③ 他认为，更加积极地维护国际秩序符合德国自身的利益，“德国的全球

① “Deutschland hat Angst vor chinesischen Investoren”, 24.11.2014, http://www.welt.de/wirtschaft/article134671038/Deutschland-hat-Angst-vor-chinesischen-Investoren.html.

② “Gabriels Mission bei ben Kommunisten in Vietnam”, 20.11.2014, http://www.welt.de/politik/deutschland/article134558556/Gabriels – Mission-bei-den-Kommunisten-in-Vietnam.html.

③ 〔德〕米夏埃尔·施塔克（Michael Staack）：《欧债危机后德国的外交政策：更积极，更有为，更全球化?》（吴静娴译），《德国研究》2014年第3期。

化程度高于世界平均水平，它也从一个开放的世界秩序——一种允许德国将利益和基本价值相结合的世界秩序中——获得了比世界平均水平更多的利益”。因此，“德国在21世纪最重要的外交利益就是维护这种秩序，并使其也适用于未来”。① 外交部部长施泰因迈尔也在慕尼黑安全会议发言中指出，“德国必须准备好，在处理外交和安全事务时更早、更果断和更具实质性”，而“德国的克制文化不能变成一种超然事外的文化”，“德国作为大国，仅仅对世界政治做置身事外的评论是不够的”，“我们和其他国家一起更深入、更具创新性地思考如何来配置外交政策的工具箱，并使其用于灵活的倡议”。②

冷战结束后，亚洲作为全球经济发展最快的地区，欧盟及欧盟国家普遍认为亚洲政局不稳将影响欧洲的整体福利。对于该地区的冲突，通常采取在规范和观念上的引导，以及注重多边合作的重要性。③ 与美国不同，德国等欧盟国家更加注重从规范和观念建构上入手处理中越领海争端问题。德国政府认为，德国的历史经验，尤其是在冷战中处理与东方阵营关系的经验值得东亚地区学习，以维护本地区的和平。正如高克所说，“与邻居和解，从过去充满战争和居于支配地位的基础上构建了当前的和平与合作，是德国外交政策最重要的成就”。慕尼黑安全会议上，施泰因迈尔还提醒参会嘉宾不忘历史，思考“如何在1914年的几个星期之内，由于缺乏对话、敌视和个人的虚荣心及民族主义热潮，使得先是欧洲，然后是全世界陷入到了20世纪最开始的悲剧中”。④

从经济角度来看，中国目前是德国在亚洲的最大贸易伙伴，而越南被德国企业界视作“未来的市场”，德国经济界也担忧包括中越南海争端在内的中国

① Joachim Gauck, “Deutschlands Rolle in der Welt: Anmerkungen zu Verantwortung, Normen und Bündnissen”, Rede des Bundespräsidenten anlässlich der Eroffnung der 50. Münchener Sicherheitskonferenz, 31. 1. 2014, http://www. bundespraesident. de/SharedDocs/Reden/De/Joachim – Gauck/Reden/2014/01/140131 – Muenchner – Sicherheitskonferenz. html.

② Frank – Walter Steinmeier, “Rede des Außenministers anlässlich der 50. Münchner Sicherheit skonferenz”, 1. 2. 2014, http://www. auswaertiges-amt. de/sid _ 0EEB43D1066AE45F2A36CDB5B6145357/DE/Infoservice/Presse/Reden/2014/140201 – BM_ M% C3% BCSiKo. html.

③ 薛力、肖欢容：《冷战后欧盟的冲突干预：以亚洲为例》，《欧洲研究》2014年第1期。

④ Frank – Walter Steinmeier, “Rede des Außenministers anlässlich der 50. Münchner Sicherheitskonferenz”, 1. 2. 2014, http://www. auswaertiges-amt. de/sid _ 0EEB43D1066AE45F2A36CDB5B6145357/DE/Infoservice/Presse/Reden/2014/140201 – BM _ M% C3% BCSi Ko. html.

和周边国家的争端对该地区经济增长的消极影响。① 正如加布里尔 2014 年访越时所指出的，“东海（笔者注：中国南海，下同）局势使德国感到担忧，因为这是全球 50% 的海上商品运输经过的重要国际航线，该地区的稳定对德国乃至欧洲具有生死攸关的利益”。②

尽管政治和经济上德国都有足够理由来更加积极地介入中越领海争端问题，但目前德国和欧洲直接面临着乌克兰危机和俄罗斯的挑战，使其无暇应对更加遥远的远东事务。在乌克兰危机阴影下，德国外交部智囊无奈地认为，中国才是危机的最大受益者。中方正在利用乌克兰危机继续扩张其在东海和南中国海的政治经济意图。③ 因此，总体来看，至少到目前为止，德国政府在中越领海争端上仍然是较为慎重的，也没有明显的选边站队行为。少有的比较明显和强硬的有关中越领海争端的表述来自于外交部国务秘书埃德雷尔（Markus Ederer）。2014 年 6 月中旬，埃德雷尔访问了越南。时值中越两国就 981 钻井平台发生激烈争端之时。埃德雷尔不仅表示德国将进一步加强在多边及国际组织中与越南的合作，推动欧盟加速承认越南的市场经济地位。此外，他还向越南外交部部长范平明指出，“德国支持越南以包括 1982 年联合国海洋法公约④在内的国际法和平解决（领土）争端”，“德国反对使东海局势复杂化的单边行为”。⑤

德国媒体和社会舆论，对于中越领海争端则充满了复杂的态度。德国的观察者发现，越南加强与美国在军事等领域的合作，是为了以此平衡中国的影

① “Vietnam：Das Zentrum der Zukunft”，22. 11. 2014，http：//www. wiwo. de/politik/ausland/vietnam-das-zentrum-der-zukunft/11018112. html.

② 《政府总理阮晋勇会见德国副总理加布里尔》，2014 年 11 月 22 日，越南共产党电子报，http：//www. cpv. org. vn/cpv/Modules/News _ China/News _ Detail _ C. aspx？CN _ ID = 686945&CO_ ID = 7338716。

③ Eberhard Sandschneider，“Nutznießer der Ukraine-Krise，China profitiert von Putins Interesse an einer Resourcenpartnerschaft”，*Internationale Politik*，Juli/Augsut，2014，pp. 72 – 75.

④ 越南政府一直指责中国的一系列行为违反了 1982 年双方都参与签订的《联合国海洋法公约》。

⑤ 越方先向埃德雷尔介绍了“中国在越南领海非法部署 981 号钻井平台以及其挑衅手段”，参见：“Verstärkung der Beziehungenzwischen Vietnam und Deutschland”，http：//www. vietnambotschaft. org/germany-to-maintain-financial-support-to-viet-nam/；“Germany supports peaceful settlement of East Sea Dispute”，17. 06. 2014，http：//english. vov. vn/Politics/Germany-supports-peaceful-settlement-of-East-Sea-dispute/277838. vov。

响；但它却不愿因此而激怒中国。尤其是越南还在经济上对中国有着巨大的依赖。① 由于中越两国同属共产党执政的社会主义国家，因此德国媒体在看待中越两国处理周边问题的外交时，都主要从这两个国家外交政策的国内政策背景进行考察。例如，《明镜》周刊认为，中国处理对日关系时通过煽动爱国主义情绪，以实现自身的国内政治目标，并转移国内矛盾。② 同样，《时代》周报认为，越南政府选择大规模煽动国内的“反华”情绪，也是为了“转移国内的矛盾”。③《世界报》则援引弗里德里希－瑙曼基金会越南办公室主任约内克（Hans-Georg Jonek）的话指出，“越南政府乘机利用强烈的爱国主义情绪以向中国示威”。④ 社会舆论的这种态度，会给德国政府处理相关问题带来何种影响，尚待观察。

相对于德国政府，越南政府则更加积极，并采取各种方式以获得德国对其在中越争端中的支持。越南政府非常重视利用各种媒介向德方表达自己在中越领土争端中的态度。例如，越南驻德大使馆的网站首页，有一大半内容都是德文或英文的越南政府在中越领土争议中的立场表态。宣传力度不可谓不大。而在近年来多次与默克尔等德国政治高层会谈时，越南政府也都主动提及了中越南海争端问题。⑤ 同时，越南政府也积极向留德越南人宣传其在包括中越领海争端等问题上态度和政策，以影响德国社会的舆论。越南政府的一项决议曾指出，驻国外的越南外交机构要把海外越南人工作作为一项重要的政治任务来做，积极宣传党和政府的各项政策及国家的发展变化。越南政府还专门成立了海外越南人联络会和委员会，由外交部副部

---

① “Militärische Muskelspiele am Südchinesischen Meer”, 03. 02. 2011, http: //www. eurasischesmagazin. de/artikel/Militaerische-Muskelspiele-am-Suedchinesischen-Meer/20110205; “Krisenstimmung in Hanoi”, 21. 07. 2014, http: //www. eurasischesmagazin. de/artikel/Vietnam-ist-in-der-Wirtschaftskrise-und-unzufrieden-mit-den – Kommunisten/14020.

② Andreas Lorenz, “Heikle Nachbarschaft”, 27. 09. 2011, http: //www. spiegel. de/spiegel/spiegelgeschichte/d – 80429090. html.

③ “Handy und Sichel”, 05. 06. 2014, http: //www. zeit. de/politik/ausland/2014 – 06/vietnam – menschenrechte – inselstreit – china.

④ “Nach Krawallen: Vietnams Regierungschef schickt SMS an alle”, 16. 5. 2014, http: //www. schawaebische. de/politik/ausland_artikel, -Nach-Krawallen-Vietnams-Regierungschef-schickt-SMS-an-alle – _arid, 10013528. html.

⑤ 可参见越南驻德大使馆网站的相关新闻：http: //www. vietnambotschaft. org/startseite/。

长兼任委员会主任。①到目前为止，越南驻德机构已在留德群体中召开了数次有关座谈会。

六 结语

从近几十年来德越双边关系的发展脉络来看，双边关系目前仍有较大的进一步发展空间。作为民主德国的重要遗产，1990 年后留在德国的越南工人及他们的后代，连同曾经在民主德国学习工作过的十几万越南人一起，已经成为发展双边关系的桥梁。这些人中不乏在越南党政机关中身居高位者。他们的德语知识和在德国学到的专业技能，对于德越的政经两界都有着较大的利用价值。

2008 年前后，美国提出了“重返亚太”战略，德国也不愿意在世界政治经济重心向亚太地区转移时被边缘化。尽管德方对越南的政治经济体制仍抱有诸多不满，但德国政经两界却都认为，越南是一个有着巨大发展潜力的国家。尤其是在中国经济增速下降之时，越南被德方视作“未来的市场”，有一种“令人难以置信的活力”。在这种情况下，两国正式建立了战略合作伙伴关系，双方高层互访也呈现出从未有过的频繁局面。2015 年 9 月底将迎来联邦德国和越南建交 40 周年的纪念，双方关系进一步深化也在预料之中。

近年来，尽管德国政府认为亚太地区的稳定对德国有着“生死攸关的利益”，但德国在中越领海争端问题上始终较为慎重，不轻易选边站队。不过 2014 年中越争端的加剧，还是使德方罕见地做出了支持越方以 1982 年《联合国海洋法公约》等国际法解决争端的努力。由此至少可以看出，维持亚太地区现状及和平、反对任何使国际局势复杂化的单边行为，以及通过国际法解决领土争端是德国政府对中越争端的基本态度。

---

① 梁志明、游明谦：《当代海外越南人的分布与发展状况研究》，《南洋问题研究》2004 年第 2 期。

资 料 篇

Data and Statistics

B.15
统计资料

朱宇方*

目录

* 朱宇方，博士，同济大学德国问题研究所/欧盟研究所讲师。

表 1　德国国内生产总值（2008～2014 年季度数据）

项目	单位	2008 年				2009 年				2010 年				2011 年			
		1 季度	2 季度	3 季度	4 季度	1 季度	2 季度	3 季度	4 季度	1 季度	2 季度	3 季度	4 季度	1 季度	2 季度	3 季度	4 季度
未调整原始值																	
国内生产总值	10 亿欧元	630.12	642.21	651.2	634.49	597.16	600.92	626.86	631.72	619.11	633.32	659.63	664.16	661.86	664.75	688.24	684.25
同比变动	%	3.0	4.0	1.8	-1.1	-5.2	-6.4	-3.7	-0.4	3.7	5.4	5.2	5.1	6.9	5.0	4.3	3.0
人均国内生产总值	欧元	7668	7819	7931	7732	7288	7340	7659	7719	7571	7748	8069	8122	8098	8132	8414	8360
剔除季节因素后调整值(以 BV4.1 进行调整)																	
国内生产总值	10 亿欧元	644.85	644.04	638.29	628.09	611.70	609.89	613.67	622.05	630.74	639.98	647.69	655.35	667.28	671.82	676.42	680.48
环比变动	%	1.3	-0.1	-0.9	-1.6	-2.6	-0.3	0.6	1.4	1.4	1.5	1.2	1.2	1.8	0.7	0.7	0.6
人均国内生产总值	欧元	7846	7840	7774	7657	7464	7448	7498	7604	7712	7827	7924	8018	8163	8217	8270	8317
剔除季节和价格因素后的环比指数(2010 = 100)																	
国内生产总值	—	103.08	102.58	101.57	99.65	96.32	95.61	95.74	96.83	98.22	99.57	100.48	101.33	102.95	103.22	103.67	103.96
环比变动	%	1.4	-0.5	-1	-1.9	-3.3	-0.7	0.1	1.1	1.4	1.4	0.9	0.8	1.6	0.3	0.4	0.3
人均国内生产总值	—	102.54	102.09	101.15	99.32	96.09	95.46	95.63	96.77	98.19	99.56	100.5	101.35	102.96	103.21	103.63	103.89

续表

项目	单位	2012年				2013年				2014年			
		1季度	2季度	3季度	4季度	1季度	2季度	3季度	4季度	1季度	2季度	3季度	4季度
未调整原始值													
国内生产总值	10亿欧元	680.68	675.68	699.39	694.15	682.42	694.31	718.47	714.28	713.45	713.95	739.31	737.08
同比变动	%	2.8	1.6	1.6	1.4	0.3	2.8	2.7	2.9	4.5	2.8	2.9	3.2
人均国内生产总值	欧元	8317	8253	8535	8463	8321	8464	8748	8685	8672	8671	8967	8927
剔除季节因素后调整值(以BV4.1进行调整)													
国内生产总值	10亿欧元	683.91	685.33	689.38	692.14	693.04	701.44	706.65	712.28	721.32	723.42	728.01	734.98
环比变动	%	0.5	0.2	0.6	0.4	0.1	1.2	0.7	0.8	1.3	0.3	0.6	1
人均国内生产总值	欧元	8355	8368	8414	8442	8449	8547	8604	8665	8766	8783	8830	8906
剔除季节和价格因素后的环比指数(2010 = 100)													
国内生产总值	—	104.07	104	104.05	103.92	103.5	104.13	104.5	104.87	105.72	105.61	105.89	106.5
环比变动	%	0.1	-0.1	0	-0.1	-0.4	0.6	0.4	0.4	0.8	-0.1	0.3	0.6
人均国内生产总值	—	103.95	103.82	103.82	103.63	103.17	103.74	104.03	104.31	105.05	104.82	105	105.51

表 2　德国消费价格指数（2008～2014 年月度数据）

时间		消费价格指数 2010 = 100	同比变动 单位:%	环比变动 单位:%
2008 年	1 月	97.4	2.9	-0.3
	2 月	97.8	2.8	0.4
	3 月	98.3	3.1	0.5
	4 月	98.1	2.4	-0.2
	5 月	98.7	3	0.6
	6 月	98.9	3.2	0.2
	7 月	99.5	3.3	0.6
	8 月	99.2	3.1	-0.3
	9 月	99.1	2.8	-0.1
	10 月	98.9	2.4	-0.2
	11 月	98.4	1.3	-0.5
	12 月	98.8	1.1	0.4
2009 年	1 月	98.3	0.9	-0.5
	2 月	98.9	1.1	0.6
	3 月	98.7	0.4	-0.2
	4 月	98.8	0.7	0.1
	5 月	98.7	—	-0.1
	6 月	99	0.1	0.3
	7 月	99	-0.5	—
	8 月	99.2	—	0.2
	9 月	98.9	-0.2	-0.3
	10 月	98.9	—	—
	11 月	98.8	0.4	-0.1
	12 月	99.6	0.8	0.8
2010 年	1 月	99	0.7	-0.6
	2 月	99.4	0.5	0.4
	3 月	99.9	1.2	0.5
	4 月	100	1.2	0.1
	5 月	99.9	1.2	-0.1

续表

时间		消费价格指数	同比变动	环比变动
		2010 = 100	单位:%	单位:%
2010 年	6 月	99.9	0.9	—
	7 月	100.1	1.1	0.2
	8 月	100.2	1	0.1
	9 月	100.1	1.2	-0.1
	10 月	100.2	1.3	0.1
	11 月	100.3	1.5	0.1
	12 月	100.9	1.3	0.6
2011 年	1 月	100.7	1.7	-0.2
	2 月	101.3	1.9	0.6
	3 月	101.9	2	0.6
	4 月	101.9	1.9	—
	5 月	101.9	2	—
	6 月	102	2.1	0.1
	7 月	102.2	2.1	0.2
	8 月	102.3	2.1	0.1
	9 月	102.5	2.4	0.2
	10 月	102.5	2.3	—
	11 月	102.7	2.4	0.2
	12 月	102.9	2	0.2
2012 年	1 月	102.8	2.1	-0.1
	2 月	103.5	2.2	0.7
	3 月	104.1	2.2	0.6
	4 月	103.9	2	-0.2
	5 月	103.9	2	—
	6 月	103.7	1.7	-0.2
	7 月	104.1	1.9	0.4
	8 月	104.5	2.2	0.4
	9 月	104.6	2	0.1
	10 月	104.6	2	—
	11 月	104.7	1.9	0.1
	12 月	105	2	0.3

续表

时间		消费价格指数	同比变动	环比变动
		2010 = 100	单位:%	单位:%
2013 年	1 月	104.5	1.7	-0.5
	2 月	105.1	1.5	0.6
	3 月	105.6	1.4	0.5
	4 月	105.1	1.2	-0.5
	5 月	105.5	1.5	0.4
	6 月	105.6	1.8	0.1
	7 月	106.1	1.9	0.5
	8 月	106.1	1.5	—
	9 月	106.1	1.4	—
	10 月	105.9	1.2	-0.2
	11 月	106.1	1.3	0.2
	12 月	106.5	1.4	0.4
2014 年	1 月	105.9	1.3	-0.6
	2 月	106.4	1.2	0.5
	3 月	106.7	1	0.3
	4 月	106.5	1.3	-0.2
	5 月	106.4	0.9	-0.1
	6 月	106.7	1	0.3
	7 月	107	0.8	0.3
	8 月	107	0.8	—
	9 月	107	0.8	—
	10 月	106.7	0.8	-0.3
	11 月	106.7	0.6	—
	12 月	106.7	0.2	—

表 3　德国进出口贸易整体数据（2012～2014 年年度数据）

年份	出口额	出口额(按当月汇率换算)	进口额	进口额(按当月汇率换算)
	单位:千欧元	单位:千美元	单位:千欧元	单位:千美元
2012	1095766404	1408394432	905925476	1164648689
2013	1093114584	1451629594	898164436	1192747068
2014	1133539358	1505466018	916635439	1217949810

表4　德国劳动生产率、雇员报酬及单位劳动成本

（2008～2014年不含建筑业的生产性行业及所有行业整体年度数据）

项目	单位	2008年	2009年	2010年	2011年	2012年	2013年	2014年
不含建筑业的生产性行业								
每位就业者创造国内生产总值（当时价格）	欧元	74378	66012	77160	80360	80834	82313	84292
每位就业者每工时创造国内生产总值（当时价格）	欧元	50.03	47.52	53.51	54.86	56.12	57.01	57.69
每位就业者的劳动生产率	2010=100	98.06	84.96	100	103.81	103.44	103.44	104.58
每位就业者的单位工时劳动生产率	2010=100	95.12	88.2	100	102.2	103.56	103.31	103.21
雇员人均报酬	欧元	45950	45003	47044	48427	49227	50813	52178
雇员每工时人均报酬	欧元	31.47	33.14	33.3	33.67	34.82	35.81	36.3
雇员人均毛工资	欧元	37516	36355	38040	39660	40635	41767	42941
雇员每工时人均毛工资	欧元	25.7	26.78	26.93	27.57	28.74	29.44	29.87
人均单位劳动成本	2010=100	99.6	112.59	100	99.15	101.16	104.42	106.05
所有行业整体数据								
每工时人均单位劳动成本	2010=100	99.35	112.83	100	98.92	100.97	104.09	105.6
每位就业者创造国内生产总值（当时价格）	欧元	62611	60077	62804	64929	65422	66448	68081
每位就业者每工时创造国内生产总值（当时价格）	欧元	44.14	43.76	45.19	46.61	47.61	48.77	49.66
每位就业者的劳动生产率	2010=100	102.22	96.37	100	102.22	101.47	100.99	101.71
每位就业者的单位工时劳动生产率	2010=100	100.17	97.57	100	101.98	102.63	103.02	103.11

续表

项目	单位	2008 年	2009 年	2010 年	2011 年	2012 年	2013 年	2014 年
雇员人均报酬	欧元	34145	34215	35091	36103	37014	37707	38664
雇员每工时人均报酬	欧元	25.49	26.54	26.79	27.45	28.47	29.21	29.7
雇员人均毛工资	欧元	27713	27696	28388	29320	30128	30755	31578
雇员每工时人均毛工资	欧元	20.69	21.48	21.68	22.29	23.17	23.82	24.26
人均单位劳动成本	2010 = 100	95.2	101.17	100	100.66	103.95	106.41	108.33
每工时人均单位劳动成本	2010 = 100	94.98	101.52	100	100.45	103.54	105.8	107.52

表 5 德国失业人口、失业率及短时工作者数据
（2008 ~ 2014 年全国及新老联邦州年度数据）

年份	失业人数（人）			劳动人口失业率（%）			短时工作人数（人）		
	全德	老联邦州	新联邦州	全德	老联邦州	新联邦州	全德	老联邦州	新联邦州
2008	3258954	2138778	1120175	7.8	6.4	13.1	101540	80168	21373
2009	3414992	2314215	1100777	8.1	6.9	13	1147094	987781	153470
2010	3238965	2227473	1011492	7.7	6.6	12	502694	411910	89891
2011	2976488	2026545	949943	7.1	6	11.3	147607	110645	36962
2012	2897126	1999918	897209	6.8	5.9	10.7	111509	83116	28393
2013	2950338	2080342	869995	6.9	6	10.3	123978	93264	30713
2014	2898388	2074553	823835	6.7	5.9	9.8	—	—	—

表 6 德国人口（2007 ~ 2013 年数据）

采样日	性别		
	男	女	总数
2007 年 12 月 31 日	40274292	41943545	82217837
2008 年 12 月 31 日	40184283	41818073	82002356
2009 年 12 月 31 日	40103606	41698651	81802257
2010 年 12 月 31 日	40112425	41639177	81751602
2011 年 12 月 31 日	39230101	41097799	80327900
2012 年 12 月 31 日	39381131	41142615	80523746
2013 年 12 月 31 日	39557079	41210384	80767463

表7 德国可持续发展指标（2009～2014年年度数据）

可持续发展指标	2009年	2010年	2011年	2012年	2013年	2014年
代际公平						
节约资源						
能源生产率(1990＝100)	137	135.73	146.98	149.21	146.03	155.84
初级能源消费(1990＝100)	90.78	95.38	91.24	90.22	92.28	87.86
原料生产率(1994＝100)	146.14	147.37	143.33	148.56	147.79	—
气候保护						
以二氧化碳当量计算的温室气体排放(基准年*＝100)	72.92	75.62	74.21	75.04	—	—
可再生能源						
可再生能源在终端能源消费中的比重(%)	9.7	10.2	11.3	12.1	12	—
可再生能源发电在电力消费中的比重(%)	16.3	17	20.4	23.6	25.3	—
土地使用						
居住及交通用地增加(公顷/天)	94	87	81	74	73	—
物种多样性						
物种多样性及景观质量(2015＝100)	67.47	67.64	63.43	—	—	—
国家负债						
国家赤字(占国内生产总值%)	3.03	4.07	0.86	-0.09	-0.15	-0.6
结构性赤字(占国内生产总值%)	0.41	2.1	1.29	-0.01	-0.69	-1.08
累计债务(占国内生产总值%)	72.39	80.25	77.64	79.04	76.86	—
未来经济发展储备						
毛固定资产投资占国内生产总值比重(%)	19.14	19.33	20.2	20.05	19.8	20
创新						
私有及公共部门的研发开支(占国内生产总值%)	2.82	2.8	2.89	2.98	—	—

续表

可持续发展指标	2009年	2010年	2011年	2012年	2013年	2014年
教育						
18~24岁无学历者(占该年龄段人群%)	11.1	11.86	11.56	10.37	—	—
18~24岁无学历男性(占该年龄段人群%)	11.5	12.68	12.47	10.97	—	—
18~24岁无学历女性(占该年龄段人群%)	10.8	11.02	10.62	9.73	—	—
30~34岁有高等教育学历者(占该年龄段人群%)	40.71	41.31	42.22	43.43	—	—
30~34岁有高等教育学历男性(占该年龄段人群%)	39.23	39.97	40.07	40.88	—	—
30~34岁有高等教育学历女性(占该年龄段人群%)	42.21	42.68	44.42	46.04	—	—
大学入学率(%)	39.8	42.49	46.28	53.17	—	—
大学入学率,男性(%)	39.2	41.7	45.92	54.67	—	—
大学入学率,女性(%)	40.3	43.35	46.69	51.61	—	—
生活质量						
经济绩效						
居民人均国内生产总值(以2005年价格计,千欧元)	30.23	31.51	32.63	32.7	32.66	33.06
交通						
货物运输强度(1999=100)	108.64	112.18	110.92	108.8	—	—
客运强度(1999=100)	97.78	93.88	91.7	91.66	—	—
铁路运输在货运中所占比重(%)	17.19	17.85	18.46	18.21	—	—
内陆航运在货运中所占比重(%)	9.96	10.36	8.97	9.68	—	—
耕地经营						
氮盈余(公斤/公顷农业用地)	93.18	95.76	101.1	—	—	—

续表

可持续发展指标	2009 年	2010 年	2011 年	2012 年	2013 年	2014 年
生态耕作土地在农业用地中所占比重(%)	—	5.64	—	5.76	6	—
空气质量						
空气污染(1990 = 100)	41.26	41.56	41.28	40.37	—	—
健康与营养						
65 岁以下男性死亡人数(每 10 万人)	234.39	230.3	229.2	222.6	—	—
65 岁以下女性死亡人数(每 10 万人)	136.6	135	136.9	131.7	—	—
成人吸烟率(15 岁以上)(占受访者%)	25.7	—	—	—	24.5	—
成年男性吸烟率(15 岁以上)(占受访者%)	30.5	—	—	—	29	—
成年女性吸烟率(15 岁以上)(占受访者%)	21.2	—	—	—	20.3	—
青少年吸烟率(12 ~ 17 岁)(占受访者%)	—	12.9	11.7	12	—	—
肥胖者(占成年人%)	14.7	—	—	—	15.7	—
肥胖男性(占成年男性%)	15.7	—	—	—	17.1	—
肥胖女性(占成年女性%)	13.8	—	—	—	14.3	—
犯罪率						
刑事案件(案件数/10 万居民)	7383.1	7253.2	7327.9	7327.4	—	—
社会凝聚力						
就业						
15 ~ 64 岁就业率(%)	70.23	71	72.36	72.64	—	—
15 ~ 64 岁男性就业率(%)	75.27	75.87	77.07	77.34	—	—
15 ~ 64 岁女性就业率(%)	65.08	66.04	67.55	67.83	—	—
55 ~ 64 岁就业率(%)	55.89	57.47	59.63	61.25	—	—
55 ~ 64 岁男性就业率(%)	63.48	64.7	66.57	68.11	—	—
55 ~ 64 岁女性就业率(%)	48.48	50.39	52.89	54.64	—	—
家庭未来						

续表

可持续发展指标	2009 年	2010 年	2011 年	2012 年	2013 年	2014 年
0～2 岁婴幼儿全日托管服务(%)	8.7	10.2	11.3	12.7	13.7	—
3～5 岁婴幼儿全日托管服务(%)	29.7	32.1	34.7	36.9	39.1	—
男女平等						
女性与男性收入差距(%)	23	22	22	22	22	—
融入						
中等学校毕业的外国人(%)	86.2	87.19	88.22	88.61	—	—
国际责任						
发展合作						
公共发展开支占国民收入比重(%)	0.35	0.39	0.39	0.37	—	—
市场开放						
德国从发展中国家进口(10 亿欧元)	128.38	167.83	187.13	185.31	—	—

注：＊依照《京都议定书》，CO_2、CH_4、N_2O 的基准年为 1990 年，HFC、PFC 和 SF_6 的基准年为 1995 年。

B.16
德国大事记

朱哲莹*

2014年

4月

1日 德国内阁通过可再生能源法改革草案。核心内容是削减对可再生能源的补贴。德国《可再生能源法》（EEG）于2000年开始实施，宗旨是推动风电、太阳能光伏等可再生能源的发展，主要机制是可再生能源发电的固定上网电价制度。该法施行14年来，可再生能源所占比率从2000年的6%上升到2013年的25%。EEG在世界范围内被视为发展可再生能源的典范模式，但其弊端也日益突出。

6日 2014年德国汉诺威工业博览会开幕，主题为“融合的工业——下一步”，展示未来工厂技术及能源转向方案。“融合的工业——下一步”指迈向智能工厂的具体一步。工博会主办方人士表示，继智能家庭、智能汽车之后，数字化经济已蔓延至工厂，智能工厂将成为贯穿工博会的一条主线。另外，“融合的工业——下一步”还包括正推进的能源系统转型。分布式可再生能源发电设施将作为已有大型发电厂的补充，构建一个个小型智能电网。德国总理默克尔在开幕式上说，“融合的工业”又被习惯性地称为“工业4.0”，未来智能工厂能够自行运转，零件与机器可以相互交流，这令跨行业合作成为必需。她建议，信息及通信业、机械制造业等相关行业保持“好奇心”，加强合作，不要只把目光局限在自己的领域。

10日 德国前联邦教育部长沙万女士宣布，她接受杜塞尔多夫行政法院的判决，放弃其博士头衔，不再上诉。此前，德国杜塞尔多夫行政法院宣布，支持

* 朱哲莹，硕士，同济大学德国研究中心项目主管。

杜塞尔多夫大学取消沙万的博士头衔，并驳回沙万针对杜塞尔多夫大学的起诉。法官认为，沙万30多年前提交的博士论文存在60处“欺骗”，有违学术诚信。

15日 由于德国副总理兼经济部长加布里尔的反对，德国取消向沙特出售“豹2”主战坦克。沙特曾有意从德国克劳斯－玛菲－威格曼公司（KMW）和莱茵金属公司采购800辆、近180亿欧元的“豹2”坦克。几十年来，出于人权和对以色列安全的担忧，德国一直拒绝向沙特出口重武器。

17日 美国、俄罗斯、乌克兰和欧盟当天在瑞士日内瓦启动乌克兰问题四方会谈，寻求通过政治对话解决乌克兰危机。这是乌克兰危机爆发以来，国际社会为缓解乌局势做出的第一次外交努力。

23日 德国基社盟秘书长安德烈亚·朔伊尔表示，希望欧盟同乌克兰保持紧密合作伙伴关系，但不希望欧盟扩大。基社盟近日制定名为“欧元计划”的欧洲议会竞选纲领草案，草案明确表示，欧盟不应吸收乌克兰入盟。该草案最终可能成为基社盟参加欧洲议会选举的纲领性文件。此外，基社盟认为，欧盟应对土耳其入盟保持冷静。欧盟现已拥有28个成员国，这已达到欧盟“承载极限”，欧盟扩大在“可预见时间内”是不可能的。但基社盟同时表示，土耳其是欧洲重要的伙伴，也是北约框架下的“好朋友”，欧盟应给予土耳其“优先伙伴关系”。

- 德国外长施泰因迈尔与法国外长法比尤斯共同启程前往与乌克兰邻近的摩尔多瓦、格鲁吉亚等国，以了解乌克兰危机对这些国家的影响。

24日 德国防部长冯德莱恩访问黎巴嫩首都贝鲁特，分别同黎巴嫩总统苏莱曼、国民议会议长贝里、总理萨拉姆举行了会晤。双方着重讨论了叙利亚冲突特别是叙利亚难民危机对黎巴嫩的影响，以及向黎巴嫩提供援助等问题。冯德莱恩在会晤后对媒体发表谈话说，出于人道主义考虑，德国愿意接收更多的叙利亚难民。德国曾经承诺将接收1万名来自叙利亚的难民，但据联合国难民署此前的报告，已有2000多名叙利亚难民离开黎巴嫩前往德国。

25日 德国巴伐利亚州因戈尔施塔特市（Ingolstadt）举行纪念活动，庆祝德国《纯啤酒》法令诞生498周年。

28日 德国电信业协会（Bitkom）公布的一项研究结果显示，德国未成年人对于网络的依赖非常严重。在6～7岁的德国儿童中，1/5的人拥有智能手机，39%的人定期上网，而8～9岁儿童的网络使用率已经高达76%。在

10～11岁的儿童中，有94%的人每天都要上网，平均上网时间为22分钟，这一数字在16～18岁的青少年中达到了115分钟。16～18岁的青少年中有89%的人表示，智能手机是其上网的主要工具。

• 德国公用事业公司莱茵集团（RWE）日前表示，该集团已经同意今年向乌克兰供应天然气。自乌克兰爆发政治危机以来，莱茵集团是欧洲首个同意向乌克兰供应天然气的能源公司。但欧洲在能源供应上对乌克兰帮助有限，因为欧洲自己仍需依靠俄罗斯的天然气。莱茵集团也承认，其1/3的天然气是进口自俄罗斯。

29日 德国复兴信贷银行在法兰克福首次发行规模为10亿元人民币的债券，即“歌德债券”。

30日 日本首相安倍晋三访问德国，同默克尔总理及高克总统会晤。默克尔在会谈后举行的联合新闻发布会上说，欧盟与日本正就签订“欧盟日本自由贸易协定”进行谈判，希望双方能在2015年达成这一协定，并希望日本政府能在恢复经济增长方面有所作为。双方均表示将加强在国际安全政策领域的合作。默克尔表示，两国未来会在解决国际冲突方面加强合作，例如打击海盗。安倍称，希望日德两国能就安全政策问题定期交换意见。针对乌克兰冲突，两人都认为俄罗斯应在缓解冲突方面发挥更大作用。

5月

3日 经过各方的积极斡旋，被乌克兰东部反政府组织“顿巴斯自卫队”扣留的7名欧安组织军事核查人员，在获释后乘机安全抵达德国柏林。这些欧安组织军事核查人员3日乘坐一架德国空军飞机从基辅起飞抵达柏林泰格尔机场。当晚，德国防部部长冯德莱恩也与施泰因迈尔一起对此次行动中的国际合作以及俄罗斯的帮助表示感谢。

5日 德国经济部在柏林主办“跨大西洋贸易和投资伙伴关系对话论坛”，德国经济部部长加布里尔、美国及欧盟委员会代表出席论坛。加布里尔表示，推动欧美自贸谈判进行的核心前提是“更透明”，这一艰巨的谈判不可以“秘密”进行。使谈判更透明的一种可能性是，让欧洲议会甚至是欧盟各国议会代表参与谈判及表决。

6日 德国总统高克访问捷克小镇泰雷津，向那里的捷克二战受害者纪念碑敬献花圈，并向二战中惨遭德军杀害的犹太人鞠躬致歉，反思纳粹德国对捷克的占领及犯下的罪行。

8 日 德国媒体曝光快餐连锁集团“汉堡王”（Burger King）存在严重卫生问题，除导致加盟企业高层重组、涉及店面被关闭之外，该品牌营业额也迅速下跌。

9 日 第 64 届德国电影奖举行颁奖典礼，由 81 岁德国导演埃德加·赖茨执导的黑白影片《另一个故乡》荣获最佳影片金罗拉奖。影片讲述的是一名德国年轻农民期望移民巴西并开启新生活的故事。德国电影奖创立于 1951 年，是德国电影界最高荣誉。电影奖奖金总额约为 300 万欧元，现由德国电影学院颁发。

10 日 德国总理默克尔和法国总统奥朗德在德国举行会晤，并就乌克兰危机发表共同声明。双方表示，乌克兰举行自由公平的总统选举意义重大。默克尔强调，若乌克兰无法举行受国际承认的总统选举，该国局势将持续动荡，德国也将着手对俄采取进一步制裁措施。

13 日 据德国《明镜》周刊消息，最新的统计数据显示，德国劳动力成本的增长速度超过了欧盟的平均水平，而 2013 年劳动力成本则达到了 31.70 欧元/小时（约合人民币 270.89 元），在欧洲范围内排名第 7 位。从 2004 年至 2010 年，德国劳动力成本的增长速度一直低于欧盟平均水平，但自 2011 年开始则出现明显增长并超过欧盟，2011～2013 年，德国劳动力成本的年增长率平均为 2.7%。

15 日 根据欧盟统计局发布的数据，2013 年德国向空气中排放的二氧化碳量高达 7.6 亿吨，占欧盟 28 个成员国总排放量的 23%，成为欧洲第一大污染国。排名紧随其后的依次为英国（4.55 亿吨）、法国（3.45 亿吨）、意大利（3.41 亿吨）和葡萄牙（2.9 亿吨）。在排名前 5 位的国家中，2013 年德国为排放量增长速度最快的国家，增幅达 2%。

19 日 中国建设银行成功在法兰克福市场发行 15 亿元人民币债券（“歌德债券”），债券期限两年，利率 3.38%，获得近 3 倍超额认购。该债券将在法兰克福交易所挂牌上市，是法兰克福债券市场的第一只可挂牌上市交易的人民币债券。承销团成员包括香港建银国际、德国商业银行、渣打银行（香港）、法国巴黎银行（香港）。

20 日 德国国家旅游局的数据显示，从 2010 年到 2013 年，中国游客增加

70%，达到170多万。最热门的州是巴伐利亚，最受欢迎的城市是法兰克福、慕尼黑和柏林。此外，中国游客也是购物冠军。根据国际支付服务提供商环球蓝联的统计，中国游客在德购物每人平均花费580欧元。

21日 德国联邦教育与科研部发布《2014研究与创新联邦报告》显示，近年来，德国政府、经济界及学术界的科研投入不断增加。2012年，德国科研投入总额近800亿欧元，占德国国内生产总值的近3%。德国在国际专利申请数量、科学出版物数量以及技术密集型产品出口上均处于国际领先水平。欧盟委员会今年公布的欧盟国家创新指数排名中，德国位列第三。目前，德国共有近60万人从事研发工作，2005年至2012年，研发领域共创造就业岗位11.4万个。德国联邦教育和科研部长万卡称，德国已成为“全球最具吸引力的研究与创新区位之一”。

25日 德国欧洲议会选举落下帷幕，联盟党获票35.5%，虽然得票率较上一届的37.9%有所降低，但依旧保持了德国第一大党的地位；社民党获得27.2%，相比上一届20.8%的史上最低得票率有了大幅提升；绿党得票率为10.7%，左翼党7.5%；德国选择党（AfD）首次参加欧洲议会选举就获得了7%的选票，成最大赢家；自民党获得3.3%的得票率，再度惨败。

28日 美国《福布斯》杂志发布“2014年世界百强女性”排行榜，德国总理默克尔蝉联榜首。

31日 德国《明镜》周刊报道，根据德国联邦统计局的最新数据，2014年第一季度德国的通货膨胀率为1.2%，而各行业雇员的工资则平均上涨2.3%，几乎是通货膨胀率的两倍，民众实际收入较此前两年都有明显增加。

6月

3日 德国Ifo经济研究所的一项调查显示，许多德国企业对乌克兰危机产生的影响深感忧虑，认为这会直接导致其对俄贸易受到严重影响。调查中有17%的公司表示，危机的消极影响已经波及他们，另有1/3的公司担心，乌克兰危机的后续发展将严重影响其对俄贸易。此次参与调查的公司共计2500家，其中超过800家公司和俄罗斯有直接或间接的贸易往来。其中，德国的机械制造业受乌克兰危机影响最为严重，而大企业则首当其冲。

4日 德国总理默克尔就当日在布鲁塞尔召开的G7峰会及乌克兰危机等

问题发表观点，她表示，G8 不只是经济同盟，也代表各方应遵循相同价值观。鉴于俄罗斯在乌克兰危机中侵害他国领土完整，违反了国际法，故被“开除”出此次峰会。默克尔在 G7 峰会结束时举行的新闻发布会上表示，与普京的会谈不关乎威胁，重要的是明确表示 G7 希望与俄罗斯对话，只有在对话不成功的情况下才有必要采取其他措施。而此前，G7 领导人曾表示，如果俄罗斯继续破坏乌克兰的稳定，他们已准备好实施广泛的制裁，这些制裁旨在打击俄罗斯经济的各个领域。

- 德国联邦总检察长宣布立案调查美国国家安全局（NSA）窃听德国总理默克尔手机一事，称有足够证据显示美情报机构成员监控默克尔手机。美国国务院对此“不予置评”，但强调对话是解决问题的最好渠道。

11 日　包括柏林、汉堡在内的欧洲多个城市出租车司机举行罢工，抗议打车服务软件 Uber 对这个行业造成的冲击。目前，欧洲流行多种搭车应用，可让使用者以相对出租便宜 20% ~40% 的价格搭到车，对出租行业冲击严重。

- 根据德国联邦经济和能源部的消息，在 2013 年，德国武器出口所得收入增加 11 亿欧元（14.9 亿美元），达到 58 亿欧元。

18 日　德国《明镜》周刊通过其门户网站《明镜》在线，在互联网公开了斯诺登提供的 55 份美国国家安全局秘密文件的原件，为有意者提供下载可能。经过对原件的分析研究，《明镜》周刊在一年中揭露出大量美国国家安全局在德国境内的窃听活动，包括对该国总理默克尔手机的窃听事件。所有文件原件公开了美国安全机构从事间谍活动的秘密，为德国政府机构提供了调查可行性。从文件的数量来看，德国是美国安全机构在欧洲最重要的目标国家。借反恐之名，美国在德国设置多个侦查站点搜集分析信息。

26 日　根据德国媒体消息，德国总理默克尔使用的新手机带有专门的保护设备，可防止监听。这款黑莓 Q10 专门为默克尔制作，装备有专门设备，手机安装 Secusmart 公司的密码芯片，芯片价值 2500 欧元。

- 根据德国媒体消息，经过长期讨论，德国议会 NSA 调查委员会最终决定拒绝反对党要求，不邀请斯诺登前来德国，而是通过视频采访形式对其进行问询。

28 日　一战爆发 100 周年之际，德国总统高克在总统府发表讲话。在纪念战争苦难的同时，高克也看到令各国更加团结的机会。高克对不断求同的运动表示欢迎，他由衷地向来宾呼吁“让我们以后也将欧洲视为我们共同的家园”，同时也表示坚决反对民粹主义，指出“一些人幻想的民族主义国家的栖身之地已不复存在”。

7月

2日 中国外交部副部长王超会见德国大众集团董事海兹曼，并听取了海兹曼对大众在华发展情况的介绍。他表示，长期以来大众集团同中方开展了良好合作，希其继续履行好企业社会责任，积极参与中国西部大开发战略，为促进中德关系做出新的贡献。

- 根据德国媒体消息，德国从2015年起将取消统一的医保费率，各专业医保机构将自行确定医保费率，当前费率为毛收入的15.5%。新政策将使多少参保人员从中受益，德国联邦卫生部和专业医保机构意见不一。联邦卫生部认为，新政策实施后将有半数参保人员（约2500万）仅需缴纳低于目前额度的保费，因此至少有2000万人会从中受益。而德国法定医疗保险基金协会主席则持相反意见，他认为，仅会有少量的专业医保机构调低保费。

3日 德国联邦议院以绝对多数投票通过最低工资标准提案，规定自2015年起逐步推行税前每小时8.5欧元（约合11.7美元）的最低工资标准，这是德国首个全国范围的最低工资标准。自2017年1月起，全德范围内将统一执行这一标准。实施每小时8.5欧元最低工资标准是执政联盟成员社民党的主要政策主张，德国总理默克尔领导的联盟党此前对该提案一直持保留意见。两党在组阁谈判时，曾就此僵持不下，最终联盟党妥协。自社民党提出该主张至今，德国经济界一直持反对意见。反对者称，根据该提案，自2015年起，雇主每年将多花费90亿至100亿欧元，或将使德国失业率上升。

4日 德国联邦检察机构通报，逮捕了德国联邦情报局（BND）一名31岁的雇员。这名雇员被怀疑为美国等国提供情报。这名德国情报人员被捕后承认，他一方面为德国对外情报局工作，同时从2012年起为美国中央情报局工作，并向中央情报局提供了200多份情报。

6日 应中国国务院总理李克强邀请，德国总理默克尔于7月6日至8日对中国进行正式访问。德国墨卡托中国研究中心负责人海尔曼认为，德中关系动力十足，维持这一动力也是默克尔此次访华的理由之一。德中经贸关系快速发展的重要原因在于两国经济间的互补性。德国的机械、化学和电子等领域产品为中国目前工业化阶段所需，而中国制造的消费品在德国非常受欢迎。在投资领域，中德两国合作已不再是“单行道”，近年来有越来越多的中国企业到德国投资。

10 日　德国政府宣布，由于美德间谍案，德国政府已经要求美国驻德国情报站站长离境。德国总理默克尔针对美德间谍风波表示，盟国间的信任是至关重要的，更多的信任意味着更多的安全。

14 日　2014 巴西世界杯决赛，德国队通过加时赛 1∶0 击败阿根廷夺冠，这是德国足球历史上第四次获得世界杯冠军。数十万球迷齐聚德国首都柏林勃兰登堡门前与凯旋的德国队欢庆胜利。

16 日　欧盟委员会根据并购简化审查程序批准中国潍柴动力收购德国叉车、仓储搬运设备和其他工业卡车制造商凯傲集团（Kion Group AG）。欧盟委员会认为该起并购不会构成竞争问题，因为潍柴目前并未参与凯傲活跃的任何市场。凯傲集团是欧洲第一、全球第二大工业叉车制造商，占全球叉车市场份额的 15%。此次收购始于 2012 年双方签署的合作协议，有助于提升潍柴动力在全球装备制造业的影响力。

17 日　马来西亚一架波音 777 客机在乌克兰靠近俄罗斯边界坠毁，机载约 280 名乘客和 15 名机组人员。默克尔总理对坠机事件表示震惊，并表示，如飞机确被导弹击落，意味着当地局势“悲剧性升级”，呼吁立即对坠机展开独立调查。德外长施泰因迈尔则敦促乌东部民间武装保障救援力量顺利进入坠机现场。遇难客机上有 4 名德国人。

23 日　西班牙跨国电信公司 Telefónica 宣布同意以 50 亿欧元的价格收购荷兰电信公司 KPN 在德国的子公司 E-plus。待收购完成之后，Telefónica 将成为德国最大运营商。

24 日　德国大学在校人数增长、高校基础运营经费短缺，导致不满情绪上升，抗议活动络绎不绝。对此，巴符州率先出台高校基础投资“2020 展望”计划，宣布从 2015 年起的未来 6 年，每年将高校拨款增加 3%，追加拨款总额预计达 17 亿欧元，其中包括 600 万欧元原助学金支出以及 1500 万学费收入补贴。

29 日 欧盟 28 个成员国大使就对俄罗斯实施新一轮经济制裁达成一致。欧盟此番对俄罗斯的经济制裁将涉及金融、武器及能源等领域，是乌克兰危机爆发以来欧盟对俄罗斯制裁最为严厉的一次。

8月

3 日 受乌克兰问题影响，德国政府决定取消与俄罗斯签订的一份军售合同，不再帮助俄罗斯军队修建设施完备的训练营。这份合同金额达 1 亿欧元，在克里米亚地区 3 月宣布并入俄罗斯后，德国决定暂停执行合同。俄罗斯曾对此表示不满，认为德国做出这一决定是因为受到了美国的压力。

4 日 德国联邦交通部和环境部日前联合起草《电动汽车法》草案，据此为电动汽车享有路面交通优先权奠定法律基础。具体措施包括设专用或免费停车位、开放禁行路段和公交专用道等。

5 日 德意志银行发布中欧经贸关系研究报告，认为近期宣布的中国和欧盟自由贸易协定倡议计划意义重大。以目前趋势来看，欧盟与中国的年度双边贸易总额将在十年内增长 1.5 倍，达到 6600 亿欧元。作为中国在欧盟最大的贸易伙伴，德国将从双边贸易增长中获益。未来十年，德国对中国的出口将增长 60%，一旦自由贸易协定成功签订，出口额还可能翻倍。同时，人民币在欧洲的使用流通有很大发展空间。目前在欧盟与中国双边贸易中人民币结算所占比例不足 10%，通过近期建立的金融基础设施，到 2024 年，该比例可望增至 40%。

7 日 2014 年 3 月以来，美欧因乌克兰危机对俄罗斯实施多轮制裁，涉及金融、军工、能源等领域，其中美国已对俄罗斯 6 大主要国有银行中的 5 家实施制裁。8 月 7 日，俄罗斯出台反制裁措施，宣布暂停进口原产于多个西方国家的肉类、奶制品和果蔬等食品。

14 日 奥地利地产大亨班克（René Benko）所拥有的地产商 Signa Holding GmbH 今天宣布，旗下子公司 Signa Retail GmbH 以象征性的 1 欧元，向投资者 Nicolas Berggruen 收购德国老牌百货公司集团 Karstadt Warenhaus GmbH，包括 83 个百货商场、28 家体育用品商店、4 个美食中心，约 1.4 万名员工。Karstadt 百货零售业务在 2013 年亏损 1.24 亿欧元，销售同比下滑 6.8% 至 17 亿欧元。

16日 德国《明镜》周刊报道，作为对中东地区电信通信监听的一部分，德国联邦情报局2013年意外监听到克里的一次通话，这名美国头号外交官当时借助卫星电话讨论中东局势。同时，自2009年以来，北约成员国土耳其一直被德国情报机构列为监听对象。

18日 土耳其外交部宣布，针对有关德国情报部门监听美国与土耳其官员会谈的报道，土耳其外交部副次长埃尔多安·伊什姜当天召见了德国驻土大使埃伯哈德·波尔。土耳其外交部发表声明，如果德国媒体的报道属实，德国当局应做出正式和令人满意的解释，并立即停止这种活动。声明说，盟友间应相互信任和尊重，“这种监听做法是无法接受的”。

25日 德国国内颇有影响力的联邦工业联合会（BDI）表示制裁俄罗斯这一决定给本国尤其是机械零部件出口造成极大打击。BDI预计，2014年德国对俄出口可能减少25%，面临失去国内5万个工作岗位的风险。同时，对俄制裁也影响了向俄罗斯相关国家的出口。

26日 德国首都柏林市长克劳斯·沃维莱特决定提前两年于12月11日辞职，正式辞去市长职务。他曾提出“穷却性感”的营销口号，一度让柏林成为欧洲最受欢迎的旅游城市之一。但由于柏林东南郊区开始营运的新机场，因工程多次延误，而且大幅超支，使他形象一落千丈，不得不辞去市长职务。

● 中国银行在德国法兰克福举行法兰克福人民币清算行启动仪式。中行法兰克福分行在德国市场最早推出跨境人民币业务，目前产品范围已覆盖国际结算、贸易融资、公司贷款、债券承销以及金融市场等领域，并与德意志交易所集团签订战略合作协议，是德国人民币业务的最大服务商。

29日 汉莎航空公司德国子公司德国之翼（Germanwings）的值班机长举行罢工。德国各大机场已有多架航班取消，受影响的多为德国国内区间航班，近1.5万名乘客受影响。此次罢工源于汉莎将麾下各公司机长预退休年龄从目前的59岁升至61岁，引发不满。

● 德国财长朔伊布勒表示，欧洲中央银行已没有办法拯救欧元区，提振经济的重担需压在各国政府身上，希望欧元区各国政府在不扩大财政赤字的情况下刺激经济。分析认为，朔伊布勒的评论反映了德国当前的主流观点。

31日 德国总理默克尔主持召开内阁会议正式做出决定，向伊拉克北部库尔德武装提供武器，以打击“伊斯兰国”极端分子。武器总价值高达7000

万欧元，可武装4000名库尔德民兵。9月1日，德联邦议院各个党派对此举的后果展开了激烈讨论，并就对外提供武器进行最后表决，绝大多数议员表示支持。默克尔总理在此后发表政府声明，强调向库尔德人提供武器是德国应尽的人道主义责任，同时打击“伊斯兰国”极端分子也符合德国的利益。

9月

1日 德国联邦统计局数据显示，受益于就业市场向好及税收增加，2014年上半年德国联邦、各州县及社保机构共计收入6369亿欧元，同比增加3.4%，其中税收收入3300亿，社保收入2337亿。同期支出6208亿欧元，实现财政盈余161亿欧元，约合国内生产总值的1.1%。但受困于乌克兰危机，德国第二季度经济环比增速仅为0.2%，同比增长0.8%。

3日 世界经济论坛（WEF）“2014/15全球竞争报告”推出最新排行榜，德国排名第五，与前一年相比退了一位。瑞士连续6次排名第一，新加坡屈居第二，美国第三，芬兰第四。

8日 德国《明镜》周刊报道，欧盟委员会在布鲁塞尔公布的一份统计数据显示，德国人的每周实际工作时间为40.5小时，大大超出劳动法规定的37.7小时。德国劳动力市场及职业研究所（IAB）的调查指出，加班的德国人中仅有不足半数的人得到了相应报酬，超过50%的员工加班后既没有得到经济补偿也没有换得调休。

10日 德国马歇尔基金会（German Marshall Fund）的一项调查显示，德美两国的关系正在降温，德国人对美国及其总统奥巴马的认可度出现了大幅下降。统计显示，2013年超过3/4的德国人对美国总统奥巴马表示赞同，但2014年同期这一比例已跌至56%。此外，目前对美国持积极态度的德国民众占58%，较2013年同期减少10%。57%的德国人希望本国政府未来在外交及安全政策方面能够更少地依赖美国，较去年增加17%，这也是持有这种观点的德国人首次超过半数。

12日 德国联邦内政部部长德迈齐埃宣布，恐怖组织“伊斯兰国”危害国家安全，将禁止其在德国活动，禁令涉及包括社交网站、示威游行、佩戴该组织标志及募捐等所有有关活动，并将删除互联网中的该组织标志及网页。这项针对恐怖组织的禁令以德国《社团法》为依据。联邦内政部认为，“伊斯兰国”的宗旨违宪且有悖民族间相互理解的思想。

- 德国总理默克尔在首都柏林亲自为国脚克洛泽颁发“黄金维多利亚”奖杯。该奖项是德国专门表彰那些拥有移民背景并为德国做出卓越贡献的人士的。

14 日 “德国犹太人中央委员会”在柏林勃兰登堡门前广场举行大会，呼吁民众挺身而出抗议反犹太人的言行。德国总统高克、总理默克尔、多位内阁部长及各政党领袖均出席。

23 日 来自德国社民党的联邦司法部部长马斯在柏林宣布，控制房租价格的相关法律将于 2015 年初正式出台。控制房屋价格是现任德国执政联盟的核心计划之一。马斯和联盟党及社民党的议会党团成员就新法律草案的内容取得一致，其中最核心的规定是，在住房紧张的区域，住房在重新出租时的租金最高不得超过当地常见房租比较价格的 10%。

24 日 德国联邦环保部发表声明称，联邦内阁已支持一项议案，将安排市政当局为新能源车提供免费停车和使用公交车道等条件，以促进实现到 2020 年 100 万辆电动车上路的目标。享受优惠的包括电池动力车、燃料电池车和部分插电式混合动力车。

25 日 德国邮政获得政府的飞行许可，将在德国部分地区使用无人机运送物品，实现世界首例无人机快递的实际运用。

10月

2 日 国际货币基金组织发布的最新贸易顺差数据显示，德国已取代中国成为世界第一大贸易顺差经济体。而同时，作为全球最大的经济体的欧洲整体经济规模为 18.5 万亿美元，该地区的经济低迷以及有可能第三次陷入萎缩的前景拖累了全球经济增长。德国或将面临外界要求其采取更多措施刺激国内经济，进而帮助欧洲和全球经济复苏的压力。

7 日 德国当代最伟大的小说家、散文家之一西格弗里德·伦茨（Siegfried Lenz）在汉堡去世，享年 88 岁。凭借 1968 年出版的《德语课》等作品，西格弗里德·伦茨与君特·格拉斯、海因里希·伯尔、马丁·瓦尔泽等一起成为战后德国最重要的作家。《德语课》这本小说在全世界受到欢迎，被译成英文、法文、中文等多种文字。

8 日 德国学者斯特凡·赫尔（Stefan W. Hell）与两名美国学者获得本年度诺贝尔化学奖。赫尔任职于哥廷根的马普生物物理化学研究所，在超分辨率荧光显微技术研究上造诣非凡，此项技术对细胞病理学及癌症研究意义重大。

9 日 应德国总理默克尔邀请，中国国务院总理李克强抵达柏林，开始对德国进行正式访问。访问期间，李克强将会见德国总统高克，同默克尔总理共同主持第三轮中德政府磋商，分别出席中德经济技术合作论坛和中欧论坛汉堡峰会并发表演讲。

10 日 中德双方发表《中德合作行动纲要：共塑创新》。在第三轮中德政府磋商中，双方决定将本着对等互惠原则在现行法律框架内为便利人员往来创造条件，并将签证便利化举措作为具体成果纳入《中德合作行动纲要》。中德双方在《纲要》中确认，以将短期签证审发时间缩短为 48 小时为目标，通过简化签证申请程序，加快签证审发时间，实施便利申请人的签证审发程序；为商务人员申请签证提供便利，增加多年有效和多次入境签证的发放，延长签证的停留期；尽可能将长期性工作签证的审发时间缩短至 2 个月内。德方考虑按现行模式在中国其他城市增设签证申请中心，以此扩大面向中国公民的签证服务。

11 日 李克强总理在中欧论坛汉堡峰会上发表题为《树立互利共赢的新标杆》的主旨演讲。他在演讲中提到，中国是最大的新兴市场国家，欧盟是最大的发达经济体，双方平均每天有 15 亿美元的贸易往来。“最大”与“最大”交融，一切都有可能；“新兴”与“发达”携手，优势就会倍增。

14 日 大众汽车集团宣布，该集团 2014 年前 9 个月的汽车销量增长了 5%，至 740 万辆。前 9 个月大众汽车在西欧的销量上升了 8% 至 150 万辆，在中、东欧的销量增长 2% 至 481100 辆。而在俄罗斯的销量下降 13% 至 19.67 万辆。大众在华销量增长了 15% 至 272 万辆，在美销量下降 5% 至 43.96 万辆。2014 年，大众集团汽车销量有望达到 1000 万辆，提前 4 年完成这一历史性目标。

25 日 德国质量协会（DGQ）的一项调查研究结果表明，德国经济界认为，中国、波兰和印度在今后 20 年内将会在质量竞争方面表现强劲。这项名为“质量——德国制造”的研究项目是迄今为止有关这一主题规模最大的一次。研究者征求了 1214 家从规模和行业分布而言具有代表性的德国工业界和服务行业企业的意见。在员工人数超过 250 人的受访大型企业中，超过 56% 的企业认为中国在今后 20 年内将在质量方面迎头赶上。

28 日 德国联邦统计局公布的数据显示，2013 年共有 1300 万德国民众的生活受到贫困的威胁，占人口总数的 16.1%，相比于 2012 年几乎没有变化，尽管这段时间德国的经济增长率在欧盟范围内名列前茅，失业率也屡创新低。统计显示，在 17～64 岁的所有德国人中，受贫困威胁的男性占 16%，女性占 18%，而单亲家庭父母的比例则达到了 35.7%。此外，在失业者中，受贫困威胁的人占到 69.2%。2013 年德国的贫困人口标准是单人可支配月收入低于 979 欧元。

29 日 德国联邦统计局公布的数据显示，受欧盟与俄罗斯之间的制裁与反制裁措施影响，2014 年 8 月德国对俄罗斯出口额为 23 亿欧元，同比下降 26.3%。累计前 1～8 月，德国对俄出口同比下降 16.6%。按前 8 个月出口额统计，俄罗斯已降为德国第 13 大出口目的国，2013 年的排名是第 11 位。

11月

7 日 德国联邦教育和科研部为 2014 年评选出的 25 名“绿色精英”颁奖，其中包括 3 名中国青年学者。“绿色精英奖”由德国联邦教育和科研部于 2009 年发起，旨在奖励活跃于可持续发展领域的杰出青年科学家。今年的第六届“绿色精英奖”由专家评审委员会从来自 100 多个国家和地区的 800 多份申请中评选而出。获奖的“绿色精英”中年龄最大的 32 岁，最小的 23 岁，分别活跃在生物与农业工程、经济与环境法、电气工程、能源与环境工程等各个可持续发展研究相关领域。

11 日 值柏林墙倒塌 25 周年之际，又是 1938 年德国纳粹开始大规模迫害袭击犹太人的水晶之夜 76 周年纪念日，柏林为此举行一系列庆祝和纪念活动。

12 日 中国银行和德国商业银行签署协议，使这家德国第二大银行可以直接在法兰克福为客户提供人民币支付。德国商业银行发布公告称，在法兰克福进行人民币清算将带来人民币外汇和利率对冲产品的大发展。目前，大约 10% 的德国中小企业使用人民币跟中国进行贸易。德国商业银行负责德国约 1/3 的外贸结算。

13 日 2014 年度媒体大奖“斑比奖”在首都柏林举行颁奖典礼，中国青年钢琴家郎朗因“在古典音乐领域的杰出成就”获得该奖项，亦成为获此殊荣的第一位中国人。“斑比奖”是德国最主要的媒体奖项之一。该奖评选始于1948年，由德国布尔达传媒集团主办，一年一度，旨在奖励“具有远见及创造力”并于当年活跃于媒体、对公众产生启发和影响的国内和国际人士。

15日 据经合组织一项调查，德国作为移民目标国日益受到青睐，其国际受青睐程度甚至超过美国。2013年，德国的外国移民增加3.6%，与此同时，外国移民的出生率增加4.2%。如今，德国有移民背景的居民已经达到1650万人，占总人口的二成有余。联邦统计局表示，这是自2005年开始统计以来的最高值。有移民背景的居民包括外国人以及1950年后移居德国或者属于移民子女的德国人。六成有移民背景的居民持有德国护照，约三成在德国出生。最主要的移民来源国是土耳其（12.8%）、波兰（11.4%）和俄罗斯（9%）。其地域分布存在显著的东西差别：96.6%的移民及其子女生活在前西德地区以及首都柏林。

- 德国媒体报道，俄罗斯一名驻波恩外交官被指从事间谍工作遭到驱逐出境，之后不久，德国政府官员15日晚发表声明，声称德国驻莫斯科大使馆的一名女性外交官被驱逐出境，德国对这一不公正的行为表示遗憾，并向俄罗斯政府传达了德国政府的意见。

17日 保时捷股份公司在德国金方向盘奖评选中独占鳌头，一举囊括三项大奖。“第三十九届金方向盘奖”由德国权威汽车杂志举办。在评比中，保时捷股份公司的三款车型分别获得“最受欢迎车型”、“最佳跑车”和“最佳SUV车型”奖。

26日 根据Forsa调查机构26日公布的调查结果显示，大约36%的“汉堡王”顾客表示近期不会再前往“汉堡王”用餐。14~29岁的顾客中，这个比例更高达59%。此前，德国“汉堡王”连锁店被查出存在严重卫生问题，并且用工也涉及多项违反劳工法事例，“汉堡王”因而解除了其与德国代理Yi-Ko的合同，导致该企业下属89家门店关闭，3000名员工面临失业威胁。

12月

6日 在德累斯顿举行的德国奥委会成员大会正式决定德国将申办2024年奥运会。

9日 德国总理默克尔在科隆举行的德国基民盟全国党代会上以近97%的

得票率再次当选基民盟主席。这是她自2000年担任这一职务以来第八次当选。此外，包括现任德国国防部部长冯德莱恩在内的5位基民盟副主席也在党代会上获得连任。

11日 为解决领导层过于“男性化”问题，德国政府出台“女性占比”法案，决定以立法形式规定大型公司和联邦政府部门管理层中的女性比例。从2016年起，德国100家大型公司监事会新成员中的少数性别（通常为女性）比例须达到30%，如达不到，相应岗位则保持空缺。

12日 德国作家大卫·瓦格纳（David Wagner）在北京获得“邹韬奋年度外国小说奖”。此奖项由人民文学出版社和中国外国文学学会联合主办，此前已连续举办13届，今年首度增设“邹韬奋年度外国小说奖”。获奖小说《生命》以第一人称讲述了主人公在肝脏移植手术期间对生命的感悟，已于2013年获得德国莱比锡书展奖。

15日 德国“反伊斯兰化”组织Pegida在德累斯顿发起大规模游行，共有约1.5万人参加。

27日 据德国《时代周报》在线公布的一项民调报告，德国媒体的公信力大幅下降，只有40%左右的德国人对媒体持正面看法，持负面看法的人则接近半数，达到47%，尤其是受过良好教育、收入较高的人群，认为德国媒体缺乏公正，报道方面受到政治势力的左右。而在东部地区，则更是有高达55%的民众认为媒体的报道过于片面，相信媒体客观独立、不受政治势力以及利益集团影响的人只有34%。德国媒体遭遇自二战结束以来最为严重的信任危机。

2015年

1月

1日 德国《亮点》杂志发表的一份民意调查指有13%的受访者有意参加在他们家附近举行的“反伊斯兰化”游行，29%认为鉴于伊斯兰教对德国人的生活造成影响，Pegida的游行是有理有据的，不过有2/3受访者认为Pegida夸大了德国的“伊斯兰化”威胁。

5日 德国“反伊斯兰化”组织Pegida的支持者在多地举行游行，要求政府执行更严格的接受外国难民的政策。在德累斯顿的集会有多达18000人参加，另外在柏林和科隆也举行了集会。同时，反对这一组织的民众也举行集会抗议。

12日 德国环境及自然保护协会在全德经过抽查发现，廉价超市提供的火鸡肉90%携带抗药细菌。在德国禽畜饲养业，企业主每年投入使用的抗生素高达1450吨，价值8亿欧元。

15日 德国联邦统计局公布数据称，2014年德国国内生产总值增长1.5%，高于2013年0.4%的增幅，符合甚至优于市场预期。

● 瑞士国家银行（中央银行）宣布取消瑞士法郎对欧元汇率1.20∶1的上限，瑞郎应声大幅上涨。自2011年9月，瑞士中央银行为应对欧元区主权债务危机及保护本国经济，把瑞郎对欧元汇率的上限设定为1.20∶1，并一直通过大量购汇等方式维持这一上限，以免瑞郎过度升值，缓解本国出口压力。

19日 欧盟在布鲁塞尔总部举行28国外长会议。反恐成为此次会议的重点，各国外长除表明共同反恐的坚定决心，还讨论了协同建立反恐情报监控系统，打击武器走私，建立禁飞名单制度等议题。

22日 欧洲中央银行行长德拉吉宣布将在欧元区推行总规模最高可达1.08万亿欧元规模的资产购买计划（量化宽松），以应对区域内持续的通缩压力并促进经济复苏，计划自今年3月起每月购买600亿欧元政府与私人债券，预计将持续至2016年9月底。

29日 欧洲“反伊斯兰化”组织Pegida宣布，该运动发言人厄特尔（Kathrin Oertel）及领导层其他4名成员已辞职，原因系“感到敌意及受到威胁”。该组织将在近期开会选出新的领导班子。此前，运动创始人之一的巴赫曼（Lutz Bachmann）曾因“纳粹门”及辱骂难民事件辞职。

31日 德国前总统里夏德·魏茨泽克在柏林去世，享年94岁。魏茨泽克于1984年至1994年任德国总统，也是两德统一后首任总统。曾多次访问中国。1985年5月8日，魏茨泽克在二战结束40周年之际发表著名讲话：“5月8日是解放日，我们大家（在这一天）从独裁统治下被解放出来。”

2月

1日 根据中德两国政府协议，中国在德国杜塞尔多夫设立总领事馆，领区为北莱茵－威斯特法伦州。中国驻杜塞尔多夫总领事馆自2015年2月1日起正式在北威州领区履行领事职责。

3日 根据德国Ifo经济研究所公布数据显示，2014年德国外贸顺差达2850亿美元，位居全球第一，创历史新高。同时，标志着德国与其他欧盟国家顺差差距的进一步扩大。此前，德国的高额贸易顺差曾屡次遭到欧盟其他国家和美国的指责。

9日 中国工商银行柏林分行和汉堡分行同时开始对外营业。这是这家全球最大商业银行继法兰克福、杜塞尔多夫和慕尼黑分行之后在德国开设的第四和第五家机构，不仅可为北德各州华侨华人办理个人金融服务提供方便，也可为中德两国经贸往来再添新助力。

- 美国总统奥巴马在白宫与德国总理默克尔会晤。在会后举行的联合记者会上奥巴马表示，“棱镜门”事件破坏了美国在德国人心中的形象，但希望德国人民“相信”美国。默克尔表示“如果我们都意识到恐怖威胁的严峻考验，那么我们（指和美国）需要进行更紧密的合作”。

17日 2015年2月德国知名的消费品检测机构Ökotest（有机测试）对14种德国Pre和1段的奶粉进行检测，评测结果总体上来说“非常糟糕”，包括之前颇受中国消费者欢迎的某些品牌奶粉质量亦不达标。Ökotest多年来一直对德国的奶粉进行独立的质量检查。

24日 欧洲中央银行行长德拉吉在法兰克福欧洲中央银行总部展示新版20欧元的样例。新版20欧元采用了最新设计与安全技术，将于2015年11月25日正式投入使用。

27日 德国联邦议院以压倒性的票数批准将希腊援助方案延长4个月。有587人参与投票，其中542人投了赞成票。尽管议会以绝对票数通过，但德国媒体却仍然抗议希腊和欧洲之间达成的援助协议。德国报纸强烈呼吁，绝不再借钱给“贪婪的希腊人”。

28日 德国媒体数据显示，自2014年10月，柏林爆发麻疹疫情，至2月底已出现近600例麻疹患者。德国政界对是否要求强制接种麻疹疫苗展开讨论。部分医学专家对强制接种是否合理表示怀疑，且不确定疫苗一定能起到预防作用。

3月

3日　根据德国联邦统计局公布的数据，2014学年在德国高校注册的外国新生人数达10.7万人，同比增长4.5%，外国新生占注册生总人数的21.4%。各学科中，农业、林业和食品科学等接受外国留学新生数量增幅最大，为8.0%，工科以6.7%的增幅次之，再次是数学和自然科学领域，增幅为5.8%。

9日　德国总理默克尔在访问日本期间，于日本《朝日新闻》总部就国际关系发表演讲。2015年恰逢二战结束10周年。默克尔在讲话中提到德国能够被国际社会重新接纳的重要原因之一就是德国能够直视它的过去；另外，整个欧洲从其经历的几个世纪的战争中学到了很多东西，德国得到国际社会谅解的一个重要的进程是德法之间的和解。默克尔的演讲引发了国际社会极大的关注。

15日　2015年汉诺威消费电子、信息及通信博览会（CeBIT 2015）在德国汉诺威开幕。中国国务院副总理马凯和德国总理默克尔共同出席开幕式并致辞。中国是本届汉诺威消费电子、信息及通信博览会的主宾国，共有600多家中国企业参展。

17日　法国、德国和意大利宣布愿成为亚洲基础设施投资银行（AIIB）意向创始成员国。

18日　位于德国法兰克福的欧洲中央银行新大楼举行揭幕仪式。众多民众因反对欧元区紧缩货币政策在新址附近举行示威游行，市中心及火车站附近多处地区遭打砸，部分警车被焚毁，示威者与警方发生冲突，造成逾百人受伤、500多人被捕。

24日　德国汉莎航空旗下的廉价航空公司“德国之翼”一架共载有150人的空客A320客机坠落法国东南部普罗旺斯阿尔卑斯省山区，无人生还。调查人员根据搜索找到的黑匣子数据信息判断，德国之翼客机副驾驶德烈亚斯·卢比茨多次操作，蓄意使飞机降低高度，致使飞机撞毁。卢比茨多年前曾被诊断有自杀倾向并长期接受精神治疗。

B.17
后　记

2014 年 5 月 31 日，《德国发展报告（2014）》在同济大学中德大楼举行发布会。借此机会，同济大学德国研究中心还召开了以“大选后的德国何去何从?”为题的学术研讨会。前中国驻德国大使梅兆荣做了以“当前中德关系”为题的主旨报告。国内 30 多位德国研究领域的专家学者与会，就 2013 年大选之后德国国内政治、经济、社会以及外交方面的发展状况做了分析和展望，并围绕德国在乌克兰危机中的角色等议题展开热烈讨论。《德国发展报告（2014）》的各位作者也在会上分别介绍了自己的研究成果。

会后，《德国发展报告》主编与各位作者就 2015 年报告的选题进行了多次交流和讨论。2015 年的《德国发展报告》保持了前三年发展报告的结构框架，有总报告、政治篇、经济篇、社会文化篇和外交篇（包含中德关系）、资料篇等几个部分。鉴于 2013 年底德国黑红大联合政府开始运作，因此，大联合政府过去一年在内政外交上的新动向、新特点是 2015 年发展报告的主要关注点。

在撰写过程中，同济大学德国研究中心也举办了一系列的学术研讨活动，为《德国发展报告（2015）》的编写提供了一个思想交流的平台。其中，特别要提到的是 11 月 8 日举行的第二届中德论坛。本届论坛主题为“全球治理中的中国、德国和美国”，由同济大学德国研究中心、政治与国际关系学院和德国波恩大学全球研究中心联合举办，并得到德国阿登纳基金会（上海）的支持。来自中国、德国和美国的与会专家分别从全球安全政策、全球金融和金融治理以及全球气候、能源和环境治理等角度做了相关专题报告，探讨了中国、德国和美国在全球治理中的合作与竞争，以期促进中、德、美等三个国家谋求共同利益，妥善处理分歧，实现互利共赢，构建一种新型的、更和谐的全球治理体系。此外，在 11 月 7 日晚，“中德论坛”主办方还组织了主题为“当前德国外交新动向及其影响”的主席台讨论会。参会专家对当前德国及欧洲的外交新动向做出了研判，指出了它们所面临的诸多挑战，并就德国在当前国际热点问题中所扮演的角色展开了热烈的讨论。

2014 年，同济大学德国研究中心获得了喜人的进展。为配合高校智库建设，同济大学德国研究中心启动新的网站“同济大学德国研究在线”（http：//german-studies-online. tongji. edu. cn/），它是发表和产出德国研究领域成果的开放式平台，以服务政府决策、引领公共讨论、推动学术研究为目标。它重点关注德国政治、外交、经济、社会、文化、教育及中德关系等领域，针对重大和热点问题提供专家观点和最新资讯，并将建设德国研究专题数据库。此外，为配合 2015 中德创新合作年，同济大学德国研究中心还组织校内外专家以及德国专家从不同学科就“德国创新的基础与源泉”撰写文章并进行研讨交流。由此可见，我们所有的活动和项目都离不开国内外德国研究学者的关注与参与。与此同时，我们也希望为大家的学术交流提供一个更广阔、更便捷的平台。

如今，《德国发展报告》已经进入第四个年头。作为参与者，我们非常清楚，我们所迈出的每一步均来之不易，不仅有各位作者的积极参与和精心供稿，也离不开社会科学文献出版社全球与地区问题出版中心主任祝得彬副编审和王晓卿编辑的大力支持和帮助。最后，还要感谢同济大学德国研究中心各位工作人员的辛勤努力。

德语中有句话：改革后即是（下一次）改革前。同样，这也适用于《德国发展报告》。新一年的《德国发展报告》已经在构思、酝酿中，我们期待着各位专家、学者贡献智慧和创意。

《德国发展报告（2015）》虽然付梓，然而我们的心情依然非常忐忑。书中难免有疏漏和偏颇之处，还请各位专家、读者指正。

郑春荣于上海

2015 年 4 月 2 日

Abstract

In December 2013, the CDU/CSU and the SPD formed the third grand coalition government of the history of Federal Republic of Germany and Angela Merkel began her third term as Federal Chancellor, while the SPD Chairman Sigmar Gabriel served as Deputy Federal Chancellor and Federal Minister of Economy and Energy. The performance of the black-red coalition government in political, economic, social, cultural and diplomatic fields in the beginning year and the new trends and new characteristics of domestic and foreign affairs are the main focuses of this book.

Differing from the black-yellow coalition, which was always troubled by crises and conflicts, the black-red coalition has been working smoothly, though the coalition building was complicated and time consuming. It has thus provided the grand coalition government with favorable conditions for launching series of reforms in the beginning year. Although the introduction of regulations such as "statutory minimum wages", "legal quotas for women" and the "dual citizenship" represents more the political propositions of the SPD, the balance of power of all the major political parties at the federal level haven't changed much compared to the results of the Bundestag Election of 2013. However, there are new changes in party structures and the cabinet forms at the federal state level. Not only has the Alternative for Germany Party (AfD) entered the state parliament during the state election of three eastern states, but in the state of Thuringia for the first time of the history of Germany the red-red-green coalition, led by Bodo Ramelow of the Left Party, was voted into office by the Landtag, with the Social Democratic Party and the Greens as governing partners. The political Part of this book reviews the starting year of the coalition Government's performance, its success and failure, analyzes the results of the three state elections in eastern Germany 2014 and their implications for political party landscape and cabinet form of (eastern) Germany. And the newly emerged and enhanced culture of protest, eurosceptic sentiment and anti-Islamic trend are also analyzed in this part.

The German economy performs healthily in 2014: economic growth is sustainable; employment continues to improve; prices are stable, fiscal budget is balanced and public debt decreases. However, some unrest appears behind healthy appearances, such as slight weakness of foreign trade; downside risks of economy; signs of deflation, etc. At the same time, the newly appointed Prime Minister of Greece challenged openly the reform path of harsh austerity and frugality which advocated mainly by Germany, and the "Grexit" has become a hot topic again. For the Eurozone, the fundamental problem remains the lack of really effective coordination mechanisms which could balance the macroeconomic conditions of its Member States. In response to domestic economic issues, the grand coalition government continued to advance strategies such as "Industry 4. 0" and energy transition. The economic part of this book analyzes the advantages, risks and possible opportunities of the "Industry 4. 0" strategy. In this part there is also article focusing on the analyzing the achievements of the energy transition since the last three years combined with the "Progress Report on the Energy Transition" and two action plans of the federal government.

2014 is the centennial of the outbreak of the First World War (WWI), which is an important topic of the social and cultural life of German society and also provides an opportunity for observing, analyzing and reflecting cultural and historical memory of WWI of Germany and Europe. The society and culture part of this book reveals and interprets the still existing differences between the cultures of remembrance and those of memory in Germany, France and other European countries and nationally-framed traditions of historiographical narration and writing. In addition, the European Research Area (ERA) was planned to be founded in 2014. This part also analyzes Germany's role and strategy in construction of the ERA. Germany defined itself as the engine of the ERA and holds a positive and prudent attitude during the process of the construction of the ERA.

The foreign policy part of this book begins with an analysis of Germany's stance and its domestic difference while dealing with the Ukrainian crisis. The Ukrainian crisis has entrapped the German government into a diplomatic dilemma over the issue of European security. On the one hand, Germany still regards the NATO as the guarantee of European security and the most powerful support to its policies on security and defense. On the other hand, through historical and practical experience, Germany realizes that it is unlikely to achieve a real security in Europe without proper handling of Russia. Another focus of this part is the Sino-German Relations. The upgrade of Sino-German relations to a comprehensive strategic partnership in 2014 has its focus in strengthening cooperation in security policy and international order. Although Merkel intends to seek a rebalancing policy in Asia in her third term, but compared to other Asian partners, the Sino-German relations are getting more active both in economic cooperation and political consultations. It is also pointed out in one of the papers of this part that China's direct investment in Germany has become the new engine for the development of Sino-German relations. China's invests in EU do not aim to bottom-fish on base of European debt crisis in short term, but to extend the value chains, which makes a long-term investment. And with the world's economic and political centre shifting to Asia-Pacific region, Germany is also increasingly concerned about the stability and development of the region. In view of this new change, the last paper of this part analyzes the history and current situation of German-Vietnamese relations. In recent years, there have been closer and frequenter contacts between Germany and Vietnam and a strategic partnership has been set up between the two countries. Following the "Return to Asia-Pacific region" strategy of the United States, developing economic-trade relations with Vietnam and maintaining peace of this region in the shadow of the Sino-Vietnamese maritime boundary disputes are the most important factors that promote the policy of developing relations with Vietnam of Germany.

Contents

B I General Report

Abstract: After more than a year in office, the Merkel administration has not only promoted a number of domestic reforms, but also pursued new policies in the European Union and even in the international arena. However, in its pursuit of "re-measuring the world", Germany faces three challenges: the problem of "regional disruption" in German society that is reflected in the movement "European Patriots Against the Islamization of the Occident" ("Pegida"), the danger of a "Grexit" under the new Greek government, and its response toward a number of international crises and conflicts such as the Ukrainian crisis. Up to now, the German people have approved of the administration's response in the crises in Greece and Ukraine, but the improvements are only provisionalas the conflicts may escalate at anytime. Were this to happen, domestic conflicts and disputes could intensify, ultimately limiting the ability of the chancellor's administration to act in its campaign of "re-measuring the world".

Keywords: Germany; Re-measuring the World; Pegida Movement; "Grexit"; Ukrainian Crisis

B Ⅱ Politics

B. 2 Review of the Performance of the Grand Coalition in Starting Year

Wang Guangcheng /

Abstract: The third cabinet of Federal Chancellor Angela Merkel formed another grand coalition of the CDU/CSU and SPD. Differing from the black-yellow coalition, which was always troubled by crises and conflicts, the black-red coalition has been working smoothly, though the coalition building was complicated and time consuming. It has thus provided the grand coalition government with favorable conditions for launching series of reforms in the beginning year. The SPD has played the role of reform engine during the coalition agreement negotiation and since the joint government. The work of the new government has gained considerable support, but has also been criticized by academic and economic circles. Among the three party leaders, special attention was paid to Sigmar Gabriel, who has been successfully transformed into a winner.

Keywords: Germany; Grand Coalition; Angela Merkel; Sigmar Gabriel

B. 3 Change of Political-Party Landscape in Eastern Germany from the Perspective of Several State Elections in 2014

Wu Huiping /

Abstract: The coexistence of normality and variability is the characteristic of the three state elections in eastern Germany 2014. Due to the bonus as governing party, the largest party in these each federal states remains the same. But the political-party landscape in eastern Germany was reshuffled in the fierce competition of the old and the new political forces. The ongoing fragmentation of the party system, decline of the FDP and rise of the AfD led to growing uncertainty and unexpected innovation of coalition-building. The CDU becomes the dominating party with limited coalition possibility because of the loss of its traditional coalition partner, while the SPD is flexible in coalition-building on an overall unsatisfying level. With the approaching of the 25th anniversary of German reunification, the Left Party, deep rooted in eastern Germany as the follower-party of the former DDR, became increasingly integrated into the mainstream of the political culture through its historical transformation. The rise of right-wing populist partyAfD led to subsequent impacts on the German politics and brings new challenges to the mainstream political parties.

Keywords: Election; Landtag; Political Party; Political-party Landscape; Germany

B. 4 The New Trend of Social Thoughts in Germany Since the Great Recession

Abstract: This article discusses trends of Germany's social thoughts since the Great Recession from three aspects. Firstly, anti-globalization protest is considered to be the latest manifestation of a decades-old tradition of German left-wing social movements with an anti-capitalist agenda. Secondly, the German government has been vigorously challenged domestically during the process of offering financial aid to heavily indebted euro-zone countries such as Ireland, Portugal and Greece. The party AfD and eurosceptic sentiment rise during the process. Thirdly, the emergence of Pegida has also brought the growth of anti-immigrant sentiment. And the campaign rhetoric and demonstrations of Pegida has also brought new tension in the country and also shocked the public and the academic community. This paper concludes that the Great Recession and in particular the sovereign debt crisis provided a political opportunity for both the revival of left-wing anti-globalization movements and for the rise of right-wing groupings such as Pegida and the AfD. In short, Germany is experiencing a polarization of strong social movements and of anti-establishment critique.

Keywords: Anti-globalization Protest; Euroscepticism; Right-wing Populism; Anti-Islam

Ⅲ Economy

B.5 The Position and Role of Germany in the Economic Development of European Union after Sovereign Debt Crisis

Ding Chun, Li Junyang / 062

Abstract: After the period of European Sovereign Debt crisis, the German economy performs healthily: Economic growth is sustainable; employment continues to improve; prices are stable, fiscal budget is balanced and public debt decreases. However, some unrest appears behind healthy appearances, such as slight weakness of foreign trade; downside risks of economy; signs of deflation, etc. Under this background, the German government has implemented a series of economic policy adjustment: further promotion of industry 4.0, introduction of digital agenda, improvement of the energy policy, reform of the pension system, implementation of the minimum wage, etc. These measures have a positive effect on promoting economic growth and improving unfair income distribution in Germany, but they also contain the potential risks, such as increasing pensions may threaten the sustainability of the whole welfare system, etc.

Keywords: Industry 4.0; Digital agenda; Renewable Energy Sources Act; Pension reform; Minimum wage

B.6 Eurozone and Germany in the "Post-Crisis Period"

Zhu Yufang / 085

Abstract: It has been more than five years since the euro crisis broke out in Greece. At the beginning of 2015, Lithuania became a new member of the Eurozone. The newly appointed Prime Minister of Greece challenged openly the reform path of harsh austerity and frugality which advocated mainly by Germany, and the "Grexit" has become a hot topic again. It seems that the storm of the euro crisis has calmed down, but the shadow of the crisis is far from being dissipated. In view of these phenomena, this paper discusses the following questions mainly basing on the examples of Germany and Greece, the two most contrasting countries in the Eurozone: Is the situation in the Eurozone really has improved and is the euro crisis expected to pass over? Are the current measures of the EU aiming to overcome the crisis and stabilize the monetary union really reasonable and effective? Is the economic development of Germany stable and sustainable, and therefore able to a model for other euro countries?

Keyword: Euro Crisis; Eurozone; Germany; Greece; Economic Imbalance

Abstract: "Industry 4. 0" is an important part of the National High-Tech Strategy of Germany. They are active measures for German machinery and equipment sector to maintain the leading position in the international marketplace, facing challenges from internet and emerging industrial economies. Cyber physical system (CPS) and its using in internet of things and internet of services build the key technology of Industry 4. 0. The vision of Industry 4. 0 has been drafted by the German government on the basis of historically-proven effective institutions and successful experiences. As a concept of synergic innovation, its implementation relies highly on complex networks between large enterprises and SMEs, integration of all participants along the value chain and coordination between companies, government, universities and other research entities. This is the national innovation system of Germany with its characteristics of "coordinated capitalism", which meets these needs best.

Keywords: Industry 4. 0; High-Tech Strategy; Economic Policies; Innovation Promotion; Sino-German Innovation Cooperation

B. 8 Update on Progress of German Energy Transition and Analysis of Its Action Plans

Zhu Miaomiao / 123

Abstract: In 2014 the German government announced its first "Progress Report on the Energy Transition" and two action plans "2020 Action Plan on Climate Protection" and "The National Energy Efficiency Action Plan (NAPE)". Although German Energy Transition has made significant progress, there is still deviation from the original goals. Should the federal government not take additional measures immediately in areas of energy consumption, energy efficiency and greenhouse gas emissions, it would be very difficult to achieve the stated objectives. The two action plans are aimed in implementing these necessary measures, but their effectiveness still requires further evaluation.

Keywords: Germany; Energy Transition; Renewable Energy; Energy Efficiency; Climate Protection

B Ⅳ Society and Culture

B. 9 The Culture of Memory, War Responsibility, and Identity concerning World War I —*An Analysis of the Cultural Shaping of Germany in* 2014

Hu Chunchun / 143

Abstract: The analysis focuses on one of the most important cultural issues of the year 2014 in Germany, i. e. the centennial of the outbreak of WWI. Therefore, the still existing differences between the cultures of remembrance and those of memory in Germany, France and other European countries have to be revealed and interpreted historically, which inevitably leads to an engagement with nationally-framed traditions of historiographical narration and writing. In the numerous Gesamtdarstellungen (overall presentations) of WWI of recent times in Germany, there is a Perspektivenverschiebung (shift of perspectives) ongoing which means departure from the German-centred narrative and integration of foreign ones, among which the British and the US narratives are the most valued. As an example for such an approach the astonishing success of the book of the year "Die Schlafwandler" (the German translation of "The Sleepwalkers") of the Cambridge historian Christopher Clark thus became an extraordinary cultural phenomenon. The interpretation of the so-called "Clark effect" and the related public discussions and academic debates on war responsibility of Germany could be a clue to a deeper understanding of the historical consciousness and-as its construct-the identity of the German people.

Keywords: WWI; Culture of Memory; Overall Presentation; War Responsibility; Identity; Christopher Clark

B. 10 Germany in the European Research Area

Yu Zhouming / 165

Abstract: The creation of an European Research Area (ERA) was initiated by the EU in 2000 with the purpose of increasing the integration of scientific research, technology and innovation capabilities within the EU and coordination of the research policies of EU and its member states. With its economic and technological strength, Germany plays an important role in the construction of the ERA. The ERA was planned to be founded in 2014. This paper introduces the development of the ERA, Germany's performance in its construction, the ERA-strategy of German Government in 2014 and analyzes briefly Germany's performance in participating in the construction of the ERA.

Keywords: European Research Area; German Research and Innovation System; Research and Innovation Policy

B V Foreign Policy

B. 11 An Analysis on Germany's Principled Stand, its Domestic Divergences, and the Causes of Divergences in Handling the Ukrainian Crisis

Dai Qixiu, Wang Zhiqiang / 185

Abstract: The Ukrainian crisis has entrapped the German government into a diplomatic dilemma over the issue of European security. On the one hand, Germany still regards the NATO as the guarantee of European security and the most powerful support to its policies on security and defense. On the other hand, through historical and practical experience, Germany realizes that it is unlikely to achieve a real security in Europe without proper handling of Russia. Currently, the Ukrainian crisis is being escalated even further as the Ukraine's parliament passed an act to renounce its previous non-aligned status. This paper elaborates the efforts made by the German government to defuse the Ukrainian crisis with focus of analysis on the following points: the principled stand of the German government in handling the Ukrainian crisis, Germany's domestic divergences on the crisis as well as the Germany's policy towards Russia, the causes of these divergences, and the relevance between the framework of negotiation for the Minsk Peace Deal and the Charter of Paris for a new Europe.

Keywords: Ukrainian Crisis; Diplomatic Dilemma of Germany; Mechanism of the European Security; Germany-Russia Relations

B. 12 Germany's China Policy in Merkel's Third Term and the New Trends in Sino-German Relations

Liu Lirong / 200

Abstract: Both China and Germany have adjusted their foreign policy in recent years and have played active roles in international affairs respectively, which opens up new perspectives for the development of bilateral relations. The upgrade of Sino-German relations to a comprehensive strategic partnership has its focus in strengthening cooperation in security policy and international order. Although Merkel intends to seek a rebalancing policy in Asia in her third term, but compared to other Asian partners, the Sino-German relations are getting more active both in economic cooperation and political consultations. With regard to the balance problem of Sino-German "special" relations and China-EU relations, Germany avoids being a maverick player in EU's China policy and is willing to take more responsibilities at the European level, while China hopes Germany could play a constructive role in eliminating differences between China and the EU. In addition, the Sino-German relations have been influenced by the transatlantic partnership and Asian regional politics.

Keywords: Sino-German Relations; China-EU Relations; Germany's Foreign Policy

Abstract: In recent years China's foreign direct investment (FDI) stock in EU, especially in Germany, has jumped impressively, which becomes a new bright spot and a new growth point in China-EU and China-Germany relations. China's invests in EU do not aim to bottom-fish on base of European debt crisis in short term, but to extend the value chains, which makes a long-term investment. FDI is becoming a new engine for the development of China-Germany relations.

Keywords: China-Germany Relations; FDI; Value Chains

Abstract: In recent years, there have been closer and frequenter contacts between Germany and Vietnam and a strategic partnership has been set up between the two countries. Not only are there bilateral top-level visits, but breakthroughs are also achieved in the areas of military, economic and trade, cultural and educational exchanges. Especially since the second half of 2014, there has been an obvious tendency of a closer German-Vietnamese relationship. Following the "Return to Asia-Pacific region" strategy of the United States, developing economic-trade relations with Vietnam and maintaining peace of this region in the shadow of the Sino-Vietnamese maritime boundary disputes are the most important factors that promote the policy of developing relations with Germany's Vietnam. Furthermore, the hundreds of thousands of former Vietnamese workers and students in the former German Democratic Republic have already become a bridge connecting the two nations. Thus the German-Vietnamese relations may well be further deepened in the near future.

Keywords: Germany; Vietnam; Strategical Partner Relationship; Sino-Vietnamese Maritime Boundary Disputes

B Ⅵ Data and Statistics

B.1 Three Great Challenges for Germany in "Re-measuring the World"

Zheng Chunrong

The third grand coalition government under the leadership of Chancellor Merkel has a relatively extensive action space, which lays a solid foundation for "building the future of Germany" ① and assuming more responsibility in Europe and the world②. After more than a year in office, the Merkel administration has not only promoted a number of domestic reforms, but also pursued new policies in the European Union and even in the international arena. However, in its pursuit of "re-measuring the

① This is the title of the *Coalition Agreement* of the Grand Coalition Government, see also "Deutschlands Zukunft gestalten. Koalitionsvertrag zwischen CDU, CSU und SPD", 18. Legislaturperiode, Berlin, 2013.

② See also Zheng Chunrong, "Where Is Germany Heading after the Federal Election?" in Zheng Chunrong and Wu Huiping, *German Development Report* (2014), Beijing: Social Sciences Academic Press 2015, pp. 1 – 10.

world" [①] , Germany faces three challenges. Since 2014, each challenge has been represented by a landmark event, namely the recent movement "European Patriots Against the Islamization of the Occident" ("Patriotische Europäer gegen die Islamisierung des Abendlandes", Pegida), the danger of a "Greek exit" (or "Grexit") under the new Greek government, and its response toward a number of international crises and conflicts such as the Ukrainian crisis. However, with careful analysis, we can still discover an intrinsic link between these seemingly isolated developments, namely the three challenges that Germany needs to deal with: the followers of the Pegida movement are not just anti-Islamists, but also people who are unsatisfied with German politics and government policies in general, including those who are critical of the EU; a sentiment of disapproval of the EU that was heightened by the danger of a "Grexit" under the new Greek government; and the influence of such an exit on the Eurozone and EU. The intimate relationship between the new Greek government and Russia challenged the EU's common attitude toward Russia; the new trend of Germany's foreign policy is represented not only by its active mediation in the Ukrainian crisis, but also by the arms exports to Kurdish militias in northern Iraq that resist the Islamic State (IS), while in turn the terrorist attacks of the Islamic State inflated the Pegida movement in Germany.

1. Challenges in Domestic Politics

Taking office at the end of 2013, the German grand coalition government promoted a series of reforms, including minimum wages, dual citizenship and pension reforms (the possibility of retirement at the age of 63, "mothers' pension") . Poll numbers show that the German people are generally satisfied with the work of the grand coalition government, and satisfaction has remained high since it took office. In February 2015, a "political barometer" survey indicated that three-quarters of the

① This concept is borrowed from a report on the website German-Foreign-Policy. com. It used the expression of "Re-measuring German World Policy" to describe the new trend of Germany's foreign policy when commenting on the paper "New Power, New Responsibilities" jointly issued by the Stiftung Wissenschaft und Politik (German Science and Politics Foundation) and the German Marshall Fund of the United States. See "Die Neuvermessung der deutschen Weltpolitik", 25. 10. 2013, http://www. german-foreign-policy. com/de/fulltext/58720.

respondents made a positive assessment of the work of the grand coalition government; at the same time, 55% described the relationship between the CDU, the CSU and the SPD as generally good (39% when it first took office)①.

Over the last year, though plagued by the Ukrainian crisis and the EU's economic sanctions toward Russia, Germany still achieved economic growth of 1.6 %, a steady performance of the labour market and a record number of employed people. However, poverty still exists in German society: according to the newly-issued Poverty Report of the Joint Welfare Association (Paritätischer Wohlfahrtsverband), poverty in Germany reached its highest level ever. According to this report, about 12.5 million people in Germany lived in poverty in 2013, and the poverty rate reached a historical peak at 15.5% (2012: 15%). The difference between the regions least and most affected by poverty climbed from 17.8% in 2006 to 24.8%. In other words, the income gap in Germany continues to widen②.

Such "regional disruption" in Germany is reflected not only by the poverty gap, but also by the obvious regional differences in the support of the movement against Islamization. Pegida had its supporters mainly in Saxony with Dresden as its hotbed. Interestingly, participants in the anti-Islamic demonstrations in Dresden are not from the bottom of society as was initially presumed, but from the middle class, dominated by well-educated males with a regular income who do not belong to any religion or interest group. What motivation brought the Pegida movement's followers into the streets? A survey shows them to be generally dissatisfied with the political system existing in Germany, the vast majority is worried about the alienation they feel due to the influx of foreigners. They demand that Germans should have the courage to show a stronger sense of national pride③. Another survey shows that the followers of Pegida

---

① "Politikbarometer Februar 2015", http://www.forschungsgruppe.de/Umfragen/Politbarometer/Archiv/Politbarometer_2015/Februar_2015/.

② Paritätischer Wohlfahrtsverband, "Armut in Deutschland auf Höchststand", *Zeit-Online*, 19. Februar 2015, http://www.zeit.de/wirtschaft/2015-02/armut-deutschland-bericht-paritaetischer-wohlfahrtsverband. According to the EU's definition of poverty, it refers to people whose income is below 60% of the average income of the community. According to the estimation of the Joint Welfare Association, the individual (or single-person household) whose monthly income is less than 892 euros is poor, while this number for families with two children is 1,872 euros.

③ "Studie über 'Pegida'-Anhänger. Fast keiner antwortet", 19.01.2015, http://www.tagesschau.de/inland/pegida-studie-103.html.

were mainly driven by their dissatisfaction with the political and media elite, secondly by hatred toward immigrants and asylum seekers and criticism of Islamic culture①. Another fact also corroborates this: in Dresden, the number of immigrants, especially Islamic immigrants, is quite small, but in a region of western Germany that has many immigrants a large-scale anti-Pegida demonstration took place. They were aware of Merkel's statement made after the terrorist attacks against the French weekly "*Charlie Hebdo*", namely that Islam is an integral part of Germany society.

The Pegida movement is not a phenomenon exclusive to Germany. In other European countries, such as Belgium, Austria, Switzerland, Sweden and Norway, there are similar movements with different demands. Among these movements, Pegida is doubtlessly the most powerful. Although the movements had some contacts among each other, they did not form a concerted force. Today, after a climax, the Pegida movement has gradually declined in Germany. However, German politicians have no reason to relax their vigilance, since Pegida's followers will continue to organize sporadic protests in various parts of Germany, and, what is more, once a new cause for complaint appears, the possibility that the Pegida movement rises again cannot be ruled out.

Another factor worthy of the mainstream political parties' vigilance is the fact that, as a survey shows, the overwhelming majority of Pegida's followers are potential voters of the Alternative for Germany Party (Alternative für Deutschland, AfD), which, incidentally, testifies to its heterogeneity. Some research reports show that half of those who voted for the AfD were xenophobic②. In fact, for a right-wing populist party like the AfD, being anti-immigrant is implicit in its anti-European stance③.

① "Studie zum typischen 'Pegida' – Anhänger. Männlich, gebildet, gut verdienend", 14.01.2015, http://www.tagesschau.de/inland/pegida-237.html.

② "Politik. Forsa-Studie: Jeder zweite AfD-Wähler ist ausländerfeindlich", 23.09.2014, http://www.welt.de/politik/deutschland/article132532352/Jeder-zweite-AfD-Waehler-ist-auslaenderfeindlich.html.

③ Karsten Grabow and Florian Hartleib, "Europa — Nein Danke? Studie zum Aufstieg rechts- und nationalpopulistischer Parteien in Europa", 2013, http://www.kas.de/wf/doc/kas_36200-544-1-30.pdf?131202091119.

2. Challenges in the European Union

Just when people thought that the European debt crisis was over and started talking about the "post-crisis period", failure to reach agreement on presidential candidates led to ahead-of-time Parliamentary elections in Greece. The reason why this election aroused public attention was that it was presented as a direct choice for this heavily-indebted country of whether to stay in the Eurozone: the then Prime Minister Samaras, the head of the New Democratic Party, insisted on the continuation of austerity measures, while the left-wing radical coalition candidate Tsipras firmly opposed them.

Before the Parliamentary elections in Greece, in Germany some intimations were made on a possible "Grexit". "Der Spiegel" reported that members of the German government warned Greece against discontinuing its austerity measures, as - unlike 2012 - the Eurozone was now able to deal with the consequences of a "Grexit"①. However, overt or covert pressure from Germany failed to reverse the situation in the Greek elections, unlike from what happened on the planned Greek referendum on austerity.

In the Greek elections on January 25th, as previous polls had predicted, the radical left-wing coalition won. Although unable to obtain the required number of seats to govern alone (it was short of two seats), it formed a coalition government with the Independent Party-that disapproves of the EU-with lightning speed.

The head of the left-wing radical union, Tsipras, gained an overwhelming victory because he catered to the discontent of Greek voters that were fed up with austerity policies and hoped for an alternative. In fact, the party having ruled previously, New Democracy, achieved some success in maintaining economic stability through austerity; while Greece's economic growth in 2011 had been -8.9%, in 2014 for the first time in six years in a row the country could achieve positive growth, namely 0.6%. According to forecasts, the growth rates for the next two years are 2.9% and

① Nikolaus Blome et al., "Grexit Grumblings. Germany Open to Possible Greek Euro Zone Exit", *Spiegel-Online*, 05.01.2015, http://www.spiegel.de/international/europe/merkel-and-germany-open-to-possible-greek-euro-zone-exit-a-1011277.html.

3.7%. However, there is no improvement concerning Greek debt. In 2014, the rate of Greek national debt to gross domestic product (GDP) was still as high as 175.5%, and the average annual unemployment rate remained high at 26.8%. As the policy of the previous government did not produce the desired effect in time, it was punished by the Greek people that are tired of austerity measures.

After the new Greek government took office, it announced that it would cease to cooperate with the "troika" (European Commission, European Central Bank and International Monetary Fund) and asked to renegotiate its debt. However, the "troika" requested Greece to fulfill the obligations of the bailout agreement. Germany's position in particular is quite firm: Federal Minister of Finance Schäuble repeatedly stressed the need for Greece to comply with its obligations under the agreement and insisted that a renegotiation was out of the question. Clearly, Germany does not want to see the failure of its long-held austerity-oriented European debt bailout policy due to Greece "breaking the rules". Germany is worried that if Greece would be allowed to drop its austerity measures, there could be a domino effect, causing the anti-austerity forces in Spain, Italy, France and other countries to follow suit.

In order to put pressure on Germany, Greece even asked Germany to pay reparations for Nazi crimes and threatened the confiscation of German property in Greece; the German government, however, was unmoved, sternly rejecting such demands. The Greek Defence Minister even threatened that if there were no bailout, Greece would issue visas for terrorists to travel to other EU countries. From Germany's point of view, Greece was doing everything possible to provoke its creditors, particularly targeting Germany.

Nevertheless, on February 20, 2015, the Eurogroup and Greece reached a compromise on a four-months extension of the bailout plan; the Greek government promised to fulfill its obligations of thrift and reforms and pledged to continue the cooperation with the EU, the European Central Bank and the International Monetary Fund. Greece also agreed to submit a detailed reform plan. On February 24, after the Greek government finally submitted a plan for reform measures, the finance ministers of the Eurozone agreed to extend the bailout. The German Bundestag passed the extension plan with an absolute majority on February 27. It must be noted that compared to the extension of six months previously proposed by Greece, the

Eurogroup agreed to an extension of only four months. After that time, Greece will still face the risk of defaulting on its debt and therefore will still have to find a way out. In fact, there are only two options open to Greece: one is to reach a new bailout agreement on the basis of maintaining the reform obligations that the previous government had agreed with the "troika"; the other is to leave the Eurozone. The latter, however, would be a bad choice-for Greece itself, for the Eurozone, and for the entire EU (including Germany).

First, while Tsipras, the head of the left-wing radical coalition, threatened in the general elections to leave the Eurozone, this was just a campaign strategy to win the voters' support and to be used as a bargaining chip in talks with international creditors after winning the election. Actually, he did not really want Greece to leave. Tsipras once said that a government under the leadership of the radical left-wing coalition would respect the obligations of Greece as a Eurozone member and maintain a balanced budget. Moreover, a poll also showed that three-quarters of the Greek people did not want to leave the Eurozone. In addition, an exit would not be good for Greece at all. Once it regained its own currency, the Greek economy simply would not be able to recover. Markets would not accept this currency as it lacked a solid foundation; it would be a disaster for the Greek people.

Furthermore, the EU countries, especially Germany, do not want to see Greece leave the Eurozone. This is because an abrupt "Grexit" would lead to market turmoil and an unpredictable chain reaction, causing creditors to suffer huge losses. According to estimates, the possible loss for Germany in loans and guarantees could amount to 72 billion to 73 billion euros.

After the terrorist attacks in Paris, the rise of the Anti-Islamic Movement in several member states and the prolonged Ukrainian crisis, the EU is not willing to see the exit of Greece from the Eurozone strike another blow to its member states. Since the onset of the European debt crisis, euroscepticism and anti-European forces have been on the rise; this also led to a three-fold increase of the seats won by extreme right-wing parties in the elections for the European Parliament in May 2014, accounting for one fifth of the seats. In Germany, the AfD won 7% of the votes, entering the European Parliament for the first time. As mentioned earlier, eurosceptic and anti-European forces often overlap with anti-immigrant and anti-Islamic forces, as is e. g. the case with the AfD in Germany. If Greece left the Eurozone or even EU,

European separatist forces would doubtlessly be strengthened. Meanwhile, the continuation of the Ukrainian crisis requires greater unity within the EU. However, if Greece exited from the Eurozone or even the EU, cooperation between Greece and Russia would increase. Previously, Russia had indicated that it would terminate sanctions on Greek food imports in case Greece exited the European Union, which showed clearly its intention to win Greece over. In fact, Greece has held the negotiations on austerity measures and debt hostage to its position on further EU sanctions against Russia; for instance, Greece kept a distance from the EU's announcement to impose new sanctions against Russia at the end of January. A continuation of the Greek debt crisis will undoubtedly undermine the EU strategy of dealing with the Ukrainian crisis under Germany's leadership.

3. Challenges in the International Dimension

At the 50th Munich Security Conference a year ago, the trio of Federal President Gauck, Federal Foreign Minister Steinmeier and Federal Defence Minister von der Leyen was very impressive; their performance is generally regarded as the formation of a "new German foreign policy"① . At the time, President Gauck called on Germany to provide leadership; but at the 51st Munich Security Conference, only one year later, Federal Defence Minister von der Leyen unabashedly stated that Germany was ready to lead②. Over the past year, the re-orientation of German foreign and security

① Andreas Rinke, "Raus ins Rampenlicht. Die Genese der 'neuen deutschen Außenpolitik'", *Internationale Politik* 4, Juli/August 2014, pp. 8 – 13. For discussion of the "new German foreign policy", see also the supplement of "*German Foreign and Security Policy*": Gunther Hellmann, Daniel Jacobi and Ursula Stark Urrestarazu (eds), "'Früher, entschiedener and substantieller'? Die neue Debatte über Deutschlands Außenpolitik", *Zeitschrift für Außen- und Sicherheitspolitik*, *Sonderheft*, 6/2015. See also: Zheng Chunrong, "New Trends in German Foreign Policy", *Journal of European Studies*, 2014, No. 2, pp. 2 – 14.

② "Münchner Sicherheitskonferenz 2015. Führung aus der Mitte", Manuskript der Rede der Bundesministerin der Verteidigung, Dr. Ursula von der Leyen, anläßlich der 51. Münchner Sicherheitskonferenz München, 6. Februar 2015, http://www.bmvg.de.

policy became particularly prominent in Germany's response to the Ukrainian crisis① and was also embodied in the actions it took against terrorist attacks and threats from Islamic countries.

The Ukrainian crisis is, as has repeatedly been stressed by Merkel, not just a European regional conflict, but an event with significant international impact. In this crisis, Merkel was tough regarding sanctions against Russia, and she eventually united different voices in the EU to shape a unified stance②.

Under Merkel's leadership the German government spared no effort to avoid an escalation of the crisis. The German input was embodied in the use of diplomatic measures. While Merkel has repeatedly stressed that Russia's annexation of the Crimean peninsula violates international law and the peaceful order in Europe established after World War II, she always firmly refused to provide weapons for Ukraine. In her opinion, military means cannot solve the Ukrainian crisis. She does not want to see a lasting split of Europe, because to the German government European security can only be achieved jointly with Russia and not in confrontation against it. This position was completely different from that of the United States, which wanted to use the Ukrainian crisis to contain and weaken Russia, to impede a closer relationship between Europe and Russia, and to re-enhance NATO's status in Europe. Therefore, the United States was tougher toward Russia than Germany. Given the divergent positions and different interests between Europe and America and between the United States and Germany, it was while the United States discussed whether to provide arms for Ukraine that Merkel and French President François Hollande, through shuttle diplomacy and marathon negotiations on February 12, 2015 reached the "Minsk II Agreement" with Russia, Ukraine and pro-Russian eastern Ukrainian separatists.

In dealing with Russia, Germany pursued a double strategy. On one hand, since military means were not an option, the only trump card Germany had were further

---

① See also: Zheng Chunrong and Zhu Jinfeng, "A Study of German Foreign Policy Adjustments from the Perspective of the Ukrainian Crisis", *Journal of Tongji University* (*Social Sciences*), 2014, No. 6, pp. 36-46.

② Timothy Garton Ash, "Angela Merkel has Faced down the Russian Bear in the Battle for Europe", *The Guardian*, 22 December 2014.

sanctions; but sanctions would hurt Germany itself and would lead to Russian counter-sanctions. On the other hand, Merkel held out an "olive branch". She suggested enhancing economic cooperation with Russia and establishing a common economic zone of the EU and the Eurasian Economic Union, on the basis of solving the Ukrainian crisis in accordance with international law; Russia however was unmoved by this proposal. Germany's and the EU's predicament is that compared to the limited means the EU has at its disposal to further stability in Ukraine under the leadership of Germany, Russia has a lot more to gain by fostering turbulence in Ukraine and deteriorate its domestic situation.

While it opposed to help Ukraine by weapons deliveries, on September 1, 2014, Germany decided to provide weapons for the Kurds in northern Iraq, at a total value of about 70 million euros; at the same time, the Federal government would raise funds for humanitarian aid to about 50 million euros. In addition, Germany also promised to accept more refugees.

Chancellor Merkel gave two reasons for providing arms to Iraqi Kurds to be used against the Islamic State. One was that the refugee problem resulted directly from the relentless advance of Islamic extremists; the other was that the Islamic State destabilized the entire Middle East, thus possibly threatening the security of Germany and Europe. It is estimated that about 5,000 fighters from Europe (including about 400 Germans) have joined terrorist organizations in Iraq and Syria; on returning to Europe they could become a grave security risk, since they might launch terrorist attacks①.

In the vote at the Bundestag, the majority voted in favour of the supply of arms to the Kurds; the opposition (the Left Party and the Greens) voted against, as they held that one could not control who might ultimately receive the weapons and for what purposes they might eventually be used. It should be noted that, from a strictly legal point of view, the mere delivery of weapons does not require the approval of the Bundestag, contrary to what is the case when the Federal Army (Bundeswehr) receives an assignment abroad. However, the federal government still wanted the

① Florian Gathmann and Annett Meiritz, "Irak-Debatte im Bundestag. Gute Waffen, böse Waffen", *Spiegel-Online*, 01. September 2014, http://www.spiegel.de/politik/deutschland/kampf-gegen-is-bundestag-debattiert-ueber-waffenlieferungen-a-989279.html.

Bundestag to debate and decide on the issue to increase the legitimacy of its decision and improve public understanding.

It is worth noting that the Bundestag deliberately chose September 1 – the 75th anniversary of the outbreak of World War II – to hold a special meeting to discuss the arms export to Iraqi Kurds. To all intents and purposes, the export of weapons was considered a radical change of German foreign policy, because this was the first time in many years for Germany to export arms to conflict areas.

German arms exports to third-party countries other than member states of the EU and NATO have recently been on the rise, which often leads to criticism, with the arms exports to Indonesia, Qatar and Saudi Arabia being the most controversial. Arms exports to conflict areas are in principle excluded, because of concerns about exacerbating the conflict. However, the relevant export "ban" only exists in federal government directives concerning arms exports and does not have the force of law.

In other words, the federal government can make exceptions; the arms exports to the Kurdish militia in Iraq are the first such exception①.

It should be noted that the transport of weapons, but not of troops, is consistent with the strategy Merkel has advocated, thus enhancing Germany' leverage on its security strategy, including on the provision of specific training measures and arms②. This strategy can accomodate domestic public opinion on the issue of sending Bundeswehr soldiers abroad.

Epilogue

Currently, each of the three German ruling parties is highlighting their own image; the grand plan mentioned in the *Coalition Agreement*, including a thorough tax reform and the re-adjustment of the fiscal balance between the federal government and the state governments has, however, still to be put on the agenda. As can be imagined,

---

① "Rüstungsexporte: Waffen aus Deutschland für die Welt", *Zeit-Online*, 01. September 2014, http://www.zeit.de/wirtschaft/2014-09/infografik-waffenexporte.

② See also Chancellor Merkel's speech at the 51st session of the Munich Security Conference, Rede von Bundeskanzlerin Angela Merkel anlässlich der 51. Münchner Sicherheitskonferenz, 07. Februar 2015, http://www.bundesregierung.de/Content/DE/Rede/2015/02/2015-02-07-merkel-sicherheitskonferenz.html.

after disposal of some relatively less controversial issues, the ruling coalition parties will enter a crucial stage to deal with tougher problems. Therefore, discordant voices within the coalition government are set to increase.

External crises such as the Ukrainian crisis and the Greek debt crisis may be the biggest challenges for the current government, but they are likely to help the ruling black-red coalition to divert people's attention away from their future quarrels on domestic affairs. The remaining question is if the current government has enough wisdom and power to deal with these external challenges; that not only depends on the determination of the German political elites, but also on whether there will be some kind of shift of German domestic public opinion. Up to now, the German people have approved of the administration's response in the crises in Greece and Ukraine, but the improvements are only provisional as the conflicts may escalate at any time. Were this to happen, domestic conflicts and disputes could intensify, ultimately limiting the ability of the chancellor's administration to act in its campaign of "re-measuring the world".

皮书起源

“皮书”起源于十七、十八世纪的英国，主要指官方或社会组织正式发表的重要文件或报告，多以“白皮书”命名。在中国，“皮书”这一概念被社会广泛接受，并被成功运作、发展成为一种全新的出版型态，则源于中国社会科学院社会科学文献出版社。

皮书定义

皮书是对中国与世界发展状况和热点问题进行年度监测，以专业的角度、专家的视野和实证研究方法，针对某一领域或区域现状与发展态势展开分析和预测，具备权威性、前沿性、原创性、实证性、时效性等特点的连续性公开出版物，由一系列权威研究报告组成。皮书系列是社会科学文献出版社编辑出版的蓝皮书、绿皮书、黄皮书等的统称。

皮书作者

皮书系列的作者以中国社会科学院、著名高校、地方社会科学院的研究人员为主，多为国内一流研究机构的权威专家学者，他们的看法和观点代表了学界对中国与世界的现实和未来最高水平的解读与分析。

皮书荣誉

皮书系列已成为社会科学文献出版社的著名图书品牌和中国社会科学院的知名学术品牌。2011 年，皮书系列正式列入“十二五”国家重点图书出版规划项目；2012~2014 年，重点皮书列入中国社会科学院承担的国家哲学社会科学创新工程项目；2015 年，41 种院外皮书使用“中国社会科学院创新工程学术出版项目”标识。

法律声明

权威报告·热点资讯·特色资源

皮书数据库

ANNUAL REPORT(YEARBOOK) DATABASE

当代中国与世界发展高端智库平台

皮书俱乐部会员服务指南

1. 谁能成为皮书俱乐部成员?

- 皮书作者自动成为俱乐部会员
- 购买了皮书产品（纸质书/电子书）的个人用户

2. 会员可以享受的增值服务

- 免费获赠皮书数据库100元充值卡
- 加入皮书俱乐部，免费获赠该纸质图书的电子书
- 免费定期获赠皮书电子期刊
- 优先参与各类皮书学术活动
- 优先享受皮书产品的最新优惠

3. 如何享受增值服务?

（1）免费获赠100元皮书数据库体验卡

第1步 刮开附赠充值的涂层（右下）；

第2步 登录皮书数据库网站（www.pishu.com.cn），注册账号；

第3步 登录并进入“会员中心”—“在线充值”—“充值卡充值”，充值成功后即可使用。

（2）加入皮书俱乐部，凭数据库体验卡获赠该书的电子书

第1步 登录社会科学文献出版社官网（www.ssap.com.cn），注册账号；

第2步 登录并进入“会员中心”—“皮书俱乐部”，提交加入皮书俱乐部申请；

第3步 审核通过后，再次进入皮书俱乐部，填写页面所需图书、体验卡信息即可自动兑换相应电子书。

4. 声明

解释权归社会科学文献出版社所有

皮书俱乐部会员可享受社会科学文献出版社其他相关免费增值服务，有任何疑问，均可与我们联系。

图书销售热线：010-59367070/7028
图书服务QQ：800045692
图书服务邮箱：duzhe@ssap.cn

数据库服务热线：400-008-6695
数据库服务QQ：2475522410
数据库服务邮箱：database@ssap.cn

欢迎登录社会科学文献出版社官网（www.ssap.com.cn）和中国皮书网（www.pishu.cn）了解更多信息

社会科学文献出版社 SOCIAL SCIENCES ACADEMIC PRESS (CHINA) 皮书系列

卡号：619998628985

密码：

S 子库介绍
Sub-Database Introduction

中国经济发展数据库

涵盖宏观经济、农业经济、工业经济、产业经济、财政金融、交通旅游、商业贸易、劳动经济、企业经济、房地产经济、城市经济、区域经济等领域，为用户实时了解经济运行态势、把握经济发展规律、洞察经济形势、做出经济决策提供参考和依据。

中国社会发展数据库

全面整合国内外有关中国社会发展的统计数据、深度分析报告、专家解读和热点资讯构建而成的专业学术数据库。涉及宗教、社会、人口、政治、外交、法律、文化、教育、体育、文学艺术、医药卫生、资源环境等多个领域。

中国行业发展数据库

以中国国民经济行业分类为依据，跟踪分析国民经济各行业市场运行状况和政策导向，提供行业发展最前沿的资讯，为用户投资、从业及各种经济决策提供理论基础和实践指导。内容涵盖农业，能源与矿产业，交通运输业，制造业，金融业，房地产业，租赁和商务服务业，科学研究环境和公共设施管理，居民服务业，教育，卫生和社会保障，文化、体育和娱乐业等 100 余个行业。

中国区域发展数据库

以特定区域内的经济、社会、文化、法治、资源环境等领域的现状与发展情况进行分析和预测。涵盖中部、西部、东北、西北等地区，长三角、珠三角、黄三角、京津冀、环渤海、合肥经济圈、长株潭城市群、关中—天水经济区、海峡经济区等区域经济体和城市圈，北京、上海、浙江、河南、陕西等 34 个省份及中国台湾地区。

中国文化传媒数据库

包括文化事业、文化产业、宗教、群众文化、图书馆事业、博物馆事业、档案事业、语言文字、文学、历史地理、新闻传播、广播电视、出版事业、艺术、电影、娱乐等多个子库。

世界经济与国际政治数据库

以皮书系列中涉及世界经济与国际政治的研究成果为基础，全面整合国内外有关世界经济与国际政治的统计数据、深度分析报告、专家解读和热点资讯构建而成的专业学术数据库。包括世界经济、世界政治、世界文化、国际社会、国际关系、国际组织、区域发展、国别发展等多个子库。